진표,
미륵 오시는
길을 닦다

⊙ 증산도 상생문화 연구총서

진표, 미륵 오시는 길을 닦다

발행일	2014년 8월 1일
지은이	노종상
발행처	상생출판
주소	대전시 중구 중앙로 79번길 68-6
전화	070-8644-3156
팩스	0505-116-9308
홈페이지	www.sangsaengbooks.co.kr
출판등록	2005년 3월 11일 (175호)
ISBN	978-89-94295-86-2
	978-89-94295-05-3 (세트)

진표,
미륵 오시는
길을 닦다

노종상 지음

상생출판

차 례

진표를 읽는 네 가지 코드

진표율사眞表律師(718~? 추정)는 신라 중대中代[1] 말기인 경덕왕景德王(재위 742~765)대에 주로 활동한 인물이다.

백 척 간 두 진 일 보
百尺竿頭進一步

백 척의 장대 끝에서 한 걸음 더 나아가다.

시 방 세 계 현 전 신
十方世界現全身

백 척 장대 끝에 이르렀더라도 한 걸음 더 나아가
시방세계에 온 몸을 드러내야 하리라.

진표는 그런 경지를 경험한 고승이다.

과연 인류 역사 위에 진표만큼 혹독한 고행을 실천한 이가 있을

---

1 학계에서는 신라 불교사의 흐름을 왕위 계승을 중심으로 한 정치사의 구분과 같이 대체로 중고中古와 중대中代, 하대下代의 세 시기로 구분하여 왔다. 『삼국사기』에 따르면 신라 정치사는 다음과 같이 3기로 나누어 고찰할 수 있다. ① 상대上代(시조~28대 진덕여왕, BC 57~AD 654)는 원시 부족국가·씨족 국가를 거쳐 고대국가로 발전하여 골품제도가 확립된 시기이다. ② 중대中代(29대 무열왕~36대 혜공왕, 654~780)는 삼국을 통일하고 전제 왕권이 확립되어 문화의 황금기를 이룬 시기이다. ③ 하대下代(37대 선덕왕~56대 경순왕, 780~935)는 골품제도의 붕괴, 족당族黨의 형성 및 왕권의 쇠퇴로 호족·해상 세력이 등장하고 멸망에 이르는 시기이다. 또한 30대 문무왕 이전을 삼국시대, 그 이후를 통일신라시대로 크게 구분한다.

까. 그는 독특한 수행 체계를 창안하고 실천하였다. 그야말로 '백척간두'에서 감히 그 누구도 감히 따라 할 수 없는 용맹 정진을 하고, 거기서 '진일보'하여 우주 대광명과 하나가 되는 경험을 한다. 그가 간절히 원했던 '미래의 부처' 미륵불을 친견하게 되는 것이다.

『송고승전』과 진표율사의 전기 「당백제국금산사진표전唐百濟國金山寺眞表傳」 중국 송나라 찬영이 편찬했다. 중국기록으로서 대표적 진표율사 전기이다.

진표.

그는 미륵 신앙에 온 몸과 영혼을 다 바친 진리의 화신이다. 생사를 초월한 그의 수행은 모든 구도자의 표상이 된다.

진표에 대한 전기는 몇 가지가 전해지고 있다. 국내 기록으로는 고려 시대 승려 일연一然(1206~1289)이 쓴 『삼국유사』권4 제5 「진표전간眞表傳簡」²과 「관동풍악발연수석기關東楓岳鉢淵藪石記」(이하 「석기」로 줄임)³가 대표적이다. 전기는 아니지만 고려 시대 문인 이규보의 『동국이상국집東國李相國集』에 실려 있는 「남행월일기南行月日記」도 진표의 행적에 대한 일부를 제공하고 있다.⁴ 중국 기록에

2 『三國遺事』卷4, 규장각본(1512년). 원문 인용은 별도로 포기하지 않고 인용문 말미에 제목만 표기한다.
3 위의 책, 원문 인용은 위와 같다.
4 이규보, 이정섭 역, 「남행월일기」, 『동국이상국집』제23권, 한국 고전 번역 연구원, 1978. 이 글은 한국고전번역원http://db. itkc. or. kr에서 제공한 번역문 및 원문 자료를 필자가 일부 보완하여 활용한다. 원문 인용은 위와 같다.

는 송宋나라 찬영贊寧(930~1001)이 쓴『송고승전宋高僧傳』권 제14「명률편明律篇」제4-1「당백제국금산사진표전唐百濟國金山寺眞表傳」(「진표전」)[5], 원나라 사람 담악曇噩이 찬술한『신수과분육학승전新修科分六學僧傳』의「진표전」[6] 그리고 명나라 태종 성조成祖가 지은『신승전神僧傳』권7「진표」[7] 등이 있다.

이 가운데 중국 기록인『신수과분육학승전』의「진표전」은「진표전」을 거의 그대로 옮겨 실었다.『신승전』의「진표」역시 마찬가지다.「진표전」의 첫머리에 있는 출가 동기에 대한 부분과 끝부분의 금산사 조성에 관한 부분만 제외되어 있을 뿐이다. 따라서 중국 기록으로서 진표 전기는「진표전」한 편으로 귀착된다.

最古『삼국유사』조선 초기 판본(연세대)『삼국유사』는 특히 불교에 관한 문화유산의 원천적 보고 자료다. 국내에서 편찬된 2개의 진표율사 전기가 모두 실려 있다.

「진표전」은 송나라 단공端拱(988~989) 원년에 찬술되었다. 진표 전기의 찬술 시기로는 국내외를 통틀어 가장 오래되었다. 진표 전기가 중국에서 먼저 기록되었다는 점은 주목할 만하다. 진표는 동시대 다른 유명한 고승들과 달리 당나라에 유학하지도 않았고, 또한 직접 집필한 저술도 없다. 그럼에도 불구하고 중국에까지 알려져 그의 전기가『송고승전』을 비롯한 몇 편의 고승전에 실려 있는 것이다. 이유는 자명하다. 진표의 교

5『宋高僧傳』卷第44, 大正藏 券50, pp. 793-794. 원문 인용은 위와 같다.
6『新修科分六學僧傳』卷弟28, 卍新纂續藏經 第77, p. 319b-320a.
7『神僧傳』卷7, 大正藏 50, p. 997b-998b.

화력과 명성이 국내 신라는 물론 중국까지 명성을 떨쳤던 까닭이다.[8] 『송고승전』에는 진표를 비롯하여 신라 고승으로 원측圓測, 순경順璟, 의상義湘, 원효元曉, 현광玄光 그리고 고구려 고승 원표元表의 전기가 실려 있다.

국내 기록으로서 진표의 전기 두 편이 『삼국유사』에 앞뒤로 나란히 실려 있는 것이 주목을 끈다. 「진표전간」은 물론 일연이 기록한 것이다. 같은 『삼국유사』에 실려 있는 것이라고 해도 「석기」는 기록자가 다르다. 「석기」는 고려 신종神宗(재위 1197~1204) 때 발연사鉢淵寺 주지였던 영잠瑩岑이 기록한 「관동풍악발연수진표율사진신골장입석비명關東

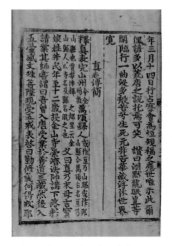

『삼국유사』 권4 제5 「진표전간」(1512년 규장각본. 국보 306-2호) 일연이 찬술한 진표율사 전기이다.

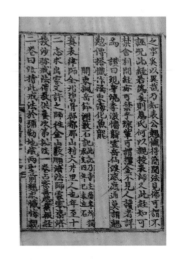

진표율사 전기 「관동풍악발연수석기關東楓岳鉢淵藪石記」 발연사 주지 영잠이 기록한 「비명」을 일연의 제자 무극이 정리, 『삼국유사』에 수록했다.

---

8 굳이 다른 이유를 찾으라고 한다면 『송고승전』의 저술자 찬영이 주목된다. 『대송승사략大宋僧史略』(「승사략서僧史略序」)에 따르면 찬영의 부친은 발해인이다. 발해의 멸망과 함께 중원으로 이주한 유민이다(『大宋僧史略』. 大正藏 54, p. 234a. 行誠贊寧姓高氏 其先渤海人 出家杭之祥符). 그가 부친의 고국인 신라에 관심을 갖고 신라 고승들의 행적을 찾아 기록하여 『송고승전』에 포함시켰을 가능성도 배제할 수 없다.

楓岳鉢淵藪眞表律師眞身骨藏立石碑銘」(「비명」)을 일연의 제자 무극無極(1250~1322)이 정리, 『삼국유사』에 수록한 것이다.[9] 영잠은 승안承安(금金 장종章宗의 연호로 1196~1200년에 사용하였다) 4년 기미己未(1199)에 「비명」을 새겨 '진표율사진신골장입석비'를 세웠다. 「석기」 말미에 무극은 "이 기록(『삼국유사』)에 실린 진표율사의 사적(『진표전간』)과 발연사 비석의 기록은 서로 다른 데가 있다. 때문에 영잠의 기록만을 추려서 실었으니 후세의 현자들이 당연히 잘 살피기 바란다. 무극이 기록한다."고 덧붙여 놓았다.[10]

「남행월일기」는 전주목 사록겸서기史錄兼書記에 보임된 이규보가 1199년 9월부터 이듬해 12월까지 1년 4개월여 기간 동안의 외직 생활을 통해 얻은 견문을 토대로 1201년에 정리한 일종의 기행 수필이다. 당대 최고의 문인 이규보는 전주목 주변을 두로 다니면서 보고 듣고 느낀 바를 기록했는데, 여기에 진표에 관한 기록이 들어 있는 것이다. 영잠의 「비명」과 같은 해에 쓰였다. 현재 전하는 진표에 관한 국내 기록으로는 「비명」과 함께 최초의 기록이다.[11] 기행 수필이므로 진표 전체를 조망할 수 있는 전기는 아니지

---

9 혹은 영잠이 고려 명종明宗(1171~1197)의 태자 숙璹의 후원 하에 발연사 조사로서 진표의 기록을 찬술한 것으로 전하기도 한다. 「비명」은 결락된 곳이 많지만 『조선금석총람朝鮮金石總覽』에 「고성발연사라승율장골탑비기高城鉢淵寺羅僧律藏骨塔碑記」라는 제목으로 그 전문이 실려 있다. 『조선금석총람』상, 조선총독부, 1919, pp. 426-430을 참조하라.

10 此錄所載眞表事跡 與鉢淵石記 互有不同 故刪取瑩岑所記而載之 後賢宜考之 無極記. ( )안의 삽입 주는 인용자에 의한 것이다. 이하 인용문에 나오는 ( )안의 모든 삽입주도 이와 같다. 『삼국유사』라는 제목은 일연 자신이 붙인 것이며 그가 세상을 떠난 후에 제자 무극에 의해서 책으로 간행되었다. 따라서 『삼국유사』에는 '무극기無極記'라고 덧붙인 곳이 두 군데 보인다. " 김원중, 「우리 민족의 위대한 문화유산」, 『삼국유사』, 을유문화사, 2002, p. 12.

11 『삼국유사』의 편찬 연대는 정확하게 알 수 없으나 1281~1283년 사이로 보는 것

만 진표의 수행에 관해서는 매우 유용한 자료다

정리하면 다음과 같다. 현재 전하는 진표에 대한 대표적인 전기는 「진표전간」, 「석기」 그리고 「진표전」 등 3종이 있다. 이들 중 「진표전」이 가장 오래 되었다. 그러나 「진표전」은 중국 기록으로서의 한계가 있다. 진표와 전기 찬술자들의 사망 연대를 기준으로 「진표전」은 진표 사후 약 230년 뒤에, 「비명」(「석기」)은 약 435년 뒤에, 그리고 「진표전간」은 525년 뒤에 기록되었다. 전기물의 평가 대상이 '사실성' 여부에 좌우되는 것은 아니라고 해도, 또한 전혀 무시할 수는 없다. 굳이 사실성만을 기준으로 한다면 진표와의 시간적 거리와 공간적 거리가 가까울수록 전기물로서의 '가치'가 커질 것이다. 이 경우 시간적 거리는 「진표전」 〉 「비명」(「석기」) 〉 「진표전간」이 되고, 공간적 거리는 「석기」 = 「진표전간」 〉 「진표전」이 된다. 그러나 시간적 거리에서 「석기」의 경우, 원래 영잠에 의해 집필된 「비명」은 「진표전간」 보다 앞서지만, 무극에 의해 정리·편찬된 「석기」는 「진표전간」 보다 늦다.

문제는 이들 3종의 전기가 진표의 행적에 대한 연대를 각각 다르게 기록하고 있다는 점이다. 구체적인 것은 논의 과정에서 검토하겠으나 적게는 10년, 많게는 20년 정도의 차이가 난다. 따라서 진표의 생애에 대한 접근은 이들 3종의 전기에 대한 종합, 비교 검토가 선행되어야 한다.

한 인물의 생애와 사상을 탐구하기 위해서는 두 가지 길이 있다. 하나는 그 인물의 직접적인 활동 행적을 통하는 길이다. 다른 하나는 그 인물이 남긴 '말씀'을 통하는 길이다. 특히 종교인의 사

이 통설이다. 「진표전간」 역시 이 연대에 기록되었을 것이다.

상은 그 인물의 삶 자체에서 찾을 수 있지만, 그 인물이 남긴 '말씀' 또한 중요하다. 종교인의 '말씀'은 영원한 생명력을 가진다는 점에서 더욱 중요할 수 있다.[12] 이 경우 진표의 생애와 사상을 탐구하는 데는 한계가 있다. 그에 대한 전기는 3종이 있지만, 그가 남긴 '말씀'의 기록은 거의 없기 때문이다. 따라서 진표의 생애와 사상을 탐구하고자 하는 우리에게는 그에 관한 3종의 전기를 통해 그의 '말씀'과 의미를 읽어 내는 일이 선행되어야 한다.

신라 중대 불교 사상을 연구할 때 진표만큼 논란이 많았던 인물도 드물 것이다. 무엇보다도 진표의 행적이 '신이神異의 사事'로 가득 채워져 있기 때문이다. 현존하는 진표 전기 가운데 최초의 기록인 「진표전」이 실려 있는 『송고승전』은 신비주의 성향이 특히 강한 문헌으로 알려져 있다. 「진표전」뿐만 아니라 두 국내 기록도 크게 다르지 않다. 중국 명나라 태종太宗 영락제永樂帝가 편찬한 『신승전』은 마등摩騰으로부터 원元의 첨파瞻巴까지 신이를 행한 승려 208명의 전기를 기록하고 있다. 바로 여기에 진표의 전기가 실리게 된 이유도 '신이의 사'가 큰 작용을 하였을 것이다.

일본인 학자 나카리야 가이텐忽滑谷快天은 "『삼국유사』에 실려 있는 「진표전간」과 「석기」는 모두 황당한 기사로 채워져 있다. (중략) 『송고승전』 권14에도 진표의 전기가 실려 있지만 하나도 취할 것이 없다"[13]고 비판하였다. 이와 같은 비판에는 무리가 있다. 종교인의 행적에 신이가 없기를 바라는 것은 '종교인'이기를 포기하라

---

12 김무생, 「회당 대종사의 생애와 저술」, 『밀교 학보』 Vol. 4, 위덕대 밀교 문화 연구원, 2002, p. 10.

13 忽滑谷快天, 『朝鮮禪教史』, p. 72. ; 김영태, 「신라 점찰법회와 진표의 교법 연구」, p. 124 재인용.

는 얘기나 다름없다. 진표 전기에서 신비주의는 불교 나름의 '종교적'인 범위를 넘어서지 않는다.[14] '신이의 사'로 가득 차 있는 진표의 행적에서 진표의 진면목을 찾아내는 것은 바로 연구자의 몫이다. 우리는 진표의 전기에 실려 있는 어떤 '신이의 사'도 그대로 수용할 것이다. 기록자들이 그것을 기록한 데는 무엇인가 뜻이 있을 터이다. 거기서 우리는 진표의 생애와 사상의 진액을 뽑아낼 것이다.

진표에 대한 연구는 아직 부족하지만 어느 정도는 이루어졌다. 그러나 대부분의 논의가 진표의 점찰참회계법과 미륵 신앙에 한정되어 있다. 특히 전자에 집중되어 있는 편이다. 여기서 진표 관련 연구를 일일이 소개할 여유는 없다. 논의 과정에서 그 때, 그 때 제시할 것이다. 문제는 진표의 생애와 사상을 전체적으로 조망할 수 있는 연구가 아직 발견되지 않는다는 점이다. 우리의 여정은 거기서 시작되었다.

이 책에서는 진표에 대해 많은 새로운 논의가 전개될 것이다. 본격적인 논의는 6장으로 이루어졌다. 1장은 진표의 출생과 성장, 금산사로의 출가와 함께 사승師僧 숭제법사와의 만남을 검토한다. 나아가 지금까지 거의 논의가 이루어지지 않은 숭제법사의 사승(진표의 사조師祖) 선도삼장善道三藏에 대해서도 치밀하게 고증할 것이다. 2장은 숭제법사로부터 두 권의 경전과 수행 지침(우리는 이것을 '진표를 읽는 네 가지 코드'로 제시한다. 각 '코드'에 대해서는 뒤에서 구체적으로 논의한다)을 전해 받고 금산사를 떠나는 진표를 탐

14 서철원, 「진표 전기의 설화적 화소와 성자 형상」, 『시민 인문학』Vol. 16, 경기대 인문과학 연구소, 2009, p. 179.

구한다. 특히 이 장에서는 진표를 읽는 제1-코드가 작동하게 된다. 숭제법사가 진표에게 준『공양차제비법供養次第秘法』과 진표의 밀교 수행이 그것이다. 3장은 제2-코드가 가동된다. 진표는 혹독한 수행 끝에 지장보살을 친견하게 된다. 그동안 학계에서는 진표의 지장신앙에 대한 논의가 거의 이루어지지 않았다. 여기서는 진표의 지장신앙의 전개 과정, 역사적 의의는 물론 그 의미에 대해 고찰한다. 4장은 진표를 읽는 제3-코드이다. 숭제법사가 진표에게 준『점찰선악업보경占察善惡業報經』과 진표의 점찰참회계법에 대해 논의한다. 진표는 독특한 수행 체계를 창안하고 실천한다. 그것이 바로 점찰참회계법이다. 5장은 제4-코드이다. 진표의 미륵 신앙을 논의한다. 미륵 신앙의 본거지에서 출생하였고 출가한 진표의 신앙 모토는 처음부터 끝까지 미륵 신앙이었다. 사승 숭제법사의 가르침도 없지 않았으나 진표는 미륵을 통한 자서수계自誓受戒를 원했고, 마침내 미륵을 친견하게 된다. 그리고 미륵으로부터 의발과 함께 수기를 받는다. 6장은 진표를 탐구하는 이 책의 독특한 진표 읽기이다. 진표를 읽는 제5-코드라고 해도 좋을 것이다. 진표의 신교神敎 신앙이 그것이다.

이제 '진표'라는 망망한 바다를 항해할 배의 닻이 올랐다. 독자들은 무엇보다도 '진표'를 읽어 내는 네 가지 코드와 함께 제5-코드를 기억해 주기 바란다. 제5-코드는 앞의 진표를 읽는 네 가지 코드의 바탕이 되기 때문이다.

1. 출가

진표는 12세 때 부모의 출가 허락을 받고 김제金堤 금산사金山寺
의 숭제법사崇濟法師로부터 사미계沙彌戒를 받으니라.

법사가 진표에게 가르쳐 말하기를 "너는 이 계법을 가지고 미륵님
앞으로 가서 간절히 법을 구하고 참회하여 친히 미륵님의 계법을 받
아 세상에 널리 전하라." 하매 이로부터 진표가 미륵님에게 직접 법
을 구하여 대도를 펴리라는 큰 뜻을 품고 전국의 명산을 찾아다니며
도를 닦더니 27세 되는 경자庚子, 760년 신라 경덕왕 19년에 전북 부
안 변산에 있는 부사의방장不思議方丈에 들어가 미륵 불상 앞에서
일심으로 계법을 구하니라.(『도전』1:7)[15]

1) 출생·성장·출가

본격적인 논의에 들어가기 전에 진표의 국적 문제부터 검토하
자. 물론 진표는 신라 중대 말기에 활동한 신라인이다. 그럼에도
불구하고 국적이 문제가 되는 것은 중국 자료인 「진표전」에서 '백
제국 사람'으로 명기했기 때문이다. 「진표전」은 제목부터 문제적
이다. 「당백제국금산사진표전唐百濟國金山寺眞表傳」이라고 했다. 그

---

15 증산도 도전편찬위원회, 『도전』, 대원출판사, 2003, pp. 55-56. 이 책의 인용은
말미에 편: 장만을 표기한다. 1992년도 초판은 『초판 도전』으로 표기한다.

리고 첫 문장부터 "석진표는 백제 사람이다(釋眞表者 百濟人也)"고
했다. 승려 사회에서는 일불제자—佛弟子임을 뜻하는 석씨釋氏 성
을 사용하는 관습[16]이 있으므로 성을 석씨라고 한 것은 이해할 수
있다. 문제는 진표가 백제국 사람이라는 것이다.

백제가 멸망한 해는 660년이다. 신라가 멸망한 해는 935년이
다. 진표의 생몰 연도는 정확하게 알 수 없으나 경덕왕·원성왕
대에 주로 활동한 것으로 보아서 사망 연도를 일단 원성왕이 사망
하던 해 780년을 기준으로 하자. 『송고승전』이 기록된 해는 988
년이다. 『송고승전』이 나온 해는 백제 멸망한 이후 328년, 진표가
활동한 연대부터 208년이 지났다. 그리고 신라가 멸망한 뒤 53년
밖에 지나지 않았다. 찬영은 왜 2백여 년 전의 인물인 진표의 국
적을 멸망한 지 53년밖에 되지 않은 신라가 아닌, 3백 년이 더 지
난 백제국이라고 했을까? 한 논자는 후백제後百濟(892~936)를 통
해 오월국吳越國(907~978)에 전해진 진표 이야기를 찬영이 전해
듣고 『송고승전』에 삽입했을 것으로 추정했다.[17]

다른 논자는 「진표전」에서 진표를 백제인이라고 한 것은 단순한

---

16 불교 사회에서 오늘날과 같은 법명이 수립된 것은 동진東晉의 도안道安
(312~385)부터라는 것이 정설이다. 도안은 당시 승려들의 행위를 규정하는 계율이
불충분하다는 것을 깨닫고 승가 공동체의 규율을 제정했다. 부처의 일불제자임을 뜻
하는 석씨 성을 사용하는 관습도 이때부터 비롯되었다. 이전까지는 구족계를 받은 승
려들은 자신의 스승의 성을 따라 법명을 받았다. 도안은 모든 "강물이 바다에 들어가
면 똑같은 맛이 되어 다른 이름이 없는 것처럼(江河皆投于海而同一味 更無餘名)" 출가
하여 사문이 된 사람은 모두 석자釋子가 된다고 한 『증일아함경』「팔난품」의 가르침
에 따라서 출가자는 같은 성을 사용해야 한다고 했다. 『增壹阿含經』卷第三十七, 大正
藏 2, p. 753a.
17 박광연, 「진표의 점찰법회와 밀교 수용」, 『한국사상사학』 26, 2006, p. 3.

우연이 아니라고 지적한다. 진표가 태어나 성장하고, 주로 활동한 지역이 백제 부흥 운동(660~663)의 중심지였다는 점과 백제 시대 미륵 신앙의 성지였다는 점을 간과해서는 안 된다는 것이다. 다시 말하면 백제 유민의 모습을 반영한 것이라는 주장이다.[18] 같은 입장에 있는 한 논자는 진표 자신이 백제인으로 혹은 본래 백제인이었다고 자처했고, 스스로 백제의 후손이라는 사실에 대해 특이한 감정을 가지고 있었으며, 그 감정은 신라에 대한 반항심의 표현이었을 것으로 보았다.[19] 이 논자는 자신의 주장에 대한 충분한 근거를 별도로 제시하지 않았다.

진표가 활동한 연대는 백제가 멸망한 지 한 세기가 지난 시기였다. 후술하겠으나 진표는 신라 조정으로부터 관직을 받은 지방 유력자의 아들로 태어나 성장했다. 뿐만 아니라 진표 자신이 대궐에 가서 왕과 왕비, 심지어 외척들에게까지 계를 주고 물질적 보시를 받기도 하는 등의 행적으로 보아서 과연 이들의 주장이 얼마나 타당성이 있는지는 보다 심도 있는 논의가 있어야 할 것이다.

진표는 통일신라시대 인물이다. 일부 기록에 백제인, 고구려인 등으로 명기한 이유는 대개 옛 백제 지역이나 고구려 지역의 출신이었기 때문으로 이해된다. 중국에서도 오吳나 월越과 같이 이전에 있었던 나라 이름으로 그 지역을 부르는 예가 많았다는 점을 참고할 필요가 있다.[20] 따라서 「진표전」에서 진표를 백제인이라고

---

18 윤여성, 『신라 진표와 진표계 불교 연구』. 원광대 대학원, 박사 학위, 1998, pp. 16-37. ; 최완수, 「최완수의 우리 문화 바로보기 (23) 토착 미륵 신앙의 땅, 금산사와 법주사」, 『신동아』, 동아일보사, 2001. 5.
19 이기백, 「진표의 미륵 신앙」, 『신라사 상사 연구』, 일조각, 1986, pp. 267-268.
20 김남윤, 「진표의 전기 자료 검토」, 『국사관 논총』 78, 1997, p. 94.

한 것은 신라의 삼국 통일 직후, 호남 즉 백제 고토의 사람이란
뜻으로 이해된다.[21]

> 석진표釋眞表는 완산주完山州(지금의 전주목全州牧이다) 만경현
> 萬頃縣(혹은 두내산현豆乃山縣 또는 나산현那山縣)이라고도 한다.
> 지금의 만경萬頃의 옛 이름이 두내산현豆乃山縣이다. 「관녕전貫寧
> 傳」에서는 진표의 고향을 금산현金山縣 사람이라 하였으나, 이는 절
> 이름과 현縣 이름을 혼동한 것이다) 사람이다. 아버지는 진내말眞乃
> 末이요, 어머니는 길보랑吉寶娘이며, 성姓은 정씨井氏이다. (「진표전
> 간」)[22]

> 진표율사는 전주全州 벽골군碧骨郡 도나산촌都那山村 대정리大井
> 里 사람이다. (「석기」)[23]

> 그(진표)의 고향은 금산金山에 있다. 대대로 사냥을 하며 살았다.
> 진표는 날쌔고 민첩하였다. 특히 활을 잘 쏘았다. (「진표전」)[24]

진표에 대한 3종 전기를 검토할 때 가장 먼저 부딪치게 되는 문
제는 활동 연대가 각기 다르다는 점이다. 중국 기록인 「진표전」은
물론이고 국내 기록으로서 『삼국유사』에 함께 실려 있는 「진표전
간」·「석기」조차도 표기되어 있는 연대가 다르기는 마찬가지다.
특히 후자는 두 편 모두 어느 정도의 연대가 기록되어 있음에도

---

21 김영태, 「신라 점찰법회와 진표의 교법 연구」, 『불교 학보』, 동국대 불교문화 연
구소, 1972, p. 119.
22 釋眞表 完山州今全州牧萬頃縣人或作豆乃山縣 或作那山縣 今萬頃 古名豆乃山縣也
貫尊傳釋□之鄕里 云金山縣人 以寺名及縣名混之也 父曰眞乃末 母吉寶娘 姓井氏.
23 眞表律師 全州碧骨郡都那山村大井里人也.
24 家在金山 世為弋獵. 表多蹻捷弓矢最便.

불구하고 서로 달라서 오히려 혼란을 부추기는 측면이 없지 않다. 현재로서는 서로 다른 연대의 옳고 그름을 가릴 수 있는 방계 자료도 찾아볼 수 없다.[25]

진표의 출생 연대는 물론 출생지도 정확하지 않다. 출생 연도를 추정해 내기 위해서는 3종의 진표 전기에 나타나는 연대를 종합적으로 검토해야 한다. 3종의 진표 전기에 나타나는 연대를 표로 정리하면 다음과 같다.[26]

진표의 생애	「진표전간」	「석기」	「진표전」
출생	717년(추정)	733년(추정)	729년(추정)
출가	729년(12세)	745년(12세)	개원연간 (713~741)
수행(부사의방장)		760년(27세)	
수계	740(23세)	762년 (경덕왕 21)	
아슬라주에서의 활동	752년(경덕왕 11)		
금산사 미륵상 안치		766년 (764년, 주조鑄造)	

먼저 「진표전」을 보자. 이 전기에서 나타나는 연대는 출가 연도뿐이다. 그것도 "개원중(중략) 출가의 뜻을 품었다(當開元中(中略) 因發意出家)"고 하여 정확한 연도를 확인할 수 없다. 개원 연간開元年

---

25 채인환, 「신라 진표율사1」, 『불교 학보』V. 23 No. 1, 불교문화 연구원, 1986, p. 39. ; 윤여성, 앞의 논문, p. 14.
26 김남윤, 「진표의 전기 자료 검토」 ; 박미선, 「진표 점찰법회의 성립과 성격」, 『한국 고대사 연구』Vol. 49, 한국 고대사 학회, 2008, pp. 222-223 참조.

間(713-742)은 신라 33대 성덕왕聖德王(? ~ 737) 12년(713)부터 34 대 효성왕孝成王(737~741)을 거쳐 35대 경덕왕 1년(742)까지 30년에 해당하는 기간이다. 이 전기의 연대 기록만으로 진표의 출가 연도를 확인하기는 어렵다.

「진표전간」의 사정은 조금 나은 편이다. 이 전기에는 진표가 선계산仙溪山 부사의방장不思議方丈에서 14일 동안 수행을 하다가 지장보살을 친견하고 정계淨戒를 받은 것이 23세 때, 개원 28년 경진년庚辰年(740, 효성왕 4)이라고 했다. 그 후에 아슬라주阿瑟羅州에 이르러 어별魚鼈들을 위해 설법하고 계를 준 것이 천보天寶 11년 임진년壬辰年(752, 경덕왕 11)이다. 「석기」에 따르면 진표가 변산 부사의방장에 들어간 것이 27세 때인 상원上元 원년 경자년庚子年(760, 경덕왕 19), 그로부터 3년 뒤인 임인년壬寅年(762, 경덕왕 21)에 지장·미륵 두 보살로부터 계법을 얻었다.

결론적으로 「진표전간」에 따르면 진표가 지장보살로부터 계를 받은 것은 23세 때, 740년이다. 12세 때 출가했다고 했으므로 출가 연도는 729년, 출생 연도는 717년이 된다. 「석기」 역시 같은 방식으로 정리하면, 변산 부사의방장으로 들어가던 해가 27세 때인 760년이므로 출가하던 12세 때는 745년, 출생 연도는 733년이 된다. 문제는 두 전기 「진표전간」과 「석기」 사이에 출생과 출가 연도 기록이 16년의 차이가 난다는 점이다.

논자들은 이 문제를 해결할 수 있는 한 가지 열쇠로서 진표의 출가 나이를 주목한다. 「진표전간」과 「석기」에서 출가 연도 자체는 각기 다르지만 나이는 12세로 동일하게 기록하고 있기 때문이다. 물론 진표의 출가 연도 기록—729년(「진표전간」), 745년(「석기」) 가운데 어느 것이 더 정확할지 알 수는 없다. 여기서 또 하나의 열쇠가 추가된다. 「진표전」의 출가 연도인 개원 연간(713~741)이 그것이다. 이 출가 연대와 앞의 두 전기에서 기록하고 있는 출가 연도가 합쳐지는 것이 「진표전간」의 729년이다. 대부분의 논자들이 「진표전간」의 연대를 기준으로 잡는 이유이다. 이에 따르면 진표는 성덕왕대에 출생하여 효성왕대에 출가하였고, 경덕왕대를 중심으로 혜공왕대에 이르기까지 크게 교화를 떨치다가 입적하였다. 그러나 이는 어디까지나 추정에 지나지 않는다.

진표의 가계를 검토한다. 「진표전간」에서 진표의 "아버지는 진내말眞乃末이요, 어머니는 길보랑吉寶娘이며 성姓은 정井씨"라고 했다. '진내말'에 대해 한 논자는 "내마(奈末 또는 奈麻) 곧 신라의 11등급 관직명에 성씨인 '진眞'을 앞에 붙인 관호官號라고 생각된다. 진씨는 백제의 대표적인 여덟 귀족 성씨 가운데 하나이며 '내마'는 신라가 백제를 멸망시킨 후 백제 귀족에게 관직을 나누어줄 때 3등급인 은솔恩率을 강등하여 수여한 관직명이었던 것이다. 따라서 진표는 옛 귀족 가문이지만 백제 멸망 후 신라에서도 우대를 받고 완산주 만경현을 장악하고 있던 가문 출신이라 하겠다."고 주장하였다.[27]

『삼국사기』권 제38 잡지雜志 제7 「직관職官」상上조에 따르면 신라 관등은 "제3대 유리왕儒理王(?~57)이 관위官位 17등급을 설치했는데, 이때부터 이후로 그 명목이 번다해졌다."[28] 법흥왕 7년(520) 율령律令 공포 때에 제정된 것으로 보는 견해도 있다. 17관

---

27 김남윤, 『신라 법상종 연구』, 서울대 대학원, 박사 학위, 1995, p. 120.
28 김부식, 『삼국사기 II』, 이강래 역, 한길사, 1998, p. 706.

등 중에 "10관등은 대나마大奈麻(혹은 대나말大奈末이라고 한다)인데 중나마重奈麻부터 구중나마九重奈麻까지 있고, 11관등은 나마奈麻(혹은 나말奈末이라 한다)인데 중나마重奈麻부터 칠중나마七重奈麻까지 있다."[29]

'백제의 대표적인 여덟 귀족 성씨'란 이른바 백제의 대성팔족大姓八族으로서 백제 후기의 대표적인 귀족 가문 8개를 아울러 가리키는 말이다. '대성팔족'은『수서隋書』등을 비롯한 중국사서의 "(백제) 나라 안에 큰 성씨로서 8개 집안이 있었다(國中大姓有八族)."라는 문장에서 비롯된 말이다. 그러나『삼국사기』등 국내 사서에는 나오지 않는다. 백제의 대성팔족에 대해 기록한 중국사서는 『수서』,『북사北史』,『신당서新唐書』,『통전通典』그리고『괄지지括地志』를 인용한『한원翰苑』등이다. 8개 성씨에 대한 내용이 저마다 조금씩 다르다(한국학 중앙 연구원,『민족문화 대백과 사전』).

물론 진씨도 백제의 대성팔족 가운데 들어 있다. 진표의 부친 진내말의 '내말'이 신라 11관등 '내마(혹은 내말)'라는 관직명으로 본다면, 진표의 집안은 신라 5두품五頭品 계층에 속하는 유력 가문이라는 얘기가 된다. 5두품은 신라 시대 골품제도 중 하나의 신분 계급으로서 성골·진골·6두품 다음의 계급이다. 밑으로 4두품四頭品이 있었다. 원래 신라의 골품제에 포함되는 자는 왕경인王京人에 한하는 것이었고, 5두품은 중앙 관직에 임명되므로 지배자 집단에 속하는 계급이었다.『삼국사기』「잡지」조에는 진촌주眞村主를 5두품과, 차촌주次村主를 4두품과 동일하게 파악하고 있다. 진촌주와 차촌주가 어떤 신분에 속하는지 분명하지 않으나 촌주村主

---

29 위의 책, p. 707.

는 촌락의 장이었으며 여러 개의 촌을 다스리고 있었다. 5두품은 제10관등인 대나마까지 오를 수 있었다. 다만, 대나마에서 더 관등을 올려야 할 경우 중대나마에서 9중대나마까지 중위重位를 내려 주었으며, 제9관등인 급벌찬 이상으로는 승진시키지는 않았다. 따라서 진표는 한 고을을 장악하고 있는 유력한 지방 호족 출신이라고 할 수 있다.

　문제는 진표의 부친 진내말의 '내말'이 신라 11관등 '내마(혹은 내말)'라는 관직명이고, 여기에 성씨인 '진'을 앞에 붙여 '진내말'이 된 것이라고 한다면, '진표眞表'라는 이름은 법명이 아닌 속명俗名이라는 얘기가 된다. 그것도 '진'씨 성에 외자인 '표表'가 이름이다. 일반적으로 '진표'를 법명으로 알고 있는 정서와 크게 벗어나는 결론이다. 일반적으로 고승전高僧傳에 속명을 쓰는 경우는 거의 없다. 「진표전」에서는 "미륵이 그(진표-인용자)를 위하여 삼법의三法衣와 와발瓦鉢을 주고 다시 이름을 하사하였는데, '진표眞表'라고 하였다(慈氏躬授三法衣瓦鉢 復賜名曰眞表)"고 하였다. '진표'가 미륵이 내린 법명이라는 것이다. 무엇보다도 「진표전간」에서도 진표의 가계에 대한 기사를 기록하고 있는 같은 단락의 첫 문장을 주어 "석진표釋眞表"로 시작하고 있다. '승려 사회에서는 일불제자임을 뜻하는 석씨 성을 사용하는 관습'에 따라 석씨 성을 사용한 것이다. 따라서 '진표'는 법명으로 보아도 무리가 없다.

　'진내말'의 신라 11관등설에 따른다면 무엇보다도 "아버지는 진내말이요, 어머니는 길보랑이며, 성은 정씨이다(父曰眞乃末 母吉寶娘 姓井氏)"라는 「진표전간」의 원문 번역이 문제가 된다. '진내말'의 '내말'을 관직명으로 볼 경우, 진표의 어머니 길보랑이 정씨가 되

는 것이다. 실제로 내말의 신라 11관등설을 주장하는 논자는 본
문 중의 정씨를 어머니의 성씨로 규정하고 있다.[30] 그러나 이 문장
의 '감추어진' 주어는 '진표'로 보인다. 전체 단락의 주어가 이 문
장의 주어가 되는 것이다. "석진표는…, '(진표의) 아버지는 진내말
이요, (진표의) 어머니는 길보랑이며, (진표의) 성은 정씨이다.'"로
이해하는 것이 타당하다고 생각된다. 다시 말하면 진표의 성이 정
씨가 되는 것이다. 일반적인 전기 문장의 경우, 같은 단락에서 부
자父子를 기록할 경우, 앞에서 부자 가운데 누구라도 성을 거론했
다면 뒤에서는 성을 생략하는 것이 일반적이다.

이 경우 「진표전간」의 저자 일연의 글쓰기 방식도 검토되어야
한다. 다음은 이상은 『삼국유사』에서 「진표전간」 앞에 실려 있는
위의 3인의 고승─의상과 원효, 자장의 전기 첫 문장들이다.

> 법사法師 의상義湘의 아버지는 한신韓信이요, 성姓은 김씨金氏
> 이다. 나이 29세에 서울 황복사皇福寺에서 머리를 깎고 중이 되었
> 다.(「의상전교義湘傳敎」)[31]

> 성사聖師 원효元曉의 속성俗姓은 설씨薛氏이다. 조부는 잉피공仍
> 皮公 또는 적대공赤大公이라고도 하는데 지금 적대연赤大淵 옆에 잉
> 피공의 사당이 있다. 아버지는 담날내말談捺乃末이다.(「원효불기元
> 曉不羈」)[32]

---

30 일부 논자들도 같은 입장을 취하고 있다. 윤여성, 앞의 논문, p. 14. ; 최완수, 「최
완수의 우리 문화 바로보기 (23) 토착 미륵 신앙의 땅, 금산사와 법주사」, 『신동아』,
동아일보사, 2001. 5.
31 法師義湘 考曰韓信 金氏 年二十九依京師皇福寺落髮.
32 聖師元曉 俗姓薛氏 祖仍皮公 亦云赤大公 今赤大淵側有仍皮公廟 父談捺乃末.

대덕大德 자장慈藏은 김씨金氏이니 본래 진한辰韓의 진골眞骨 소
판(蘇判; 삼급三級의 벼슬 이름) 무림茂林의 아들이다. (「자장정률(慈
藏定律)」)[33]

　　세 전기의 경우, 한 가지 공통점은 주인공의 속성을 밝히고 있
다는 점이다. 두 번째는, 앞에서 지적한 바와 같이 일반적인 전기
문장으로서 이미 성을 한 번 밝혔으므로 부친은 물론 조부의 성
도 따로 밝히지 않았다는 점이다. 따라서 「진표전간」에서 나타나
는 진표의 전기에서도 속성인 '정씨'를 밝혔고, 부친의 이름 '진내
말'은 그대로 기록한 것으로 보인다. 그러나 진표 전기의 경우 좀
특이한 경우에 속하기는 한다. 첫 문장에 '석진표'라고 하여 '석씨'
성을 밝혔으므로 전기의 다음 문장에서는 성을 밝히지 않는 것이
일반적이지만, 진표의 속성이 아닌 불문佛門에서 사용하는 '석씨'
성을 붙였으므로 뒤에 굳이 진표의 속성인 '정씨'를 밝힌 것이다.
여기서 우리는 또 하나의 다른 가능성을 제시하고자 한다. 적어도
원문 그대로라면 진표의 성은 정씨이고, 진표의 어머니 길보량의
성이 '길씨吉氏'일 가능성이 있다는 것이다.
　　진표의 출생지에 대해서도 3종의 전기는 일치하지 않는다. 먼
저 국내 기록을 살펴보자. 「진표전간」에서는 진표의 출생지가 완
산주 만경현이라고 하였다. 「석기」에는 진표가 전주 벽골군 도나
산촌 대정리 사람이라고 하였다. 「진표전간」에서는 '만경현'에 대
해서 다음과 같은 주석을 붙였다; "혹은 두내산현 혹은 나산현이
라고도 하는데 지금 만경의 옛 이름이 '두내산현'이다." 짧은 문장

---

33 大德慈藏 金氏 本辰韓眞骨蘇判(三級爵名)茂林之子.

이지만, 두 기록이 서로 다르므로 검증이 필요하다.

먼저 「진표전간」에서 기록하고 있는 '완산주'는 지금의 전주를 가리킨다. 『동국여지승람 Ⅳ』「전주부全州府」조에 따르면 본래 백제의 완산完山이며 신라 진흥왕 때 완산주를 둔 이후에 부침을 거듭하다가 조선 태종 때 전주부로 고쳤다. 다음, 「석기」에서 기록하고 있는 '벽골군'은 오늘날의 전북 김제시를 일컫는다. 『동국여지승람 Ⅳ』「김제군金提郡」조에는 "본래 백제의 벽골군인데 신라 때에 지금의 이름으로 고쳤다. 고려 초에 전주의 속현屬縣이 되었다가 인종仁宗 21년에 현령을 두었다"고 하였다. 그러나 『동국여지승람 Ⅳ』의 '전주'에 대한 기록은 서로 충돌하고 있다. 「전주부」조에는 전주가 원래 '완산(주)'였으며 조선 태종 때 전주부로 고쳤다고 했는데, 「김제군」조에는 김제군이 '고려 초에 전주의 속현이 되었다'고 했으므로 고려 시대에 이미 '전주'로 불린 것이 된다. 이와 같은 충돌은 진표의 전기에 그대로 반영되어 있다. 국내의 두 진표 전기는 물론 고려 시대에 기록되었다. 동시대에 기록된 두 진표 전기이지만, 『동국여지승람 Ⅳ』「김제군」조의 입장을 취하고 있는 「석기」는 '전주 벽골군'이라고 했고, 「전주부」조의 입장을 취하고 있는 「진표전간」에서는 '완산주 만경현'이라고 기록하고 있는 것이다.

다음은 '만경현' 문제. 「진표전간」의 '만경현'은 오늘날의 전북 김제시 만경읍에 해당한다. 『삼국사기』권37 잡지雜志 6 지리地理 4에 따르면 '만경현'은 본래 백제의 두내산현이었으며 당나라가 백제를 멸망시킨 뒤에 도독부를 설치하려는 계획에는 '두내지豆柰只'라는 표기로 등장한다. 『신증 동국여지승람 Ⅳ』「만경현萬頃縣」조에 따르면 본시 백제 두내산현豆乃山縣인데 신라 때 지금 이름으로 고쳐서 김제군의 영현領縣으로 만들었다.[34] 『삼국사기』권36 잡지5 지리3 「신라 전주 금제군」조에 따르면 진표가 왕성하게 활동하던 신라 경덕왕 때 '두내산현'을 '만경현'으로 고쳐 불렀다. 따라서 「석기」에서 '도나산촌'이라고 기록한 것에 대해 한 논자는 '도나산촌'은 '도나산현'이어야 한다고 지적하였다.[35] 두내산현 혹은 만경현이므로 '-촌'이 아니라 '-현'이어야 한다는 데는 동의하지만, 왜 '두내산'이 '도나산'으로 기록되었는지에 대한 이유는 밝히지 않아서 아쉬운 지적이다. 또 하나의 지적은 진표가 활동하던 당시는 물론 『삼국유사』가 1281년(충렬왕 7)경에 편찬되었던 당시에도 '벽골군(혹은 김제군)'이라는 지명이 사용되었고, 만경현이 김제군의 속현이었음에도 불구하고 「진표전간」에서는 '벽골군(혹은 김제군)'을 생략한 채 '완산주 만경현'으로 기록하고 있다는 점이다.

「진표전간」의 '만경현' 주석에서 '나산현'이라고 한 것은 검토가 필요하다. 국사편찬위원회 한국사 데이터베이스의 『삼국유사』에서는 「진표전간」의 '만경현' 주석에서 '나산현'이라고 한 것은 '두내산현'이라는 이칭을 고려하여 '도나산현都那山縣'으로 표기되어야 하지만 판각 당시에 '도都'자가 빠진 것으로도 생각할 수 있다고 지적하였다. 이 지적은 「석기」의 '도나산현'을 바탕에 깔고 논의를 진행한 결과이다. 그러나 지금까지의 논의 결과 어느 정도 결론을 유추할 수는 있다. '만경현'을 두내산현 혹은 도나산현이

---

34 『신증 동국여지승람 IV』, 민족문화추진회, 1971, p. 452.
35 최완수, 「우리 문화 바로보기 23」, 모악산 금산사 홈페이지; http://www. geumsansa. org/default. asp. 검색일; 2014. 3. 19.

라고도 불렀다는 내용이 그것이다. 따라서 학계에서는 진표가 완산주 두내산현(도방산촌都邦山村) 대정리, 오늘날의 전북 김제시 만경읍 대정리에서 출생하였다는데 대체로 동의하고 있다.[36]

그러나 이 결론에는 한 가지 간과한 것이 있다. 그럴 것이 「진표전간」에서는 진표의 출생지가 '완산주 만경현'이라고 하여 그 이하의 지명에 대해서는 기록하지 않았고, 여기에 주목한 논자들은 보다 치밀한 검증을 거치지 않았던 까닭이다. 「석기」에 따르면 진표의 출생지는 전주 벽골군 도나산촌 대정리이다. 논자들은 '대정리'를 간과한 것이다.

『삼국사기』에 따르면 오늘날 김제 지역의 지명은 원래 벽골壁骨(또는 소골疎骨), 두내산豆乃山(혹은 두내지豆㮈知), 수동산首冬山, 무근촌武斤村, 내리아乃利阿 등이다. 이들 지명들은 변천을 거듭하게 된다. 757년, 진표가 활동하던 경덕왕 당시에 벽골이 김제로, 두내산은 만경현으로 개칭되었다. 수동산은 평고현平睾縣으로, 무근촌은 무읍현武邑縣으로 각각 개칭되어 모두 김제군의 속현이 되었다.[37] 따라서 벽골=김제, 두내산=만경은 각기 다른 지명인데 두 진표 전기(「진표전간」, 「석기」)에는 같은 지명으로 '처리'하고 있는 것이다. 문제는 오늘날 김제시 만경읍에는 '대정리大井里'가 존재하지 않는다는 점이다.

'대정리'가 있는 곳은 오늘날의 김제시이다. 김제시 순동 대리大里마을이 그곳이다. 이 마을은 옛날에 대정면大井面 대정리大井里였

---

36 윤여성, 앞의 논문, p. 14. '도방산촌都邦山村'이라고 한 것은 「석기」의 기록을 의식한 내용이지만, '도나산촌都那山村'의 착오인 것으로 보인다.

37 김부식, 『삼국사기 II』, p. 680.

진표율사의 출생지로 추정되는 김제시 순동 대리마을 전경

다. 그 이전에는 '한우물'로 불렸다. 마을에 큰 우물이 있어서 '찬
우물', '한우물'로 불렸는데 '대정大井'이라는 한자로 표기된 것이
다. 지금도 이 마을 입구를 가리키는 이정표에는 '대리마을' 밑에
'한우물'을 동시에 표기하고 있다. 또한 마을 앞에는 '한우물'이 보
존되어 있다. 김제시 문화 원장을 역임하고 현재 향토 문화 연구
소 소장으로 활동하고 있는 김병학 전 김제시 문화원장(80)에 따
르면 이 우물은 아무리 가물어도 마르지 않았고, 주위의 몇 개 면
지역 사람들의 식수원으로 사용되었다고 한다.[38]

『신증 동국여지승람 Ⅳ』「김제군」조에는 '대정大井'이 기록되어
있다; "동쪽으로 처음이 10리, 끝이 15리이다." 『신증 동국여지
승람』은 1530년(중종 25)에 이행李荇·윤은보尹殷輔·신공제申公

---

38 김병학 김제시 향토 문화 연구 소장(전 김제시 문화 원장) 인터뷰(2014. 6. 3.
16:00~)

대리마을 표지판 밑에 "한우물"('한' 자 '힌' 자
로 탈자됨)은 이 마을이 과거 "대정리大井里"였
음을 알 수 있다

마을이름 "대정리大井里"의 유래가 된 "한우물
(혹은 찬우물)"

濟 · 홍언필洪彦弼 · 이사균李思鈞 등이 『동국여지승람』을 증수, 편
찬한 책. 원래 『동국여지승람』은 1481년(성종 12)에 편찬되었다.
전자에 따르면 조선조 초기 전주 속현이었던 김제는 1403년(태종
3)에 이 고장 출신으로 명나라 환관이었던 한첩목아韓帖木兒의 요
청으로 군으로 승격되었다. 이때 김제군은 대정면을 포함하여 19
개 면을 관할하였다.[39] 따라서 '대정'이라는 지명이 조선 초기에도
사용되었던 지명이다. 따라서 진표의 두 전기가 실려 있는 『삼국
유사』가 편찬되던 고려 후기에서 사용되었을 가능성도 없지 않다.

대리마을은 김제시의 동북쪽 약 3km지점에 위치하고 있다. 이
마을은 김제시 순동 농원 마을과 만경 거리와 경계를 이루고 있
는데 진표에 대한 전설이 두 가지가 전해 내려오고 있다. 하나는
앞으로 우리가 살펴보게 될 「진표전」의 '개구리 사건'이다. 진표는
이 사건으로 충격을 받고 출가하게 된다. 말하자면 진표의 출가

39 김병학 엮음, 『김제군 마을 유래(향토문화자료 제7집) 내 고장 옛 이름』, 1991, p.
7.

대리마을 주민들이 진표율사의 출생지로 지목하는 장소 대리마을 뒤편에 위치한다

동기가 되었던 사건이다. 다른 하나는 진표와 '용자칠총龍子七塚'에 얽힌 전설이다. 김제시에서 전주시 이서면伊西面 방면으로 가다 보면 백학동白鶴洞이 나온다. 백학동 선인동 마을 일성공업사 앞에 나지막한 터가 보이는데, 이곳에 일곱 개의 무덤이 나란히 자리 잡고 있다. 옆에 서 있는 '용자칠총의 유래'비에는 진표陳表와 용녀龍女 사이에 얽힌 용자칠총의 전설이 기록되어 있다.

'용자칠총의 유래'비의 전문은 다음과 같다.

어느 때인지는 알 수 없으나 진표陳表라는 고기잡이 노총각은 병든 홀어머니를 오랫동안 봉양하고 있었는데 한겨울에 붕어가 먹고 싶다고 하여 가까운 연못에 가서 얼음을 깨고 낚시를 하고 있었으나 자라밖에 잡히지 않아 부엌 물독에다 넣어 두었다. 그런데 자라는 여자로 변신하여 맛있는 반찬을 만들어 놓고 다시 자라로 변하여 숨곤하였다. 이것이 인연이 되어 진표는 자라 부인을 아내로 맞이하게 되었다. 이는 진표의 효성이 지극하여 하느님이 내려 준 선녀의 화신이었다. 그 뒤 자라 부인은 잉태하여 십 삭이 되자 진표에게 피신하였다가 삼칠일 후에 들어 오도록 당부하였다. 그러나 진표는 호기심으로 약속을 어기고 기일 만에 돌아왔기 때문에 자라 부인이 낳은 일곱 마리의 용은 죽었고 부인은 눈물을 흘리고 하늘로 승천하였다고 전하며 이에 진표는 양지바른 곳에 일곱 마리의 용을 나란히 묻어 주었었고, 후세인들은 이를 용자칠총이라 불렀다고 한다.

다른 기록에는 진표가 "일곱 개의 무덤을 만들어 선인동 마을 뒷산에 묻어 주고 봉래산蓬萊山 월출암에 들어가 평생을 수도하며 일생을 마쳤다"고 전한다. 여기서 봉래산은 진표가 목숨을 건 용맹 정진 끝에 지장, 미륵 두 보살을 친견하게 되는 변산을 일컫는다. 변산은 전라북도 고창군과 전라남도 장성군에 걸쳐 있는 방장산方丈山(743m), 전라북도 정읍시 고부면 · 덕천면 · 소성면에 걸쳐 있는 두승산斗升山(일명 영주산瀛州山, 444m)과 함께 예로부터 '호남의 삼신산三神山'으로 알려져 왔다.

김제시 백학동에 있는 용자칠총과 유래비 진표율사가 모티브가 된 전설의 현장이다. '용자칠총' 전설은 김제시 순동 대리마을에 전해 내려오고 있다.

진표와 '용자칠총'의 주인공 진표陳表와는 한문 표기에 차이가 있다. 이에 대해 김병학 전 김제 문화 원장은 "원래 '용자칠총의 유래'비는 한우물 북쪽 산에 있었다. 지금은 작고했으나 윤관수 씨라고, 대리마을 노인 회장을 했던 사람이 있었다. 용자칠총이 있었던 산과 대리마을 한우물이 있는 땅 주인이기도 했던 그 사람이 용자칠총을 현재의 도로변—원래 있었던 용자칠총 자리에서 북쪽으로 옮기면서 유래비를 제작했다. 당시 나도 개입하기는 했으나 윤관수 씨가 주로 맡아서 진행하였다. 진표의 한자 표기가 잘못되었다. 진표眞表가 맞다. 고쳐야 한다."고 말했다. 물론 진표가 12세에 출가하였으므로 한자 표기가 같다고 해서 '용자칠총' 전설의 주인공이 진표라고 할 수는 없다. 그러나 진표의 효심, 연못과 용신앙, 봉래산 출가 등과 같은 내용(여기에 대해서는 후술하게 될 것이다)으로 볼 때 '진표'가 모티브가 되었던 것으로 보인다. 여기에 대해서는 깊은 논구가 필요하지만 더 이상은 생략한다. 문제는 이 전설이 '개구리 사건' 전설과 함께 김제시 순동 대리마을에 전승되어 온다는 점이다. 김병학 전 김제 문화 원장을 비롯하여 답사 중에 만났던 대리마을 주민들, 특히 김제 조씨 종친회에서 활동하고 있는 대리마을 출신 조광수 옹(70)은 바로 이곳 대리마을이야말로 진표의 출생지가 틀림없다고 증언한다.[40]

그렇다면 어찌하여 '만경'이라는 지명이 나왔느냐 하는 것이다. 이 또한 그럴 만한 까닭이 있다. 지금처럼 교통이 발달되기 전 아랫녘(전라남도)에서 서울로 가는 길이 지금의 순동 농원 마을로 나 있었

---

40 김제 조씨 종친회, 대리마을 주민 조광수 옹 인터뷰(2014. 6. 3. 14:00~).

는데, 이 곳 농원에 만경으로 가는 갈림길이 있었다. 그래서 갈림길이 있는 이 부근을 사람들은 '만경 거리'라고 불렀다. 지금도 이곳에는 만경으로 통하는 길이 뚫려 있을 뿐만 아니라 이곳을 부를 때 '만경 거리'라고 불러야 농원으로 부르는 것보다 더 잘 알아듣는다. 진표율사가 바로 이 곳 '만경 거리' 부근인 '대정리=대리'에 살았기 때문에 출생지가 '만경'으로 잘못 기록된 것이 분명하다. 위와 같은 여러 가지 사실을 기초로 할 때 진표율사의 출생지는 지금의 순동 대리마을이 틀림없다.[41]

이 주장에 대해 학계에서는 아직 받아들이지 않고 있으나 불교계 일각을 비롯한 관공서, 관광업계 등 일부에서는 사실로 받아들여지고 있는 분위기다.[42] 물론 김병학 전 김제 문화 원장을 비롯하고 조광수 옹 등 대리마을 주민들도 이 주장에 동의하고 있다. 대리마을의 옛 지명이 대정리이고, '대정'이라는 지명이 조선 초기 이전에도 있었던 것이 문헌 자료에서 확인되었으므로 진표의 출생지와 관련한 기록은 「석기」의 '전주 벽골군 도나산촌 대정리'가 비교적 사실에 가깝다고 결론 내릴 수 있을 것 같다. 이 경우, '도나산촌'이 왜 들어가 있는지는 알 수 없다. 역시 위의 인용문과 증언자들의 그것과 같이 진표가 '만경 거리'에 가까운 대정리 출신이므로 '만경현(=도나산현=도나산촌)'이 끼어 들어간 것인지 지금으로서는 확인할 수 없다.

---

41 「한국 불교의 큰 별 진표율사」; 김태복과 행복 나누기; http://cafe. daum. net/ktblove(출처: http://2001. egimje. net/) 검색일; 2014. 3. 19.
42 「진표율사」, 전통 사찰 관광 종합 정보; http://www. koreatemple. net/; 역사 문화 자원, 「전라북도 김제시, 내 고장의 역사적 인물」, 한국 문화원 연합회, http:// www. kccf. or. kr/home/home. php/ 외.

여기서 또 한 가지 의문점을 해명하고 넘어가자. 앞에서 우리는 진표의 속성이 「진표전간」에 따라서 '정씨井氏'라고 결론지었다. 이 경우, 또 하나의 문제가 파생된다. '우물 정井'자의 정씨가 과연 있는가 하는 점이다. 적어도 아직까지는 그런 정씨를 찾을 수는 없다. 이 문제와 관련하여 진표의 성이 '정씨'라는 데 동의하는 일부 논자는 「석기」에 따라서 진표의 출생지 '대정리'설에 착안하여 「진표전간」의 '정씨'는 진표의 성이고, 이것은 지명(대정리)에서 말미암은 것이라고 지적하였다.[43] 앞의 증언자들의 의견도 대체로 일치한다. 이들은 자신들의 주장에 대해 확실한 논거를 제시한 것은 아니지만, 참고할 필요는 있을 것 같다.

진표의 출생지에 대한 우리의 검증 작업은 아직 끝나지 않았다. 「진표전간」에서 '만경현'에 붙어 있는 주석에 다른 내용이 있어 검토가 필요하기 때문이다. "「관녕전」에서는 진표를 '금산현 사람'이라 하였으나, 이는 절(금산사) 이름과 현 이름을 혼동한 것이다." 라는 내용이 그것이다. 과연 혼동한 것일까? 이 문제를 해명하기 위해서는 무엇보다 「관녕전」이라는 책을 찾아야 하지만, 아쉽게도 찾을 수가 없다. 한 논자는 「진표전」의 '진표의 고향은 금산에 있다(家在金山).'는 기록에 주목하여 '관녕전'의 '관貫'을 『송고승전』의 찬술자 찬영賛寧의 '찬賛'의 오기라고 주장하였다.[44] 역시 확실한 논거를 제시한 것은 아니지만, 개연성은 있는 것 같다.

일연은 진표의 고향 '금산'설과 절 이름—금산사를 혼동한 것이

---

43 이기백, 앞의 논문, p. 266 ; 김상현, 「진표의 미륵 신앙」, 『신라의 사상과 문화』, 일지사, 1999, p. 383.
44 이기백, 「진표의 미륵 신앙」, p. 266.

라고 단정 지었으나 역시 검증은 필요하다. 「관념전」이 찬영이 편찬한 「진표전」과 같은 책일 수 있다는 지적은 참고할 만하지만, 사실로 확인되지 않는 이상 다른 기록으로 볼 수밖에 없다. 따라서 진표의 출생지가 김제시 만경읍이 아니라 앞의 두 기록(「진표전」, 「관념전」)에서 제시하는 바와 같이 '금산현'설도 무조건 무시할 수는 없는 일이다. 이 경우, 일연의 지적에 유의하면서도 '금산(현)'이 금산사가 위치하고 있는 완산주 전주목 금구현金溝縣 지역−현재의 전북 김제시 금산金山지역일 수도 있다는 추정도 해볼 수 있다. 이렇게 추정하는 이유는 진표 가계의 직업과 관련이 있다.

「진표전」에 따르면 진표의 집안은 향리에서 "대대로 사냥을 하면서 살았다"고 하였다. 이 같은 내용은 진표 집안의 신분과 함께 출생지를 추측할 수 있는 단서가 될 수 있다. 대대로 사냥을 하면서 살았다면 진표의 고향이 산악 지역이어야 한다. 『동국여지승람 Ⅳ』「만경현」조에는 만경이 서쪽으로 바닷가의 언덕에 이르기까지 30리 거리에 있다고 하였다. 실제로 오늘날 김제시 만경읍은 김제시 북서쪽에 만경강과 서해 바다를 끼고 있는 평야 지역이다. 사냥을 가업으로 할 수 있는 지역이 아니라는 얘기다. 반면 김제시 금산은 김제시 동남쪽으로, 바로 금산사가 있는 모악산을 중심으로 모악산 도립공원을 끼고 있는 산악 지역이다.

물론 이와 같은 주장은 어디까지나 추정이다. 진표의 출생지가 「진표전」과 「관념전」의 기록과 같이 '금산'이 아니라고 해도, 오늘날의 전북 김제시 만경읍 대정리라는 선행 연구들의 주장보다는 산악 지역이 더 가까운 김제시 순동 대리(대정리)마을 설이 더 사실에 접근하지 않을까 한다.

진표는 부유한 환경에서 성장했다. 그의 가계가 대대로 사냥을 하며 살았다는 것이 이유이다. '징개멩경이(金提萬頃)' 넓은 평야 한복판에서 대대로 사냥을 했다고 했으나 그것이 주업은 아니었을 터이다. 「진표전」에 따르면 진표는 날쌔고 민첩하였다. 특히 활을 잘 쏘았다. 이와 같은 기록을 보면 진표는 매우 명민했던 것 같다. 또한 그는 사색적이었다. 후술하게 될 '개구리 사건'을 겪고 12세 어린 나이에 출가를 감행했을 정도였다면, 그가 얼마나 사색적인지를 알 수 있다. 또한 한 번 결심한 것은 곧바로 실천에 옮기는 적극성과 결단력도 갖추었던 것 같다.

> 나이 12세 때 금산사金山寺의 숭제법사崇濟法師 강석講席에 가서 중이 되어 배우기를 청했다. (「진표전간」)[45]

> 나이 12세에 중이 될 뜻을 가지니 아버지가 허락하므로 율사律師는 금산수金山藪 순제법사順濟法師에게 가서 머리를 깎고 중이 되었다. (「석기」)[46]

두 국내 진표 전기에는 진표가 출가하는 입장을 각기 다르게 기록하였다. 「진표전간」에는 자발적으로 출가했다고 한 반면, 「석기」에는 아버지의 허락을 받아서 출가했다고 하였다. 「진표전」역시 스스로 출가한 것으로 기록하고 있다. 그러나 진표의 집안을 고려한다면 아버지의 허락을 받아서 출가했을 것으로 보인다.

진표의 출가 동기가 궁금하다. 국내 기록인 두 전기에서는 진표

---

45 年至十二歲. 投金山寺崇濟法師講下. 落彩講業.
46 至十二. 志求出家. 父許之. 師往金山藪順濟法師處容染.

의 출가 동기에 대한 내용이 없다. 오히려 중국 기록인 「진표전」에서 진표의 출가 동기에 대해 비교적 상세하게 기록하고 있다.

개원 연간 중의 어느 날 진표는 사냥을 나가서 짐승을 쫓다가 잠시 밭두렁에서 쉬었다. 그때 개구리가 많은 것을 본 그는 개구리를 잡아 버드나무 가지에 꿰어 꿰미를 만들었다. 그리고는 사냥이 끝난 뒤에 가져가기 위해 물 속에 담가 두었다. 장차 반찬을 만들어 먹을 생각이었다. 그리고 사냥을 하였는데 사슴을 쫓다가 산 북쪽으로 해서 집으로 돌아갔기 때문에 꿰어 둔 개구리를 가지고 가는 것을 잊어버리고 말았다.

이듬해 봄 진표는 다시 사냥을 나갔다가 물속에서 우는 개구리 소리를 듣고 가서 물속을 들여다보았다. 거기에는 30마리 가량의 개구리가 아직 살아 있었다. 이때 진표는 탄식하며 스스로 책망하여 말했다.

"괴롭도다. 어찌 입과 배가 저같이 꿰어 해를 넘기며 괴로움을 받았는가."

이에 버들가지를 끊어 개구리들을 모두 놓아주었다. 이 일을 계기로 하여 그는 출가의 뜻을 품게 되고, 마침내 깊은 산으로 들어가 스스로 머리를 깎았다. (「진표전」)[47]

「진표전」 역시 진표가 자발적으로 출가했다고 기록하였다. 불가에서 스스로 출가한 것과 아버지의 허락을 받아 출가한 것은 큰 차이가 있다. 승단 규칙에 따르면 출가하려고 하는 자는 반드시

---

47 當開元中逐獸之餘憩於田畎. 間折柳條貫蝦蟆. 成串置於水中. 擬為食調. 遂入山網捕. 因逐鹿由山北路歸家. 全忘取貫蝦蟆歟. 至明年春獵次聞蝦蟆鳴. 就水見去載所貫三十許蝦蟆猶活. 表於時歎惋. 自責曰. 苦哉. 何為口腹令彼經年受苦. 乃絕柳條徐徐放縱. 因發意出家. 自思惟曰. 我若堂下辭親室中割愛. 難離慾海莫揭愚籠. 由是逃入深山以刀截髮.

부모의 허락을 받아야 한다. 진표의 전기가 후대로 갈수록 규칙에 맞도록 정리, 기록되어 가고 있다는 것을 확인할 수 있다.

진표를 탐구하기 위해서는 그의 출가는 더할 나위 없이 중요한 텍스트가 된다. 특히 그가 보여준 출가의 주변 풍경에는 몇 가지 주목을 요하는 대목이 있다. 첫째, 그가 출가한 금산사라는 사찰이다. 금산사는 김제 벽골제와 만경 평야 인근에 위치하고 있다. 금산사는 아마도 백제 미륵 신앙의 전통을 이어받았을 것이다. 그러나 당시까지만 해도 금산사는 조그만 암자였다.[48] 분명한 것은 금산사가 인근 만경 평야에 삶의 뿌리를 내리고 살아가는 인민들의 소망이 반영된 전당이라는 점이다. 출가는 다시 태어난다는 의미가 포함되어 있다. 바로 그곳이 금산사라면, 금산사는 진표의 제2의 '인생'에 있어서 그 중요성을 아무리 강조해도 지나치지 않을 것이다.

둘째, 진표의 사승 숭제법사가 주목된다. 12세 어린 나이로 출가한 진표에게 그의 사승은 많은 영향을 끼쳤을 것이다. 아마도 거의 절대적이었다고 할 수 있다. 따라서 진표를 탐구하는 방법 중의 하나는 그의 사승인 숭제를 통하는 길도 배제될 수 없다. 아니, 숭제를 통하는 길은 진표에 미치는 그의 영향의 크기만큼 절대적일 수 있다. 다음 절에서 우리는 숭제법사부터 고찰한다.

진표의 사승에 관해서 먼저 해명되어야 할 것은 이름이 두 가지로 표기되어 있다는 점이다. 숭제(「진표전간」), 순제(「석기」)가 그것이다. 아직은 어느 것이 옳은지 확인할 수 없다. 이 책에서는 일반적으로 많이 사용되고 있는 전자로 표기한다.

---

48 한국 불교 연구원, 『한국의 사찰 11 금산사』, 일지사, 1985, p. 19.

2) 사승 숭제법사

(1) 뿌리 하나; 정토교 본가에서 유학하다

진표의 사승 숭제법사는 누구인가? 숭제에 대한 자료는 진표의 두 국내 전기 「진표전간」, 「석기」가 거의 유일하다. 그 밖의 자료에서 '숭제법사'라는 이름이 몇 군데 등장하기도 한다. 눈길을 끄는 자료는 백제 말 승려로서 충남 예산군 덕산면 덕숭산에 있는 수덕사修德寺의 창건주라는 내용이다. 「한국의 산하」에는 수덕사의 연혁에 대해 "창건에 대한 뚜렷한 기록이 없어 창건 설화가 분분하나, 「사기寺記」에는 백제 말에 숭제법사에 의하여 창건되었다"[49]고 하였다. 『두산백과』에는 전북 순창군 복흥면 영구산靈龜山에 있는 구암사龜巖寺를 "623년(백제 무왕 24) 숭제가 창건하였다"[50]고 쓰고 있다.

많은 자료들이 '수덕사 창건주 숭제법사'를 인용하고 있으나 정작 수덕사에서 발행한 '수덕사 창건' 관련 글에는 숭제법사의 이름이 없다. 구암사 창건주 숭제법사에 대해서도 "절을 세운 숭제가 신라 경덕왕 때 활약한 진표의 사승인 숭제와 같은 인물인지는 알 수 없다."고 할 정도로 진위를 파악하기가 쉽지 않다. 아니, 글쓴이의 이와 같은 의심 자체가 성립될 수가 없다. 숭제가 활동

---

49 전상진, 「내포 지역 역사 문화유산을 찾아서 ⑲'내포'의 역사와 문화 2. 진취적이고 세련된 백제불교 원천지 자리매김-수덕사 창건주 숭제법사」, 『내포타임즈문화/레포츠』, 2013. 04. 16. ; 김봉렬, 「예산 수덕사」, 『한국미의 재발견 - 불교 건축』, 솔 출판사, 2004. 11. 30. ; 「한국의 산하」, http://www. koreasanha. net/san/deogsung. htm, 검색일; 2013. 8. 2.

50 '구암사', 두산백과, http://terms. naver. com/, 검색일 ; 2013. 7. 20.

했을 연대로 보이는 신라 성덕왕·효성왕·경덕왕대는 백제 무왕 (재위 기간 600~641) 대로부터 거의 한 세기가 지난 뒤이기 때문이다. 백제 무왕 때 숭제법사라는 인물이 있었는지 모르겠으나, 만약 있다고 해도 진표의 사승인 숭제법사는 아니다.

지금으로서는 진표의 두 국내 전기에서 보이는 '숭제' 이상의 자료를 찾을 수는 없다. 두 진표 전기 가운데 「석기」에는 '금산사에 주석하는 승려로서 진표의 사승' 순제라는 정보 외에 그의 전기적 자료는 없다. 「진표전간」에서도 숭제에 관련된 내용은 그의 몇 마디 진술에 한정된다.

> 스승 숭제법사가 말했다. "나는 일찍이 당나라에 들어가 선도삼장 善道三藏에게 배운 적이 있는데, 후에 오대산에 들어가 문수보살의 현신에게 감응되어 오계를 받았다."
> 진표가 물었다. "얼마나 부지런히 수행하면 계를 받게 됩니까?"
> 숭제가 대답했다.
> "정성만 지극하다면 1년을 넘지 않을 것이다." (「진표전간」)[51]

숭제의 자전적 진술은 하나의 문장으로 연결되어 있지만, 몇 개의 단문으로 나눠질 수 있다. 주부와 술부가 있는 문장으로 하나씩 세분하면 다음과 같다; •나는 일찍이 당나라에 유학을 갔었다. •나는 당나라 선도삼장에게 배웠다(내 사승은 선도삼장이다). •후에, 나는 오대산에 갔다. •그곳에서 나는 문수보살의 현신에게

---

51 其師嘗謂曰 吾曾入唐 受業於善道三藏 然後入五臺 感文殊菩薩 現受五戒 表啓曰 勤修 幾何得戒耶 濟曰 精至則不過一年.

감응되었다. • 나는 문수보살에게 오계를 받았다. 이 문장들을 하나씩 해석하면 숭제의 '진면목'이 들어 날 것이다. 그리고 숭제라는 인물을 알게 되면, 그가 백짓장같이 하얀 '진표'라는 화선지 위에 어떤 그림을 그렸는지도 확인될 터이다.

먼저 숭제가 당나라 유학승이었다는 점부터 검토하자. 당시 신라 불교계에서는 당나라 유학은 선망의 대상이었다. 많은 신라의 승려들이 입당구법入唐求法의 길에 올랐다. 숭제가 유학한 시기로 보이는 당 고조高祖—무측천武測天 시대(618~704)만 해도 신라승 40인이 유학했다. 심상審祥, 무상無相, 진주 김선사鎭州金禪師, 혜초慧超, 불가사의不可思議, 선사宣師, 신행神行, 현초玄超, 의림義林, 균량均亮, 여해如海, 본여本如, 현성玄晟, 무루無漏, 원표元表, 김지장金地藏, 김대비金大悲, 홍인弘印, 무저無著, 안○국사安○國師, 금사金師, 통선通禪 등이 그들이다.[52] 숭제도 그들 중 한 명이었다. 그러나 숭제에 대해서는 본인이 전하는 말 외에는 당나라 유학 시절에 관한 1차적인 자료는 발견되지 않는다.

이 경우, 접근 방법을 달리할 수밖에 없다. 진표를 탐구하기 위해 그의 사승 숭제를 알려고 했듯이 숭제를 탐구하기 위해 그의 사승 선도삼장善道三藏을 주목할 필요가 있다는 얘기다. 숭제가 몇 살에 당나라에 유학을 갔는지 확인할 수는 없지만, 이국땅에서 공부하는 외로운 유학승 숭제에게 그의 사승 선도삼장은 역시 많

---

52 신라인 입당구법승의 숫자에 대해서는 연구자들 간에 몇 가지 견해가 있다. 고병익은 90인, 엄경망嚴耕望은 138인 이상, 황심천黃心川은 117인, 유소금劉素琴은 160여 인, 진경부陳景富는 181인, 정수일은 400여 인, 배근흥拜根興은 157인으로 추산하고 루정호는 158인으로 보았다. 정병준, 「당·신라 교류사에 서 본 신라 구법승」, 『중국사 연구』Vol. 75, 중국사 학회, 2011, p. 71.

은 영향을 끼쳤을 것이다. 숭제는 그의 사승을 선도삼장이라고 했다. 삼장은 경經·율律·논論 3장의 내용을 잘 아는 승려를 일컫는다. 일종의 존칭이다. 숭제가 사승 선도를 '삼장'이라고 호칭한 것은 그만한 이유가 있을 터이다.

그러나 선도삼장에 대해서도 국내에서는 논의가 거의 이루어지지 않았다. 그에 대한 국내 자료는 아직까지「진표전간」이 전부이다. 중국 자료에는 몇 가지가 있다.『신승전』권5,『불조통기佛祖統紀』권27 등에 그의 전기가 실려 있는 것이다. 적어도 두 고승전에 행적이 올랐다는 것은 그가 예사롭지 않은 인물이라는 알 수 있다. 특히『신승전』에 그의 전기가 보이는 것은 주목된다. 같은 책 권7에는 진표의 전기가 올라 있는 까닭이다. 사조師祖와 사손師孫이 같은 고승전에 실려 있는 것은 '가문의 영광'이 아닐 수 없을 터이다.

① 선도 법사善道法師는 임치臨淄 사람이다. 대장大藏에 들어가 손 가는 대로 책을 찾아보다가『관무량수불경觀無量壽佛經』을 얻었다. 마음을 다해 염불하여 십육묘관十六妙觀을 닦았다. 여산廬山에 가서 혜원선사慧遠禪師의 유적을 관하여 활연히 더욱 생각을 깨쳤다. 나중에 종남산終南山에 은거하면서「반주삼매般舟三昧」를 닦은 지 몇 년 만에 보각과 요지가 눈앞에 완연한 것을 보았다. 다시 진양晉陽에 가서 도작선사道綽禪師[53]로부터『무량수경』을 받았다. 입정

─────────────
53 도작(562~645). 중국 병주並州 문수汶水 출신이다. 14세에 출가하여 경론을 많이 익혔다.『대열반경』을 연구, 24회 강설하였다. 혜찬慧讚을 스승으로 섬겼다. 대업大業 연중(605~617)에 문수 석벽곡石壁谷의 현충사에 서 담란曇鸞의 비문을 보고 감동하여 정토문淨土門에 돌아갔다. 그 뒤부터 날마다 부처님의 명호를 7만 번 부르고『관무량수경』을 2백 번 강설하였다. 정관貞觀 19년 현충사에서 나이 84세로

入定한지 7일 만에 도작선사가 소생처所生處를 보여 달라고 하였다.

선도가 말했다.

"선사께서는 마땅히 세 가지 죄를 뉘우쳐야만 왕생할 수 있습니다. 선사께서 일찍이 처마 창문 아래에 불상을 모셔 놓고 스스로는 깊은 방에 거처하였으니 이것이 첫 번째 죄입니다. 불상 앞에서 뉘우쳐야 합니다. 또 항상 출가한 사람을 부려먹었으니 이것이 두 번째 죄입니다. 사방에 있는 스님들 앞에서 뉘우쳐야 합니다. 또 집을 짓느라 많은 벌레들의 목숨을 손상시켰으니 이것이 세 번째 죄입니다. 모든 중생 앞에서 뉘우쳐야 합니다."

도작선사가 옛 허물을 고요히 생각하여 마음을 씻고 뉘우치며 용서를 빌기를 오래 하였다. 선도가 입정에서 벗어나 도작선사에게 말하기를.

"선사의 죄가 소멸되었습니다. 훗날 흰색의 빛이 와서 비칠 때가 있을 것이니 이것이 왕생상往生相입니다."

하였다. 선도가 장안에서 교화를 펴자 모여드는 사람이 저자처럼 많은데, 갑자기 조그만 병이 났다. 즉시 문을 닫고 기쁘게 염불하다가 세상을 떠나자 기이한 향기와 하늘의 음악이 서쪽을 향해 사라졌다.[54]

입적하였다. 저서는 『안락집安樂集』 2권이 있다. 운허, 동국역경원 편, 『불교 사전』; http://www. tripitaka. or. kr/. 이하 별도 표기 없이 『불교 사전』으로만 표기한다.
54 『神僧傳』卷第五, 大正藏50, p. 984b-984c. 善道法師. 臨淄人. 入大藏信手探卷得觀無量壽佛經. 乃專心念佛以修十六妙觀. 及住廬山觀遠公遺躅. 豁然增思. 後遁跡終南修般舟三昧數載. 睹寶閣瑤池宛然在目. 復往晉陽從綽禪師授無量壽經. 入定七日. 綽請觀所生處. 道報曰. 師當懺悔三罪方可往生. 師嘗安佛像在簷牖下. 自處深房此一罪也. 當於佛前懺. 又常役使出家人此二罪也. 當於四方僧前懺. 又因造屋多損蟲命此三罪也. 當於一切眾生前懺. 綽靜思往咎洗心悔謝. 久之道因定出謂綽曰. 師罪滅矣. 後有白光來照之時. 是往生相也. 道行化京師歸者如市. 忽微疾即掩室怡然念佛而逝. 異香天樂向西而隱.

선도에게 깊은 영향을 끼친 것으로 보이는『관무량수불경』(줄여
서『관경觀經』·『관무량수경觀無量壽經』이라 하며, 별칭으로『무량수관경無
量壽觀經』·『십육관경十六觀經』이라고도 한다)은 유송劉宋시대에 강량야
사畺良耶舍가 번역한 경전이다. 이 경전은『무량수경無量壽經』·『아
미타경阿彌陀經』과 함께 정토삼부경淨土三部經의 하나이다. 말하자
면 선도는 정토 신앙 계열의 인물이다.

『불조통기』는 송나라 때(1269) 지반志磐이 지었다. 여기에는 5768
인의 전기가 실려 있다. 선도의 전기는『불조통기』권27「정토입교
지淨土立教志」제12-1「왕생고승전往生高僧傳」에 있다. '정토입교지'란
정토교에 뜻을 두었다는 뜻이고 '왕생고승전'은 극락정도 왕생 신앙
을 하는 정토교 고승들의 전기라는 얘기다.『불조통기』에 기록된 선
도의 전기는『신승전』의 그것과 크게 다르지 않다.

문제가 하나 생겼다. 숭제의 사승 선도삼장을 찾던 중 같은 시
대에 활동했으나 한자 표기가 다른 선도善導라는 인물이 나타났
다. 자료를 추적해 보면 오히려 이 인물에 관한 자료가 더 많다.
『속고승전續高僧傳』,『불조통기』권26,『서응산전瑞應刪傳』,『신수왕
생전』중권,『여산연종보감염불정파盧山蓮宗寶鑑念佛正派』권4 등 각
종 고승전에 그의 전기가 실려 있는 것이다. 이밖에 중국 정토종
에서 작성한「선도대사연표善導大師年表」[55]도 있다.

두 '선도'에 대해서 김영태는 "당의 오진사悟眞寺 선도善道
(613~681)는 정토종의 고승이다. 같은 정토종 고승으로 662년에
적적寂하였다는 광명사光明寺 선도善導와 동일인으로 혼동되는 경우

---

55 慧淨法師 編,「善導大師年表」, 中國淨土宗; http://www. pureland-buddhism.
org/, 검색일; 2013. 6. 13.

가 있다"[56]며 다른 인물로 보고 있다. 채인환은 "선도삼장이란 당오진사의 선도善導?"[57]라고 물음표를 붙여 결론을 유보했다.

과연 선도善道와 선도善導는 다른 인물일까. 동일인일 수도 있지 않을까. 이와 같은 의문에 제동을 거는 자료가 있다. 같은 『불조통기』임에도 불구하고 권26에는 선도善導, 권27에 선도善道의 전기가 따로 실려 있는 것이다. 동일인이라면 같은 책에 따로 수록할 리가 만무하다. 두 전기의 첫 문장은 다음과 같다.

②선도善導법사는 어느 곳 사람인지 알 수가 없다. 당 태종 정관貞觀중에 서하西河에서 도작선사가 『관경』의 구품도장九品道場을 강송講誦하는 것을 보고, 크게 기뻐해서 말하기를, "이것이야말로 진실로 불도로 들어가는 관건이로다."[58]

③선도善道는 임치 사람이다. 대장大藏에 들어가 손가는 대로 책을 보다가 『관무량수불경』을 얻고서 오로지 '16묘관'을 닦았다.[59]

두 자료를 비교 검토해 보면 거의 같은 내용이다. 문제는 같은 책에 두 인물이 같이 올라 있고, 또한 출신지가 다르게 표기되어 있다는 점이다. ③에서는 임치 사람이라고 했는데, ②에서는 출신지가 불명이다. 이 문제는 그런대로 해명이 가능하다. 먼저 『불조통기』권26의 '목차'를 보자.

---

56 김영태, 「신라 점찰법회와 진표의 교법 연구」, p. 116.
57 채인환, 「신라 진표율사 연구Ⅰ」, p. 39.
58 『佛祖統紀』卷第26, 大正藏49, p. 263a-263a. 法師善導. 不知何處人. 唐太宗貞觀中. 見西河綽禪師九品道場講誦觀經. 大喜曰. 此眞入佛之津要.
59 『佛祖統紀』卷第26, 大正藏49, p. 276b. 善道. 臨淄人. 入大藏信手探卷. 得觀無量壽佛經 乃專修十六妙觀.

淨土立教志第十二之一

蓮社七祖

始祖廬山辯覺正覺圓悟法師慧遠. 師道安法師

二祖長安光明法師善導云是彌陀化身

三祖南岳般舟法師承遠 四祖長安五會法師法照善導後身. 師承遠

師[60]

　이 목차를 보면『불조통기』권26은 중국 정토교 7조에 대한 행적을 기록하고 있다. 선도는 중국 정토교 2조다. 특히 설명문이 주목된다. '2조二祖 장안 광명법사長安光明法師 선도는 아미타의 화신이다(善導云是彌陀化身)'라고 하였다. 선도를 광명법사라고 한 이유는 다른 자료에서 확인할 수 있다.「선도대사연표」(중국 정토종)에 따르면 선도가 당나라 수도 장안의 광명사에 주석하기도 했지만, 그보다는 그가 "대사의 염불은 정미함에 이르렀다. 염불을 할 때마다 입에서는 한 줄기 광명이 발했고, 소리 소리마다 부처님 명호요, 소리 소리마다 광명이 나왔다. 그러므로 당시 사람들이 '광명화상'이라고 존칭했다."[61]고 한다. 무엇보다도 선도가 '아미타불의 화신'이라고 한 것을 보면 대단한 선지식이었다는 것을 알 수 있다.

　『불조통기』권26에는 정토교 7조를 '연사蓮社'라고 했다. '연사'가 무엇인가? 목록을 보면 중국 정토교 초조初祖는 '여산변각정각원오법사廬山辯覺正覺圓悟法師 혜원慧遠 사승 도안법사道安法師'라고

---

60 『佛祖統紀』卷第26, 大正藏49, p. 260c.
61 「善導大師年表」. 大師念佛精至, 每念一聲, 便口出一道光明, 聲聲佛號, 聲聲光明, 故時人尊稱「光明和尚」.

적혀 있다. 도안(314~385)은 중국 불교의 개척자다. 중국 초기의 불교는 주로 인도와 서역에서 온 승려에 의하여 개척되었는데, 도안 때부터 중국인에 의하여 중국 불교가 일어났다. 세상에서는 그를 인수보살印手菩薩이라 불렀다. 혜원(335~417)은 21세에 도안을 찾아가서 수행 정진했다. 전진前秦 건원建元 9년(373) 부비苻丕가 양양襄陽을 공격하여 도안을 데리고 돌아가자 혜원은 제자 수십 인과 함께 남쪽 형주로 떠났다. 도중에 여산廬山을 지나다가 동림사를 짓고 주석했다. 이때 그의 덕을 사모하여 모여온 사람들 123인과 함께 백련사白蓮社를 창설, 염불 수행을 지도했다. '연사'란 혜원이 창설한 '백련사'를 가리킨다.

정리하면 『불조통기』권26-권27은 정토교 관련 인물을 수록하고 있다. 권26은 백련사 7조의 행적을, 권27은 「왕생고승전」으로서 128명의 정토교 고승들의 행적으로, 그리고 권28은 「왕생고니전往生高尼傳」으로 정토교 비구니 고승들의 행적을 싣고 있는 것이다. 권26과 권27에서 '선도'의 한자 표기를 다르게 하였고, 출생지 역시 한 명은 미상이라고 한 것은 기록자의 의도인지 착오였는지 확인할 수는 없다.

문제가 완전히 해결된 것은 아니다. 『신수왕생전』중권 마지막 부분에는 '선도善導'라는 같은 한자 이름의 행적이 앞뒤로 나란히 실려 있다.

④ 석 선도釋善導는 어디 사람인지 알 수가 없다. 그는 도의 근원을 찾아 어지러운 세상을 주유했다. 당 정관 중에 서하西河 도작선사가 대승경의 참회 법회를 행하고 또한 『관경』의 정토 구품도장九品

道場을 강의하는 것을 보았다. 선도는 크게 기뻐해서 말했다. "이것이야말로 진실로 불도로 들어가는 관건이로다."[62]

⑤ 당나라 정토승 선도善導는 임치 사람이다. 어려서 밀주密州 명승明勝법사한테 출가했다.『법화경』과『유마경』을 외우다가 홀연히 생각하기를 교教의 문이 하나의 길로 들어가는 것은 아니다. (중략) 대장경을 찾다가『관무량수경』을 얻어 믿게 되었다. 다시 기뻐하여 오로지 '16묘관'을 닦았다.[63]

정확한 이유는 알 수 없지만, 아마도 편찬자는 두 인물을 동명이인으로 생각했을 것이다. ⑤에는 선도가『관무량수경』을 얻기 전까지의 과정이 조금 상세히 기록되어 있다. 이 내용은 「선도대사연표」에서도 일부 확인된다. 무덕武德 6년(623), 11세 때 선도가 명승법사明勝法師한테 출가하여『유마경』과『법화경』을 배웠다는 것이다.[64] 지금까지 논의한 내용을 정리하면 ④는 ②를, ⑤는 사승에 대한 언급과 함께 처음에는 대승경전을 공부하다가 정토종으로 기울었다는 내용이 첨가되었지만 ③과 ①을 거의 그대로 옮겨왔다는 것을 알 수 있다.

출생지에 대해서도 ①·③은 선도善道=임치 사람, ②·④는 선도善導=불명, ⑤는 선도善導=임치 사람으로 두 인물이 같은 임치

---

62 『新修往生傳』中卷佚文, 大正藏78, p. 163c.　釋善導　不悉何許人. 周遊寰寓求訪道津. 唐貞觀中. 見西河綽禪師行方等懺. 及淨土九品道場講觀經. 導大喜曰. 此眞入佛道之津要.

63 『新修往生傳』中卷佚文, 大正藏78, p. 164b. 唐往生高僧善導　臨淄人也. 幼投密州明勝法師出家. 誦法華維摩. 忽自思曰教門非入一道一途. 若不契機功卽徒設. 於是投大藏經. 信手探之得無量壽觀經. 便喜誦習於十六觀.

64 「善導大師年表」. 於諸城縣依明明勝法師出家, 學『維摩經』,『法華經』.

사람이라는 것을 확인할 수 있다. 「선도대사연표」에는 『서응산전瑞應刪傳』을 인용하여 성은 주씨朱氏, 안휘성安徽省 사주 사람(泗州人)이라는 설과 『신수왕생전』과 『불조통기』권28을 인용하여 산동山東 임치 사람(臨淄人)을 병기하고 있다.[65] ②·④에서 선도의 출신지가 불명인 이유를 짐작할 수 있는 대목이다.

결국 (①을 제외한 각 전기의 앞부분만 검토하였으나) ①, ②, ③, ④, ⑤의 내용이 모두 대동소이하다는 것을 확인할 수 있다. 따라서 우리는 (조심스럽지만) 선도善道와 선도善導가 동일인물이라고 결론을 내린다. 일부 논자들도 이 결론에 동의하고 있다. 가마다 시게오鎌田茂雄는 『중국 불교사』에서 『신수왕생전』과 『불조통기』는 두 사람의 선도善導를 기록하고 있는데 동일인이라고 하여도 착오가 없을 것이라고 하였다.[66] 미치하타 료오슈우道端良秀 역시 『중국 불교사』에서 선도善道는 선도善導로서 도작 문하에서 정토를 공부하고 염불에 의한 정토 신앙을 펼쳤던 인물[67]이라고 하여 동일인으로 보고 있다.

정리한다. 선도는 중국 정토종의 고승이다. 가마다 시게오에 따르면 북위의 담란曇鸞(476~542)이 중국 정토교의 개조이다. 담란의 가르침을 계승한 인물은 도작이다. 그리고 선도가 도작의 제자라는 것은 앞에서 논의한 바와 같다. 「선도대사연표」에 따르면 선

65 「善導大師年表」. 性朱, 安徽泗州人瑞應刪傳. 山東 臨淄人新修往生傳, 佛祖統紀二八.
66 鎌田茂雄, 정순일 역, 『중국 불교사』, 경서원, 1985, p. 229. 「선도대사연표」에는 선도가 『서응산전瑞應刪傳』에서는 안휘 사주 사람安徽泗州人 으로, 『신수왕생전』·『불조통기』권제28(『불조통기』권제27의 오기이다)에서는 산동 임치 사람(山東臨淄人)으로 기록하고 있다. 慧淨法師 撰, 「선도대사연표」, 「善導大師略傳」, 중국 정토교 ; http://www. pureland-buddhism. org/ 검색일; 2013. 6. 13.
67 道端良秀, 『중국 불교사』, 法藏館, 1965, p. 114.

도는 정관 9년貞觀九年(635) 23세 때 현중사에 가서 도작선사를 사승으로 섬기면서 정토교를 수행했다.[68] 이후 중국 정토교는 선도에 의해 대성하게 된다.[69] 대만의 인터넷 사이트 '중국 정토종 홈페이지' 첫 화면에는 '중국 정토종 15위 조사' 명단이 있다. 초조 혜원, 2조 담란, 3조 도작, 4조 선도善導 등이 그것이다. 특히 '선도'라는 이름 밑에는 '종조宗祖'라고 표기되어 있다. 이 사이트에서도 선도가 '아미타불의 화신'이며, 중국 정토교의 대성자大成者라고 평가하고 있다.[70]

정토교란 무엇인가. 좀 거칠게 표현하면 정토교는 아미타불의 구제를 믿고 극락정토에 왕생하고자 하는 가르침이다. 정토교에 따르면 이 세상은 불완전하고 번뇌에 싸여 사는 예토穢土다. 이것으로부터 벗어난 이상적인 세계-정토淨土가 있다. 동방에서는 아촉불阿閦佛의 정토인 묘희국妙喜國, 서방에는 아미타불의 정토인 극락, 상방에는 미륵불의 정토인 도솔천兜率天이다. 정토교는 아미타불의 극락정토를 믿는 유파다. 정토종의 이론적 근거가 되는 경전은 「무량수경」·「관무량수경」·「아미타경」 등 정토3부경이다. 이들 정토 경전은 오탁악세汚濁惡世의 중생을 위해 석가가 아미타불에 의한 구제를 설한 경전이다.

아미타불阿彌陀佛은 무량수불無量壽佛이라고도 한다. 이 아미타불

---

68 「善導大師年表」. 前往玄中寺 師事道綽禪師 受淨土敎.

69 鎌田茂雄, 앞의 책, pp. 228-231.

70 중국 정토종; http://www. pureland-buddhism. org/, 검색일; 2013. 6. 20. 대만의 다른 정토종 계열 사이트에서는 "초조 혜원, 2조 선도"라고 하였다. 이 사이트에서도 선도를 '아미타불의 화신'이라고 하였다. 淨蓮花佛學世界 ; http:// lotusland. twbbs. org/buddhism/lotus. htm, 검색일; 2013. 6. 26.

은 아득한 과거세에 법장法藏이라는 비구가 중생제도의 서원을 세워서 무수한 중생을 교화하고 제불諸佛을 공양하여 마침내 깨달음을 얻은 부처다. 그는 현재 이 세상으로부터 10만억 불국토를 지난 곳에 위치한 서방극락 세계에서 설법하고 있다. '아미타정토'가 그곳이다. 아미타불을 믿고 귀의하는 자는 모두 극락—아미타정토에 태어날 수 있다.[71] 아미타불이라는 명호만 불러도 구제된다. 아미타불의 본원력本願力에 갖추어진 48가지 원력願力과 수행의 공덕이 회향되기 때문이다.[72]

　　중국 정토교를 대성시킨 것은 선도이다. 선도 계통의 특색은 구칭염불口稱念佛을 성립시킨 것과, 아미타불을 보신報身으로 본 것과, 극락정토를 보토報土라고 한 점, 또한 범부신凡夫身의 왕생을 본의로 한 점이다. (중략) 염불에는 관상觀像·관상觀相·실상實相·구칭口稱의 4종이 있는데 앞의 3종은 그 중에 자력적 요소가 있기 때문에 타력교他力敎로서 염불은 구칭염불뿐이라고 하지 않을 수 없다는 것이다.[73]

아미타정토는 여러 가지 면에서 미륵 정토와 비교되어 왔다. 진표와 관련하여, 특히 이 점은 주목된다. 따라서 진표의 사조師祖일 뿐만 아니라 중국 정토교의 종조인 선도의 종교관을 검토할 필요가 있다.

---

71 정태혁, 『인도불교 철학사』, 김영 출판사, 1986, pp. 102-103.
72 법상(정관균), 「아미타불의 신앙과 왕생」, 『전자불전』 제13집, 동국대 전자불전 문화 콘텐츠 연구소, 2011, p. 4.
73 鎌田茂雄, 앞의 책, pp. 231-232.

선도는 혜원, 담란, 도작의 사상을 이어받아 중국 수나라 말엽부터 당나라 초에 활동했던 인물이다. 그는 정토교가 모든 범부를 위한 가르침에 있다는 것을 확립한 장본인이다. 그는 말법 시대에 있어서 중생의 요로要路는 정토의 일문一門에 있다고 보았다. 그는 죄업이 깊은 말법 시대의 중생을 위한 가르침은 아미타불의 본원력에 의지할 수밖에 없다고 주장하였다. 자기의 죄업을 깊이 인식하고, 참회하고, 자기 스스로의 구제를 아미타불의 본원력에 의지해야 한다는 것이다. 그는 독송 · 관찰 · 예배 · 칭명 · 찬탄 공양의 5종의 행업行業의 실천이야말로 정토왕생의 확실한 행도行道이며, 특히 칭명이야말로 유일한 정정업正定業이라고 밝혔다. 또한 선도는 칭명염불의 행도에 대하여, 그것이 전적으로 아미타불의 대비원력大悲願力에 의한 행도에 있으며, 다른 어떤 행도보다 쉽고 뛰어난 행도라고 주장하였다.[74]

숭제는 언제 선도 문하에서 유학했을까. 이 문제가 해명되면, 숭제의 활동 연대는 물론 진표의 연대도 어느 정도 추정이 가능할 것이다. 선도의 생몰 연대는「선도대사연표」를 비롯하여『불교 사전』등에서 '613년 출생, 681년 입적'으로 일치하고 있다.

박광연은 "숭제에 대한 기록이 극히 미미하다. 숭제가 종남산 오진사悟眞寺에 있었다는 사실과[75] 장안 실제사實際寺에 주석하였었다는 사실만 알 뿐이다.[76] 그런데 오진사나 실제사는 모두 선도

---

74 信樂峻曆,『淨土敎にわける信の硏究』, p. 316 ; 박화문·원병관,「칭명염불에 대한 연구」,『정토학연구』Vol. 5, 한국 정토 학회, 2002, pp. 81-86.
75 채인환,「신라 진표율사 연구 I 」, p. 25.
76 변인석,『당 장안의 신라사적』, 아세아 문화사, 2000, pp. 265-266.

가 주석했던 사찰로 유명하다.[77] (중략) 당시 선도는 태종과 고종의 존경을 받았으며[78] 교화력이 막대한 인물이었다.[79] 순제가 정확하게 언제 입당했는지 알 수 없지만, 「진표전간」의 기록대로 그가 입당한 후 실제사의 선도 문하에 들어간 것은 사실인 듯하다."[80]고 추정했다. 변인석은 실제사에 주석한 주요 인물로서 선도와 함께 숭제를 꼽고 있다.[81]

「선도대사연표」에 따르면 선도는 두 차례에 걸쳐 실제사에 주석했다. 첫 번째는 31세 때인 정관 17년(643)부터 33세 때인 정관19년(645) 사이에 실제사 등지에서 주석한 사실이 확인된다.

현중사를 떠나 종남산 오진사로 돌아와 계율을 엄격하게 지키고 일심으로 염불 수행을 했다(일설에는 28세 때라고 한다). (중략) 또한 당시 국제도시였던 장안의 광명사, 자은사, 실제사 등지에서 두루 교화했다. 이때 「아미타경」을 모사하여 신도들에게 주었는데 그 수가 10만이었다. 또한 선도대사를 찾아오는 신도들은 그 수를 헤아릴 수가 없었다.[82]

---

77 『金石萃編』卷73 「河洛上都龍門之陽大盧舍那像龕記」. 檢校僧 西京 實際寺 善導禪師. ; ------卷88, 「大唐實際寺故寺 主懷 惲奉勅贈隆闡大法師碑銘幷書. 親證三昧大德善導.

78 김영미, 『신라불교 사상 연구』, 민족사, 1994, p. 29.

79 『續高僧傳』卷27, 大正藏 50, p. 678a. 唐終南山豹林谷沙門釋會通傳.

80 박광연, 「진표의 점찰법회와 밀교 수용」, 『한국사상사학』Vol. 26, 한국사 상사 학회, 2006. p. 13.

81 변인석, 「당唐 장안長安 도성안의 사찰과 신라 승려」, 『정토학연구』 제2집, 한국 정토 학회, 1999. pp. 170-171.

82 「善導大師年表」. 從玄中寺返終南山悟真寺, 嚴持戒律, 一心念佛(一說二八歲時)(中略)當時亦於國際都市之長安光明寺, 慈恩寺, 實際寺等熱烈教化, 書寫阿彌陀經贈與信眾, 其數十萬, 信者不計其數.

그러나 이때 숭제가 선도 문하에서 수학하지는 않았을 것이다. 진표의 출가 연도 중에 가장 이른 시기로 추정되고 있는—현재로 서는 많은 논자들의 의견이 일치하는 「진표전간」의 기록을 따르 더라도 729년이다. 만약 숭제가 643-645년 연간에 선도 문하에 수학했다면 진표가 출가연도와는 84, 6년의 차이가 난다. 숭제가 20대에 장안 실제사에 주석하고 있는 선도 문하에 유학했다고 해 도 진표가 출가했을 때는 이미 100세가 넘는다.

선도는 이후 당 고종 용삭龍朔 3년(663)에 황궁으로부터 검교승 檢校僧에 임명되어 다시 실제사에 주석했다. 이때도 숭제는 그의 문하에서 수학하지 않았을 것이다. 역시 「진표전간」의 진표 출가 연도를 기준으로 하여 계산하면 숭제는 80세가 넘기 때문이다. 전혀 불가능한 것은 아니라도 해도 80세가 넘은 숭제가 12세의 어린 동자승 진표를 제자로 거두기는 쉽지 않을 터이다.

함형咸亨 3년(672) 선도는 황제로부터 칙령을 받고 낙양洛陽 용 문산龍門山으로 갔다. 이후 3년 동안 85척에 이르는 대비로자나 불상을 조상彫像 하였다. 동시에 용문산 최대 사원인 봉선사奉先寺 축조 공사의 검교(감독)로 활동했다. 675년, 장안으로 돌아온 선 도는 교화 활동을 재개하는 한편 저술 활동을 활발하게 전개했다. 『미타경의彌陀經義』, 『정토군의론淨土群疑論』7권을 비롯하여 5부9권 五部九卷-『관무량수불경소觀無量壽佛經疏』4권, 『정토법사찬淨土法師 讚』2권, 『왕생예찬게往生禮讚偈』1권, 『관념법문觀念法門』1권, 『반주 찬般舟讚』1권 등이 이 시기에 저술되었다. 676년 회감懷感이 선도 의 교법을 사사하고 전법제자가 되었다. 이때 선도는 서경사西京 寺에 주석하고 있었다. 영융永隆 2년(681) 3월 27일, 69세의 선도는 입적했다.

우리는 숭제의 입당 시기가 선도의 말년 경으로 추정하는 연구에 동의한다.[83] 선도가 682년 입적하였으므로, 이 무렵 20대의 숭제가 선도 문하에 수학하였다면 진표가 출가했던 729년 정도에는 68세가 된다. 만약 그렇다면 숭제가 수학한 사찰은 실제사가 아니라 서경사일 가능성이 크다.

지금까지의 논의로 본다면, 숭제는 당나라에 유학을 가서 정토교를 공부했다. 그것도 '아미타불의 화신'이요, 중국 정토종의 대성자이기도 한 선도의 문하에서 정토교의 진수를 세례받았다. 숭제가 공부했던 '정토교' 교의는 어떤 식으로든 그의 제자 진표에게 영향을 주었을 것이다.

(2) 뿌리 둘; 문수보살에게 계를 받다

숭제법사의 회고 가운데 주목되는 또 하나의 내용이 있다. 중국 오대산에 들어가 문수보살의 현신에게 감응되어 오계를 받았다는 내용이다. 몇 가지가 문제적이다. 왜 오대산에 갔을까? 중국 정토종 본가에서 정토교 교의를 공부하고, 미타신앙을 하고 있었을 숭제가 왜 문수보살의 현신에게 계를 받았을까?

의문은 계속 된다. 숭제는 문수보살로부터 왜 5계를 받았을까? 출가자로서 사미 10계는 물론이고 비구 250계도 받았을 그가 일반 재가 신도나 받아야 되는 5계를 받은 이유가 궁금하다. 이 문제에 관해서 한 논자도 주목했다. 그의 해명으로 대신하자; 짐작

---

83 김남윤, 「신라중대 법상종 성립과 신앙」, 『한국사론』Vol. 11, 서울대 인문대학 국사학과, 1984, p. 132.

하건대, 자서수계自誓受戒함에 있어서는 먼저 십근본중계十根本重戒를 설하고 다음에 삼취정계三聚淨戒를 총거總擧하고는 스스로의 서원에 의하여 스스로 계를 받는 것이기 때문에 말하자면 십계가 그 근본이 되는 것이며, 또한 이 십계의 근본에는 오계가 있다고 함을 나타내 주는 것이라고 할 수 있을 것인지 분명치 않다.[84]

5계는 출·세간 불교도 모두가 지켜야 할 계율로서 가장 기본이 되는 계율이다. 비구로서 이미 250계를 받았다고 해도 숭제는 자서수계-불보살 앞에서 스스로 맹세하고 계를 받는 입장에서 가장 기본적인 5계를 받았을 것이라는 주장이다. 논자는 더 이상의 확실한 해명이 되지 못함을 아쉬워하고 있다. 우리가 할 수 있는 해명도 거기까지다.

문수보살의 문제. 숭제는 왜 문수보살로부터 계를 받았을까. 지금까지 숭제에 관한 논의―그것도 대부분 진표를 논의하는 과정에서 언급하는 정도일 뿐이지만―에서 이 부분은 제대로 다루어지지 않았던 것 같다. 그러나 숭제는 물론 그의 제자 진표를 이해하려고 할 때, 이 대목은 그냥 지나칠 문제가 아니다. 적어도 숭제의 언술 그대로라면, 그는 한편으로는 문수보살을 신앙했다는 얘기가 되는 까닭이다. 계사戒師한테 계를 받는 것이 아니라 자서수계-신앙 대상인 문수보살 앞에 스스로 맹세하고 계를 받는 것이기 때문이다.

문수보살이 누구인가? '문수'는 문수사리文殊師利의 줄임말이다. 흔히 보현보살普賢菩薩과 짝하여 석가모니불의 보처補處보살로서 왼쪽에 자리하고 있다. 지혜를 맡은 보살이다. 문수보살이 등장하

---

84 채인환, 「신라 진표율사 연구1」, pp. 40-41.

는 대승 경전은 매우 다양하다. 이때의 문수는 상수보살上首菩薩이고, 동시에 설주說主인 부처의 대담자로 등장한다. 문수보살이 등장하는 대승 경전 가운데 압도적인 것은 밀교부密敎部 경전이다. 대승 경전의 모든 보살이 밀교적 의궤와 밀호密號를 갖지만, 밀교부 경전에서 문수보살이 많이 등장하는 대목은 숭제→진표와 관련하여 주목되는 부분이다. 물론 문수보살의 진면목은 반야부般若部 경전에서 주로 발휘된다.[85]

숭제가 문수보살로부터 계를 받았다는 오대산을 주목하자. 오대산이 무엇인가? 여기서 오대산(일명 청량산清凉山)은 중국 산서성山西省 오대현五臺縣에 위치한 성산을 가리킨다. 고대 중국인들은 높은 산악이나 구릉 지역을 신명이 거처하는 곳으로 인식하고 숭배했다. 그리고 천지신명에게 제사를 지내는 치畤를 세웠다. 『사기』 「봉선서」는 '진문공秦文公' 기사에서 "예로부터 옹주雍州는 매우 높기 때문에 신명이 거처하는 곳이다. 그러므로 치를 세워 상제上帝에게 제사를 지내니 모든 신의 사당이 모였다"[86]라고 기록하였다. 고대 중국인들의 이와 같은 산악숭배는 일종의 유토피아 신앙으로 발전한다.[87] 그리고 불교가 도입된 이후 중국인들은 기왕의 숭배 대상이었던 산악에 불교 경전에 등장하는 인도의 산들을 이입시켰다. 이와 같은 신앙 형태가 발전하여 중국의 산악이 제불

---

85 정병조의 연구에 따르면 문수가 등장하는 대승경전을 성격별로 나누면 다음과 같다. 반야부 9, 법화부 2, 아함부 5, 밀교부 29, 화엄부 3, 기타 6. 정병조, 「문수보살 연구」, 『불교 연구』Vol. 4. 5, 한국 불교 연구원, 1988. p. 90.

86 司馬遷, 『史記』卷28, 「封禪書」卷6. 或曰 自古雍州積高 神明之隩 故立時郊上帝 諸神祠皆聚云.

87 박노준, 「오대산 신앙의 기원 연구」, 『영동 문화』Vol. 2, 관동대 영동 문화, 1986, pp. 54-55.

보살의 정토로 숭배되기에 이른다. 오대산은 그 중에서도 대표적이다. 오대산에 문수보살이 상주한다는 내용이 그것이다.[88]

중국 오대산 문수 신앙은 『화엄경』에 의거하여 성립된 신앙 형태다. 『화엄경』 「보살주처품菩薩住處品」을 보자.

> 동북방에 보살들이 사는 곳이 있는데, 이름이 청량산清涼山이다. 과거에 여러 보살들이 늘 거기에 머물렀고, 현재는 문수사리라는 보살이 살면서 일만 보살을 거느리고 항상 설법하고 있다.[89]

여기에 나오는 청량산을 중국인들은 당시(당나라) 중국 대주代州 응문군應門郡에 위치한 청량산(오대산)으로 해석, 숭배함으로써 이른바 '오대산 문수 신앙'이 생겨났다. 이 오대산은 문수 신앙지가 되기 전부터 도교계의 명산으로 널리 알려져 있었다. 중원 북방에 있는 이 산은 오대 산맥의 주봉이고 산꼭대기에는 다섯 봉우리가 솟아 있어 '오대五臺'라는 이름이 생겼다. 최고봉인 북대北臺는 해발 3,059m에 이르고 여름에도 더위를 모르기 때문에 청량산이라고 했다. 이 산과 『화엄경』에 나오는 청량산은 방위, 기후 환경 등 여러 조건이 거의 부합되었다.

당대에 오대산 불교가 흥륭하게 된 것은 여러 고승들이 주석

---

88 박노준, 「한·중·일 오대산 신앙의 전개 과정」, 『영동 문화』Vol. 6, 1995, p. 125. "이 산은 보현보살의 아미산峨嵋山, 관세음보살의 보타補陀 낙가산洛迦山과 함께 중국의 3대 영산 혹은 지장보살의 구화산九華山을 포함한 4대 영산의 하나로 알려진 성지가 되었다." 노재성, 「澄觀의 오대산 신앙」, 『중앙 증가 대학 논문집』Vol. 8, 중앙승가대, 1999, p. 76.
89 『大方廣佛華嚴經卷』第二十九 「菩薩住處品」第二十七, 大正藏, 9, 590a. 東北方有菩薩住處名清涼山 過去諸菩薩常於中住 彼現有菩薩名文殊師利 有一萬菩薩眷屬常為說法.

하면서 각자 그들이 주창하는 교의를 홍포하면서부터였다. 대
표적인 인물이 밀교의 불공不空(763~779)과 화엄華嚴의 징관澄觀
(738~839) 등이었다. 오대산에서 명성을 떨친 종파는 다양하였
다. 화엄뿐만 아니라 밀교, 염불, 천태종天台宗 등이 오대산에 정
착하여 활약하였다. 원대에 이르러서는 라마교가 들어오기도 하
였다. 이들 화엄, 밀교, 라마교 등은 모두 오대산 문수 신앙과 직
적접인 관련을 가지고 있었다. 오대산 문수 신앙은 특히 징관의
시대에 이르면 일변하게 된다. 오대산 문수 신앙에서 오대산 자체
가 문수의 화경化境이라는 새로운 개념의 '오대산 신앙'으로 발전
한 것이다.[90]

　오대산 신앙이 중국 전역은 물론 외국으로 전파되면서 중국 오
대산은 문수보살의 영지로서 많은 국내외 참배객의 내왕이 있었
다. 동시에 중국 내의 다른 지역이나 외국에도 오대산 신앙이 성
립되기에 이른다. 오대산 순례에 참여하는 이들은 문수보살 천견
을 평생의 소망으로 삼았다.

　명나라 진징鎭澄이 편찬한『청량산지淸凉山志』와 두결상杜潔祥이
주 편찬한『청량신지淸凉新志』는 중국 오대산을 주처로 하여 문수
의 친견 설화의 면모를 살피는 데 중요한 자료를 제공하고 있다.
특히『청량산지』는 오대산 문수 친견 체험의 고승 63인의 행적을
기록하고 있다. 여기에는 많은 문수 친견 발원자들이 도처에서 존
재하였음을 증언하고 있다. 심지어 천축에서까지 오대산을 찾아온
참배객들도 있었다.[91] 진표의 사승 숭제가 중국 오대산을 찾아가 문

---

90 박노준,「한·중·일 오대산 신앙의 전개 과정」, pp. 129-130.
91 鎭澄 編,『淸凉山志』, 江蘇廣陵古蹟刻印社. ; 杜潔祥 主編,『淸凉新志』, 丹靑圖書公

수보살의 현신으로부터 5계를 받은 것은 바로 당나라 때였다.

숭제 이전에 중국 오대산을 찾은 대표적인 신라인 참배객은 진표와 함께 '율사'로 평가받고 있는 자장慈藏이다. 그는 한국 오대산 신앙의 개조로 꼽히는 인물이다.『삼국유사』「대산오만진신臺山五萬眞身」조에 따르면 중국에 유학중인 자장이 오대산을 찾아간 이유는 문수보살이 머무는 곳이라는 전언을 직접 확인해 보기 위해서였다. 자장은 중국 오대산 문수석상 앞에서 참배하고 기도했다. 7일 동안 기도한 뒤에 자장은 문수보살을 친견하게 된다. 문수보살은 자장에게 사구게四句偈와 함께 금색가사 한 벌과 부처님의 바리때 한 개, 그리고 부처의 머리뼈 한 조각을 전해 주었다. 그리고 문수보살은 자장에게, "그대의 나라 동북쪽 명주溟洲 경계에 오대산이 있는데 1만의 문수보살이 언제나 그곳에 머물러 있으나 가서 뵙도록 하라."고 계시하였다.

자장의 귀국(643)과 함께 성립된 신라의 오대산 문수 신앙이 성립하게 된다. 자장은 선덕여왕(재위 기간 632~647)과 진덕여왕(재위 기간 647~654)대에 활동했던 인물이다. 진표와는 거의 한 세기 전의 인물이 된다. 따라서 진표의 사승 숭제가 당나라 유학을 마치고 귀국했을 무렵에는 신라의 오대산 문수 신앙이 어느 정도 자리를 잡고 있었다. 그러나 숭제는 문수 신앙의 전당인 강원도 명주 오대산이 아니라 백제의 고토 한복판에 위치한 모악산 금산사로 왔다. 그는 왜 금산사로 왔을까? 우리가 바로 이어서 논의할 과제다. 분명한 것은 숭제가 '오대산 문수 신앙'에 젖줄 하나를 대

司印行, 1985. ; 김승호, 「당 오대산 설화의 신라적 수용과 변이」, 『어문 연구』Vol. 71, 어문 연구, 2012, pp. 128-129.

고 있다는 점이다. 물론 그 젖줄은 그의 제자 진표에게도 어떤 식
으로든 연결되어 있을 터이다.

(3) 뿌리 셋; 백제 미륵 신앙

금산사가 위치한 지역은 백제 이래로 미륵 신앙의 성지였다. 백
제에 미륵 신앙이 언제 어떻게 전래되었는지 아직까지 확인되지
않는다. 다만 미륵 신앙에 관한 몇 가지 문헌 자료는 찾아볼 수
있다.

먼저 「미륵불광사 사적기彌勒佛光寺事蹟記」이다. 백제 성왕聖王 4
년(526)에 사문 겸익謙益이 인도로 유학을 떠났다. 그가 공부한 사
찰은 중인도의 상가라 대사常伽那大寺였다. 그는 주로 율문律文을
공부했다. 그는 귀국할 때 율장律藏을 가지고 왔다. 이후 그는 미
륵불광사에 주석하면서 율장 72권을 번역하고 백제 율종律宗의
개조가 되었다. 겸익이 율종을 연 미륵불광사는 현재 그 위치를
알 수 없다. 논자들은 국립대찰國立大刹의 규모일 것으로 추정하고
있다. 특히 백제 율가律家의 조사가 되는 겸익이 주석했던 절로서
미륵불을 모시고 절 이름을 '미륵불광사'라고 하였을 것이라는 지
적이다.[92]

두 번째 자료는 백제에서 일본에 불교를 전한 『일본서기日本書
紀』의 기사이다. 성왕 20년(552) 왕이 일본에 불교를 전할 때 불상
과 불경 등을 보냈다. 불상은 석가상과 미륵 불상이었다. 일본의

---

92 이능화, 『조선불교통사』 상권, 어문관, 1918, pp. 33-34 ; 김삼룡, 「미륵사 창건
에 대한 미륵 신앙적 배경」, 『마한, 백제 문화』Vol. 1, 원광대 마한 백제 문화 연구소,
1975, p. 12. ; ------, 「백제불교 사상의 역사적 위치」, 『마한, 백제 문화』Vol. 4,
원광대 마한 백제 문화 연구소, 1982, p. 11.

대신 소가노우마코蘇我馬子는 그 불상을 받아 절을 짓고 비로소 불법을 신봉하게 되었다는 것이다.[93]

백제 제29대 법왕法王(?~600)은 개황開皇 10년(599)에 즉위하였다. 왕은 독실한 불교 신자였다. 이듬해 승려 30인을 두고 당시 백제의 서울인 사비성 앞 백마강 건너편에 왕흥사王興寺를 짓다가 도중에 사망했다. 법왕의 뒤를 이은 무왕武王(?~641)이 절을 완공하였는데 절 이름을 미륵사彌勒寺라고 했다.[94] 그러나 최근의 학계 연구 결과 왕흥사와 미륵사는 별개의 사찰이라는 것이 정설이다. 왕흥사 외에 미륵사가 따로 있었고, 그 미륵사가 오늘날 익산 미륵사라는 것이다.[95]

백제 미륵불교의 본격적인 자료는 『삼국유사』권2 기이紀異 「무왕武王」조에 실려 있는 백제의 '익산 미륵사 창건 연기 설화緣起說話'를 들 수 있다.

어느 날 왕이 부인과 함께 사자사師子寺에 가려고 용화산龍華山(미륵산) 밑 큰 연못가에 이르니 미륵삼존彌勒三尊이 못 가운데서 나타나므로 수레를 멈추고 절을 했다. 부인이 왕에게 말한다. "모름지기 여기에 큰 절을 지어 주십시오. 그것이 제 소원입니다." 왕이 허락했다. 곧 지명 법사에게 가서 못을 메울 일을 물으니 신비스러운 힘으

93 『日本書紀』卷20, 敏達天皇 十三年條 ; 김삼룡, 「미륵사 창건에 대한 미륵 신앙적 배경」, p. 13.

94 『三國遺事』卷3, 興法 第3, 「法王禁殺」, 大正藏 49, p. 988b. 百濟第二十九主法王諱 宣. 或云孝順. 開皇十年己未即位. 是年冬. 下詔禁殺生. 放民家所養鷹鸇之類. 焚漁獵之 具. 一切禁止. 明年庚申度僧三十人. 創王興寺於時都泗沘城今扶餘始立栽而升遐. 武王繼 統. 父基子構. 歷數紀而畢成. 其寺亦名彌勒寺.

95 홍사준, 「백제 미륵사지고」, 『마한, 백제 문화』Vol. 1, 원광대 마한 백제 문화 연구소, 1975. ; 김삼룡, 「백제불교 사상의 역사적 위치」, p. 11.

로 하룻밤 사이에 산을 헐어 못을 메워 평지를 만들었다. 여기에 미륵법상彌勒法像 세 개와 회전會殿·탑탑塔塔·낭무廊廡를 각각 세 곳에 세우고 절 이름을 미륵사彌勒寺라고 했다. 진평왕이 백공百工을 보내 돕게 했는데, 지금까지 그 절이 남아 있다.[96]

백제 무왕이 왕비와 함께 사자사를 가다가 연못 속에서 미륵 삼존불의 출현을 인연으로 미륵사를 창건했다는 내용이다. 지금도 익산 금마金馬 땅에는 용화산(미륵산)이 우뚝 솟아 있고 그 산 중턱에 사자사(암)가 자리 잡고 있다. 그 아래에는 익산 미륵사지 사적 150호가 거대한 석탑들과 함께 남아 있어 당시의 웅대한 자태를 짐작할 수 있다.

논자들의 분석에 기대면 이 연기 설화에는 백제의 미륵 신앙이 『미륵상생경』에 의한 미륵상생신앙이 먼저 성행하였고, 이어서 『미륵하생경』에 의한 미륵하생신앙이 흥륭하게 되었음을 확인할 수 있다. 미륵 경전에 따르면 미륵은 현재 도솔천 칠보대七寶臺 안 마니보전摩尼寶殿의 사자상좌獅子狀座(연화蓮華)[97]에 앉아서 천상의 중생을 위해 설법 교화하고 있다. 미륵은 56억만 년 뒤 양거穰佉라는 전륜성왕이 나라를 다스리는 시두성翅頭城의 바라문 집안에서 태어나 용화수龍華樹[98] 아래서 성불하고 3회 설법[99]을 통하여 모

---

96 『三國遺事』, 大正藏 49, p. 979c. 一日王與夫人欲幸師子寺. 至龍華山下大池邊. 彌勒三尊出現池中. 留駕致敬. 夫人謂王曰. 須創大伽藍於此地. 固所願也. 王許之. 詣知命所. 問塡池事. 以神力一夜頹山. 塡池爲平地. 乃法像彌勒三會殿塔廊廡各三所創之. 額曰彌勒寺. 眞平王遣百工助之. 至今存其寺

97 『佛說觀彌勒菩薩上生兜率天經』, 大正藏 14, p. 419. 時兜率陀天七寶臺內摩尼殿上師子床座忽然化生. 於蓮華上結加趺坐.

98 『佛說彌勒下生經』, 大正藏 14, p. 421. 爾時去翅頭城不遠有道樹名曰龍花. 高一由旬廣五百步. 時彌勒菩薩坐彼樹下成無上道果.

99 『佛說彌勒下生經』, 大正藏 14, pp. 422c-422c. 此名爲最初之會. 九十六億人皆得

든 중생을 교하 제도한다는 것이 미륵 신앙의 대체적인 교의이다. 조금 구체적으로 중생들이 사후에 미륵이 설법하는 도솔천에 태어나기를 원하는 것을 미륵상생신앙, 미륵을 따라 용화 세계에 내려와 구제되기를 바라는 것을 미륵하생신앙이라고 한다(상세한 내용은 후술한다).[100] 논자들의 결론은 이와 같은 미륵 경전의 내용이 용화산 아래 미륵사 창건에 그대로 반영되어 있다는 것이다.

논자들의 검토 내용은 다음과 같다. 먼저 미륵사 창건 연기 설화에 등장하는 '사자사'라는 절 이름은 하생하기 전의 미륵이 도솔천에 앉아 있는 '사자상좌'를 뜻한다. 여기까지는 미륵상생신앙을 상징한다. 미륵사가 세워진 용화산(미륵산)은 경전 상의 용화수를 상징한다. 미륵존상의 출현은 미륵이 용화수 아래에서 성불하는 것을, 그리고 미륵법상 세 개, 전각·탑·회랑을 각각 세 곳에 세웠다는 것은 미륵불의 삼회 설법을 상징한다. 이와 같이 용화산 아래 세워진 미륵사에 얽힌 신앙 형태는 하생 신앙이다.

그럼에도 불구하고 백제 미륵사의 미륵 신앙은 단순한 텍스트-미륵경전상의 미륵상·하생 신앙이 아닌 백제 미륵 신앙의 특성을 잘 보여주고 있어 눈길을 끈다. 먼저 백제 용화산 아래 미륵불은 석가 사후 56억만 년 뒤의 미래세가 아니 현재의 미륵 삼존불

阿羅漢. 斯等之人皆是我弟子. (中略) 彌勒佛第二會時. 有九十四億人. 皆是阿羅漢. (中略) 又彌勒第三之會. 九十二億人. 皆是阿羅漢. 亦復是我遺教弟子.

100 『佛說觀彌勒菩薩上生兜率天經』, 大正藏 14, p. 420a. 如是處兜率陀天晝夜恒說此法. 度諸天子. 閻浮提歲數五十六億萬歲. 爾乃下生於閻浮提.;『佛說彌勒下生經』, 大正藏 14, p. 421c. 爾時彌勒菩薩. 於兜率天觀察父母不老不少. 便降神下應從右脅生. 如我今日右脅生無異. 彌勒菩薩亦復如是. 兜率諸天各各唱令. 彌勒菩薩已降神生. 是時修梵摩即與子立字. 名曰彌勒. (中略) 爾時去翅頭城不遠有道樹名曰龍花. 高一由旬廣五百步. 時彌勒菩薩坐彼樹下成無上道果.

로서 출현하였다는 점을 지적할 수 있다. 인도 바라내국의 바라문 집에 태어나 석가의 제자가 된 아일다阿逸多가 스승으로부터 미래에 성불하리라는 수기를 받고 도솔천에 올라가 현재 그 하늘에서 천인들을 교화하고 있는 미륵보살이 아니라 미륵불을 봉안하고 있는 점도 주목을 끄는 대목이다. 그것도 용화산 아래 연못에서 저절로 출현한 미륵불이다. 이 점과 관련하여 한 논자의 분석은 탁월하다.

> 이러한 점 등으로 미루어 미륵 삼존상의 지중池中 출현은 단순한 이단 영응異端靈應의 표현이 아니고, 백제의 미륵불 출현을 뜻하는 것이라고 볼 수 있다. 백제의 용화산 아래에서 백제의 미륵불이 나타나셨다는 것이며, 그때를 맞추어 국왕이 이곳에 이르렀다는 것이다. 56억만년 뒤 인수人壽 8만4천 세 때에 지금의 인도 지방 시두말성에 태어나 용화수 하에서 성불한다는 미륵을 기다리지 않고, 백제에서는 백제의 백제적인 미륵불을 백제 땅에서 맞이한 것이라고 할 수가 있다. 그래서 백제에서는 미륵성불처가 용화 나무 밑이 아닌 용화산 아래이며, 시두말성 바라문가의 아들로 태어나 출가 수도하여 성불하는 미륵불이 아닌 지중 출현의 삼존불로 받들었던 것이라 할 것이다.[101]

백제 미륵사 건설의 발원자인 왕비는 저 유명한 〈서동요薯童謠〉의 여주인공 선화공주善化公主이다. 물론 무왕은 남자 주인공 서동薯童이다. 서동은 출생부터가 미륵과 관련이 있다. 『삼국유사』「무

---

101 김영태, 「백제의 미륵사상」, 『마한, 백제 문화』Vol. 4, 1982, p. 242. 미륵사 창건 연기 설화에 대해서는 주로 이 논문을 참고하였다.

왕」조에 따르면 그의 원래 이름은 장璋이다. 어머니가 과부가 되어 서울 남쪽 못가(南池)에 집을 짓고 살았는데 못 속의 용龍과 관계하여 장을 낳았다고 하였다.[102] 무왕의 아버지가 용이라는 얘기다. 용은 미륵과 불가분과 관계에 있다. 미르(용)를 '미륵'과 유사하다고 보는 견해가 그것이다. '미래불'을 미륵불이라고 할 때, '미래불→미륵불=미르'의 관계가 있다는 것이다.[103] 한 논자는 이 '미리', '미르'→미력彌力→미륵彌勒으로 음이 전환되었다고 주장한다.[104] 다시 말하면 용이 곧 미륵이라는 것이다. 이 경우 무왕은 곧 미륵의 아들이 된다.

『삼국유사』「무왕」조 설화에는 많은 황금이 등장한다. 서동이 선화공주의 부왕 진평왕眞平王으로부터 인정을 받은 것도, 왕위에 오른 것도 황금 덕분이었다. 서동은 선화공주의 제의에 따라 흙덩이처럼 쌓여 있는 황금을 모았는데 마치 구릉과 같았을 정도였다. 이 황금은 용화산 사자사와 연관되어 있다. 왕자 시절 선화 공주를 배필로 맞은 서동은 용화산 사자사 지명법사知命法師를 통해 황금을 신라 왕궁으로 보냈다. 이후 그는 백제 제30대 왕위에 올랐다.

미륵 경전에서는 미륵불의 형상을 황금으로 묘사되고 있다.

미륵은 서른 두 가지 거룩한 상과 여든 가지 훌륭한 모습을 갖추었고 몸은 황금으로 장엄되어 있다.[105]

---

102 『三國遺事』, 大正藏 49, p. 979b. 第三十武王名璋. 母寡居. 築室於京師南池邊. 池龍文通而生.

103 박계홍, 『한국민속연구』, 형설 출판사, 1973, p. 30.

104 권상노, 「한국 고대신앙의 일련一聯 -미리, 용신앙과 미륵 신앙에 대하여-」, 『불교 학보』Vol. 1, 1963, pp. 101-102.

105 『佛說彌勒下生經』, 大正藏 14, p. 421c. 彌勒菩薩有三十二相八十種好. 莊嚴其身

전북 익산시 석왕동에 있는 쌍릉(문무왕릉) 2기의 무덤이 나란히 자리잡고 있어 쌍릉이라고 부른다. 무왕(《서동요》의 주인공 '서동')의 무덤을 대왕릉大王陵, 왕비('선화공주')의 무덤을 소왕릉小王陵이라고 한다. 진표율사는 백제 미륵신앙의 전통을 이어 받았다.(사진: 미륵사지유물전시관)

　　미륵불의 몸이 높이 드러나 황금산과 같아서 보는 이는 누구나 세

가지 나쁜 곳(三惡道)을 벗어나게 될 것이다.[106]

　　미륵경전상의 이와 같은 묘사는 무왕 부부의 미륵 신앙의 한 배
경으로 작용하였을 것이다. 그리고 무왕과 왕비가 용화산 사자사
로 갈 때 미륵불이 출현하였다. 이 또한 백제적 용화(미륵)불국토
건설의 한 배경으로 볼 수 있다.[107]
　　미륵사 창건 연기 설화는 진평왕이 백공을 보내 돕게 했다는 진
술로 마감하고 있다. 당시는 신라와 사이가 아주 나빴다. 양국 간
에 전쟁도 잦았다. 당시 왕자가 백제 최후의 왕이 될 의자義慈라는
것만 보아도 짐작할 수 있다. 그럼에도 불구하고 미륵사 창건 연
기 설화는 마치 미륵이 하생할 당시 시두말성처럼 평화로움이 깃
들고 있다. 〈서동요〉의 주인공 무왕은 신라 공주 선화를 왕비로

身黃金色.
106 『佛說彌勒大成佛經』, 大正藏 14, p. 430b. 佛身高顯如黃金山. 見者自然脫三惡趣.
107 김영태, 「백제의 미륵사상」, p. 242. 논자는 나아가서 "이곳의 지명 금마저金馬渚와 미륵하생지의 시두말성과도 무슨 관련이 있지 않겠는가 하는 생각도 든다."고 덧붙였다.

맞이했다. 용화산 아래 연못에서 미륵불이 출현하는 것을 보고 신라 공주 출신 왕비는 미륵사 창건을 발원했다. 왕은 그 소원을 들어주었다. 그리고 미륵사를 창건할 때는 신라왕 진평왕이 백공을 보내 도와주고 있다. 양국 간에 전혀 상극 관계는커녕 상부상조하는 평화로움이, 상생의 풍경이 넘쳐 나고 있다. 그야말로 이상적인 미륵의 세계가 펼쳐지고 있는 것이다.

무왕은 용화산 아래에 백제의 이상적인 미륵 불찰彌勒佛刹을 펼쳐 놓았다. 미륵불의 세계를 백제에 실현하고자 한 것이 미륵사의 창건 이념이라고 할 수 있다. 미륵 경전에서 묘사되고 있는 미륵의 세상을 이루기 위해 미륵불 출현의 용화회상을 백제에 끌어들여 실현시킨 것이 용화산 아래 미륵사였다고 할 수 있다. 무왕과 왕비의 원찰願刹로서 창건된 미륵사 터에는 현재 한국에서 가장 오래된 것으로 알려진 석탑이 남아 있다. 이와 같은 유적들은 백제에서 특히 반가사유미륵보살상이 많이 제작된 일 등과 함께 백제에서 특히 미륵 신앙이 성행하였다는 확인할 수 있는 근거가 될수 있다.

『삼국유사』제3권 탑상塔像 제4 「미륵선화彌勒仙花 · 미시랑未尸郎 · 진자사眞慈師」조에 따르면 신라 진지왕眞智王(?~ 579) 때에 흥륜사 중 진자眞慈(혹은 정자貞慈라고 한다)가 미륵의 화신을 친견하기 위하여 웅천熊天(지금의 공주 수원사水源寺)까지 갔다는 기사가 실려 있다.[108] 이 기사에 따르면 삼국시대에 미륵 신앙이 가장 먼저 백제의 웅천 지방에 전래되었고, 이 지방을 근거로 하명 삼국에 크게 퍼져 나갔으며, 그 당시의 미륵 신앙은 미륵하생신앙이 행해

---

108 『삼국유사』제3권 탑상 제4 「미륵선화 · 미시랑 · 진자사」, 대정장 49, p. 994c.

졌음을 알 수 있다.[109]

　　백제의 미륵사상은 하생 신앙이라고 할 수도 있을 것이다. 그러나
당래 하생의 미래 희구적인 하생 신앙이라기보다는 오히려 그 당래
를 현실로 이끌어 올린 현실적인 미륵불국사상이라고 하는 편이 타
당하지 않을까 싶다. 그런데 이와 같은 백제의 현실적 미륵불국사상
이 나중에 신라통일기의 미륵불 현신성도사상彌勒佛現身成道思想으
로 전개되는데 적잖은 영향을 미쳤으리라고 보여진다.[110]

　백제의 미륵사상은 국토적인 구현을 그 이상으로 하였다는 결
론이다. 현실적이고 적극적인 백제의 미륵 신앙은 신라가 삼국을
통일한 이후에도 백제 고토를 중심으로 전개해 나가지 않을 수 없
었다.[111] 물론 이와 같은 역사적 위치에 있는 백제 미륵 신앙의 유
풍은 숭제가 금산사에 주석할 때도 남아 있었을 것이다.

　당나라 유학을 마치고 귀국한 숭제가 왜 정토 신앙처도 아니고
문수 신앙처도 아닌, 기왕에 백제 미륵 신앙처일 수밖에 없는 금
산사로 와서 주석하게 되었는지는 그 이유는 확인되지 않는다. 물
론 몇 가지 추정은 가능하다. 숭제가 이 고장 출신이었거나 금산
사와 인연이 있는 사승 관계에 따른 것일 수도 있다는. 당초 운수

---

109 황수영, 「백제반가사유석상소고」, 『역사 학보』Vol. 13. ; 채인환, 「백제불교 계
율 사상 연구」, 『불교 학보』 Vol. - No. 28, 1991, pp. 47-48.
110 김영태, 「백제의 미륵사상」, p. 243. 지금까지 백제 미륵 신앙 관련 논의는 이
논문을 비롯하여 다음 논문들을 참고하였다. 윤여성, 앞의 논문, pp. 28-37. ; 김삼
룡, 「미륵사 창건에 대한 미륵 신앙적 배경」. ; -----, 「백제불교 사상의 역사적 위
치」. ; 한국 불교 연구원, 『금산사』, 일지사, 1985, pp. 37-49.
111 김삼룡, 「백제불교 사상의 역사적 위치」, p. 14.

납자雲水衲子인 승려에게 그런 질문을 던지고 해답을 구하는 것 자차가 희론戱論일지 모른다. 분명한 것은 숭제가 백제 미륵 신앙의 전통이 그대로 유전하고 있었을 금산사에 주석하고 있다는 것이며, 그의 문하에 진표가 출가했다는 사실이다.

2. 진표의 밀교 수행

1) 『공양차제비법』은 무엇인가

진표는 금산사 숭제에게 사미계沙彌戒를 받았다. 물론 진표가 행자 생활을 거친 뒤였을 것이다. 사미계는 사미가 지켜야 하는 계율로서 10계十戒를 가리킨다. 이로서 진표는 사미승沙彌僧이 되었다. 사미란 출가하여 10계를 받아 지니는 나이 어린 남자를 일컫는다.

> 숭제는 (진표에게) 사미계법을 주고 『공양차제비법供養次第秘法』 1권과 『점찰선악업보경占察善惡業報經』 2권을 전해 주면서[112] 말했다.
> "너는 이 계법을 가지고 미륵, 지장 두 보살 앞에서 지성으로 참회하여 친히 계법을 받아서 널리 전하도록 하라." (「석기」)[113]

---

112 「진표전간」에는 금산사를 떠난 진표가 수행을 거듭한 끝에 친견하게 된 미륵으로부터 『점찰경』 두 권을 직접 받은 것으로 되어 있다. 뒤에 다시 논의한다.
113 濟授沙彌戒法 傳教供養次第祕法一卷 占察善惡業報經二卷曰 汝持此戒法 於彌勒地藏兩聖前 懇求懺悔 親受戒法 流傳於世.

숭제가 제자 진표에게 전하는 두 권의 경전과 함께 전한 '말씀'이 주목된다. 앞으로 진표가 진행하여야 할 수행의 방법은 물론 진표가 나아갈 방향에 대한 지침이요, 과제가 되는 까닭이다. 아니, 진표의 종교적 생애와 사상을 관통하는 요체가 되기 때문이다. 물음 형식으로 정리하면 다음과 같다.

첫째, 숭제는 왜 진표에게 왜 『공양차제비법』을 주었을까? (제1-코드)
둘째, 왜 『점찰선악업보경』을 주었을까? (제3-코드)
셋째, 왜 미륵에게 참회하고 직접 계를 받으라고 했을까? (제4-코드)
넷째, 왜 지장보살에게 참회하고 직접 계를 받으라고 했을까? (제2-코드)[114]

정리한 네 가지 물음 형식의 과제 중에 셋째와 넷째를 하나로 묶어 다시 세분하면 다음과 같은 작은 '물음'이 생성된다. 왜 (미륵, 지장 두 보살 앞에서) 참회하라고 했을까? 왜 미륵, 지장 두 보살에게 계를 받으라고 했을까?

다섯째– 숭제는 진표에게 미륵, 지장 두 보살로부터 친히 받은 계법을 세상에 널리 전하라고 하였다. 이것은 상구보리 하화중생 上求菩提下化衆生(위로는 깨달음을 구하는 동시에 아래로는 중생을 교화한다는 뜻이다)을 목적으로 하는 대승불교 구도자에게 마땅히 부촉附囑할 수 있는 가르침에 다름 아니다.

위의 다섯 가지 '물음'(세분하면 일곱 가지)의 내용은 씨줄과 날줄처럼 서로 연결되어 있다. 진표는 사승 숭제법사의 가르침을 실천

---

114 여기서 코드의 순서는 논의의 편의에 따라 정한 임시 용어이다.

하면서 한 생애를 치열하게 살았던 인물이다. 따라서 우리가 제시한 물음 형식의 과제들을 해명하게 되면 진표의 생애는 물론 사상도 자연스럽게 드러날 것이다. 다시 말하면 우리가 제시한 일곱 가지 네 가지 물음은 곧 '진표'를 읽는 코드들에 다름 아니다. 그 중에서도 앞의 네 가지 코드를 주목한다.

불교가 무엇인가. 석가모니불이 '말씀'한 교법과, 그 발달하고 분파한 온갖 교리와 법문과 종지의 총칭이다(『불교 사전』). 더 기본적으로 석가의 가르침을 믿고 의지하는 것이다. 따라서 일반적인 경우라면 숭제는 제자 진표에게 석가의 가르침을 세상에 널리 전하라고 하였을 터이다. 그럼에도 불구하고 숭제법사는 진표에게 미륵과 지장보살의 계법을 널리 세상에 전하라고 하였다. 같은 물음을 앞의 두 경우(『공양차제비법』, 『점찰선악업보경』)도 제기할 수 있다. 진표 '불교'의 독특함은 여기서 비롯되었음은 자명하다. 우리가 네 가지 물음을 코드로 읽는 이유이다.

본격적인 논의에 들어간다. 진표를 읽는 제1-코드; 숭제는 왜 『공양차제비법』을 진표에게 주었을까? 다른 세 가지 코드와 연계해서 접근한다면, 사승을 떠나는 진표에게 『공양차제비법』을 '스승'으로 삼으라는 의도였을 것이다. 본격적인 해명을 위해서는 몇 가지 물음을 동시에 해명해야 한다. 『공양차제비법』이란 어떤 경전인가? 숭제는 어떤 경로로 『공양차제비법』을 입수했으며 왜 제자 진표에게 수행의 계법으로 삼으라고 했을까? 「석기」에 따르면 진표는 『공양차제비법』을 사승 숭제로부터 받았을 뿐만 아니라 그의 전법傳法제자 영심永深을 비롯한 융종融宗, 불타佛陀 등에게 전하게 된다. 『공양차제비법』이 진표사상의 중요한 부분을 차지한다는 얘기다.

지금까지 진표의『공양차제비법』에 대해서는 몇 가지 논의가 있었다. 먼저『대비로자나성불신변가지경大毘盧遮那成佛神變加持經』(『대일경大日經』) 총7권 가운데 마지막 제7권 「대비로자나공양차제법大毘盧遮那供養次第法」(『공양차제법』)으로 보는 견해가 있다.[115]『대일경』에서는 「대비로자나공양차제법」이라고 하고 진표가 숭제에게 받은 것은『공양차제비법』이라고 하는 차이는 있다. 그러나 공양차제법 자체가 비법이므로 같은 경전을 지칭하는 지적[116]에 이견은 없다. 다른 견해도 있다. 좀 두루뭉술한 주장이지만『공양차제비법』이『대일경』제7권 「공양차제법」과 함께『소실지갈라경蘇悉地羯羅經』,『섭대비로자나성불신변가지경입연화태장해회비생만다라광대념송의궤공양방편회攝大毘盧遮那成佛神變加持經入蓮華胎藏海會悲生曼多羅廣大念誦儀軌供養方便會』(『공양방편회』) 중의 어느 것이라는 주장이다.[117]

『대일경』은『금강정경金剛頂經』과 함께 인도 중기 밀교密敎를 대표하는 중요한 경전이다. 밀교는 인도에서 대승불교의 말기에 흥기한 불교의 일파이다.『반야경』과『화엄경』및 중관파中觀派와 유가행파瑜伽行派 등의 대승불교 사상을 기반으로 하여 힌두교 사상도 나름대로 수용하여 성립되었다. 본격적인 밀교 경전의 성립은 7세기 말에『대일경』과『금강정경』이 만들어진 이후였다. 인도

115 박광연, 「진표의 점찰법회의 밀교 수용」, 『한국사상사학』Vol. 26, 한국사 상사학회, 2006, p. 17.
116 서윤길, 「신라 의림 선사와 그의 밀교 사상」, 『불교 학보』Vol. - No. 29, 동국대 불교문화 연구소, 1992, p. 21.
117 옥나영, 「不可思議의『대비로자나공양차제법소』찬술 배경과 의의」, 『한국사상사학』Vol. 40, 한국사 상사 학회, 2012, p. 289.

밀교에서 크게 공헌한 사람은 용수龍樹를 비롯하여 선무외善無畏(637~735)와 금강지金剛智(671~741) 등이었다. 선무외는 주로 『대일경』 계통의 밀교를, 금강지는 『금강정경』 계통의 밀교를 수행하였다. 이들은 또한 각기 중국의 당나라로 건너가서 밀교를 전하였다.[118]

『대일경』은 대비로자나大毗盧遮那(Mahāvairocana, 대일여래大日如來)라는 법신불法身佛이 태양에 비유되는 지혜의 빛으로 일체 중생을 구제한다는 사상을 기본 정신으로 삼고 있다. 이 경전은 대승불교 사상의 수용·변용을 거쳐 밀교가 정립되는데 사상적, 교학적 체계의 기반을 제공했다. 뿐만 아니라 다양한 모습을 두루 갖추고 있는 체계화된 밀교의 특징과 성불을 목적으로 하는 불교 본연의 교설도 담고 있다. 『대일경』이 갖고 있는 이와 같은 경전 사적, 대승 교학적, 불교사적 의의는 이 경에 대한 다양한 접근을 요구하고 있지만, 일차적으로 밀교 경전이라는 데 무게가 실려 있다.

『소실지갈라경』은 『대일경』·『금강정경』과 함께 밀교 삼부경전이라고 일컬어진다. 이 경전에서는 밀교의 수행법인 진언과 의궤義軌를 상세히 설하고 있다. 『공양방편회』는 『대일경』의 내용이 상당 부분 그대로 설해지고 있다.

결론적으로 진표가 사승 숭제법사에게 받은 『공양차제비법』은,

118 정암, 「한국 밀교의 수용과 전개」, 『석림』Vol. 33, 동국대 석림회, pp. 225-226. 『대일경』과 『금강정경』의 성립은 밀교의 발달사에 있어서 분수령이 됐다. 일본 진언종眞言宗에서는 『대일경』과 『금강정경』의 성립 이전과 이후를 식별하고자 할 때 전자를 잡밀雜密, 이후를 순밀純密이라고 하여 구분한다. 그러나 '잡밀'이라는 표현은 그 시기의 밀교의 모습을 폄하하는 시각이 포함될 우려가 있기 때문에 근래의 연구자들 사이에는 전자를 초기 밀교, 후자는 중기 밀교, 그 후의 좌도적 경향의 밀교를 후기 밀교라고 부르는 것이 일반적이다. 고익진 「초기 밀교 발전과 순밀의 수용」, 『한국 고대사 불교사 상사』, 동국대 출판부, 1989. ; 옥나영, 앞의 논문, p. 281.

그것이 『대일경』 제7권 「공양차제법」이든 『소실지갈라경』이나 『공양방편회』든 밀교 계통의 경전이라는 것을 알 수 있다. 다시 말하면 숭제법사는 진표에게 밀교 경전을 사상적 혹은 수행의 지침으로 삼으라고 한 것이다. 왜 밀교일까? 혹은 왜 밀교 수행일까? 이 문제는 지금부터 구체적으로 논의하기로 하자. 확실하게 지적하고 넘어갈 것은, 우리는 『공양차제비법』이 『대일경』 제7권 「공양차제법」이라는 견해에 동의한다는 점이다(이유는 논의 과정에서 밝혀질 것이다).

『대일경』의 번역으로서 현존하는 것은 한역과 티베트 역이 있다. 한역 경전의 전거가 된 범본은 인도 출신 삼장三藏 선무외에 의해 번역되었다. 선무외는 몇몇 제자들과 함께 개원 12년(724)에 『대일경』 제1-6권을, 이듬해에 제7권 「공양차제법」의 한역을 완성했다. 그 후 선무외의 제자 일행一行(683~727)은 스승이 구술한 내용을 바탕으로 『대비로자나불신변가지경소大毘盧遮那佛神變加持經疏』(『대일경소』)를, 또 다른 제자로서 신라 승려인 불가사의不可思議는 『대비로자나공양차제법소大毘盧遮那供養次第法疏』(『공양차제법소』) 2권을 저술하였다.

한 가지 유의할 점은 「공양차제법」이 한역 『대일경』 제7권에 들어가 있지만, 원래 그곳에 포함되지 않았다는 주장이 있다. 내용을 보아도 「공양차제법」은 공양법이라든가 염송법을 설한 의궤로 구성되어 있다. 따라서 원래는 『대일경』에 따라 다니는 의궤의 일종이었던 것이 어떤 이유로 한역에서 제7권에 부가된 것이라는 의견이다. 이와 같은 주장을 확인할 수 있는 산스크리트본 『대일경』 원전은 아직 발견되지 않았다. 산스크리트본 주석서나 의궤류도 남아 있지 않다. 따라서『대일경』전체를 알기 위해서는 한역과 티베트 역을 종합적으로 검토해야 한다.『대일경』의 중추를 이루는 부분은 한역에서는 6권 31품이고 티베트 역은 7권으로 이루어졌다.[119]

『공양차제법』의 '차제'는 무슨 뜻인가. 원래 공양에 이공양理供養과 사공양事供養이 있다. 이공양이란 이치에 계합시켜 증입시킴을 말한다. 사공양이란 마음과 힘을 다해 향과 꽃을 갖추어서 제존諸尊께 봉헌하는 뜻이다. 차제란 제존들을 청하여 예배 · 공양드리고 보내드리는 전후작법 순서를 말한다.[120] 말하자면『공양차제법』은 밀교의 의궤를 기록한 경전이라고 할 수 있다. 의궤義軌(kalpa)란 밀교의 근본 경전에 말한 불 · 보살 · 제천 · 신을 염송하고 공양하는 의식궤칙儀式軌則을 말한 것이다.

『공양차제법』의 설주說主는 문수보살이다. 문수보살은 "나는 대일경왕大日經王에 의거하여 공양의 소자所資(제존諸尊을 가리킨다)와 여러 가지 의궤를 설하고자 합니다."[121]고 하여 '공양차제법'을 설하고 있다. 이 경우 진표의 사승 숭제법사가 당나라 오대산에 가서 문수보살을 친견하고 5계를 받았다는 대목을 상기할 필요가 있다.

불가사의가 저술한『공양차제법소』에는 산스크리트본『공양차

---

119 『대일경』관련 부분은 다음 논문을 주로 참조했다. 이정수, 「『대일경』의 성립에 관한 소고」, 『밀교 학보』Vol. 5, 위덕대 밀교 문화 연구원, 2005, pp. 75-77.
120 『大毘盧遮那經供養次第法義疏』卷上, 大正藏 39, p. 790c. 供養者理事供養. 理者會理入證. 是云理供養也. 事者盡心竭力營辦香花供養佛海. 是言事供養也. 次第者作禮及發遣之前後次第也.
121 대당 천축삼장 선무외·사문 일행 공역, 김영덕 번역, 「대비로자나성불신변가지경 제7권」, 동국대 불교 학술원, p. 349.

제법』을 선무외 삼장이 직접 중국으로 가지고 왔다고 기록하였다. 선무외가 건다라乾陀羅 국왕의 요청을 받아서 금속왕金粟王이 건립한 탑의 주변에서 기도를 올리고 있을 때「공양차제법」이 공중에서 나타났고, 선무외가 그 중의 한 본을 중국에 가져왔다는 것이다. 또한 이때「공양차제법」을 선무외 삼장에게 직접 준 이가 문수보살이었다는 것이다.[122] 그러나 가마다 시게오는『공양차제법』은 물론『대일경』자체를 선무외가 가지고 왔다는 점에 대해 부정한다.[123] 또한『대일경의석大日經義釋』에는 서북인도 우디야나에서 선무외가 직접「공양차제법」을 지었다고 주장하기도 한다.[124]

『공양차제법』은 신라와의 인연이 깊은 경전이다. 학계에서는 신라에 밀교가 처음으로 전해진 것은 6세기 말이나 7세기 초로 보고 있다.『해동고승전』권2 안함安含조에는 최치원이 쓴「의상전義相傳」을 인용하여 다음과 같이 기록하였다; "의상은 진평왕 건복 42년(재위 47년, 625 AD)에 태어났다. 이 해에 안홍安弘(안함과 동일인, 579~640)법사는 서국西國 삼장三藏 3인, 한승漢僧 2인과 함께 당나라에서 귀국하였다. 그 주는 다음과 같다. 북천축北天竺 오장국烏長國(Udyana)의 비마라진제毘摩羅眞諦(Vimala-Cinti)는 당시 나이

122『大毘盧遮那經供養次第法義疏』卷上, 大正藏 39, p. 790b. 小子奉教禮謝而退. 往至賢師之所. 修學如前. 乃至經歷五十餘國. 乃至北天竺. 乃有一城名乾陀羅. 其國之王仰憑和上受法念誦. 其經文廣義深. 不能尋逐供養次第. 求請和尚供養方法. 和上受請. 於金粟王所造塔邊求聖加被. 此供養法忽現空中. 金字炳然. 和上一遍略讀分明記著. 仰空云. 誰所造也. 云我所造也. 云誰我也. 云我是文殊師利也. 即喚書人逐便寫取. 即與其王一本. 自寫一本隨行將行流通四方也. 所謂小子者. 厥號善無畏三藏和上. 即是小僧不可思議多幸. 面諮和上所聞法要隨分抄記.
123 가마다 시게오.『중국 불교사』권6, 동경대출판회, 1999, p. 722. ; 박광연,「진표의 점찰법회와 밀교수용」, p. 18.
124『毗盧遮那神變加持經義釋』, 卍續藏經 36, p. 507.

44세, 농가타農伽陀(Naugata)는 46세, 마두라국摩豆羅國(Mathura)의 불타승가佛陀僧伽(Buddha-Saṅgha)는 46세였다. (이들은) 52국을 거쳐 비로소 중국에 이르렀고 드디어 신라에 와 황룡사에 머물면서『전단향화성광묘녀경栴檀香星光妙女經』을 번역하였다."[125]

당시 번역된『전단향화성광묘녀경』은 현재 전하지 않지만 학계에서는 밀교 경전일 것으로 추정하고 있다. 따라서 신라 밀교의 최초의 전래는 605년 서역승들에 의한 인도 초기 밀교 사상이었다.[126] 다리를 놓은 것은 안함이었다. 그 뒤를 이어 초기 밀교 사상을 수용한 신라 밀교승은 밀본密本, 명랑明朗, 혜통惠通 등이 있다.

중기 밀교가 처음으로 신라에 소개된 것은 당 측천무후 성력聖曆 3년(700) 경의 일이다. 이 해에 명효明曉가 당 유학을 마치고 귀국하면서『대일경』과『금강정경』사상의 일부가 신라에 소개되었다.[127] 명효는 북인도 람파국嵐波國 사람으로서 당나라로 귀화한 이무첨李無諂으로부터『불공견삭다라니경不空羂索陀羅尼經』1권을 받아 귀국하여 크게 유포시킨 신라고승이다.[128]『불공견삭다라니경』은『십일면관음신주경十一面觀音神呪經』·『대품반야경大品般若經』·『대일경』·『금강정경』등을 종합·계승하여 성립된 경전이다.[129] 따라서 명효는 인도 중기 밀교 사상을 부분적으로 전했지만, 선무

125『海東高僧傳』卷第二, 大正藏50, p. 1021c. 崔致遠所撰義相傳云. 相真平建福四十二年受生. 是年東方聖人安弘法師與西國二三藏. 漢僧二人至自唐. 注云. 北天竺烏萇國毘摩羅真諦年四十四. 農伽陀. 年四十六. 摩豆羅國佛陀僧伽. 年四十六. 經由五十二國始漢土. 遂東來住皇龍寺. 譯出栴檀香火星光妙女經.

126 서윤길,『한국밀교사상사연구』, 불광출판사, 1995, p. 12.

127 위의 책, p. 14.

128 정태혁,『밀교』, p. 183.

129 添田隆俊,「不空羂索經の成立に就いで」,『密教研究』40號, 高野山大學, pp. 97-143. ;『密教研究』42號, pp. 73-121. ; 서윤길, 앞의 책, p. 73 재인용.

외·금강지 삼장에 의해 중국에 소개되었던 본격적인 중기 밀교 사상은 아니다.

중국에 인도의 중기 밀교가 본격적으로 들어온 것은 선무외, 금강지 등이 716년과 720년에 각기 입당하여 『대일경』과 『금강정경』을 번역한 이후였다. 그 밀교 사상을 신라에 전한 승려는 선무외 삼장의 신라승 부촉 제자들인 의림義林(702~?), 현초玄超, 불가사의 등이었다. 이들은 물론 『공양차제법』을 수입한 인물이기도 하였다.

현초는 선무외 삼장의 직계제 자로서 태장계 밀교胎藏界 密敎[130]가 중국에 전해진 이후 제1대 전파자이다.[131]

> 그 때에 선무외 삼장은 다시 이 비로자나대 교왕을 대흥선사大興
> 善寺 사문 일행과 보수사保壽寺에 있는 신라국 사문 현초에게 전법
> 부촉傳法咐囑하였다. (중략) 사문 현초 아사리阿闍梨[132]는 다시 비로
> 자나대 교왕 및 소실지蘇悉地의 가르침을 청룡사靑龍寺 동탑원東塔

---

130 태장계胎藏界는 밀교의 2대 법문 중의 하나이다. 어머니가 태안의 아이를 잘 보호하여 키우는 기능이 있는 것같이, 일체 중생에게는 본래적으로 평등하게 대일여래의 이성을 함장含藏하고 섭지攝持하고 있음을 비유해서 태장계라고 한다. 태장계만 다라胎藏界曼茶羅는 『대일경』에 의거하여 중생이 본래부터 여래의 이성 곧 대일여래의 이법신理法身을 상징화해서 그림으로 표현한 것이다. 밀교의 2대법 중 다른 하나는 금강계金剛界이다. 대일여래에게 내증內證한 지덕은 그 체體가 견고하여 능히 모든 번뇌를 깨뜨리는 작용이 있으므로 비유하여 금강이라 한다. 금강계만다라金剛界曼茶羅는 법신 여래의 깊은 지혜의 세계를 금강에 비유하여 상징화한 그림이다.
131 黃有福·陳景富, 권오철 옮김, 『한·중 불교문화 교류사』, 까치, 1995, p. 206. ; 김영태, 『한국 불교사』, 경서원, 1997, p. 108. ; 정암, 앞의 논문, pp. 238-239 재인용
132 불교 교단에서 제자를 교수敎授하고 제자의 행위를 바르게 하여, 그 모범이 될 수 있는 스승에 대한 총칭. 아챠리야阿遮梨耶 또는 아차리야阿闍梨耶라고도 음역하며, 교수敎授, 궤범사軌範師, 정행正行, 계사戒師라 의역한다.

院의 혜과惠果 아사리에게 전법 부촉하니, 혜과 아사리가 또 성도부省都部의 유상愉尙과 변주卞州의 변홍辨弘, 신라국의 혜일惠日·오진悟眞, 그리고 일본의 공해空海에게 전법 부촉하였다.[133]

현초는 선무외 삼장으로부터 『대일경』 사상과 소실지교법蘇悉地敎法을 전수받았다. 그의 법을 전수받은 이는 청룡사의 혜과惠果였다. 그는 선무외→현초로부터 전해진 밀교 교의를 더욱 널리 전파하였다. 후세인들은 혜과가 현초에게 전수받은 것들이 『대비태장비로자나대유가대교大悲胎藏毗盧遮那大瑜伽大敎』, 『소숙지대유가법蘇熟地大瑜伽法』, 『제존유가법諸尊瑜伽法』 등이었다고 기록하고 있다. 말하자면 유가밀교법瑜伽密敎法이었다. 혜과는 많은 제자를 두었다. 신라의 혜일惠日, 오진悟眞, 의조義操 그리고 일본 진언종眞言宗의 개조 공해空海(774~805) 등이 그들이다. 그들을 통해 태장계 밀교법은 중국은 물론 신라, 일본, 나아가서 동남아시아 각지로 전파되었다. 현초의 귀국 여부는 확인되지 않는다. 따라서 그가 태장계 밀교를 직접 신라에 전하지는 않았다. 그러나 후세인들이 신라에 전파한 것은 현초로부터 나온 법맥이었다고 할 수 있다.[134]

의림은 선무외 삼장으로부터 태장계만다라의 비법과 삼부삼매야법三部三昧耶法 등을 전수받은 부촉 제자였다. 삼부삼매야는 태장계만다라인 불부佛部·연화부蓮華部·금강부金剛部에 의한 수

---

133 『兩部大法相承師資付法記』下, 大正藏 51, pp. 786c-787. 時善無畏三藏復將此大毘盧遮那大敎王傳付大興善寺沙門一行及保壽寺新羅國沙門玄超. (中略) 次沙門玄超阿闍梨復將大毘盧遮那大敎王及蘇悉地敎傳付靑龍寺東塔. 院惠果阿闍梨. 阿闍梨又傳付成都府僧惟尙又云惟明汴州辨弘. 新羅國僧惠日. 悟眞. 日本國空海.
134 서윤길, 앞의 논문, p. 239.

행 체계를 가리킨다. 의림은 대아사리로서 당나라에 이름을 떨쳤다. 805년 당시 103세의 고령으로 귀국하여 국사의 지위에 오른 그는 밀교를 전파하는데 심혈을 기울였다.[135] 그는 신라 밀교 사상 가장 처음으로 중기 밀교 사상을 수용한 대아사리로 평가받는다.[136]

불가사의는 선무외 삼장의 부촉 제자 중 한 사람일 뿐만 아니라 『대일경』을 연구하는 데 없어서는 아니 될 중요한 인물이다. 그가 불가사의가 『공양차제법소』 2권을 찬술하였다는 것은 이미 지적하였다. 그는 이 책에서 자기가 다행히도 선무외 삼장을 만날 수 있게 되어, 그로부터 얻은 요지를 여기에 기록한다고 썼다.[137] 이에 대해 한 논자는 "이 사실은 신라가 통일된 후에, 불가사의에 의해서 비로소 『대일경』 계통의 체계화된 발달된 밀교가 신라에 도입되었다는 것을 말하는 것"[138]이라고 지적하였다. 불가사의가 언제 본국 신라에 돌아왔는지, 『공양차제법소』를 언제 어디서 집필했는지 확인되지는 않는다. 분명한 것은 신라 영묘사와 관련이 있다. 『공양차제법소』 2권 말미에 '신라국영묘지사 석승 불가사의 新羅國靈妙之寺 釋僧 不可思議'[139]이라고 밝히고 있기 때문이다. 영묘사는 632년 선덕여왕이 창건한 사찰이다.

---

135 고익진, 「초기 밀교 전개와 순밀의 수용」, 『한국 고대 불교 사상사 연구』, 동국대 대학원, 박사 학위, 1987, pp. 321-330.
136 서윤길, 앞의 논문, p. 135.
137 不可思議. 『大毘盧遮那經供養次第法義疏』卷上, 大正藏39, p. 790b. 厥號善無畏三 藏和上. 即是小僧不可思議多幸. 面諮和上所聞法要隨分抄記.
138 정태혁, 『밀교』, 동국대 불전간행위원회, 1981, p. 184.
139 不可思議. 『大毘盧遮那經供養次第法義疏』卷下, 大正藏39, p. 807c. 文造人新羅國 零妙之寺釋僧不可思議.

지금까지 논의한 바를 정리하면 의림과 불가사의에 의해 740년 전후한 시기에 『공양차제법』을 비롯한 중기 밀교가 신라에 전래되었다.

숭제는 어떤 경로를 통해 『공양차제법』을 입수하게 되었을까? 숭제가 당나라 유학 시절부터 밀교 수행법에 관심을 가졌을 것이라는 추정은 어렵지 않다. 중국 오대산에서 문수보살로부터의 수계受戒경험이 그것이다. 오대산 신앙이 밀교의 영향을 받았다는 것은 이미 지적하였다. 당시 중국 오대산은 밀교승들에게 관심의 대상이었다. 심지어 인도 밀교승까지 중국 오대산 신앙은 널리 알려져 있었다. 그들은 대부분 중국에 오면 오대산을 참배했다. 『불정존승다라니경佛頂尊勝陀羅尼經』을 번역한 인도승 불타바리佛陀波利는 중국 오대산을 참배하기 위해 일부러 당나라에 올 정도였다 (676). 당 고종 연간에는 사자국師子國(Sihala. 지금의 스리랑카錫崙島) 승려 석가밀다라釋迦密多羅도 오대산에 가서 문수보살을 예배하기 위해 장안에 왔다.[140] 숭제 역시 이와 같은 분위기 속에서 오대산을 참배했고, 문수보살로부터 계를 받은 경험 전후에 밀교, 특히 문수보살이 설주로 등장하는 밀교 의궤경전 『공양차제법』에 대해 관심을 가졌을 가능성도 배제할 수 없다.

숭제가 당나라에 유학할 무렵, 장안에서는 선무외가 전파하는 중기 밀교에 내외의 관심이 뜨거웠다. 개원 2년(714) 사원 금지령을 내리고 일반인들에게는 불상 주조와 사경 금지 및 판매 금지령을 내리는 등 불교 교단에 탄압을 가했던 당 현종玄宗(재위

---

140 小野勝年·日比野丈夫,「五臺山-その歷史と現狀」,『五臺山』, 座右寶刊行會, 1942, pp. 27-32. ; 박광연,「진표의 점찰법회와 밀교 수용」, p. 20.

712~756)은 716년 선무외가 입당하자 그의 활동을 지원하고 나선 것이 하나의 동인이 되었다. 밀교를 국가 종교로서 후원한 것이다. 따라서 당시 장안의 불교는 점차 밀교의 영향 아래에 놓이게 되었다.[141] 이와 같은 분위기 속에서 신라 유학승 숭제가 직접 선무외를 찾아가 가르침을 받았으며, 725년 선무외의 『공양차제법』 강의를 듣고 그 책을 베껴서 귀국하였을 가능성도 제기되었다.[142]

반대 의견도 있다. 숭제는 715년 이전에 당나라에 유학해 선도(613~682) 문하에서 수학했다. 반면 선무외는 715년에 입당하여 725년에 『공양차제법』의 번역했고 735년에 입적했다. 숭제가 당나라에 유학했을 당시에는 선무외가 입당하기 전이었다. 숭제가 그의 강의를 듣거나 『공양차제법』을 직접 입수하기는 불가능했다는 얘기다. 가능성을 찾는다면, 선무외의 제자인 의림과 불가사의를 통해서일 것이다. 특히 불가사의는 『공양차제법소』를 찬술할 정도로 『공양차제법』과 깊은 관련이 있다. 이러한 분위기 속에서 숭제는 『공양차제법』을 입수하여 진표에게 전해 주었다는 주장이다.[143]

---

141 滋野井恬, 『唐代佛敎史論』, 平樂寺書店, 1973, pp. 10-11.

142 박광연, 「진표의 점찰법회의 밀교 수용」, p. 20.

143 박미선, 「진표 점찰법회의 성립과 성격」, pp. 227-228. 논자는 또 다른 이유로 숭제가 선무외로부터 직접 강의를 들었을 것으로 보는 주장을 부인했다. 우리가 논의했다시피 숭제가 선도에게 수학한 사실은 「진표전간」에만 기록되어 있고 『공양차제법』의 진표 전수는 「석기」에만 기록되어 있다. 여기에는 진표의 출가 시기가 문제가된다. 「진표전간」의 729년으로 본다면 숭제가 선도에게 수학한 것은 인정된다. 그러나 725년에 번역된 『공양차제법』을 전했다는 것은 불가능하다. 반면 「석기」의 745년 출가설을 따르면 경전의 전수는 인정되지만 선도 문하에서 수학했다고는 보기 어렵다. 진표와 경덕왕의 만남을 고려할 때 진표의 출가는 「진표전간」의 기록이 더 타당하다. 따라서 숭제가 『공양차제법』을 선무외에게 직접 듣고 가져왔다고 보기는 어

한 논자는 의림과 불가사의가 중기 밀교를 신라에 전했던 같은 시기, 혹은 좀 더 앞선 시기에 숭제가 『공양차제법』을 제자 진표에게 전했던 사실을 주목한다. 두 밀교승 의림과 불가사의보다 앞선 시기에, 명효의 뒤를 이어 숭제가 『공양차제법』 1권을 가져왔다는 것이다.[144]

지금까지 논의한 바와 같이 숭제의 『공양차제법』 입수 경위는 크게 두 줄기로 구분할 수 있다. 하나는 선무외 삼장→불가사의→숭제이고, 다른 하나는 명효→숭제가 그것이다. 후자를 주장하는 논자는 숭제를 불가사의 · 의림 · 현초와 함께 신라에 선무외 · 금강 지류의 밀교 사상을 처음으로 전했던 밀교 사승密教師僧으로 소개하고 있다.[145] 이 대목은 보다 세심한 주의를 요한다. 숭제에 대한 전기적 자료가 거의 없는 가운데 그를 밀교 사승이라고 한다면, 이유는 그가 밀교 경전 『공양차제법』을 제자 진표에게 전했기 때문이다. 만약 이 주장에 동의한다면 진표 역시 밀교승이 된다. 『시공 불교 사전』에는 진표가 "12세에 금산사에 출가하여 숭제에게 계율과 밀교의 의례를 배웠다"[146]고 하였다. 진표는 과연 밀교 승일까?

2) 진표의 밀교 수행: 부사의방장

진표는 물었다. "부지런히 수행修行하면 얼마나 되어 계戒를 얻게

렸다.

144 서윤길, 앞의 논문, p. 134.
145 서윤길, 앞의 책, p. 74.
146 곽철환 편저, 『시공 불교 사전』, 시공사, 2003.

됩니까." 숭제가 말했다. "정성만 지극하다면 1년을 넘지 않을 것이다."

진표는 스승의 말을 듣고 명산을 두루 다니다가 선계산仙溪山 부사의암不思議庵에 머물면서 삼업三業을 닦아 망신참법亡身懺法으로 계戒를 얻었다. (「진표전간」)[147]

율사는 가르침을 받고 물러나와 두루 명산을 돌아다녔다. 나이 이미 27세가 되니, 상원上元 원년 경자庚子(760)에 (중략) 보안현保安縣으로 가서 변산의 부사의방不思議房에 들어갔다. (「석기」)[148]

사승 숭제법사의 가르침을 받들고 물러나 온 진표는 금산사를 떠났다. 이후 전국의 명산을 돌아다녔다. 일종의 행각行脚 수행을 했다는 얘기겠다. 그 기간도 짧지 않았을 것으로 추정된다. 「석기」를 기준으로 하면 12세에 출가하여 27세 때 변산 부사의암에 들었다. 일반적인 경우라면 그 사이에 일정한 행자 기간을 거친 뒤에 사미계를 받고 또 20세 전후에 비구계를 받은 뒤에 만행에 나섰을 것이다. 20세 때 비구계를 받고 금산사를 나와 구도 행각에 들어갔다고 해도 7년이란 기간 동안 만행을 하였다. 그러나 「석기」에는 사미계법을 받은 뒤에 사승의 명에 따라 금산사를 나선 것으로 기록되어 있다. 만약 그렇다면 7년보다 훨씬 긴 기간 동안 만행을 하였을 것이다.

「진표전간」을 기준으로 해도 크게 다르지는 않다. 12세에 출가하여 23세 때 부사의암에 들어와 14일 만에 지장보살로부터 계를

---

147 表啟曰. 勤修幾何得戒耶. 濟曰. 精至則不過一年. 表聞師之言. 遍遊名岳. 止錫仙溪山不思議庵. 該鍊三業. 以亡身懺□□□.

148 師奉教辭退 遍歷名山 年已二十七歲 於上元元年庚子 (中略) 詣保安縣 入邊山不思議房.

받은 것으로 기록되어 있다. 최소한 3년, 아니 그 이상의 기간 동안 구도 행각을 한 것이다.

앞의 인용문에는 구체적이지 않지만 진표의 수행 과정 일부가 묘사되어 있다. 이와 같은 수행법은 지극히 밀교적이다. 뿐만 아니라 그가 오랜 기간 구도 행각을 거쳐 부사의암을 찾은 것 자체가 밀교의 수행법과 관련이 있다. 아니, 진표가 수행의 지침서로서 사승 숭제로부터 받은 『공양차제법』이 밀교 경전이라는 점에 주목할 필요가 있다. 나아가 『점찰경』도 밀교 경전이라는 연구가 있다. 종석(전동혁)은 논문 「밀교 경전의 신라 전래고」에서 『삼국사기』와 『삼국유사』에 보이는 밀교 경전 가운데 두 경전-『공양차제법』과 『점찰경』을 소개하고 있다.[149]

진표의 이후 수행은 두 '밀교' 경전의 실천에 다름 아니다. 진표가 밀교 사승 숭제법사로부터 밀교 경전을 전해 받고, 그대로 수행을 했다는 것은 무엇인가? 좀 거칠게 결론을 내린다면 진표가 밀교승이었다는 얘기가 된다. 그러나 이와 같은 결론을 그대로 수용하기에는 무리가 있다. 분명한 것은 진표가 밀교 수행을 했다는 점이다. 그동안 학계에서는 진표의 밀교 수행에 관해서 연구가 거의 이루어지지 않았다. 점찰 참회 계법과 미륵 신앙에 집중되고 있는 진표 연구에서 밀교 수행에 관한 논의는 끼어들 여지가 거의 없었다. 진표와 밀교 수행에 관한 본격적인 논의는 박광연의 「진표의 점찰법회와 밀교의 수용」이 거의 유일하다. 일부 논의에서는

---

149 종석 전동혁, 「밀교 경전의 신라 전래고」, 『중앙 증가 대학 논문집』Vol. 8, 중앙승가대, 1999, p. 148. ; -----, 「당조의 순밀 성행과 입당 신라 밀교승들의 사상-순밀 사상의 신라 전개와 그것의 한국적 전개-」, 『중앙 증가 대학 논문집』Vol. 5, 중앙승가대, 1996, p. 71.

진표와 밀교 수행의 관련성만을 제기하는 수준에서 머물렀다.[150] 진표에 대한 종합적인 탐구를 목적으로 하는 우리는 그의 밀교 수행을 주목한다.

진표와 밀교와의 관련에 대해서 가장 먼저 언급되고 있는 전거는『삼국유사』에서 찾을 수 있다. (이미 소개하였다시피) 무엇보다도 진표가 사승 숭제법사로부터 수행의 지침서로 받았던『공양차제법』과『점찰경』이 '밀교' 경전이고, (이제 구체적으로 살펴보겠지만) 두 경전에 따라서 수행하였다는 점을 지적할 수 있다. 숭제를 밀교 사승이라고 하였을 때, 그 이유를 그가 밀교 경전『공양차제법』을 제자 진표에게 전했기 때문이라고 한다면, 진표 역시『공양차제법』과『점찰경』을 제자들에게 전했으므로 밀교 사승이라고 할수 있다.

뒤의 얘기지만, 진표가 사승 숭제가 제시했던 미륵과 지장 두보살 앞에 참회하여 직접 계를 받아 일차적인 목표를 이루고, 그것을 세상에 널리 펴기 위한 전법을 실행하고 있을 때였다.

그때 속리산의 대덕大德 영심永深이 대덕 융종融宗, 불타佛陀 등과 함께 율사에게 와서 부탁하였다.

"우리들은 천 리를 멀다 하지 않고 와서 계법을 구하니, 법문을 주시기 바랍니다."

율사가 묵묵히 대답하지 않자, 세 사람은 복숭아나무 위로 올라가 거꾸로 땅에 떨어져 용맹스럽게 참회하였다. 율사는 그제야 가르침을 전하고 정수리에 물을 뿌리고(灌頂) 마침내 가사와 바리때,『공양

150 위의 논문. ; 옥나영, 앞의 논문 외.

차제비법』1권, 『점찰선악업보경』2권과 간자 189개를 주었다. (「석
기」)[151]

진표의 밀교와 관련하여 여기서 또 주목되는 것은 진표가 제자
들에게 관정灌頂을 베풀었다는 점이다(위의 인용문에 대해서는 뒤에
서 다시 검토할 것이다). '관정'이란 밀교의 전법 의식을 대표하는 일
종의 의궤이다. 밀교에서 아사리가 자신의 체험을 제자에게 이심
전심으로 전해 주는 것은 일종의 통과의례이다. 이렇게 법을 전하
는 전법의 과정을 통해 제자는 스승과 같이 깨달음의 세계로 나아
가게 되고, 스승에게서 제자에게로 법은 상승相承하게 된다. 이와
같이 제자에게 상승되는 법을 스승이 인가하는 밀교적 의궤를 관
정이라고 한다. 일반적으로 밀교 의궤로서는 밀교에 입문할 때 물
이나 향수를 정수리에 뿌린다는 의미로 사용된다.[152]

밀교에서 관정은 아무리 강조해도 지나치지 않다. 밀교 수행법
에서 관정은 수행 입문자에게 필수적인 관문이다. 『대일경소』에
서는 "만약 관정을 이루지 못하면 곧 진언眞言(Mantra)과 인계印契
(mudrā) 등에 대하여 들을 수가 없다. 이 날에 얻지 못하면 그 잘
못이 매우 크다. 그렇기 때문에 은근하게 계를 삼는다. 비유하면
마치 세간의 왕족이 이른바 그 왕권을 잇게 하고 왕의 종족이 끊
어지지 않게 하기 위하여 그 적자에게 관정을 짓는 것과 같다."[153]

---

151 時. 俗離山大德永深與大德融宗佛陀等同詣律師所. 伸請曰. 我等不遠千里來求戒法.
願授法門. 師默然不答. 三人者乘桃樹上. 倒墮於地. 勇猛懺悔. 師乃傳教灌頂. 遂與袈裟
及鉢. 供養次第祕法一卷. 占察善惡業報經二卷. 一百八十九(木*生).
152 장익, 「밀교 관정의 형성과 의미」, 『밀교 세계』 Vol. 6, 위덕대, 2010, pp. 7-8.
153 『大毘盧遮那成佛經疏』卷第十五, 大正藏 39, pp736a-736b. 若灌頂不成. 則不合
聞真言及印等. 此日不得作此過尤大. 故慇懃戒之也. 譬如世間刹利之種. 謂欲紹其繼嗣令

라고 했다. 관정이란 원래 인도에서 왕이 즉위할 때 사대해四大海
의 물을 길어다 제왕의 머리에 부음으로써 온 세상의 장악을 의미
한 의식이었다. 대승불교, 특히 밀교에서 여래의 오지五智를 상징
하는 다섯 병의 물을 이용해 비밀 법문의 인가전수印可傳授, 사자
면수師資面授, 밀교의 전등傳燈을 계승하는 중요한 의식이 되었다.
관정은 밀교와 다른 종파를 구별하는 특색이라고 할 수 있다.[154]

　관정은 밀교 전법의 가장 기본적인 의식으로서 관정을 받는 제
자에게만 비법을 전수할 수 있다. 『대일경』에는 관정의 목적, 종
류, 방법 등에 대해 상세히 설하고 있다. 특히 아사리는 반드시
모든 불보살을 믿어 전교관정을 받아야 하고,[155] 제자가 신심이 있
고 계를 지키는 것이 청정하고 빠뜨림 없고, 어느 단계에 오른다
면 마땅히 관정을 행해야 한다고 설하고 있다.[156] 물론 『공양차제
법』에서도 관정을 강조하고 있다.

　　만약 여래행(177)에 의거한다면 마땅히 대비태장생만다라왕大悲
　　胎藏生漫茶羅王(만다라 왕이란 여래를 말한다)[157]에서 아사리의 관

王種不斷故. 爲其嫡子而作灌頂. 取四大海水. 以四寶甁盛之種種嚴飾. 又嚴飾子身衆物咸
備.
154 佐和隆研 編, 『密敎辭典』, 法藏館, 1975, pp. 104-105. ; 박광연, 「진표의 점찰
법회의 밀교 수용」, p. 20 재인용.
155 『大毘盧遮那成佛神變加持經』卷第一, 大正藏18, p. 4a. 漫茶羅位初阿闍梨. 應發菩
提心. 妙慧慈悲兼綜衆藝. 善巧修行般若波羅蜜. 通達三乘. 善解眞言實義. 知衆生心. 信
諸佛菩薩得傳敎灌頂等.
156 『大毘盧遮那成佛神變加持經』卷第一, 大正藏18, p. 5b. 若弟子信心生種姓淸淨 恭
敬於三寶 深慧以嚴身堪忍無懈倦 尸羅淨無缺忍辱不慳吝勇健堅行願如是應攝取 餘則無
所觀或十或八七或五二一四當作於灌頂 若復數過此爾時金剛手祕密主復白佛言.
157 대당 천축삼장 선무외·사문 일행 공역, 김영덕 번역, 「대비로자나성불신변가지
경」제7권 각주. 이하 같은 인용문의 각주는 같음.

정灌頂(전법아사리관정傳法阿闍梨灌頂을 받는 것을 말한다)을 받아 수행을 구족할 것이다. 다만 지명관정持明灌頂만 받은 자[158]는 감당할 수 없다.(『공양차제법』)[159]

　『공양차제법소』「진언행학처품」에는 아자阿字 등의 진언문은 그 이치가 묘한 것이므로 그 이치를 밝히기 위해서는 여래의 가지력加持力과 주인呪印과 진언眞言으로 해야 하며, 나아가서 관정을 받지 않은 자에게는 절대로 이것을 알게 해서는 안 된다고 강조한다.[160] 『대일경』의 중심 교리가 아자본생설阿字本生說에 있으며, 이 아자문의 증득을 위해서는 반드시 관정을 받게 하라는 것이다.[161] 따라서 진표가 관정을 통해 제자를 인정했다는 것은 밀교와 관련 있는 것으로 보아도 무리가 없을 것이다.

　진표가 진언 수행을 했는지는 확인할 수 없다. 아마도 진언 수행을 했을 것이다. 그의 사승 숭제가 중국 정토종 본가에서 유학하였고 진표 역시 사승의 영향을 받았다고 생각되는 까닭이다. 무

---

158 지명관정을 받은 자는 계율 중에서 아직 구족계를 받지 않은 자와 같다. 단지 본존의 인과 진언을 결하고 독송할 수 있을 뿐으로 학행을 두루 겸비하지 못한 자가 받는 것이다. 만약 학행을 두루 겸비하려고 한다면 전법관정을 받아야 한다.

159 『大毘盧遮那成佛神變加持經』卷第7, 大正藏 18, pp. 52c-53a. 若依此如來行者. 當於大悲胎藏生漫荼羅王. 得阿闍梨灌頂. 乃應具足修行. 非但得持明灌頂者之所堪也.

160 『大毘盧遮那供養次第法疏』卷上, 大正藏 39, p. 790a. 所謂阿字等門妙明其理. 今此經者理蘊於詞意絶文外. 是故以如來加持神力對以祕印導以眞言. 所以若不從師受學. 禁入其門. 非其人者制妄授傳. 未經灌頂禁其輒聞. ; --------, 大正藏 39, p. 805c. 若依此如來行者. 簡菩薩金剛等也. 大悲胎藏者. 如來大悲業也. 王者毘盧遮那是也. 得阿闍梨灌頂者. 得傳法阿闍梨灌頂也. 如律中受具足戒. 持明灌頂者. 如律中未受具戒者. 但自作本尊眞言印念誦. 不得廣行學也. 若欲得遍學者. 至蒙佛加被至誠念誦. 得加被已後. 請傳法阿闍梨得蒙遍學阿闍梨灌頂.

161 종석(전동혁),「당조의 순밀 성행과 입당 신라 밀교승들의 사상」, p. 64.

엇보다도 숭제가 진표에게 밀교 경전『공양차제법』을 전하면서 수
행의 지침서로 삼게 했다는 점이 그 근거이다. 지적했다시피 숭제
의 사승 선도는 칭명염불稱名念佛을 대성시킨 중국 정토종의 종조
이다. 칭명稱名이란 입으로 불·보살의 명호를 부르는 것을 일컫
는다. 정토교에서는 염불을 칭명의 뜻으로 해석한다. 선도는 칭
명이 정토에 태어나게 하는 정정업正定業으로 규정했다.[162] 선도는
정토교야말로 범부를 위한 가르침에 있다는 것을 확립한 장본인
이다. 범부라고 할지라도 자성청정自性淸淨의 불성을 가지고 있다
는 점을 깨닫고 깊이 반성하면서 죄업을 인식하고, 자기 스스로의
구제를 아미타불의 본원력에 의지하여 부지런히 칭명염불을 하면
정토에 거듭날 수 있다.[163] 말법 시대에 있어서 중생의 요로要路는
정토의 일문一門밖에 없다는 것이 선도의 주장이다.

　선도는 정도의 행도行道에 있어서 새로운 정행正行을 설정하였
다. 독송·관찰·예배·칭명·찬탄 공양이 그것이다. 이 5정행의
실천이야말로 정토왕생의 확실한 행도이며, 그 중에서도 말(口)에
의한 칭명이야말로 유일한 정정업이라고 밝히고 있다. 이와 같이
선도에게 있어서 칭명염불의 위치는 범부를 위한 행업으로서 가
장 쉬운 길이며(易行道), 다른 행에 비해서 뛰어난 면을 지니고 있
는 최승성最勝性의 행도이다. 심지어 오역중죄五逆重罪를 범한 범
부라고 해도 아미타불의 원력으로 정토에 왕생할 수 있다는 확실

---

162 박화문, 「칭명염불에 대한 연구」, 『정토학연구』Vol. 5, 한국 정토 학회, 2002,
p. 76. 정정업이란 곧바로 정토에 왕생할 수 있는 업인業因을 가리킨다. 5정행 가운
데 네 번째인 칭명으로, 아미타불의 명호인 "나무아미타불"을 부르는 것. 서방 정토
에 왕생하는 본업. 아미타불의 본원本願에서 정당한 왕생의 행업으로 여겨지는 업.
『불교 사전』
163 박화문, 앞의 논문, p. 82.

한 믿음의 신앙을 제시하고 있다.[164]

선도의 이와 같은 수행관은 그의 제자 숭제에게 영향을 미쳤을 것이다. 숭제 또한 그의 제자 진표에게 영향을 미치지 않을 수 없었을 것이다. 그럼에도 불구하고 숭제가 진표에게 정토 경전이 아니라 밀교 경전을 수행의 지침서로 전했다면 그 이유가 궁금하다. 범부를 위한 이행도易行道인 정토 수행보다 진표와 같은 출가 수행자에게는 더욱 치열한 수행법인 난행도難行道가 제시될 필요성 때문이었을까.

밀교의 수행법은 기존의 불교 수행법을 종합적으로 정리한 삼밀수행三密修行이다. 삼밀이란 신밀身密 · 구밀口密 · 의밀意密로서 인계 · 진언 · 관법觀法(samādhi)이 중심이 된다. 삼밀 수행 가운데 진언이 가장 먼저 밀교 관련 경전에 등장하였다. 여기에 인계와 관법이 결부되는 과정을 거쳐 삼밀 수행으로 정리된 것이다. 이와 같은 과정의 시작은 불상의 제작에 따른 공양법, 예배법의 형성과 대승불교 이후 다양한 불보살의 등장과 관련성을 지닌다. 따라서 삼밀 수행 형성의 과도기적 변화는 초기 밀교 경전 속에 나타나는 수행법을 거쳐 중기 밀교 경전인 『대일경』과 『금강정경』에서 정형화하게 된다.[165] 『대일경』 제7권이면서도 별권으로 유통된 『공양차제법』은 밀교 수행법이 그 내용의 대종을 이루는 경전이다.

숭제가 진표에게 관정이라는 의식을 베풀었는지 기록은 없다. 진표가 그의 제자들에게 관정을 베풀었던 것으로 보아 숭제 역시 그런 의식을 거쳤을 것이다. 『공양차제법』에서는 관정을 하는 사

---

164 위의 논문, pp. 82-91.
165 장익, 「밀교의 관법 수행」, 『밀교 세계』 Vol. 4, 위덕대, 2008, pp. 36-37.

제의 자세에 대해 설하고 있다.

> 그 스승이 자재로이 대비장大悲藏 등의 묘한 원단圓壇을 건립하
> 고 법에 의거하여 만다라에 들어가 근기에 따라 삼매야를 수여하리
> 니 도량道場('묘한 원단')과 교본教本,『대일경』과 진언眞言과 인印을
> 관정사灌頂師가 계신 곳에서 직접 구전口傳해 받아야 한다.(『공양차
> 제법』)[166]

관정 의식을 베푼 뒤에 숭제는 제자 진표에게 『공양차제법』을
전하였다. 그리고 금산사를 떠난 진표는 『공양차제법』의 수행을
그대로 실천하고 있다.[167] 앞에서 인용한 「석기」는 진표가 『공양차
제법』 수행을 직접 실천하고 있는 기록이다. 진표는 숭제법사의
명을 받고 수행처를 찾아 명산을 두루 돌아다니다 부사의암을 수
행처로 삼았다. 부사의암이 위치한 곳에 대해 「진표전간」에는 선
계산, 「석기」는 변산이라고 했고, 「남행월일기」에는 현계산賢戒山
이라고 했다. 부사의암이 변산에 있는 것은 분명하다. 변산에 있
는, 선계산과 현계산 중의 하나는 착오일 것이다.

부사의암에서의 수행은 진표의 구도 행각에서 중요한 분기점을
이룬다. 따라서 좀 치밀한 검토가 필요하다. 접근 가능한 몇 가지
시각으로 논의한다.

먼저 진표가 수행처로 삼은 '부사의암'이라는 지명 자체가 주목
된다. 종석 스님은 진표가 부사의암에서 수행하게 된 것은 『공양

---

166 『大毘盧遮那佛神變加持經』卷第七, 大正藏 18, 351c-352a. 彼師自在而建立大悲
藏等妙圓壇 依法召入漫茶羅隨器授與三昧耶 道場教本真言印 親於尊所口傳授.
167 박광연, 「진표의 점찰법회와 밀교 수용」, p. 22.

차제법소』의 저자 불가사의와의 인연 때문이라고 주장한다.

　　불가사의는 태장계 밀법의 대가인 선무외 삼장의 부법제자付法弟
子로서 뿐만 아니라 『대일경』을 연구하는 데 없어서는 아니 될 귀중
인물인 것은 두말 할 필요가 없겠지만 안타깝게도 그가 언제 본국 신
라에 돌아왔는지, 또 『공양차제법』은 언제 어디서 집필된 것인지, 그
무엇 하나 제대로 알 길이 없다. 다만 『삼국유사』제5 해의 「관동풍악
발연수석기」조에 '변산 부사의방'과 「공양차제비법」1권이라는 문구
가 보일 뿐이다. '부사의'란 이름이나 '공양차제법'이란 경명 등 『공양
차제법』(『공양차제법소』의 오기이다)을 쓴 불가사의와 너무나 관계
깊은 것이기에 도저히 그냥 스쳐나 갈 수가 없다. 혹시 불가사의가
귀국하여 이곳에서 밀법密法을 홍포하며 살았던 것은 아닌지, 아니
면 인생 말년에 이곳에 와 최후를 맞이한 것은 아닌지, 그것도 아니면
불가사의의 후예들, 곧 불가사의가 속해 있던 총지종摠持宗 승려들
이 이곳에 모여 도량을 형성하며 밀법홍포를 하고 있었던 것은 아닌
지 더 이상의 자료를 찾을 수 없어 안타까울 뿐이다.[168]

　종석은 나아가 "진표 스님에게 『공양차제법』1권과 『점찰경』2권
을 전해 준 진표 스님의 사승 순제법사가 어떤 분인지 앞으로 더
연구가 되어야 하겠으나, 글 전체의 내용(두 경전이 모두 밀교 경전
이라는 점, 또 관정을 받았다는 점, 그리고 지장보살과 미륵보살에 대한 참
법 신앙懺法信仰 등등)을 분석해 볼 때, 순제 스님과 진표 스님이 밀
법승 불가사의와 관계를 가진 것만큼은 분명한 것 같다."고 덧붙

---

168 종석(전동혁), 「당조의 순밀 성행과 입당 신라 밀교승들의 사상」, p. 71.

부사의방장 원경 뒤쪽으로 보이는 산 능선(으로 보이지만 봉우리이다) 위의 레이더 돔 건물이 공군기지, 그 밑의 바위절벽에 부사의방장이 위치하고 있다. 오른쪽에 있는 바위 봉우리가 지장봉이다.

였다.

진표가 몇 년 동안 명산을 돌아다니며 구도 행각을 하다가 마침내 정착하여 밀교 수행을 한 장소가 부사의암이라는 것도 예사롭지 않다. 종석의 지적과 같이 진표의 수행에 있어서 일종의 지침서가 되는 『공양차제법소』의 저자 불가사의와 연결된다는 추정도 어렵지 않기 때문이다. 여기서 '불가사의'와 '부사의암'은 각각 성명과 지명을 지칭하는 고유명사로 쓰였지만, 문자 그대로만 본다면 '불가사의'와 '부사의'는 같은 뜻이다. 부사의암은 「진표전간」에서는 '부사의암', 「석기」에는 '불사의방', 그리고 이규보의 「남행월일기」에는 '부사의방장' 혹은 '부사의암不思議巖'으로 표기하고 있다. '―――암庵'은 암자를 뜻하고 '―――방房'은 그 보다 규모가 작은 한 칸 정도의 공간을, 그리고 '―――방장方丈'은 화상和尙, 국사國師 등의 고승이 거처하는 처소를 의미한다. 부사의=불가사의라는 고승이 거처하는 처소로 보는 것도 어색하지 않다. 앞으로 '부사의방장'으로 표기한다.

『공양차제법』에서 진언과 함께 매우 중요하게 설하고 있는 것이 두타행頭陀行이다.[169] 불가사의는『공양차제법소』에서 두타행을 정리한 여러 경론을 인용하는 방법을 통해 구체적으로 주석하였다. 물론 불가사의가 두타행을 중요하게 생각했기 때문일 것이다. 실제로『공양체제법소』를 분석하면 불가사의가 수행자로서 갖추어야 할 태도를 설명하는데 매우 구체적인 데까지 관심을 가지고 있었다는 것을 확인할 수 있다. 그의 이러한 태도는 신라 불교계의 대표적인 승려들이 두타행을 실천했던 전통과도 연결된다. 자장, 원효, 순경順憬 그리고 진표 등이 그들이다. 불가사의는 이러한 신라 불교계에서 행해졌던 두타행의 모습을 밀교의 가르침 속에서 정리했다.[170]

진표가 수행처로 삼았던 부사의방장 역시 그가 수행의 지침서로 삼고 있는『공양차제법』에서 설하고 있는 내용을 그대로 따르고 있다.『공양차제법』「진언행학처품」에서는 진언행을 행하는 수행자가 정근수행을 하면서 갖추어야 할 마음가짐과 구체적인 수행법에 관한 내용을 설하고 있다. 관정을 해 준 스승에게 예를 다

---

169 두타頭陀(dhūta)는 번뇌의 티끌을 떨어 없애고, 의·식·주에 탐착하지 않으며, 청정하게 불도를 수행하는 것을 가리킨다. 12종의 행行이 있어 흔히 '십이 두타행十二頭陀行이라고 한다. 진표의 수행과 관련하여 특히 주목되므로 길지만 전체를 검토한다. (1) 재아란 야처在阿蘭若處. 인가人家를 멀리 떠나 산 숲·광야의 한적한 곳에서 수행한다. (2) 상행 걸식常行乞食. 늘 밥을 빌어서 생활한다. (3) 차제 걸식次第乞食. 빈·부를 가리지 않고, 차례로 걸식한다. (4) 수일식법受一食法. 한 자리에서 먹고 거듭 먹지 않는다. (5) 절량식節量食. 발우 안에 든 것만으로 만족한다. (6) 중후부득음장中後不得飲漿. 정오가 지나면 과실즙·석밀石蜜:사탕 따위도 마시지 않는다. (7) 착폐납의著弊衲衣. 헌 옷을 빨아 기워 입는다. (8) 단삼의但三衣. 중의重衣·상의上衣·내의內衣 외에는 쌓아 두지 않는다. (9) 총간주塚間住. 무덤 곁에 있으면서 무상관無常觀에 편리케 한다. (10) 수하지樹下止. 있는 곳에 애착을 여의기 위하여 나무 밑에서 명상한다. (11) 노지좌露地坐. 나무 아래서 자면 습기·새똥·독충毒蟲의 해가 있으므로 노지露地에 앉는다. (12) 단좌불와但坐不臥. 앉기만 하고, 눕지 않는다.

170 옥나영, 앞의 논문, pp. 304-306.

하고 스승의 허락을 받은 뒤 최적의 수행처에 가서 수행하라는 것이다.

　　지혜로운 자는 스승의 허가를 받고 나서 대지에서 마땅한 곳을 찾는데 묘산妙山(높고 훌륭한 명산)과 보봉輔峰(큰 산의 봉우리로 안온하고 거주할 만한 곳)과 반암半巖의 사이(벼랑에 뚫린 구멍으로 사람이 살 수 있는 곳)와 갖가지의 감굴龕窟(굴과 같은 곳으로 불상을 안치할 수 있는 곳)과 두 산의 중간에서는 언제든지 안은安隱을 얻을 수 있다. 수초와 연과 청련靑蓮이 두루 피어 있는 연못과 큰 강과 흐르는 내와 섬의 기슭처럼 사람과 동물들이 소란스럽게 하는 것에서 멀리 떠나 있으며 가는 대와 잎이 성긴 열의수悅意樹와 기름진 유목乳木 및 상초祥草가 많으며 모기와 등에와 춥고 더운 괴로움이나 못된 짐승과 독충들의 방해가 없다. 혹은 모든 여래의 성스러운 제자들이 일찍이 옛날에 유행하며 머물던 곳으로 절과 탑塔과 연야練若[171]와 고선실古仙室이니 자기가 마음으로 좋아하는 곳에 의지하여 재가在家를 떠나고 업무를 끊어 잊으며 부지런히 5욕의 온갖 덮개와 얽힘을 벗겨 내어 한가지로 깊이 법의 맛을 즐기며 그 마음을 장양長養하여 실지悉地를 구하라. (『공양차제법』)[172]

---

171 연야練若는 난야蘭若를 가리킨다. 난야는 아란야阿蘭若(araya)의 준말이다. 시끄러움이 없는 한적한 곳으로 수행하기에 적당한 삼림·넓은 들·모래사장 등을 가리킨다.
172 『大毘盧遮那成佛神變加持經』卷第七, 大正藏18, p. 45c. 智者蒙師許可已 依於地分所宜處 妙山輔峰半巖間 種種龕窟兩山中 於一切時得安隱 芰荷青蓮遍巖池 大河涇川洲岸側 遠離人物眾憒鬧 篠葉扶疏悅意樹 多饒乳木及祥草 無有蚊虻苦寒熱 惡獸毒蟲眾妨難 或諸如來聖弟子 嘗於往昔所遊居 寺塔練若古仙室 當依自心意樂處 捨離在家絕諠務 勤轉五欲諸蓋纏 一向深樂於法味 長養其心求悉地.

『공양차제법』에서 제시하고 있는 최적의 수행처는 묘산과 보봉, 반암의 사이, 갖가지의 감굴, 두 산의 중간 등이다. 사람들이 많아서 소란스러운 곳은 피해야 한다. 가는 대와 잎이 성긴 열의수, 유목乳木, 상초祥草가 많고 모기나 더위, 추위, 나쁜 짐승, 독충 등 수행에 방해되는 것이 없어야 한다. 따라서 과거에 뛰어난 선배들이 수행하던 곳으로 절과 탑塔과 연야練若와 고선실古仙室과 같은 곳이 좋다는 것이다. 진표가 수행처로 삼은 부사의방장은 어떤 곳일까? 과연『공양차제법』에서 제시하는 수행처일까. 대답은, 그렇다는 것이다.

부사의방장은 오늘날 행정구역상 전북 부안군 변산면 중계리 의상봉義湘峰(509m) 기슭에 위치한다. 의상봉은 변산의 최고봉으로서 마천대라고도 한다. 이곳에는『동국여지승람 Ⅳ』「부안현」조 '의상암義湘庵'에서 "신라 중 의상이 살던 곳이다"고 기록한 의상암 폐사지가 있다. 신라 고승인 의상대사義湘大師(625~702)가 이곳에 절을 짓고 의상암이라 하여 산 이름이 의상봉이라 불렸다고 한다. 부사의방장은 의상봉 바로 아래 동남쪽으로 높이 80~90m, 가로 600여m의 기암절벽들이 만폭병풍滿幅屏風을 이루는 곳에 위치해 있다. 그곳에 가기 위해서는 마천대 아래 바위 절벽 중간 정도의 지점에서 받줄을 이용해야 한다. 깎아지른 듯 아찔한 바위 절벽을 타고 12m정도를 내려가면 좁은 바위 턱이 나타난다. 바로 이 지점에서 6m쯤 동쪽으로 가면 바위에 가로 33㎝, 세로 25㎝ 크기로 네모꼴 구멍을 파 놓았는데 아마도 진표가 미륵상을 모셨던 기단으로 추정된다. 여기서 12m를 동쪽으로 다시 가면 가로 530㎝, 세로 310㎝의 공터에 이르게 된다. 마름모꼴 형태의 방장은

16.43㎡(4.97평)인데, 이곳이 바로 진표가 수행처로 삼은 부사의 방장이다.[173]

고려 말 문신 이규보가 직접 답사하고 기록한 부사의방장은 『공양차제법』에서 설하고 있는 수행자가 머물러야 할 처소와 비교된다.

또 이른바 '부사의방장不思議方丈'이란 것이 어디에 있는가를 물어서 구경하였는데, 그 높고 험함이 효공曉公(원효를 가리킨다. 이규보는 부사의방장을 찾기 직전인 1200년 8월 21일에 원효가 머물렀다는 원효방을 찾았었다)의 방장의 만 배였고 높이 1백 척쯤 되는 나무 사다리가 곧게 절벽에 걸쳐 있었다. 3면이 모두 위험한 골짜기라, 몸을 돌려 계단을 하나씩 딛고 내려와야만 방장에 이를 수가 있다. 한번만 헛디디면 다시 어떻게 해볼 도리가 없다.

나는 평소에 높이 한 길에 불과한 누대樓臺를 오를 때도 두통이 있기 때문에 오히려 정신이 아찔하여 굽어볼 수 없던 터인데, 이에 이르러는 더욱 다리가 와들와들 떨려 들어가기도 전에 머리가 벌써 빙 돈다. 그러나 예전부터 이 승적勝跡을 익히 들어오다가 이제 다행히 일부러 오게 되었는데, 만일 그 방장을 들어가 보지 못하고 또 진표대사眞表大士의 상像을 뵙지 못한다면 뒤에 반드시 후회할 것이다. 그래서 어정어정 기어 내려가는데, 발은 사다리 계단에 있으면서도 금방 떨어질 것 같은 기분이었다. (중략) 그 방장은 쇠줄로 바위에 박혀 있기 때문에 기울어지지 않는데, 세속에서 전하기를 바다용이 그렇게 한 것이라 한다. (「남행월일기」)[174]

---

173 「부사의방장」, 『변산자연생태』, http://cafe. daum. net/BNE-DB, 검색일 ; 2014. 2. 11. 참조.
174 又問所謂不思議方丈者求觀之. 其高險萬倍於曉公方丈. 有木梯高可百尺. 直倚絶壁.

진표가 부사의방장에 들어간 연도를 740년으로 잡았을 경우, 그로부터 460년 뒤인 1200년에 이곳을 찾은 이규보의 기록이다. 지금도 마찬가지이지만, 이규보가 답사한 부사의방장은 3면이 모두 위험한 골짜기로서 높이 1백 척쯤 되는 나무 사다리가 곧게 절벽에 걸쳐 있는 곳이다. 또한 방장은 쇠줄로 바위에 박혀 있었다고 하였다. 지금도 방장 서북쪽 암벽에는 바닥으로부터 170㎝ 높이에 어린아이 팔뚝 만한 직경 5㎝ 쇠말뚝이 박혀 있는 흔적이 있다. 진표가 이곳에 암자를 짓고 쇠줄로 묶어 고정시켰던 것을 짐작할 수 있다.

이규보는 "드디어 들어가서 부싯돌을 쳐서 불을 만들어 향香을 피우고 율사律師의 진용眞容에 예배하였다"[175]고 한다. 그때까지는 진표의 진영이 있었던 것 같다.[176] 진표 앞에 예배를 드리는 백운거사 이규보의 감회는 컸던 것 같다. 『동국여지승람 Ⅳ』「부안현」조에는 당시 이규보가 당시의 소감을 피력한 칠언율시가 실려 있다.

　　무지개 같은 사다리 밑바닥이 길어서
　　몸 돌려 곧장 내려가도 만 길이 넘네.

三面皆不測之壑. 回身計級而下. 乃得至於方丈. 一失足則更無可奈何矣. 予平日登一臺一樓高不過尋丈者. 以頭病故. 猶眩眩然不得俯臨. 至是益悚然股扑. 未入而頭已旋矣. 然自昔飽聞勝跡. 今幸特來. 若不入見其方丈. 又不得禮眞表大士之像. 則後必悔矣. 於是盤桓蒲北而下. 足猶在級而若將已墮者. (中略) 其方丈. 以鐵索釘巖故不欹. 俗傳海龍所爲也.
175 遂入焉. 敲石取火. 焚香禮律師眞容.
176 필자도 몇 차례 부사의방장을 답사한 일이 있는데, 이규보가 답사한 그대로였다. 그러나 현재 남아 있는 것은 깎아지른 듯 가파른 절벽에 제법 커다란 뚫려 있는 한 평 정도의 공간이다. 이규보가 보았다는 쇠줄이 바위에 박혀 있는 흔적도 남아 있다. 안내자의 얘기는 쇠줄을 연결하여 암자를 지었는데 네 평 정도의 크기였다고 한다. 그러나 진표의 진영은 보이지 않았다.

지인至人(도덕이 극치에 이른 사람)은 이미 가고 자취마저 없는데
옛집은 누가 붙들었기에 아직도 쓰러지지 않았나.
일장 육척의 불상은 어느 곳에 나타나는고.
대천세계는 그 가운데 감추었네.
완산完山의 하급관리, 세상 시름 잊은 나그네
손 씻고 와서 한 조각 향 피운다.[177]

진표율사에 대해 '영악과 선계가 감응해 통했다. 다리 놓아준 동해의 물고기와 용들도 감화됐다'고 한 일연 스님의 찬과 마찬가지로 이규보의 시에는 목숨 받쳐 깨달음을 갈구한 구도자에 대한 존경과 경외심이 묻어난다.

지금까지 논의한 내용을 정리하면, 부사의방장은 『공양차제법』에서 설하고 있는 최적의 수행처였던 것 같다. 과연, 사람이 쉽게 접근할 수 없는 곳이다. 특히 '묘산과 보봉과 반암의 사이와 갖가지의 감굴과 두 산의 중간'은 부사의방장을 그대로 묘사해 놓은 듯하다. 진표는 훗날, 속리산에 이르러 골짜기에 길상초吉祥草가 나 있는 곳을 보고, 표시해 두었다가 뒤에 제자 영심에게 길상초가 자라는 곳을 찾아 절을 세우라고 명하였다. 오늘날의 속리산 법주사가 바로 그 절이다. 인적이 드문 산을 찾아들어 간다거나 길상초가 나는 곳을 수행처로서 중요시하는 것은 『공양차제법』에 의거한 행동이다.[178]

물론 진표가 밀교 수행의 지침서인 『공양차제법』에서 제시하는

---

177 虹蠶危梯脚底長/ 回身直下萬尋彊/ 至人而化今無跡/ 古屋誰扶尙不彊/ 丈六定從何處現/ 大千猶可箇中藏/ 完山吏隱忘機客/ 洗手來焚一辨香.
178 박광연, 「진표의 점찰법회의 밀교 수용」, p. 22.

수행처만 따르고 있는 것은 아니다. 무엇보다도『공양차제법』에서 설하고 있는 수행법을 그대로 실천하고 있는 점이 주목된다.

　　나이 이미 27세가 되니, 상원上元 원년 경자庚子(760)에 (진표는) 쌀 스무 말을 쪄서 말려 양식을 만들어 보안현保安縣으로 가서, 변산의 부사의방에 들어가 하루의 식량을 다섯 홉으로 정하고 그 중의 한 홉을 쥐를 먹였다. (「석기」)[179]

　　다음에 단식搏食을 받들어 본존에 봉헌하는 데 사용한다. 또 수의식법隨意食法을 행해야 한다. 만약 남는 것이 있다면 다시 조금 내어서 굶주리고 구걸하는 사람을 구제해야 하니 마땅히 이와 같은 마음을 내야 한다.(『공양차제법』)[180]

　불가에서는 '일단식一搏食'이라는 말이 있다. 한 움큼의 음식물만 섭취하라는 것이다.『공양차제법』은 더욱 구체적으로 '수의식법隨意食法'을 설하고 있다. 수의식법이란 얻은 음식을 네 등분하여 그 중 하나를 본존에게 공양하며, 두 번째는 자신에게, 세 번째는 동료에게, 네 번째는 가난한 자들에게 나누어 주는 것을 가리킨다. 불가사의는『공양차제법소』에서 수의식법의 구체적인 방법 및 의의에 대해 설명한다. 수행자는 먹을 것을 줄여야 하는데 양을 절제해서 먹는 것이 어느 정도 단계에 이르면 이미 줄인 데서 삼분의 일을 때서 새와 짐승들에게 주고 나머지는 자신이 먹으라고 한

179 年已二十七歲 於上元元年庚子 蒸二十斗米 乃乾爲粮 詣保安縣 入邊山不思議房 以五合米 爲一日費 除一合米養鼠.
180『大毘盧遮那成佛神變加持經』卷第七, 大正藏 18, p. 54a. 次奉搏食. 用獻本尊. 又作隨意食法. 若故有餘. 更出少分. 爲濟飢乏乞求故. 當生是心.

다. 그러면 조금이나마 선업을 보탤 수 있다는 것이다.[181] 『공양차제법』의 수의식법, 특히 『공양차제법소』의 이와 같은 주석은 진표가 쥐에게 자신이 먹을 것의 5분의 1을 떼어 주었다는 기록과 일치한다. 진표가 얼마나 철저하게 『공양차제법』을 실천하고 있는지 보여주는 대목이다. 결론적으로 진표가 부사의방장에서 밀교 수행을 했다는 얘기다. 물론 진표에게 이와 같은 밀교 수행은 하나의 방편일 뿐이다(여기에 대해서는 뒤에 구체적으로 논의한다).

---

181 『大毘盧遮那經供養次第法義疏』卷上, 大正藏39, pp. 792a-792b. 食中六者. 一乞食. 二次第乞食. 三不作餘食法食. 四一坐食. 五一揣食. 亦名節量. 六不中後飮水. (中略) 一揣食者. 經中亦名節量食. 一受便止名一揣食. 節儉少食名節量食. 何況爽. 有人雖受一食法. 於一食中恣意飽噉. 腹滿氣脹睡眠消息. 半日不滅妨修道法. 故須節量. 又多食增長煩惱難可折伏. 故須節量. 又多食增長睡眠. 難消如病令身不安. 故須節量. 又行者為求法身漸捨食身. 故宜節量. 節量至幾許. 隨己所堪三分留一施諸鳥獸. 餘便自食. 能少益善.

3. 진표의 지장신앙

1) 지장보살을 친견하다

그러나 3년의 세월이 흘러도 수기授記를 얻지 못하자 죽을 결심으로 바위 아래로 몸을 던지니 그 순간 번갯빛처럼 나타난 푸른 옷을 입은 동자가 살며시 손으로 받들어 바위 위에 놓고 사라지더라. 이에 큰 용기를 얻어 서원을 세우고 21일을 기약하여 생사를 걸고 더욱 분발하니 망신참법亡身懺法으로 온몸을 돌로 두들기며 간절히 참회하매 3일 만에 손과 팔이 부러져 떨어지고 온몸이 피투성이가 되거늘 7일째 되던 날 밤 지장보살이 손에 금장金杖을 흔들며 와서 진표를 가호하니 곧 회복 되니라. (『도전』 1:7)

율사가 미륵상 앞에서 부지런히 계법을 구했지만 3년이 되어도 수기授記를 얻지 못했다. 분한 마음에 바위 아래로 몸을 던지니 갑자기 청의 동자靑衣童子가 손으로 받아서 돌 위에 놓았다. 율사는 다시 발원하여 3·7일[182]을 기약하고 밤낮으로 부지런히 수행하였다. 돌을 치며 참회하기 3일에 손과 팔뚝이 부러졌다. 7일째 밤이 되자 지장보

---

182 7일7야七日七夜를 수행의 한 기간으로 삼는 것은 1·7일이라고 한다. 2·7일은 14일, 3·7일은 21일 동안을 기간으로 삼는다. 채인환, 「신라 진표율사 연구 I」, p. 41.

살이 손으로 금석金錫을 흔들며 와서 가호를 하니 손과 팔뚝이 전처럼 되고, 보살은 가사와 발우를 주었다. 율사는 그 영험에 감격하여 더욱 정진하였다. (「석기」)[183]

부사의방장에 머물러 삼업三業을 수련하여 망신참법亡身懺法으로 '계법을 닦았다.'[184] 처음에는 7일 밤(七夜)을 기약하고 몸을 땅에 메쳤더니 무릎과 팔꿈치가 모두 깨어지고, 피가 빗물처럼 바위에 흘렀는데, 아무런 영험이 없는 것 같아 몸을 버리기로 결심하고 다시 7일을 기한하여 그 7일을 마치니 마침내 나타난 지장보살로부터 정계淨戒를 받았다. 그것이 개원開元 28년 경진庚辰, 740 3월 15일이요, 그때 나이 23세였다. (「진표전간」)[185]

그(진표)는 12살 때 현계산 부사의방장에 와서 거처하였는데 현계산이 바로 이 산이다. 그는 명심冥心하고 가만히 앉아 자씨慈氏(미륵보살)와 지장보살을 보고자 하였으나 며칠이 지나도록 보이지 않자 이에 몸을 구렁에 던지니, 두 명의 청의 동자 손으로 받으면서 말하기를, "대사의 법력이 약한 때문에 두 성인이 보이지 않습니다." 하였다. 그래서 그는 더욱 노력하여 3·7일에 이르니, 바위 앞 나무 위에 미륵과 지장이 현신하여 계를 주었다. (「남행월일기」)[186]

---

183 師勤求戒法於彌勒像前 三年而未得授記 發憤捨身嵓下 忽有靑衣童 手捧而置石上. 師更發志願 約三七日 日夜勤修 扣石懺悔 至三日手臂折落 至七日夜 地藏菩薩手搖金錫 來爲加持 手臂如舊 菩薩遂與袈裟及鉢 師感其靈應 倍加精進.

184 '계법을 닦았다'는 원문에 없으나 인용자가 문맥에 따라 첨가한 것이다. 김원중 번역본에서는 '계를 얻었다'로 하였다.

185 表聞師之言 遍遊名岳 止錫仙溪山不思議菴 該鍊三業 以亡身懺□□□ 初以七宵爲期 五輪撲石 膝腕俱碎 雨血嵓崖 若無聖應 決志捐捨 更期七日 二七日 終見地藏菩薩 現受淨戒 卽開元二十八年庚辰三月十五日辰時也 時齡二十餘三矣.

186年十二. 來棲賢戒山不思議巖. 賢戒山者. 卽此山是已. 眞心宴坐. 欲見慈氏地藏. 踰日不見. 乃投身絶壑. 有二靑衣童子以手奉之曰. 師法力微小. 故二聖不見也. 於是努力益勤 至三七日. 巖前樹上 有慈氏地藏現身授戒.

그 뒤 진표는 미륵보살로부터 친히 계법을 받을 때까지는 물러서지 않겠다는 서원을 세우고, 온 몸을 땅에 부딪쳐 지극하게 참회 수행을 하면서 간절히 계법을 구하였다. 그는 밤낮으로 (밤에는 낮보다 배로 공을 들여서) 더욱 힘써 잠시도 쉬지 않았다. 7일째의 밤이 새는 이른 아침에 지장보살이 손에 금석金錫을 흔들면서 나타나 진표를 위하여 경책警策해 주면서 계연戒緣을 발하여 받기 전에 지을 방편을 가르쳐 주었다. (「진표전」)[187]

진표 읽기의 네 개의 코드 가운데 제2-코드를 해명할 차례이다. 숭제법사는 제자 진표에게 미륵과 지장 두 보살 앞에 참회하고 직접 계를 받아 세상에 펴도록 하라고 했다. 미륵이면 미륵, 지장이면 지장이지 왜 두 보살-미륵과 지장보살인가? 왜 지장보살인가? 진표가 출가한 금산사와의 관계를 볼 때 미륵이라면 모르지만, 왜 뜻밖에도 지장보살 앞에 참회하고 계법을 받으라고 하는가? 이 내용은 「석기」에서만 기록되어 있지만, 진표가 부사의방장에서 예정한 수행 기간을 마쳤을 때 지장보살이 나타나 계를 주었다는 내용은 「석기」를 비롯하여 「진표전간」, 「남행월일기」에도 나온다. 국내의 진표 전기에는 모두 미륵뿐만 아니라 지장보살이 등장하고 있는 것이다. 그리고 진표는 미륵에 앞서 지장보살을 친견하게 된다.

먼저 부사의방장에서 진표의 수행 기간부터 검토한다. 진표 전기마다 차이가 나기 때문이다. 「석기」에 따르면 진표는 부사의방

187苦到懺悔. 擧身撲地志求戒法. 誓願要期彌勒菩薩授我戒法也. 夜倍日功遶旋叩搰. 心心無間念念翹勤. 經於七宵. 詰旦見地藏菩薩手搖金錫為表策發教發戒緣作受前方便.

장에서 한쪽에 미륵상을 모셔 놓고 계법을 구했다. 3년이란 세월이 지나갔다. 그러나 그가 목적하는 미륵보살로부터 수기를 얻지 못했다. 이에 발분한 진표는 바위 아래에 몸을 던졌다. 망신참亡身懺을 한 것이다. 그때 어디선가 갑자기 나타난 청의 동자 진표의 몸을 손으로 받들어 돌 위에 올려놓았다. 이 장면에 대해「남행월일기」는 좀 더 적극적이다. 두 명의 청의 동자 나타나 진표를 받아 주면서 법력이 약하기 때문에 두 보살이 감응하지 않는다고 충고했다.

여기에 등장하는 청의 동자는 누구일까. '동자'는 kumāra(산스크리트어, 팔리어)를 음역해서 구마라究摩羅 또는 동아童兒, 동진童眞, 동남童男이라고 한다. '불교' 사전적으로 동자는 다음과 같은 의미를 갖고 있다. (1) '구마라'라고 음역한 것이다. 스님이 되려는 마음을 내고 절에 와서 불교를 배우면서도 아직 출가하지 않은 어린 아이를 말한다. (2) 태외5위胎外五位(사람의 일생을 5단위로 나눈 것) 가운데 두 번째인 7세~15세 아이를 가리킨다. (3) 보살을 말한다. 여래는 법왕法王이고 보살은 여래의 왕자라고 한다. 이 경우 보살의 화현인 동자를 법왕자法王子라고 한다. (4) 절에서 심부름하는 아이를 가리킨다. 법회 때에 화관花冠을 쓰고 행렬에 참례하거나 혹은 번幡을 들기도 한다. 혹은 덕이 높은 스님들이 밖에 다닐 때에 데리고 다니는 아이를 일컫는다.

다양한 의미를 갖고 있는 동자 가운데 진표를 구해 준 동자는 세 번째인 보살을 일컫는 것 같다. 보살의 화현이 그것이다. 대승불전大乘佛典에서 동자는 다양한 모습으로 나타난다. 석가 본생담本生談에 등장하는 설산동자雪山童子, 문수보살의 화연힌 문수 동자文殊童子, 『화엄경』「입법계품」의 주인공이며 보살의 이명異名이기도 한 선재동자善財童子 등이 그들이다. 진표의 망신참을 막은 청의 동자 두 가지로 생각할 수 있을 것 같다. 먼저 문수보살이다. 진표의 사승 숭제가 중국 오대산에 가서 감응을 받고 계를 받았다는 문수보살이다. 문수 동자는 설화에서도 종종 등장한다. 조선도 7대 왕 세조가 오대산 상원사上院寺 계곡에서 문수 동자를 만나 병을 치료한 설화는 널리 알려졌다. 그러나 사승 숭제법사와의 인연만을 가지고 진표의 망신참을 막은 청의 동자 문수보살의 화현이라고 하기에는 논거가 부족하다.

다른 하나는 미륵의 화현인 '미륵' 동자다. 한국 불교 설화에 등장하는 동자 가운데 대부분은 '미륵' 동자다. 신라 진지왕眞智王 때 흥륜사興輪寺 진자眞慈스님이 만났던—국선國仙이 된 동자, 월명사月明師가 만난 동자, 노힐부득努肹夫得을 도와준 낭자娘子, 거산据山 범일梵日조사와 금색 동자, 혜명慧命스님이 만난 동자들 등이 모두 미륵의 화현이다. 진표는 부사의방장에서 수행을 시작할 때부터 미륵상 앞에서 계를 받고자 했다. 뒤에서 구체적으로 논의하겠으나 청의 동자의 도움으로 목숨을 건진 진표는 이후 지장보살을 친견하게 된다. 거기가 끝이 아니었다. 사승 숭제법사의 가르침도 없지 않았으나 원래 진표의 뜻은 미륵으로부터 계를 받는 것이었다. 따라서 진표는 다시 지장보살 친견으로 만족하지 않고 수행을 계속하여 마침내 미륵을 친견하게 된다. 결과론이기는 하지만, 진표를 망신참에서 구해 준 청의 동자 미륵의 화현인 이유이다. 아니, 결과론일 뿐만 아니라, 진표가 지장보살로부터 계를 받았음에도 불구하고 계속 정진해서 미륵에게 계를 받았다는 것은 당시 신라 불교 사회에서 미륵 신앙의 위상을 짐작할 수 있게 한다.

> 국가적으로나 개인적으로 어려움을 극복하는데 항상 희망을 안겨
> 주었던 신앙이 미륵 신앙이었고, 그러한 맥락에서 미륵보살의 화현
> 인 동자상을 이해하게 된다. 그런데 신라 시대 불교 설화의 주인공은
> 결국 불전상佛典上의 동자상과 같이 보살의 화연을 의미하고 있으나
> 불전상의 동자명을 쓰지 않고 미소년美少年, 일랑一郎, 낭자라는 표
> 현을 하고 있는 특징을 지닌다. 이것은 소년→화랑→미륵이라고 하
> 는 설화의 유형 구조가 그를 잘 나타내고 있는데 이는 화랑으로 태어
> 는 소년이 미륵이었다고 하는 신라의 화랑 사상이 불교 설화의 토대
> 를 이루고 있음을 의미한다.[188]

청의 동자의 도움으로 목숨을 구한 진표는 다시 발원하여
3 · 7(21)일을 기약하고 밤낮으로 부지런히 수행하였다. 마침내
21일째가 되는 날이다. 그날 밤이 되었을 때 지장보살이 나타나
진표를 가호하고 가사와 발우를 주었다.

진표의 수행 기간에 대해 「진표전간」은 좀 애매하게 기록하고
있다. 처음에는 7일 밤을 기약하여 수행하였고 다시 7일을 기한
하여 마쳤다고 하였다. 그러니까 진표가 부사의방장에서 수행한
것은 총 2 · 7(14)일이다. 「석기」에서 기록하고 있는 3년 수행과
나머지 7일인 3 · 7 수행 기간이 빠져 있다. 그리고 진표는 14일
수행 마지막 지장보살로부터 정계淨戒를 받았다. 이와 같이 진표
의 부사의방장 수행과 관련하여 「진표전간」에서 연대가 기록된 것

---

188 조명렬, 「동자상으로 표현된 불교 신앙」, 『중앙 증가 대학』Vol. 8 No. -, 중앙승
가대, 1999, p. 258.

은 14일이 전부이지만, 바로 이어서 지장보살로부터 정계를 받은 것이 개원 28년(740) 3월 15일이며, 그때 나이 23세라고 하였으므로 행간을 읽으면 「석기」의 기간도 함축되어 있는 것으로 볼 수 있다. 진표가 12세에 출가하였으므로 지장보살로부터 정계를 받았을 때까지 11년이 걸렸다는 계산이 나오기 때문이다.

「남행월일기」는 더욱 애매하다. 12살 때 부사의방장에 와서 거처하였다고 한 것은 출가 연도의 착오일 것이다. 두 청의 동자로부터 충고를 받은 뒤에 더욱 노력하여 3·7(21)일이 지난 뒤에 미륵과 지장보살이 현신하여 계를 주었다고 했다. 21일 동안 수행했다는 것은 「석기」와 같지만, 역시 행간에는 3년 이상의 부사의방장 수행이 포함되어 있다고 해도 크게 틀리지는 않을 것이다. 중국 기록인 「진표전」에는 연대가 아예 불투명하다. 다만 수행한 지 '일곱 밤을 지냈을 때 그 새벽에' 지장보살이 나타나 계를 받을 방편을 가르쳐 주었다고 하였을 뿐이다.

우리가 주목하는 것은 진표가 혹독한 수행 끝에 지장보살을 친견하였고, 지장보살로부터 직접 정계를 받았다는 점이다. 이때 진표가 받은 '정계'가 무엇일까? 김영태는 "그(진표)가 지장보살로부터 받은 정계는 바로 오계五戒와 보살계菩薩戒 및 구족계具足戒였을 것이다. 그러므로 그가 얻고 또 설한 계는 별다른 진표만의 특유한 계가 아니고 일반 불교인의 공통된 계였을 것이라 본다."[189]고 분석하였다. 우리는 진표가 지장보살로 부터 직접 받은 정계를 다른 각도에서 검토한다. 진표가 사승 숭제법사로부터 받았던 또 하나의 경전『점찰경』에서 그 해답을 구하려는 것이다.

---

189 김영태,「신라 점찰법회와 진표의 교법 연구」, p. 125.

만약 저 중생들이 대승大乘의 도를 익히려고 하여 보살의 근본이 되는 중한 계율 받기를 구한다면, 재가·출가자가 모두 지켜야 할 계율을 받기를 원해야 한다. 이른바 섭율의계攝律儀戒(sambhara-śila, 대승 보살이 행위·언어·의념에 걸쳐 악을 없애고, 온갖 선계善戒를 보존하는 계율)·섭선법계攝善法戒(Kuśalasagrahaśīla, 대승 보살이 온갖 선을 닦는 것)·섭화 중생계攝化衆生戒(Sattvārthakriyāśīla, 대승 보살이 대자비심으로써 중생을 교화하는 것)가 그것이다. 그러나 능히 선하고 훌륭한 계사戒師로서 보살의 법장法藏을 자세하게 이해하고 있는 이를 얻지 못하면, 먼저 수행자는 마땅히 지극한 마음으로 도량 안에서 공경하고 공양하며 시방의 모든 부처님과 보살에게 우러러 고하여 계사로서 증명하여 주실 것을 청해야 한다. 한 마음으로 원을 세워 계상戒相을 칭송하여 말하되 먼저 십근본중계十根本重戒(열 가지 근본이 되는 중한 계율)를 말하고, 그 다음에는 삼종계취三種戒聚(삼취정계三娶淨戒)를 통틀어 거론해서 자서수계自誓受戒(스스로 맹서하고 계를 받는 것)하면 그것 또한 계율을 얻은 것이다.(『점찰경』)[190]

『점찰경』에 따르면 진표가 지장보살에게 받은 '정계'는 삼취정계三娶淨戒가 되어야 한다. 삼취정계는 산스크리트어 śīla-trividha, 대승 보살의 계법으로서 인용문 앞에 나오는 섭율의계·섭선법계·섭중생계攝衆生戒(Sattvārthakriyāśīla, 요익유정계饒益有情戒라고도

---

[190] 『占察善惡業報經』卷上, 大正藏17, p. 904c. 若彼衆生欲習摩訶衍道, 求受菩薩根本重戒, 及願總受在家, 出家一切禁戒-所謂攝律儀戒, 攝善法戒, 攝化衆生戒-而不能得善好戒師, 廣解菩薩法藏. 先修行者, 應當至心於道場內, 恭敬供養, 仰告十方諸佛菩薩, 請爲師證. 一心立願, 稱辯戒相, 先說十根本重戒, 次當總舉三種戒聚, 自誓而受,　此亦得戒.

지장보살도(고려후기, 비단에 색. 854×
368cm. 미국 메트로폴리탄박물관) 진표
율사는 부사의방장에서 석장을 흔들며
나타는 지장보살을 친견하고 정계를 받
았다.

한다. 인용문 가운데 '섭화 중생계'와 같
은 용어이다)를 가리킨다. 대승·소승
의 온갖 계법이 다 이 가운데 소속
되지 않은 것이 없으므로 '섭攝'이라
하고, 그 계법이 본래 청정하므로
'정淨'이라 한다.

『점찰경』에서 삼종취계의 자서수
自誓受를 인정하는 것은『보살지지경
菩薩地持經』에서 온 것이다. 삼취정계
의 각각의 명칭에 대해서는 각 경론
마다 조금씩 다르다. 유가론瑜伽論에
서는 율의계·섭선법계·요익유정
계饒益有情戒라고 하였고,『해심밀경
解深密經』에서는 전사불선계轉捨不善
戒·전생선계轉生善戒·전생요익유정
계轉生饒益有情戒, 그리고『점찰경』에
서는 섭율의계·섭선법계·섭화 중
생계로 되어 있다. '섭율의계'는 수隋

이전에는 오직『보살영락본업경菩薩瓔珞本業經』에만 나와 있다. '섭
화 중생계'는 다른 경전에 나오는 삼취계의 명칭에서는 볼 수 없
고『점찰경』에서만 볼 수 있는 독특한 것이다. 한국 불교에서 일
반적으로 사용되고 있는 삼취정계의 명칭은 섭율의계·섭선법
계·섭중생계('섭화 중생계'에서 '화'자가 없다)이다.

『점찰경』에서는 훌륭한 계사와 증사證師가 될 청정한 대덕大德

이 없는 경우에는 자서수계하는 법을 인정하고 있다. 진표 당시 훌륭한 계사와 증사가 될 만한 대덕이 없지 않았을 터이다. 그럼에도 불구하고 숭제가 굳이 진표에게 엄격한 참회 수행을 시켜 성인으로부터 직접 수계하도록 했다는 점에 유의할 필요가 있다. 숭제 자신이 일찍이 입당入唐하여 중국 오대산에서 문수보살로부터 계를 받았기 때문에 제자인 진표에게도 "숙세宿世의 장애를 여의고 계근戒根을 청정하게 할 뿐만 아니라, 특히 스스로 발분함으로써 자기 자신에게 본유무작本有無作의 계체戒體를 구족하고 있음을 자각케 함으로써 이타의 대자비행을 일으킬 수 있는 참회와 수계를 하도록 하려는 의도"[191]를 짐작할 수 있는 까닭이다.

결과적으로 진표는 사승의 기대에 충분히 부응했고, 일차적으로 지장보살로부터 정계를 받았다. 「석기」에 따르면 진표는 지장보살로부터 계를 받았을 뿐만 아니라 가사와 발우까지 받았다. 가사와 발우가 무엇인가? 문자 그대로 '의발衣鉢'이다. 원래는 비구·비구니가 입는 3의三衣와 발우를 가리키지만, 뒤에는 교법教法의 대명사가 되어 스승이 제자에게 법을 전하는 것을 상징하는 물질적 증표가 되었다. 이를 '의발전수衣鉢傳授'라고 한다.

의발전수는 특히 선가에서 전등법맥傳燈法脈을 이어주는 상징으로 여겨져 왔다. 대한 불교 조계종에서 인정하는 전등법맥에 따르면 석가로부터 의발을 전수받은 마하가섭摩訶迦葉(Mahakasyapa)은 제1조가 되었고, 그 전등법맥은 제2조 아난다阿難陀(Ananda)…, 계속 전해져 제28조 보리달마菩提達磨(457~528)까지 이어져 내려왔

---

191 채인환, 「신라 진표율사(2)」, 『불교 학보』Vol. 24, 불교문화 연구원, 1987, pp. 41-42.

다. 이를 '서천 28조西天二十八祖'라고 한다. 서천의 28조사인 달마는 동으로 와서 중국 선맥의 선종 초조가 되었다. 초조 달마로부터 선종 2대 제29조 이조 혜가二祖慧可(528~593), 선종 3대 제30조 삼조 승찬三祖僧璨(593~606)…선종 29대 제56조 석옥청공石屋淸珙(~1352)을 거쳐 한국 선맥으로 건너왔다. 계속해서 선종 제57조 태고 보우太古普愚(1325~1382)…제75조 경허성우鏡虛惺牛(1879~1912)로 이어졌다. 경허로부터 만공계와 혜월계로 바뀌고, 다시 이어지고… 지금도 계속 이어지고 있다.

진표가 지장보살로부터 계를 받았고, 또한 의발을 전수하였다는 것은 무엇인가? 어떤 식으로든 지장'신앙'을 했다는 얘기다. 선행 연구에서 진표의 지장신앙에 대한 논의는 찾아보기가 쉽지 않다. 홍윤식의 「신라 시대 진표의 지장신앙과 그 전개」가 거의 유일하다.[192] 그밖에 몇몇 논자들이 지장신앙이라는 큰 틀을 논의하는 과정에서 일부분을 할애하여 진표의 지장신앙을 언급하거나[193] 진표 연구의 큰 흐름을 이루고 있는 『점찰경』과 함께 점찰참회계법과 함께 논의하는 과정에서 약간 언급하는 정도에 그치고 있다.[194]

192 홍윤식, 「신라 시대 진표의 지장신앙과 그 전개」, 『불교 학보』Vol. 34, 1997.
193 정병조, 「신라 시대 지장 신행의 연구」, 『불교 학보』Vol. 19, 1982. ; 조용헌, 「한국 지장신앙의 특징-미륵 신앙과의 관련을 중심으로-」, 『열린 정신 인문학 연구』Vol. 1, 원광대 인문학 연구, 2000. ; 문상련정각, 「지장신앙의 전개와 신앙 의례」, 『정토학연구』Vol. 15, 한국 정토 학회, 2011. ; 김태훈, 『지장신앙의 한국적 변용에 관한 연구』, 원광대 대학원, 박사 학위, 2009.
194 채인환, 「신라 진표율사 연구 I」. ; -----, 「신라 진표율사 연구 II」. ; -----. 「신라 진표율사 연구 III」, 『불교학보』Vol. 25, 1988. ; 김영태, 「신라 점찰법회와 진표의 교법 연구」. ; 홍법공, 「삼계교와 지장신앙」, 『정토학연구』Vol. 5, 한국정토학회, 2002.

진표에게 있어서 지장신앙은 그렇게 간단하게 논의될 문제는 아니다. 진표 연구에 있어서 지장신앙은 반드시 건너야 할 징검다리 중 하나이다. 바꾸어 표현할 수도 있다. 한국 지장신앙에 있어서 진표는 반드시 넘고 가야 한 태산준령이다. 아니, 가장 처음에 넘어야 할 관문이다. 한반도에 불교가 맨 처음 상륙한 것은 고구려 소수림왕 2년(372)이라고 할 때, 진표의 활동 연간인 경덕왕대(재위 742~765)까지는 거의 4세기가 지났으나 진표의 불교 활동은 각 방면에서 선구적 행적이 된다. 앞으로 논의하게 될 진표의 점찰참회계법과 함께 지장신앙이 특히 그렇다.

　　한국 지장신앙을 대표하는 이는 바로 진표이다. 한국 지장신앙의 흔적을 살피는 데 있어서 빠질 수 없는 것이 바로 변산 부사의 방장에서 진표의 망신참법에 의한 지장보살의 친견 내용이라는 점에 대해서는 대개가 공감하고 있다.[195] 한국 불교 연구의 보감이라고 할 수 있는『삼국유사』의 내용 가운데 지장보살이라는 명칭이 집중적으로 등장하는 대목은 바로 진표와 관련된 항목이기 때문이다. 한 논자는 한국 정신문화 연구원에서 발행한「삼국유사 색인」에서 '지장보살'이라는 명칭이 진표율사와 관련된「진표전간」과「석기」에서 유일하게 4회 등장한다면서 진표율사와 지장신앙이 관련되어 있다는 사실을 주목하고 있다.[196] 따라서 한국 지장신

---

195 김태훈, 앞의 논문, pp. 134-135.
196 한국 정신문화 연구원,『삼국유사 색인』, 1980, p. 116. ; 조용헌, 앞의 논문, p. 104 재인용. 이 주장에는 약간의 검토가 필요하다.『삼국유사』에서 '지장'보살은 한국 정신문화 연구원과 조용헌이 지적한 대로 진표 전기인「진표전간」과「석기」의 4회 등장이 전부가 아니다.「진표전간」1회,「석기」5회, 합쳐서 6회 등장한다.『삼국유사』에서 '지장'보살 항목이 등장하는 것은「대산臺山 오만진신五萬眞身」조가 처음이다. 이어지는「명주 오대산 보질도 태자 전기溟州五臺山寶叱徒太子傳記」에도 나

앙의 특징을 파악하기 위해서는 먼저 진표를 찾아야 한다. 그는 한국 지장신앙에서 거의 '첫 단추'에 해당한다.

2) 지장신앙이란 무엇인가

지장신앙이란 무엇인가. 두 말할 나위도 없이 지장보살을 믿고 받드는 일이다. 지장은 인도 고래의 프리비티Prithvi, 이른바 대지의 덕을 의인화한 바라문교의 지모신을 불교가 수용한 데서 비롯되었다. 『대승대집지장심륜경』에는 선근善根을 낳게 하는 것은 '대지의 덕'이라고 하여 지장은 대지의 적을 상징하는 것으로 여겨졌다. 따라서 지장의 원류를 고대인도 바라문의 지천地天, 지신地神에서 찾을 수 있다. 그러나 인도에서의 지장보살의 흔적은 450-650년 또는 700년대에 조성되었다고 하는 엘로라Ellora 석굴에 '8대보살 만다라'와 '5불5보살 만다라'의 하나로 조각된 예가 있을 뿐 독립된 지장 보살상의 존재는 확인되지 않는다.[197]

지장은 산스크리트어 Ksitigarbha, 여기에서 Ksiti는 땅, 대지를 의미하고 garbha는 어머니의 자궁, 모태의 의미로서 태장胎藏, 함

오고, 「진표전간」과 「석기」, 그리고 「심지계조心地繼祖」에 나오는 것이 마지막이다. 「명주 오대산 보질도 태자 전기」는 앞의 「대산 오만진신」조와 같은 내용으로 오대산 신앙에 관한 내용이다. 「심지계조」는 진표의 제자 심지에 관한 전기로서 역시 진표의 영향 아래 있다고 보아도 무방하다. 따라서 『삼국유사』에 나오는 '지장보살' 항목은 두 진표 전기뿐만 아니라 오대산 신앙 관련 내용인 「대산 오만진신」조가 있다. 이밖에 「천룡사天龍寺」조에는 '지장사地藏寺'가 나오는데, 엄밀한 의미에서 '지장보살'은 아니라고 해도 지장신앙의 일단을 알 수 있는 근거로 제시될 수는 있다.
197 速水侑, 『地藏信仰』, 搞書房, 1988, p. 28. ; 김태훈, 「한국 지장신앙의 원류」, 『韓國思想과 文化』Vol. 56, 한국사상문화학회, 2011, pp. 346-347 재인용.

장含藏의 의미를 함축하고 있다.[198] 따라서 지장은 어머니가 아기를 잉태하는 것처럼 땅도 만물을 화육하는 힘을 지니고 있는 보살이다. 지장 경전에서도 지장보살은 항상 대지와 함께 비유된다.

이 선남자(지장보살)는 과거에 무량 무수한 대겁大劫을 지내면서 그 수보다 더 많은 부처 앞에서 큰 정진과 견고한 서원을 내었으며, 그 원력으로 말미암아 모든 유정들을 성숙시키기 위하여 항상 일체의 대지를 맡고 항상 일체의 종자를 맡아 언제나 저 일체 유정들로 하여금 마음대로 그것을 수용하게 하였기 때문이다.[199]

또 마치 저 대지가 일체의 종자와 나무·산·농사·땅·몸과, 중생들이 의지처가 되는 것처럼 이 선남자도 그와 같아서, 깨달음에 이르는 노력이 의지처가 된다.[200]

지장보살은 남방화존南方化尊, 남방에서 온 보살이다. 방위의 면으로 보면 지장은 통상 남방을 맡는 것으로 되어 있다. 사홍서원四弘誓願[201]을 방위에 배치할 때 남방이 '번뇌무진서원단'이 되기 때

---

198 眞鍋廣濟, 『地藏尊の硏究』, 東京: 磯部甲陽堂, 1941, p. 16. ; 김태훈, 앞의 논문, p. 347 재인용.

199 『大乘大集地藏十輪經』序品第一, 大正藏 13, p. 725b. 所以者何. 此善男子. 曾過無量無數大劫. 於過數量佛世尊所. 發大精進堅固誓願. 由此願力爲欲成熟諸有情故. 常普任持一切大地常普任持一切種子. 常普令彼一切有情隨意受用.

200 『大乘大集地藏十輪經』序品第一, 大正藏 13, p. 727b. 譬如大地一切種子樹山稼穡地身眾生之所依止. 此善男子亦復如是. 一切殊妙菩提分法之所依止.

201 사홍서원四弘誓願은 온갖 보살에게 공통한 네 가지 서원을 가리킨다. ; ① 중생무변서원도衆生無邊誓願度. 고통 세계의 중생들은 그 수가 한이 없다 할지라도, 모두 제도하려는 소원. ② 번뇌무진서원단煩惱無盡誓願斷. 번뇌가 한이 없다 할지라도, 모두 끊으려는 소원. ③ 법문무량서원학法門無量誓願學. 법문이 한량없이 많지만, 모두 배우려는 소원. ④ 불도무상서원성佛道無上誓願成. 위없는 불과佛果를 이루려는 소원. (『불교 사전』)

문이다. 5대원五大願[202]을 오방에 배치할 때에도 역시 남방이 된다. 이때는 복지무변서원집福智無邊誓願集(한없는 복지福智를 모으리다)에 해당된다.[203] 지장보살이 남방을 맡는 것은 신라에서도 물론 그대로 통용되고 있었다.

앞에서 우리는 중국의 오대산 신앙을 검토하는 과정에서 자장에 의해 신라의 오대산 신앙이 성립되었음을 지적하였다. 자장은 진표의 사승 숭제와 같이 중국 오대산에서 문수보살을 친견하고 문수 신앙을 신라 오대산에 이식하였다.[204] 신라 오대산 신앙을 성립시킨 이는 자장이지만, 이후 오대산 문수 신앙을 구체적으로 발전시킨 것은 보천寶川과 효명孝明 두 태자였다. 오대산 신앙을 처음 일으킨 중국인의 산악숭배 사상에 대해 검토하였으나 그것은 신라인들도 다르지 않았다. 신라인들에게는 예부터 산악을 숭배하는 습속이 있었다. 대표적인 경우가 오악五岳[205] · 삼산三山[206]에 관한 신앙 흔적이다. 이와 같은 산악숭배의 배경에는 샤머니즘적

---

202 대일여래의 본원本願 또는 여러 불·보살의 총원總願인 5종의 큰 서원을 일컫는다. (1) 한없는 중생을 제도하리다. (2) 한없는 복지福智를 모으리다. (3) 한없는 법문을 배우리다. (4) 한없는 부처님을 섬기리다. (5) 위없는 보리菩提를 증하리다. 이 5대원을 또 5불(아촉불·보생불·아미타불·불공불·대일불)과 5지(대원경지·평등성지·묘관찰지·성소작지·법계체성지)에 비유하기도 한다.

203 望月信亨, 『佛教學大辭典』, p. 5071. ; 정병조, 「신라 시대 지장 신행의 연구」, p. 333 재인용.

204 박미선, 『신라 점찰법회 연구』, 연세대 대학원, 박사 학위, 2007, p. 73.

205 신라 오악新羅五嶽. 신라 시대 나라의 제사祭祀 대상이 되었던 다섯 산악山嶽을 가리킨다. 동악의 토함산, 서악의 계룡산, 남악의 지리산, 북악의 태백산, 그리고 중악의 부악父嶽(팔공산)이 그것이다.

206 신라 시대 국가 제사 가운데 대사大祀의 대상이 되었던 왕도 및 주변의 세 개의 산이다. (1) 습비부習比部: 지금의 경상북도 경주의 동쪽 및 동남쪽의 나력奈歷, 또는 나림奈林, (2) 절야화군切也火郡: 지금의 경상북도 영천의 골화骨火, (3) 대성군大城郡: 지금의 경상북도 청도로 추정되는 혈례穴禮가 그것이다.

원시 신앙-신교적神敎的 신앙이 불교적 윤색으로 변모되는 과정이 감추어져 있음을 간과할 수 없다.[207] 그 발전된 형태가 오대산 신앙이다.

보천은 오대산이 백두산의 큰 줄기인데 각 대는 진신眞身이 상주하는 곳이라고 하였다. '오대五臺'란 동·서·남·북의 사방과 중앙을 합친 것이다. 보천은 오대의 각 대마다 방房·당堂을 설치하고 그 안에 청·황·백·적·흑의 색을 배정하고 별개의 불보살을 봉안하여 독경과 예참을 행하였다. 오대산 신앙의 오방오불五方五佛 구조는 밀교의 영향이긴 하지만, 어느 경전에서도 그 예를 찾아볼 수 없는 신라만의 독특한 배치 구조이다. 그중 가장 두드러진 특징은 남대 지장방地藏房이다.[208]

적색은 남대 남쪽으로 지장방을 두고 원상지장圓像地藏과 붉은 바탕에 팔대보살을 상수로 1만 지장상을 그려 봉안하고, 복전福田 5인으로 낮에는 『지장경』·『금강반야』를 독경하고 밤에는 점찰 예참을 염송하되 금강사金剛社라고 칭한다.[209]

남대 지장방에 지장 보살상을 봉안하고 팔대보살과 1만 지장보살 그려 놓고, 낮에는 『지장경』을 독경하고 밤에는 점찰 예참을 행한다는 것이다. 점찰 예참은 물론 『점찰경』에 의한 점찰 참회를

---

207 이기백, 「신라 오악의 성립과 그 의의」, 『진단 학보』Vol. 33. 1972. ; 정병조, 「신라 시대 지장 신행의 연구」, p. 341, 신교에 대해서는 후술한다.
208 박미선, 『신라 점찰법회 연구』, p. 91.
209 『三國遺事』卷3, 塔像 第4, 「臺山萬眞身」. 赤(在)任南臺南面 置地藏房 安圓像地藏 及赤地畵八大菩薩爲首一萬地藏像 福田五員 晝讀地藏經 金剛般若 夜占察禮懺 稱金剛社.

가리킨다. 이와 같은 오대산 신앙 형태를 보면 신라 시대에 이미 지장이 남방화존으로 신앙되었다는 것을 확인할 수 있다.

지장보살은 현재의 보살이다. 말법 시대의 보살이다. 오늘, 지금 이 순간의 보살이고 지도자이며, 선지식이다. 바로 사바세계의 교주라고 할 수 있다.[210]

대승불전에 등장하는 불보살은 인간 심성의 권화勸化로서 상징되고 있다. 문수보살은 지혜, 보현보살은 행원行願, 관음보살은 자비, 허공장虛空藏보살은 포용으로 각각 상징되는 식이다. 이 경우에 지장보살은 철저한 비원悲願을 상징한다.[211]

지장보살은 부사의한 공덕으로 중생을 성숙시키고 과거 무량 항하사恒河沙의 모든 부처님 처소에서 영원히 대비견고大悲堅固한 서원을 발하고 일체중생을 성숙시킨다. 만약 중생이 무량억 종류의 괴로움으로 고통을 받으며 기갈절핍飢渴切逼할 때 지장보살의 이름을 부른다면 능히 그 음식을 충족하고 여러 고뇌를 멸하며 열반의 도에 들게 하여 모두 쾌락을 얻게 한다. (중략) 여러 가지 몸으로 중생을 위하여 설법하고 모든 중생에 따라서 삼승三乘[212]을 현시하고 모두 불

---

210 한태식, 「지장에 관한 연구」, 『정토학연구』Vol. 15, 한국 정토 학회, 2011, pp. 16-19.

211 정병조, 「신라 시대 지장 신행의 연구」, p. 329.

212 성문聲聞·연각緣覺·보살에 대한 세 가지 교법敎法을 가리킨다. '승乘'은 물건을 실어 옮기는 것을 목표로 하므로 부처의 교법도, 중생을 실어 열반의 언덕에 이르게 하는데 비유한 것이다. (1) 성문승. 4제諦의 법문이니, 부처가 가르치는 소리를 듣고, 이를 관하여 해탈을 얻는 것. (2) 연각승. 12인연의 법문이니, 스승에게 가지 않고, 스스로 잎이 피고, 꽃이 지는 따위의 이치를 관하여 깨닫는 것. (3) 보살승. 육바라밀六波羅密, 바라밀은 '도피안到彼岸', 피안彼岸은 이상의 경지에 이르고자 하는 보살 수행의 총칭. 육바라밀은 보시布施·지계持戒·인욕忍辱·정진精進·선정禪定·지혜智慧의 법문이다. 보살은 이 법문에 의하여 스스로 해탈하고, 남을 해탈케 하여 부처를 이

퇴전에 머물게 한다. 이와 같이 부사의한 공덕으로 복마伏魔를 성취하고 해탈의 보배로 장엄하니, 보살제법菩薩諸法의 어머니요, 대열반을 향한 무상의 고왕高王이다.[213]

지장보살의 특징은 고통 받는 중생을 교화하는 대비의 보살이다. 지장보살을 절대의 비원으로 상징하게 된 것은 지옥의 중생을 교화한다는 데 있다. 지장보살은 육도六道[214]에 시현示現하여 고통에 허덕이는 중생을 교화하겠다는 원을 세운 보살이다. 따라서 지장은 지옥 중생까지 모두 교화한 뒤에 자신은 성불하겠다고 서원을 세운 대비원大悲願의 보살이 된다. 지장보살은 "혹은 염라대왕의 몸으로, 혹은 지옥졸의 몸으로, 혹은 지옥의 몸으로 나타나서 여러 고통 받는 중생들에게 설법을 한다."[215] 그러나 지장보살의 활동 무대를 땅(大地)으로 삼은 점이 주목된다.[216]

원효는 『금강삼매경』에서 지장의 뜻에 대해 다음과 같이 밝혀 주고 있다.

룬다.

213 『大方廣十輪經』卷第一, 大正藏 13, p. 684a. 地藏菩薩. 以不思議功德成熟衆生. 於過去無量恒河沙諸佛所. 久發大悲堅固誓願. 皆悉成熟一切衆生. 莊嚴勢力猶如雷震. 於一食頃而能成熟無量億等那由他人具足善根. 若有衆生為無量億種種諸苦惱. 飢渴切逼. 有稱地藏菩薩名者. 悉能令彼飲食充足滅諸苦惱. 置涅槃道皆得快樂. (中略) 隨諸衆生顯示三乘. 皆悉令住不退轉地. 此善男子. 成就如是不思議功德伏藏. 以解脫寶而自莊嚴. 亦是菩薩諸法之母. 向大涅槃無上高王.

214 중생의 업인業因에 따라 윤회하는 길을 6으로 나눈 것. 지옥도地獄道·아귀도餓鬼道·축생도畜生道·아수라도阿修羅道·인간도人間道·천상도天上道.

215 『大方廣十輪經』卷第一, 大正藏 13, 684c-685a. 或作閻羅王身. 或作地獄卒身. 或作地獄身. 為諸衆生種種說法.

216 정병조, 「신라 시대 지장 신행의 연구」, pp. 329-339.

이 사람은 이미 동체대비同體大悲를 얻었으므로, 대지(地)가 초목을 키우듯 모든 중생의 선근善根을 다 키우고 자라게 한다. 다라니로써 모든 공덕을 간직하고, 큰 보물 창고(大寶藏)에 진귀한 보물이 끝없듯이 모든 중생에게 끝없이 은혜를 베푼다. 이러한 두 가지 뜻을 따서 그의 이름을 '지장地藏'이라 한다.[217]

지장사상은 인도의 발단을 거쳐 중국에 와서 꽃피워 한국, 일본에서 더욱 발전하였다.[218] 지장신앙이 언제쯤 중국에 전해졌는지는 분명하지 않다. 당의 승려 도세道世가 지은 『법원주림法苑珠林』에는 "진晉·송宋·진陳·진秦·조趙의 육조시대六朝時代(220~589)로부터 수·당에 이르는 4백년간에 지장은 관음·미륵·미타와 함께 널리 신앙되었고, 얼마나 헤아릴 수 없이 많은 사람들이 이 지장신앙에 의하여 구제되었는지 모를 정도"[219]라고 하였다.

중국에서 가장 먼저 지장보살을 소개한 경전은 북량시대北涼時代(397~439)에 번역되었으나 역자를 알 수 없는 『대방광십륜경大方廣十輪經』이다. 이 경은 당 현장이 다시 번역하여 『대승대집지장십륜경大乘大集地藏十輪經』(『십륜경』)이라고 했다. 이 외에도 실차난타實叉難陀가 번역한 『지장보살본원경』 그리고 보리등菩提燈이 번역한 『점찰선악업보경』이 있다. 이들 세 경전을 '지장삼부경地藏三

---

217 『金剛三昧經論』卷下, 大正藏 34, p. 1001b. 是人已得同體大悲. 生長一切眾生善根猶如大地. 生諸草木. 以陀羅尼持諸功德. 惠施一切而無窮盡. 如大寶藏珍寶無盡. 由是二義名為地藏.

218 홍재성(법공), 「지장사상과 삼계교-지장계 경전을 중심으로-」, 『정토학연구』 Vol. 15, 2011, p. 52.

219 道世, 『法苑珠林』卷17, 大正藏 53, p. 411c. ; 채인환, 「신방과 신라 지장예참교법」, 『한국 불교학』Vol. 8, 한국 불교학, 1983, p. 39 재인용.

部經'이라고 한다. 그러나 지장삼부경이 어느 때에 누구에 의해서 어떠한 경위로 설정되었는지는 분명하지 않다. 이밖에도 밀교 계통의 지장관련 경전과 중국 찬술, 일본 찬술 및 둔황 출토의 지장 경전들이 있다.[220]

지장삼부경 가운데 『점찰경』은 숭제가 진표에게 전해 준 바로 그 경전이다. 진표의 지장신앙을 확인할 수 있는 근거가 되는 대목이다(진표와 『점찰경』에 대한 구체적인 논의는 다음 장에서 전개한다). 또한 진표의 지장신앙이 그의 사승 숭제법사로부터 자유로울 수 없다는 점도 지적될 수 있다.

『대방광십륜경』은 중국 삼계교三階敎의 근본 경전으로 널리 애송되었던 경전이다. 삼계교는 숭제→진표의 지장신앙과 관련하여 주목할 필요가 있다. 이들 사제에 대한 지장신앙의 경로가 되는 까닭이다. 삼계교가 무엇인가? 삼계교는 삼계불법三階佛法이라고도 한다. 중국 수나라 때 신행信行(540~594)선사에 의해 창도된 종파로서 송나라 때까지 약 4백 년 동안 존속했다.

삼계교는 삼계三階, 시대·장소·사람에 대해 철저한 말법관으로부터 무장되어 지장신앙을 의지하고 있는 종파다. 개교 이래 『십륜경』을 여래장사상과 관련시켜 보불보법普佛普法사상을 발전시켰다.[221] 보불에는 불경에 등장하는 부처와 함께 일체 중생까지도 포함된다. 일체 중생은 모두 여래가 될 가능성이 있으며, 모두 불성을 가지고 있으며, 미래에 부처가 될 것이며, 또 경 가운데

---

220 한태식, 「지장에 관한 연구」, p. 13. 지장삼부경 외의 지장관련 경전들에 대해서는 이 논문 pp. 14-15를 참고할 것.
221 홍법공, 「삼계교와 지장신앙」, p. 166.

일체 중생에 대하여 부처라는 생각을 하라고 가르친다. 삼계교에 따르면 말법 시대 중생들은 정법·상법 때의 가르침으로는 구제할 수 없다. 따라서 기존의 『법화경』이나 아미타불을 생각하는 교법을 시대착오의 교라는 것이다. 전자는 『법화경』을 소의 경전으로 하는 천태종, 후자는 아미타불을 본존으로 하는 정토종을 일컫는다.

일부 논자들은 지장신앙 관련 경전 중에서 『십륜경』만이 가장 확실하다고 주장한다. 현존하는 여러 경전 중 지장보살에 관한 가장 기본적이고, 지장신앙은 바로 이 경전에서 비롯되었다는 것이다.[222] 『십륜경』이 당 현장에 의하여 번역되었고, 따라서 지장신앙의 근본 경전으로 존신되어 온 이유다. 현장의 『십륜경』이 번역될 때까지 삼계교는 몇 차례 포교 활동을 금지 당하는 등 당대에 이를 때까지 많은 우여곡절을 겪었다. 정부의 탄압에도 불구하고 민중들 사이에는 더욱 교세를 떨쳤다. 이와 같이 지장신앙이 성행하던 당 영휘永徽 원년(651), 현장은 『십륜경』을 역출하였다.

이때 현장의 번역을 주도적으로 도왔던 선지식이 다름 아닌 신라승 신방神昉이다. 현장의 문하에는 신방을 비롯하여 가상嘉尙·보광普光·기基 등 4인의 뛰어난 제자가 있었다. 신방은 『십륜경소十輪經疏』, 『성유식론요집成唯識論要集』, 『종성차별장種性差別章』 등을 저술하였다. 현장 역 『십륜경』 첫머리에 올라 있는 「십륜경서十輪經序」도 신방이 지은 것이다. 신방이 현장 삼장의 역경 사업, 특히 『십륜경』 번역에 차지하는 비중을 알 수 있는 자료다.

---

222 眞鏡廣濟, 앞의 논문, p. 75. ; 松本文三郞, 「地藏三經에 관하여」, 『無盡燈』 第21卷1號, 1916. ; 채인환, 「신방과 신라 지장예참교법」, p. 34.

삼계교와 지장신앙이 직접 결합하게 되는 것은 현장 역의『대승대집지장십륜경』과 실차난타 역의『지장보살본원경』이 유행함에 따라 이루어진 것이다. 이러한 결합이 처음 방昉(신방)법사 등으로부터 시작되어 초당初唐에서 중당中唐의 시기를 거치면서 차츰 굳건한 유대를 이루게 된 것 같다.[223]

중국 삼계교와 지장신앙이 결합된 시초가 신방이라는 것이다. 신방이 신라인으로 알려진 것은 오래되지 않았다.[224] 채의환은 신방이야말로 당대 초기에 있어서 지장교의와 삼계교가 새롭게 맺어지는데 커다란 역할을 하였으며, 따라서 중국에 있어서 지장신앙의 흥륭에 중흥적인 활약을 한 인물이라고 주장했다.[225] 신방은 지장사상 내지 신앙 방면에 있어서 괄목할만한 업적과 존경을 받았으나 한편으로는 비방과 시샘을 받기도 했다. 악평은 지장신앙이 외국인 신방으로부터 전법되었다는 시기와 질투에서 비롯된 비방이었다. 교리 문제도 발생하였다. 특히 중국정토종의 신방 및 삼계교에 대한 비판이 심했다. 그 중에서도 승제의 사승인 선도가 앞장섰다. 선도는 도경道鏡과 함께 편찬한『염불경念佛經』제10「석중의혹문釋中疑惑門」에서 아미타불을 생각하는 공덕이 지장보살을 생각하는 것보다 백천만 배나 많다고 주장하였다.[226]

223 矢吹慶輝,『三階教之硏究』, 岩波書店, 1973, p. 642. ; 채인환,「신방과 신라 지장예참교법」, p. 40 재인용.
224 민영규,「신라초 소록장편불분권자서新羅草疏錄長編不分卷自序」,『백성욱박사 송수기념 불교논문집』, p. 347. ; 채인환,「신방과 신라 지장예참교법」, p. 36 재인용.
225 위의 논문, p. 40.
226 善導·道鏡 共集,「釋中疑惑門」弟10,『念佛經』. 念阿彌陀佛功德 多於念地藏菩薩百千萬倍.

신방은 「십륜경서」에서 "이 경(『십륜경』)은 이 세상의 말법의 가르침"이라고 총괄적인 결론을 내렸다.[227] 『십륜경』과 직접 결합하고 있는 삼계교는 물론 말법관으로부터 지장신앙을 의지하고 있지만, 정토종 역시 말법관으로부터 아미타정토신앙을 의지하고 있다. 두 종파는 같은 말법관을 바탕에 깔고 표면적으로는 교류하고 있었으나 한편으로는 대립하고 있었던 것이다. 바로 그 사이에 신라승 신방과 숭제가 위치하고 있었다.

3) 지장신앙: 미륵으로 가는 길

진표에게 지장신앙은 어떤 경로를 통해 이루어졌을까? 먼저 숭제가 전해 준 『점찰경』이 주목된다. 지장삼부경 가운데 하나이기 때문이다. 다음에는 숭제가 진표에게 지장보살 앞에 나아가 참회하고 계를 받으라는 가르침을 제외할 수 없다. 진표가 지장신앙으로 통하는 길목에는 그의 사승 숭제법사의 영향이 있었다는 얘기다.

숭제는 어떤 경로를 통해 지장사상을 알게 되었을까? 보다 근원적인 질문을 하자. 숭제는 지장신앙을 했을까? 후자에 대해서는(적어도 표면적 상황으로는) 부정적이다. 지장신앙에 의지하고 있는 삼계교와 교의적으로 대립하고 있는 정토종의 종조인 선도 문하에서 수학하고 있는 숭제가 지장신앙을 받아들였으리라고는 생각되지 않는다. 그럼에도 불구하고 진표에게 『점찰경』을 주고 지장보살 앞에서 참회하고 계를 받으라고 하였다면, 숭제는 이미 지

---

227 「大乘大集地藏十輪經序」, 『大乘大集地藏十輪經』, 大正藏 13, pp. 777a-777c. 十輪經者 則此土末法之教也.

장사상에 대해 상당수준 이상의 교의를 알고 있었을 것이다. 그러나 지장신앙을 했는지 여부는 확인되지 않는다.

당시 신라에는 지장신앙이 구체적인 형태를 띠고 나타나지 않았다. 그렇다면 숭제가 당나라에 유학하면서 지장사상과 인연을 맺었을 것이다. 논자들은 그 인연의 고리가 당시 당나라에 유행하였던 삼계교일 것으로 보고 있다.

> 그래서 숭제의 입당 시기도 진표와의 관계로 보아 선도의 활동 연대 그 말년 경이 될 것으로 보이는데, 이 시기에는 선도류善導流의 정토교와 함께 삼계교의 활동도 활발하였다. 이 두 종파는 예참禮懺에 동일한 형식을 가지고 있었고 교세가 떨친 지역도 일치하여 서로 교류하였다고 하는데, 숭제도 말법 시대에 하품중생의 지장보살 예참을 내세우는 삼계교에 관심을 가질 수 있었을 것이다. 여기에서 신라 승으로서 현장 문하이면서도 삼계교에 관여하였던 신방과의 연결이 가능해진다.[228]

이 논자는 숭제와 지장보살, 혹은 숭제와 신방과의 연결에 대해 부정적이다. 전자에 대해서는 숭제가 오대산 문수보살의 현신에 감응하여 오계를 받았다고 하였으므로 내용상 지장보살과 연결되지 않으며, 후자에 대해서는 사료상 그러한 흔적을 찾아낼 수 없다는 것이다. 확실히 숭제가 삼계교와 연결되기는 쉽지 않아 보인다. 당시 숭제는 정토종의 적통가에서 유학하고 있었고, 그의 사승 선도는 이른바 '선도류(정토종)'를 이끌면서 대삼계교 '투쟁'에

---

228 김남윤, 「신라중대 법상종의 성립과 신앙」, 『한국사론』Vol. 11, 서울대 국사학과, 1984, p. 132.

앞장선 인물이기 때문이다.

여기에 대한 반론이 있다. 이 그룹의 주장에 따르면 숭제는 굳이 삼계교 자체에 관심을 가질 여유가 없었다고 해도, 같은 처지의 유학승 신방과는 연결고리가 너무 가까운 곳에 있었다. 숭제가 입당하였을 무렵에는 아직도 신방이 생존해 있어서 그의 가르침을 직접 받을 수 있었을 가능성이 충분하다. 당시 신방이 생존하지 않았다고 해도 당나라 수도 장안에는 그의 자취가 뚜렷이 남아 있었다. 따라서 숭제가 같은 나라 출신의 고승 신방이 진력하던 지장 교의의 유행에 적지 않은 영향을 받았을 것이다.

교리적 측면에서도 마찬가지다. 삼계교(신방)와 정토종(숭제)은 서로 대립하고 있었지만, 또한 서로 연결될 수 있는 공통점도 가지고 있었다. 삼계교에서는 수행법으로서 참회와 예불, 발원, 회향을 요소로 하는 예참禮懺을 중요시한다.[229] 삼계교사三階教師들은 밤낮의 육시예참행법六時禮懺行法을 수행하였다. 삼계교의 주장에 따르면 부처가 입멸한 지 오래 되는 말법 시대의 오탁악세에 살아가는 하품중생들이 행해야 할 예참은 다른 어느 보살보다 뛰어난 대비원大悲願을 지닌 지장보살을 의지하는 예참이어야 한다. 따라서 지장 예참을 권하는 풍조가 당 초기에는 성행하였고, 이러한 신앙 운동의 중심적 존재가 바로 신방이었다.

이와 같은 시기에 입당한 진표의 스승인 숭제가 당에서 성행하였던 지장 예참의 유행에 대해서 무관심하였을 리가 없었을 뿐만 아니라, 오히려 몸소 육시 예참의 행법을 간수懇修하면서 지장 교의의 선

---

229 채인환, 「신방과 신라 지장예참교법」, p. 40.

양에 힘쓰고 있었던 같은 신라 출신의 신방의 활약에서 마땅히 큰 영향을 받았으리라는 것을 추정할 수가 있다.[230]

이 주장의 근거로서 논자들은 숭제가 신라로 돌아온 뒤에 제자가 된 진표에게 지장삼부경의 하나인 『점찰경』의 교법을 받들고 지장 예참을 하며 또 계법을 간구하도록 가르친 행적을 들고 있다. 문제는 선도류와 삼계교가 동일한 예참 형식을 가지고 있을 뿐만 아니라 같은 종남산終南山에 근거지를 두고 있었다는 점이다.

선도의 육시예찬六時禮讚은 『무량수경』의 게偈와 용수龍樹·천친天親(세친)·언종彦琮 등의 작게作偈에다 선도가 자작한 게 등을 합하여 주야육시晝夜六時의 참회懺悔예찬禮讚을 집성하였고, 육시의 각 시에 무상게無常偈 1수首씩을 배치한 것이다. 그 무상게 가운데 '초야게初夜偈'는 『좌선삼매경坐禪三昧經』 또는 『아란약습선경阿蘭若習禪經』에서 나온 것이고, '중야게中夜偈'는 『지도론智度論』 권17의 「선바라밀품禪波羅密品」에서, '후야게後夜偈'는 『보살장경菩薩藏經』에서, '평탄게平坦偈'는 『마하승기율摩阿僧祇律』에서, '일중게日中偈'는 『시가라위경尸迦羅衛經』에서 취한 것이다. 여기에 『좌선삼매경』 및 『무량수경』의 경의經意를 나투는 '황혼게黃昏偈'를 더하여 '육시무상게六時無常偈'를 집성한 것이다. 그런데 삼계교의 단편본斷片本(스타인의 돈황본, SI.306)에도 이것과 같은 육시무상게를 열거하고 있음은 주목할 만한 일이라 하겠다. 즉 동일한 종남산 중에 근거를 두고 있는 선도류(정토교의)와 삼계교(지장교의)는 보법普法,

<hr />

230 위의 논문, p. 41.

일승一乘[231]과 별법別法, 삼승三乘의 양극을 대표하고 있으면서도 삼
계교의 말사末師들 가운데서 특히 선도의 '황혼게'를 전용하고 있다
는 것은 매우 중요한 점을 시사해주는 일이다.[232]

당시 선도류와 삼계교는 서로 경쟁하고 대립하면서도 또한 교
류할 수밖에 없는 위치에 있었다는 주장이다. 따라서 당시 종남
산 오진사에서 선도에게 수학하고 있는 숭제는 조심스러웠겠지
만, 같은 종남산에 근거를 두고 활동하고 있는 삼계교사들 가운데
중심인물로 활약하고 있거나 활약했었던 신방을 찾지 않을 수 없
었을 것이다. 그리고 신방이 진력하고 있는 지장교의를 중심으로
하여 참회행법을 수행하는 사상을 계승하여 귀국한 뒤 제자인 진
표를 통하여 지장예참교법을 선양케 하는데 있어서 간접적인 영
향 정도가 아닌 좀 더 직접적인 접점이 있었음을 발견할 수가 있
다.[233] 숭제가 진표에게『점찰경』과 함께 미륵과 지장 두 보살 앞에
참회하고 직접 계를 받아 널리 펴라는 가르침과, 사승의 가르침을
실천하고 있는 진표의 수행이 이를 증명한다.

여기서 우리는 다시 중요한 문제 하나를 해명할 단계에 이르렀
다. 지금까지 논의한 바와 같이 진표의 지장신앙을 부정할 논자는
없을 것이다. 문제는 그것이 과연 지장'신앙'인가 하는 점이다. 진

---

231 일승一乘. 일불승一佛乘과 같다. '승'은 타는 것, 곧 수레나 배船를 말하며, 우리
들을 깨달음의 경지로 실어 나르는 것을 의미한다. 즉 부처님의 교법敎法을 가리킨
다. 교법에는 소승·대승·3승·5승의 구별이 있다. 일체 중생이 모두 성불한다는 견지
에서 그 구제하는 교법이 하나뿐이고, 또 절대 진실한 것이라고 주장하는 것이 1승이
다. 『법화경』을 일승경 또는 일승의 묘전妙典이라 한다. 이 경을 소의 경전으로 삼는
천태종天台宗을 원종圓宗이라 함은 바로 이 뜻이다.
232 『三階教研究』, p. 512 이하. ; 채인환, 「신방과 신라 지장예참교법」, p. 42 재인용.
233 위의 논문, p. 42.

표는 신앙 대상으로서 지장보살을 찾았고, 또 친견하였을까? 지금으로서는 아니라고 할 수도 없고, 그렇다고 할 수도 없는 입장이다. 다음 장에서 구체적으로 검토하겠지만, 진표가 지장보살을 찾았던 것은 지장교의에 따른 수행법이었다. 참회 계법이 그것이다. 그것은 사승 숭제가 주었던 일차적인 수행법이었다. 미륵과 지장 두 보살을 만나 참회하고 계를 구하라는. 거기에는 진표의 사조 선도대사가 집성한 참회 예찬의 영향도 배제할 수는 없다. 결국 진표는 사승 숭제법사를 통해 지장교의에 따른 참회 계법은 물론 선도류의 그것까지 물려받아 변산 부사의방장에서 용맹 정진을 하고 있는 것이다.

지장보살은 특히 대비천제大悲闡提로서 빛나는 존재이다. 천제는 범어 일천제一闡提(icchantika)의 준말이다. 성불의 인연을 잃어버린 자, 성불할 수 없는 자라는 뜻이다. 『입능가경入楞伽經』에서는 "일천제에는 두 가지가 있다. 무엇이 둘인가. 첫째는 착한 뿌리를 불태워 없애는 것이요, 둘째는 중생들을 불쌍히 여겨 중생계를 다 없앨 서원을 가진 자이다. (중략) 보살이 방편으로 원을 세우되 만약 모든 중생이 열반에 들지 않으면 나도 열반에 들지 않겠다고 한다. 그러므로 보살은 열반에 들지 않는다."[234]고 하였다. 보살은 자신이 성불할 수 있음에도 현세에서 성불하지 못하는 중생이 한 명이라도 있다면 그들을 구제하겠다고 서원을 세우고 실천하는 자이다. 지장보살이 천제 보살이 되는 이유는 그의 커다란 본원 때문이다.

---

234 『入楞伽經』卷第二, 大正藏16, p. 527b. 一闡提者有二種. 何等為二一者,焚燒一切善根;二者,憐愍一切眾生,作盡一切眾生界願. (中略) 菩薩方便作願,若諸眾生不入涅槃者,我亦不入涅槃,是故菩薩摩訶薩不入涅槃.

지장보살은 중생 구제를 위해 어떠한 악도惡道에도 직접 가서 구제행을 실천하겠다는 본원을 세운 자이다. 지장보살은 『지장보살본원경』에서 "나는 이제 미래세가 다하고 헤아릴 수 없는 겁 동안에 이 죄로 고통 받는 육도六道 중생을 위해 널리 방편을 설해서 모두 해탈케 한 후 나 자신도 비로소 불도를 이루겠다."[235]고 서원했다. 심지어 지옥의 중생까지도 모두 구제하겠다고 서원한다. 『대반열반경大般涅槃經』에서는 "보살이 지옥에 갈 업이 없지만 중생을 위해 서원을 세우고 지옥에 간다."[236]고 하였다. 모든 중생을 다 제도한다는 것이 가능한가? 불가능하다. 따라서 지장보살 자신은 성불할 기약이 없다. 지장보살이 대비원大悲願의 보살이고, 천제 보살이 되는 이유이다.

앞에서 지장보살은 (과거의 부처가 된) 현재의 부처 석가모니불과 미래의 부처 미륵불 사이의 현재─말법 시대─무불 시대의 교주라고 했다. 지장보살은 석가의 교화력이 사라지고 미륵불이 아직 출현하지 않았을 때의 과도기인 현재를 담당하여 중생을 구제하는 보살이다. 여기서 '과도기'란 소위 말하는 말법세로서 오탁악세를 가리킨다.[237]

그때 세존께서 금빛 팔을 펴시어 가히 생각할 수도 헤아릴 수도 없고, 말로 다 할 수도 없는 백천만억 무량아승지無量阿僧祇 세계의 모

---

235 『地藏菩薩本願經』卷上, 大正藏13, p. 778b. 『我今盡未來際不可計劫, 為是罪苦六道眾生, 廣設方便, 盡令解脫, 而我自身, 方成佛道. 』
236 『大般涅槃經』卷第三十一, 大正藏12, p. 550b. 菩薩摩訶薩無地獄業. 為眾生故發大誓願生地獄中.
237 홍윤식, 「신라 시대 진표의 지장신앙과 그 전개」, p. 357.

든 지장보살 분신들의 이마를 어루만지시며 말씀하셨다.

"나는 오탁악세에서 억세고 거친 중생들을 교화하고 그들의 마음을 바로잡아 삿된 것을 버리고 바른길로 돌아오게 하였느니라. 그러나 그 중 열에 한두 명은 아직도 나쁜 버릇에 빠져 있느니라. (중략) 죄업의 과보 때문에 악도에 떨어져 크게 괴로워하는 중생들이 있느니라. 그대는 마땅히 내가 이 도리천궁에서 간절히 부촉한 것을 생각하여, 사바세계에 미륵불이 오실 때까지 모든 중생이 고통을 영원히 벗어날 수 있도록 하고, 장차 미륵불을 만나 뵙고 수기를 받을 수 있게 하라."[238]

『지장보살본원경』에서 석가모니부처로부터 말법 시대의 중생을 구원하여 장차 미륵불을 만나 뵙고 수기를 받을 수 있게 하라고 부촉을 받은 지장보살은, "제가 아득하고 먼 겁으로 부터 부처님의 인도를 받아 가히 생각할 수 없는 신통력과 대지혜를 갖추었사옵니다. 저는 저의 분신으로 하여금 백천만억 항하의 모래알 같이 많은 세계마다 백천만억의 몸을 나누어, 한 분신이 백천만억 사람을 제도하고 삼보에 귀의하게 하여, 영원히 생사의 고통을 여의고 열반의 기쁨에 이르도록 하겠나이다. (중략) 후세의 악업 중생에 대해서는 염려를 마시옵소서."[239] 하고 자기의 의지를 밝혔다. 지

---

238 『地裝菩薩本願經』卷上, 大正藏 13, p. 779b-779c. 世尊舒金色臂, 摩百千萬億不可思, 不可議, 不可量, 不可說, 無量阿僧祇世界諸分身地藏菩薩摩訶薩頂, 而作是言:「吾於五濁惡世, 教化如是剛彊眾生, 令心調伏, 捨邪歸正. 十有一二, 尚惡習在. (中略) 其有未調伏者, 隨業報應. 若墮惡趣, 受大苦時, 汝當憶念吾在忉利天宮, 殷勤付囑. 令娑婆世界, 至彌勒出世已來眾生, 悉使解脫永離諸苦, 遇佛授記.

239 『地裝菩薩本願經』卷上, 大正藏 13, p. 779c. 我從久遠劫來, 蒙佛接引, 使獲不可思議神力, 具大智慧. 我所分身, 遍滿百千萬億恒河沙世界. 每一世界, 化百千萬億身. 每一身, 度百千萬億人, 令歸敬三寶, 永離生死, 至涅槃樂. (中略) 唯願世尊不以後世惡業眾生

장보살과 미륵의 상관관계를 이해할 수 있는 대목이다.

지장보살은 미륵불이 사바세계에 출세할 때까지 말법 중생들을 제도하고, 미륵불이 출세할 때 중생들로 하여금 조우할 수 있도록 하는 역할을 담당한다. 이 대목에서 한 논자는 지장보살을 『미륵하생경』에 등장하는 전륜성왕轉輪聖王과 비교한다. 전륜성왕은 미륵이 출현하기 전 사바세계에서 미륵이 출현하도록 하는 역할을 담당하고 있다. 미륵은 말법 시대에 출현하여 석가에 의해 구제받지 못한 말법 중생들을 구원하는 미래불이다. 그러나 말법 시대에 미륵이 저절로 출현하는 것이 아니다. 미륵이 출현할 수 있도록 인연 공덕을 쌓아야 한다. 이는 미륵 신앙의 자력적 성격을 나타낸다. 이와 같이 미륵 경전에는 '자력적 신앙'의 의미가 전륜성왕의 치적에 의해 말법 시대를 극복할 수 있는 환경에 이르도록 한다. 반면 말법 시대의 지장신앙은 출가자의 투철한 자력적 수행력에 의해 미륵의 출현을 기할 수 있게 한다는 차이점이 있다.[240]

도솔천은 미륵이 머물고 있으면서 천상 사람들을 위해 설법하고 있는 불교의 이상세계이다. 소위 '미륵'정토이다. 7보寶로 된 궁전이 있고 한량없는 천상 사람들이 살고 있다. 도솔천에는 내·외의 2원院이 있다. 외원外院은 천상 사람의 욕락처欲樂處이고, 내원內院은 미륵의 정토이다. 미륵은 내원궁에 있으면서 장차 인간 세계에 하생하여 성불할 시기를 기다리고 있다.

미륵보살은 내원궁에 있으면서, 하늘나라 모든 사람들을 제도하며

為慮.

240 홍윤식, 「신라 시대 진표의 지장신앙과 그 전개」, p. 354.

사바세계에 하강해서 성불할 시기를 기다리고 있다. 미륵보살뿐만 아니라 사바세계에 하강하는 모든 부처는 반드시 도솔천에 있다가 성불한다고 한다. 지장보살도 바로 이 도솔천 내원궁에 있다가 사바세계와 지옥의 중생을 구제하기 위해서 흰 코끼리를 타고 내려왔다. 벽화에 그림은 그때의 모습을 그린 것이다.[241]

지장보살이 도솔천에서 왔다는 얘기다. 이 주장에 대한 진위 여부를 확인하기는 아직 어렵다. 분명한 것은 지장보살이 미래불 미륵과 불가분의 관계에 있다는 것이다. 지장보살은 미래의 부처 미륵을 만나기 위한 과도기적 말법 시대의 교주이다. 좀 거칠게 표현하면 지장신앙은 곧 미륵으로 가는 '다리'라고 할 수 있다. 바로 이와 같은 지장보살의 본질을 누구보다도 정확하게 꿰뚫고 있었던 선지식이 신라 고승 숭제였고, 그의 가르침을 받아서 온 몸과 마음으로 실천하고 있는 이가 바로 진표였다. 따라서 진표에게 있어서 지장'신앙'은 미륵으로 가는 놋다리라고 할 수 있다. 진표의 신앙 대상은 지장보살이 아니라 미륵이었다.

「진표전간」에 따르면 진표는 원래의 뜻이 미륵에 있었다고 하였다.[242] 진표의 신앙은 처음부터 미륵이었다는 얘기다. 진표의 미륵 신앙은 처음부터 변함이 없었다. 「석기」에서 진표가 부사의방장에서 3년 동안 미륵상 앞에서 부지런히 계법을 구한 뒤에 지장보살로부터 의발을 전수받았다는 진술이 그 증거이다. 「진표전」은 더욱 적극적인 근거 자료가 될 수 있다. 진표가 미륵보살로부

241 권영한,『재미있는 우리 사찰의 벽화 이야기』, 전원 문화사, 2011, pp. 54-55.
242 『三國遺事』「眞表傳簡」. 然志存慈氏 故不敢中止 乃移靈山寺一名 邊山 又楞伽山 又懃勇如初.

터 친히 계법을 받을 때까지는 물러서지 않겠다는 서원을 세우고 참회 수행으로 계법을 구하였는데 7일째 이른 아침에 지장보살이 나타나 진표를 위하여 '경책해 주면서 계연戒緣을 발하여 받기 전에 지을 방편을 가르쳐 주었다'는 내용이 그렇다. 지장보살이 진표에게 미륵으로 가는 방편을 가르쳐 주었다는 것이다. 따라서 진표는 지장보살을 친견하고 계를 받은 뒤에 미륵을 친견하기 위해 수행처를 이동하여 다시 부사의방장에서 했던 수행을 되풀이하게 되는 것이다.

지금까지 논의한 바와 같이 진표가 믿고 실천하였던 지장신앙은 미륵 신앙과 결부된 지장신앙이라는 특징을 지닌다. 그것은 후대의 지장신앙이 명부시왕 신앙冥府十王信仰과 결부되어 나타나는 신앙 형태와 구별되는 점이다.[243] 따라서 진표의 고행은 이제 시작이다. 물론 진표의 고행은 참회 수행이다. 사승 숭제법사로부터 전해 받은 『점찰경』에 의한 대참회의 실천 수행이다. 다음 장에서는 진표 수행의 꽃이 되는 『점찰경』과 점찰참회계법占察懺悔戒法에 대해 논의한다.

---

243 홍윤식, 「신라 시대 진표의 지장신앙과 그 전개」, p. 356.

4. 점찰참회계법의 대성자, 진표

21일 공부를 마치던 날 천안天眼이 열리어 미륵불께서 수많은 도솔천의 백성들을 거느리고 대광명 속에서 오시는 모습을 보니라. 미륵불께서 진표의 이마를 어루만지며 말씀하시기를 "잘하는구나, 대장부여! 이처럼 계戒를 구하다니. 신명身命을 아끼지 않고 간절히 구해 참회하는구나. 내가 한 손가락을 튕겨 수미산須彌山을 무너뜨릴 수 있으나 네 마음은 불퇴전不退轉이로다." 하고 찬탄하시니라. 이때 미륵불께서 점찰경占察經 두 권과 증과 간자證果簡子 189개를 진표에게 내려 주시며 말씀하시기를 "너는 이것으로써 법을 세상에 전하여 남을 구제하는 뗏목으로 삼으라. 이 뒤에 너는 이 몸을 버리고 대국왕大國王의 몸을 받아 도솔천에 태어나리라." 하시고 하늘로 사라지시니라. (『도전』 1:7)

1) 진표와 참회 불교

진표 읽기의 제3-코드(숭제법사는 왜 제자 진표에게 『점찰경』을 주었을까)를 해명할 차례. 앞에서 우리는 진표 읽기의 네 가지 코드는 인체의 장기처럼 서로 유기적으로 연결되어 있다고 했지만, 실제로 제3-코드는 제2-코드와 제4-코드를 세분한 작은 코드 중의 첫째 코드-왜(지장, 미륵 두 보살 앞에서) 참회하라고 했는가-를 함께 논의해야 한다.

결론부터 말하면 진표'불교'의 특징 중의 하나는 참회'불교'이다. 진표의 참회 불교는 그가 행한 점찰법회에서 잘 드러나 있다. 점찰법회는『점찰경』의 가르침에 의지하여 점찰법을 행하는 법회다. 다시 말하면『점찰경』에 의지하여 개인의 죄장罪障을 알아보고, 이에 따라서 참회 멸장懺悔滅障하는 법을 수행하여 대승의 정계를 받도록 하는 방편으로써 점찰법을 행하는 법회를 일컫는다. 진표는『점찰경』의 신봉자이며 철저한 참회법의 수행자였다. 진표의 생애를 통하여 볼 수 있는 신앙 사상을 한 마디로 말한다면 미륵 신앙과 점찰법에 의한 참회 불교다.

> 그는 신라 점찰 교법의 확립자이며 참회 불교를 집대성한 개조이다. 당시 신라에 있어서 진표가 이루어 놓은 점찰 교법(참회 불교)은 새로운 의미를 지닌 특이한 것이었다고 하지 않을 수 없다.[244]

진표의 점찰참회계법에 대한 선행 연구는 많이 이루어졌다.[245] 진표 연구가 주로 이 문제에 집중하고 있는 까닭이다.[246] 진표의 점찰참회계법을 논의하기 전에 앞에서 보았던 진표의 수참구계

---

244 김영태, 「신라 점찰법회와 진표의 교법 연구」, pp. 128-129.
245 여기서 '점찰 교법', '참회 불교', '점찰참회계법' 등은 거의 같은 의미로 사용되고 있음을 밝힌다.
246 채인환, 「신라 진표율사 연구1」. ; -----, 「신라 진표율사 연구2」; ----, 「신라 진표율사 연구3」, 『불교 학보』Vol. 25 No. 1, 불교문화 연구원, 1988. ; 김영태, 「신라 점찰법회의 진표의 교법 연구」. ; 박미선, 「신라 점찰법회의 밀교」, 『동학학지』Vol. 155, 연세대 국학 연구원, 2011. ; ------, 「진표 점찰법회의 성립과 성격」, 『한국 고대사 연구』Vol. 49, 2008 외.

修懺求戒에 대한 수행을 상기할 필요가 있다. 진표를 읽는 네 가지 코드를 하나로 뭉뚱그려 숭제법사가 진표에게 『공양차제법』과『점찰경』을 전해 주면서 이 계법을 가지고 미륵, 지장 두 보살 앞에서 참회하고 친히 계를 받아 세상에 널리 전하라고 하였을 때, 진표의 입장에서 가장 먼저 할 일은 무엇인가? 미륵, 지장 두 보살 앞에 '참회'하는 일이다. 문자 이면에는 두 경전-『공양차제법』과 『점찰경』을 읽는 것이 먼저이지만, 행동으로는 두 경전의 계법을 가지고 두 보살 앞에서 참회하는 일임에 자명하다. 다시 말하면 참회가 가장 앞서야 한다. 그 다음에 두 보살에게 계를 받고, 그것을 세상에 널리 펴는 순서가 되겠다.

당장에는 두 가지가 문제적이다. 첫째, 왜 미륵, 지장 두 보살 앞에서 참회해야 하는가. 둘째, 왜 미륵, 지장 두 보살한테 계를 직접 받으라고 했을까. 두 가지 과제가 유기적이라는 것은 이미 지적하였다. 전자는 후자의 전제 사항이다. 전자가 이루어진 뒤에 후자가 가능하다. 후자부터 검토한다.

미륵과 지장 두 보살한테 직접 계를 받으라는 것은 일종의 '자서수계'를 하라는 것이다. 이유는 앞 장에서 논의했다. 훌륭한 계사를 만나지 못할 경우, 불·보살을 증사로 하여 자서수계할 수 있다는『점찰경』의 가르침이 그것이다. 진표는『점찰경』의 가르침에 따라 수행하였고, 마침내 지장보살로부터 정계를 받았다.

자서수계는『점찰경』뿐만 아니라 다른 경전에서도 언급하고 있다. 『범망경梵網經』에서는 대승계大乘戒를 받고자 원하더라도 마땅한 계사를 만나지 못할 경우에는 불·보살의 형상 앞에서 서원을 세우고 계를 받되, 7일 동안 부처님 앞에서 참회하여 좋은 징조가 보이면 계를 얻은 것이 된다고 하였다.[247] 일반적으로는 계사를 만날 수 없기 때문에 자서수계하지 않을 수 없다기보다 이미 출가하여 수계를 하였지만 마음의 의혹으로부터 해방되지 못했거나 또는 더욱 신심을 증장시키기 위해 스스로 재발심하여 용맹 정진함으로써 마침내 호상好相을 보게 되면 계를 받는 결과를 얻게 되는 것이다. 숭제의 경우도 마찬가지였다. 그가 당나라에 유학할 당시에는 이미 출가하여 수계한 사미나 비구였을 것이지만, 다시 신심을 발하여 오대산의 문수보살 앞에서 수참구계修懺求戒함으로써 호상을 감득感得하여 계를 받았다. 숭제는 제자 진표에게도 자기가 걸었던 수행의 길을 제시한 것이다.[248]

숭제는 진표에게 왜 미륵, 지장 두 보살 앞에서 '참회'수행을 하라고 했을까? 불가의 참회 수행에는 많은 종류가 있다. 크게는 삼종참법三種懺法이라고 하여 죄악을 참회하는 세 가지 방법을 제시한다. 1) 작법참作法懺. 규정된 작법에 따라 부처님 앞에 참회하는 방법이다. 2) 취상참取相懺. 정定에 들어 참회의 생각을 하면서 불·보살이 와서 정수리를 만져 줌과 같은 호상 얻기를 바라는 것이다. 3) 무생참無生懺. 마음을 바로하고 단정히 앉아 정근하면서 무명 번뇌를 끊는 것이다.

경전을 읽고 죄장을 참회하는 법회를 일컫는 경우도 있다. 『법화경』으로 하는 것을 법화참법法華懺法, 『아미타경』으로 하는 것을 미타참법彌陀懺法 등으로 부른다. 따라서 진표의 경우 『점찰경』으

---

247 『梵網經』卷下 「梵網經盧舍那佛說菩薩心地戒品」第十, 大正藏 24, p. 6c. 佛滅度後. 欲心好心受菩薩戒時. 於佛菩薩形像前自誓受戒. 當七日佛前懺悔. 得見好相便得戒.
248 채인환, 「신라 진표율사 연구1」, p. 40.

로 하게 되므로 굳이 문자화한다면 점찰 참법(점찰법회)이 되겠다. 본존을 기준으로 구분하기도 한다. 아미타불을 본존으로 하고 시방삼세의 부처님들을 청하여 지극한 마음으로 예배하면서 온갖 악업과 죄과를 참회하고 극락왕생을 발원하는 미타참법, 관세음보살을 본존으로 하고 참회 공양하는 관음참법 등이 그것이다. 진표의 경우, 미륵을 본존으로 하는 참회이므로 미륵 참법이 될 것이다.

진표는 인류 역사상 그 누구도 감히 흉내 낼 수 없는 참회 수행을 하였다. 망신참법亡身懺法이라고 했다. 몸을 돌보지 않고 죄과를 참회하는 구도 방법이다. 그가 지장보살을 친견하기까지의 수행 과정을 다시 검토하자. 처음에 1·7일을 기약하고 맹렬히 참회법을 닦았다. 그리고 다시 2·7일을 기약하고 수행을 하였는데 오륜五輪 즉 오체五體(머리와 두 팔, 두 다리. 곧 온 몸을 가리킨다)를 바위에 던지듯 절을 하여 참회 수행을 하였다. 무릎과 팔꿈치가 깨어져 흐르는 피가 바위 언덕을 피로 물들었다. 그렇게 3년을 수행하였으나 목적하는 수기를 얻지 못하였다. 분한 마음에 바위 아래로 몸을 던졌다. 그때 홀연히 나타난 청의 동자 손으로 받아서 돌 위에 놓았다. 그 후 다시 3·7일을 기약하고 돌을 치며 참회하기 3일 만에 손과 팔뚝이 부러졌다. 7일째 밤이 되자 지장보살이 가호를 하여 손과 팔뚝이 전처럼 되었다. 그리고 지장보살로부터 정계를 받았고 증표로서 가사와 발우까지 받았다.

진표가 굳이 참회 불교의 길을 가고 있는 점에 대해서 사승 숭제의 가르침에 따랐다는 것만으로는 해명이 부족하다. 왜 참회 수행인가? 그것도 육신을 혹사시키는 참회 고행인가? 일찍이 석가

역시 몸이 망가질 대로 망가져 가슴뼈가 앙상하게 드러날 정도로 혹독한 고행을 하였다. 그렇게 6년 동안 고행을 하였으나 그가 풀고자 했던 문제는 풀리지 않았다. 절망의 끝에서 방황하던 그는 어느 날 자신의 수행 방법이 잘못되었다는 것을 깨달았다. 육신을 혹사하는 고행이 능사가 아님을 깨달은 것이다. 그는 몸을 다스린 뒤에 수행 방법을 바꾸어 다시 명상에 들어갔다. 마침내 자신이 풀고자 하였던 문제가 훤히 풀리는 깨달음을 얻은 뒤에 그는 과거에 함께 고행했던 비구들을 찾아가 가장 먼저 행하는 설법으로 당시 그의 경험을 털어놓는다. 팔정도八正道[249]가 그것이다. 이 팔정도는 이후 원시불교의 교의로서, 불교의 실천 수행에서 중요하고도 완전한 수행법으로 반드시 지켜야 할 지침이 되었다. 이 경우 진표의 참회 고행이 문제가 된다. 비록 정법, 상법 시대가 가고 말법 시대라고 하지만, 진표가 행하고 있는 극한적인 고행은 불교 교의에서 어긋나는 수행법이다.[250]

진표는 왜 석가가 제시한 수행법과 다른 그 참혹할 정도의 고행의 길을 가고 있는가? 구체적으로 진표는 참회 수행을 어떻게 하였는가? 대답은 이외로 간단하다. 그의 사승 숭제법사가 전한 『점찰경』의 교법에 따라서 참회 수행을 하였던 것이다. 숭제법사는

---

249 불교의 실천 수행하는 중요한 종목을 8종으로 나눈 것이다. 이것이 중정中正·중도中道의 완전한 수행법이므로 정도, 성인의 도이므로 성도, 또 8종으로 나누었으므로 지, 또는 분이라 한다. 정견正見·정사유正思惟·정어正語·정업正業·정명正命·정정진正精進·정념正念·정정正定 등이 그것이다. 석가가 최초의 설법에서 설하였으며 원시불교의 근본 교의가 되었다.

250 『증일아함경』 「증상품增上品」 제8경을 비롯한 다수의 아함부 경전에서는 지나친 고행을 무익한 것으로 부정하고 있다. 『增壹阿含經卷』卷23, 大正藏 2, pp. 665b-673c. ; 서철원, 「진표 전기의 설화적 화소와 성자 형상」, p. 173.

바로 이 계법(『공양차제법』, 『점찰경』)을 가지고 미륵, 지장 두 보살 앞에서 참회하고 직접 계를 받으라고 했다. 과연 진표만큼 '착한 학생'이 또 있을까. 그는 사승 숭제법사의 가르침에 한 치도 어긋남이 없는 생을 살았다.

만일 악한 업이 많고 두터운 사람은 곧바로 선정과 지혜를 배울 것이 아니라 먼저 참회의 법을 닦아야만 한다. 왜냐하면 이 사람은 숙세에 익혔던 악한 마음이 맹렬하여 유리하기 때문에 지금 현재 세상에서 틀림없이 많은 악을 짓고 무거운 계율을 범할 것이기 때문이다. 그런 까닭에 만일 참회하여 그것을 깨끗하게 하지 않고서 선정과 지혜를 닦으면, 곧 많은 장애가 생겨서 그것을 얻을 수도 없거니와, 혹은 실심失心하여 착란하거나 혹은 바깥의 삿된 것에 괴로움을 받을 것이며, 혹은 삿된 법을 받아들여 나쁜 소견만 더욱 자라나게 될 것이다. 그런 까닭에 참회의 법을 먼저 닦아야만 한다.(『점찰경』)[251]

진표의 불교는 한 마디로 '참회 불교'로 요약된다. 『점찰경』에 의거한 참회 불교다. 굳이 『점찰경』이 아니라고 해도 모든 불교 수행에는, 나아가 모든 종교에는 참회가 밑바탕에 깔려 있다. 그럼에도 불구하고 진표의 참회 수행은 거의 전대미문의 것이었다. 그와 같은 진표 '불교'에는 물론 『점찰경』이 바탕하고 있다. 『점찰경』은 무엇인가? 『점찰경』의 참회 수행은 구체적으로 어떤 것인가?

---

251 『占察善惡業報經』上, 大正藏 17, p. 903. 若惡業多厚者不得即學禪定, 智慧, 應當先修懺悔之法. 所以者何此人宿習惡心猛利故, 於今現在必多造惡, 毀犯重禁 以犯重禁故, 若不懺悔令其淸淨, 而修禪定, 智慧者, 則多有障礙, 不能剋獲. 或失心錯亂, 或外邪所惱, 或納受邪法, 增長惡見. 是故當先修懺悔法.

『점찰경』은 어떻게, 어떤 과정을 거쳐 진표에게 전해졌을까?

『점찰경』은 중국에서 찬술된 위경僞經으로 알려지고 있다. 불설佛說이란 이름을 빌려 위조한 경전이란 얘기다. 예로부터 위경이라 함은 중국에서 새로 만든 경론만을 지목하였고, 인도에서 전해 온 것은 진경眞經이라 하였다. 『점찰선악업보경』이라는 경명이 처음 경록經錄에 등장하는 것은 수대隋代에 법경法經 등이 편찬한 『중경목록衆經目錄』(594, 이하 『법경록法經錄』)이다. 여기에서 『점찰경』 2권을 "아직 진위를 가릴 수 없기 때문에 다시 더 상세히 밝혀지기를 기다리며 우선은 의록疑錄에 넣어 둔다."[252]고 분류한 21경二十一經 가운데 하나로 취급하고 있다. '의록'이란 문제 그대로 위경의 의심을 받고 있는 경전이란 얘기겠다. 비슷한 연대에 언종彦琮이 편찬한 『중경목록』(이하 『彦琮錄』)에서도 의위경疑僞經으로 분류되었다.

개황開皇 17년(597) 비장방費長房이 찬술한 『역대삼보기歷代三寶紀』『장방록長房錄』에는 처음으로 이 경의 역자 이름 '보리등寶提燈'이 등장하기 시작한다.[253] 당 고종의 인덕麟德 원년(664)에 도선道宣이 찬술한 『대당내전록大唐內典錄』까지도 『점찰경』은 '의위경론'에 포함되어 있다.

그 후 천책만세天冊萬歲 원년(695)에 측천무후則天武后의 명으로 명전明佺이 편찬한 『대주간정중경목록大周刊定衆經目錄』(이하 『대주록』)에서 『점찰경』은 비로소 진경으로 편입된다. 이후 개원 18년

---

252 『衆經目錄』卷第2, 衆經疑惑 五, 大正藏 55, p. 126c. 真偽未分. 事須更詳. 且附疑錄.
253 『歷代三寶紀』卷第十二, 大正藏 49, p. 106c. 檢群錄無目. 而經首題云. 菩提燈在外國譯. 似近代出妄注. 今諸藏內並寫流傳. (中略) 後有婆羅門來云. 天竺見有經出六根聚曰.

(730)『개원석교록開元釋敎錄』에서도『대주록』을 근거로 삼아『점찰경』이 진경임을 의심하지 않았다.『점찰경』에 대한 위경에서 진경으로의 인식 전환은 측천무후에 의한 불교 정책과 무관하지 않았다. 위경이라고 해도 이미 사람들에게 널리 유포되어 실천되고 있는 경우 굳이 위경으로 다룰 수 없었을 것이다.[254] 그러나 현재에 이르러서는『점찰경』에 나오는 중국적인 내용, 특히 목륜상木輪相의 점찰법 등으로 해서 중국에서 성립된 위경으로 단정되고 있다.[255]

『점찰경』의 진·위경 문제에 대해 신라에서는 어떻게 보고 있었을까? 숭제는, 혹은 진표는『점찰경』의 진·위경 문제에 대해 인식하고 있었을까? 구체적인 내용은 확인할 수 없지만, 두 고승의 활동 연대가『대주록』이 출간된 시대와 겹치거나 이후이므로 진경임을 의심하지 않았을 것이다.『점찰경』에 대한 고려의 시각은『삼국유사』에서 확인할 수 있다.「진표전간」말미에 다음과 같은 일연의 논평이 실려 있기 때문이다. 좀 길지만 그대로 인용한다.

　　만일『점찰경』을 번역한 사람이나 그 시일과 장소가 없다고 해서 의심스럽다고 한다면 이것도 또한 삼(麻)을 취하기 위해 금金을 버리는 격과 같은 것이다. 왜냐하면 그 경문을 자세히 읽어 보면 실단悉壇이 깊고 조밀하여 더러운 것과 흠이 있는 것을 깨끗이 씻어 주고 게으른 사람을 충격시키는 것이 이 경전 만 한 것이 없다. 때문에 그

---

254 박미선,「『점찰경』의 성립과 그 사상」,『역사와 실학』Vol. 32, 역사실학회, 2007, p. 255.
255『無盡藏』21卷1號. ;『佛書解說大事典』6·329·d, 田島德音,「占察善惡業報經解題」. ; 채인환,「신라 진표율사 연구1」, p. 63 재인용.

이름은 대승참大乘懺이라고 했다. 또 육근六根이 모인 가운데에서 나왔다고도 한다. 개원·정원貞元 연간에 나온 두『석교록』에는 정 장正藏으로 편입되어 있으니, 비록 성종性宗은 아니지만 그 상교相 敎의 대승大乘으로는 자못 넉넉한 셈이다. 어찌 탑참搭懺이나 박참 撲懺의 두 참懺과 함께 말할 수 있으랴.

『사리불문경舍利佛問經』에 의하면 부처가 장자의 아들 빈야다라 邠若多羅에게 말했다. "네가 7일 7야 동안에 너의 전죄前罪를 뉘우쳐 서 모두 씻게 하라." 빈야다라가 이 가르침을 받들어 밤낮으로 정성 껏 행하니, 제5일 저녁에 이르자 그 방 안에 여러 가지 물건이 비 오 듯이 내려 수건·복두·총채·칼·송곳·도끼와 같은 물건들이 그의 눈앞에 떨어졌다. 빈야다라가 기뻐하여 부처에게 물었더니 부처는 대답한다. "이것은 네가 물욕을 벗어날 징조이니, 이것은 모두 베고 터는 물건이다." 이 말에 의하면『점찰경』에서 윤輪을 던져 상相을 얻는 것과 무엇이 다르겠느냐.

이것으로 진표가 참회법을 일으켜서 간자簡子를 얻고 불법을 듣고 부처를 본 것이 희망된 일이 아님을 알 수가 있다. 하물며 이 경을 거 짓되고 망령된 것이라고 한다면 미륵이 어찌해서 진표에게 친히 전수 했겠는가. 또 이 경을 만일 금한다면『사리불문경』도 또한 금할 것인 가. 언종彦琮의 무리야말로 금을 훔칠 때 사람을 못 보았으니, 독자 들은 이것을 자세히 알아야 할 것이다. (「진표전간」)²⁵⁶

---

256 若曰占察經無譯人時處 爲可疑也 是亦擔麻棄金也 何則 詳彼經文 乃悉壇深密 洗滌 穢瑕 激昂懶夫者 莫如玆典 故亦名大乘懺 又云 出六根聚中 開元貞元二釋教錄中 編入正 藏 雖外乎性宗 其相教大乘殆亦優矣 豈與搭撲二懺 同日而語哉 如舍利佛問經 佛告長者 子邠若多羅 曰 汝可七日七夜 悔汝先罪 皆使淸淨 多羅奉敎 日夜懇惻 至第五夕 於其室 中 雨種種物 若巾若帊若拂箒若刀錐斧等 墮其目前 多羅歡喜 問於佛 佛言是離塵之相 割 拂之物也 據此 則與占察擲輪得相之事 奚以異哉 乃知表公翹懺得簡 聞法見佛 可謂不誣 況此經若僞妄 則慈氏何以親授表師 又此經如可禁 舍利問經亦可禁乎 琮輩可謂攫金不見

일연은 『점찰경』이 위경이라는 설을 강하게 부정한다. 이 경의 내용이 부처의 가르침에 어긋나지 않고, 이 경에 의지해서 참회 수행을 하고 목적하는 바를 이룬 것이 허망되지 않다고 주장한다. 그는 나아가 이 경을 진표에게 준 이가 「석기」와 다르게 미륵이 직접 준 것이라며, "이 경을 거짓되고 망령된 것이라고 한다면 미륵이 어찌해서 진표에게 친히 전수했겠는가." 하고 묻는다(여기에 대해서는 후술한다). 「점찰경」이 진표에게 얼마나 중요한 경전인지 확인할 수 있는 자료다.

『점찰경』의 등장은 중국의 남북조시대 말기인 580년경으로 보는 것이 일반적인 견해다. 『점찰경』이 등장한 뒤에 중국의 남부에서 점찰법회가 행해졌고 곧이어 금릉 지방에서도 일반의 남녀들이 점찰법회를 행할 정도로 빠르게 전파되었다.[257] 점찰법회는 580년경~593년 사이에 중국에서 성행하게 된다.

광주廣州에 사는 한 중이 탑참법塔懺法을 행하여 가죽으로 2매의 첩자帖子를 만들어 하나에는 선자善字를 쓰고 다른 하나에는 악자惡字를 써서 사람들로 하여금 그것을 던져 선자를 얻으면 좋고, 악자를 얻으면 좋지 않다고 하였다. 또 자박법自縛法을 행하여 죄를 멸한다고 하여 남녀가 함께 섞여 있었다. 청주淸州에서도 한 거사가 똑같이 이 법을 행하였다. 개황 13년(593) 어떤 사람이 광주 관사官司에게 고발하여 말하길, 이것은 요사한 짓이라고 하였다. 관사가 추문하자 그 사람이 인증引證하여 말하길 탑참법은 『점찰경』을 의지한 것

人 讀者詳焉.
257 채인환, 「신라 진표율사 연구1」, p. 31.

이며, 자박법은 여러 경전 중에 "오체를 땅에 던지는 것을 태산이 무너지는 것 같이 한다"고 한 것을 의지한 것이라고 하였다. 광주의 사마司馬인 곽의郭誼가 장안에 와서 문장聞狀을 갖추어 주청하였더니, 칙명하기를『점찰경』의 도리를 믿지 말라고 하였다. 내사시랑內史侍郞 이원조李元操로 하여금 곽의와 함께 보창사寶唱寺에 가서 대덕 법경 등에게 물어보게 하였다. 법경이 대답하길, "『점찰경』은 목록에 이름이나 번역한 곳이 없고 탑참법도 여러 경에 보이지 않으므로 유행시켜서는 안 된다"고 하였다. 따라서 칙명으로 "이런 것들을 유행해서는 안 된다"고 하였다.[258]

  중국 수나라 개황연간(581~600)에 광주에서『점찰경』에 의한 탑참법과 자박법이 유행했다는 기사다. 이 기록은 「진표전간」에도 그대로 싣고 있다. 앞의『점찰경』에 대한 일연의 평가는 바로 이 기사에 대한 반박이다. 일연은 이 기사 내용이 개황 13년(593)년에 일어났던 사건이라고 기록하였다. 당시 점찰법회가 행해졌던 광주는 수대의 남해군南海郡(현재의 광동성廣東省)에 해당하고, 청주는 북해군北海郡(현재의 산동성山東省)에 해당한다. 580년 중국의 남부 지방에서 시작된 점찰법회가 593년에는 북해군의 청주까지 전파될 정도로 광범위하게 유행하고 있었다는 것이다.
  신라에 점찰법회를 처음 전한 이는 원광圓光(?~630)으로 추정된

---

258 『歷代三寶紀』卷12, 大正藏 49, p. 106c. 而廣州有一僧行塔懺法. 以皮作二枚帖子. 一書善字一書惡字. 令人擲之. 得善者好. 得惡者不好. 又行自撲法以為滅罪. 而男女合雜. 青州亦有一居士. 同行此法. 開皇十三年. 有人告廣州官司云. 其是妖. 官司推問. 其人引證云. 塔懺法依占察經. 自撲法依諸經中五體投地如太山崩. 廣州司馬郭誼來京向岐州具狀奏聞. 敕不信占察經道理. 令內史侍郎李元操共郭誼就寶昌寺問諸大德法經等. 報云. 占察經目錄無名及譯處. 塔懺法與眾經復異. 不可依行. 敕云. 諸如此者不須流行.

다. 중국에서 점찰법회가 성행하던 시기는 원광이 중국에 유학했던 시기(575년경~600)와 비슷하다. 점찰법회가 행해지던 금릉을 비롯한 남부 지역 및 광주에서 청주로 이어지는 지역 또한 원광의 행적과 거의 일치하고 있다. 원광이 당시 민간에서 크게 유행하고 있던 점찰법회를 직접 접했던 가능성이 크다는 얘기다. 593년 장안에서 『점찰경』의 진위여부와 점찰법회의 정당성에 대한 논의가 전개되어 결국 유포와 시행이 금지되는 사건이 일어났을 때, 원광역시 그곳에 있었다. 원광이 귀국하여 신라에서 처음으로 점찰법회를 시행하게 된 간접적인 배경이 되었을 것이다.[259] 원광이 점찰법회를 시행하였다는 기록은 현재까지 『삼국유사』의 다음 기사가 유일하다.

또 건복建福 30년 계유癸酉 즉 진평왕眞平王 즉위 35년이다. (613년) 가을에 수나라 사신 왕세의王世儀가 오자 황룡사黃龍寺에 백좌도량百座道場을 열고 여러 고승들을 청해서 불경을 강의하니 원광이 제일 윗자리에 있었다. 논평해 말했다. "원종原宗이 불법을 일으킨 후로 진량津梁이 비로소 설치되었으나 당오堂奧에는 아직 도달하지 못했다. 때문에 마땅히 귀계멸참歸戒滅懺의 법으로 어리석고 어두운 중생들을 깨우쳐 주어야 할 것이다." 그런 때문에 원광은 살던 가서갑嘉西岬에 점찰보占察寶를 두어 이것을 상규常規로 삼았다.[260]

259 박광연, 「원광의 점찰법회 시행과 그 의미」, 『역사와 현실』 Vol. - No. 43, 한국역사연구회, 2002, pp. 117-118.
260 『三國遺事』卷第四 義解 第五 「圓光西學」. 又建福三十年癸酉卽眞平王卽位三十五年也 秋 隋使王世儀至 於皇龍寺設百座道場 請諸高德說經 光最居上首議曰 原宗興法已來 津梁始置 而未達堂奧 故宜以歸戒滅懺之法 開曉愚迷 故光於所住嘉栖岬 置占察寶 以爲恒規.

기사에는 점찰법회를 열었다는 직접적인 언급은 없다. 원광이 백고좌법회에 모인 승려들과 의논한 뒤에 '귀계멸참의 법'의 필요성에 공감하였고, 그가 주석하던 가서갑에 점찰보를 두었다는 것이 전부다. 여기서 말하는 점찰보의 '보'는 신라불교에서 발생한 독특한 사원 경제 기구 형태의 한 종류이다.[261] 점찰법회를 항구적이며 계속적으로 운영하기 위해서 불교신도들의 친목과 경제적인 기초를 다지려는 목적으로 설치된 계契 형태의 조직이다.[262] 따라서 이 기사를 통해 원광에 의해 신라에 최초로 점찰법회를 보았다는 것을 유추할 수 있다.

이후 신라에서 점찰법회에는 어느 정도 명맥을 유지했던 것으로 보인다. 진평왕대眞平王代(579~632), 지혜智惠 비구니에 의해 점찰법회가 열렸다는 『삼국유사』제5 「선도 성모 수희 불사仙桃聖母隨喜佛事」조, 신라의 삼국 통일(676)을 전후한 시기에 활약한 원효元曉의 시대에 점찰법회가 행해졌다는 「사복불언蛇福不言」조, 그리고 신문왕대神文王代(?~692)에 흥륜사興輪寺에서 육륜법회六輪法會 −점찰법회가 행해졌다는 「대성 효 2세 부모大城孝二世父母」조의 기사 내용이 그것이다.

숭제가 입당하였을 무렵 당에서는 『점찰경』에 의한 점찰법이 크게 유행하고 있었다. 계를 받는 일도 『점찰경』에 의해서 참회를 하고 계법을 받는 일이 널리 성행하였다. 한 논자는 숭제도 당시

---

261 정병조는 점찰보 자체가 일종의 법회 의식이었다고 주장한다. "점찰보는 『점찰선악업보경』에 의거하여 자신의 업보를 점찰하고 참회하는 불교 의식의 하나였다." 정병조, 「신라 법회 의식의 사상적 성격」, 『신라 문화제 학술 발표 논문집』Vol. 4 No. 1, 신라문화선양회, 1983, p. 132.
262 채인환, 「신라 진표율사 연구3」, p. 40.

의 유행에 따라서 『점찰경』에 의한 참회법을 지극하게 수행하였을 것이라고 지적한다. 오대산에 가서 문수보살로부터 오계를 받은 것도 그런 이유였다. 『점찰경』에서 "만약 저 중생들이 비록 참회를 수행한다 하더라도 지극한 마음이 아니어서 좋은 상을 얻지 못했다면, 설사 모양으로 받았다 하더라도 계율을 얻었다고 하지는 못할 것이다."[263]고 가르친 내용과 합치되는 대목이라는 것이다.[264]

이와 같은 논의는 좀 더 신중한 접근이 요구된다. 당시 숭제는 '아미타불의 화신'이요, 중국 정토종의 본가에서 '선도류'를 이끌고 있는 선도삼장 문하에서 유학하고 있었다. 아무리 『점찰경』이 유행하고 있었다고 해도 숭제가 『점찰경』에 의한 참회법을 지극하게 수행하고, 오대산에 가서 문수보살로부터 오계를 받은 것도 그런 이유였다는 것은 쉽게 수긍이 가지 않는다. 정토종의 본존 아미타불과, 『점찰경』의 설주인 지장보살 그리고 오대산 신앙의 본존 문수보살이라는 거리도 있다. 그럼에도 불구하고 논자의 지적에 주목하는 것은 『점찰경』이 진표에게 전달된 경위가 숭제를 통해서인 까닭이다. 숭제는 당나라에서 크게 유행하고 있는 점찰참회계법을 외면하지는 못했을 것이다. 비록 선도삼장 문하에서 공부하는 동안 표면적으로 『점찰경』 신앙을 할 수 없었다고 해도, 귀국길에 오른 그의 바랑 속에는 『공양차제법』은 물론 『점찰경』 두 권도 들어 있지 않았을까. 숭제는 당나라로부터 가지고 온 바로 두 경전을 제자 진표에게 전했을 것으로 추정된다.

---

263 『占察善惡業報經』卷上, 大正藏 17, p. 904c. 若彼衆生, 雖學懺悔, 不能至心, 不獲善相者, 設作受相, 不名得戒.

264 채인환, 신라 진표율사 연구1」, p. 40.

2) 망신참법亡身懺法 수행

점찰 참법 내지 점찰법회에서 참회 수행은 아무리 강조해도 지나치지 않을 것이다. 『점찰경』은 곧 참회 수행을 가르치는 경전, 참회의 경전, 참회하는 경전에 다름 아니다. 『점찰경』 곳곳에서 설주 지장보살은 '참회'에 대해 설하고 있다; "만일 악한 업이 많고 두텁다면 곧 선정과 지혜를 배울 것이 아니라 먼저 참회의 법을 닦아야만 한다."[265]

또한 『점찰경』은 계를 받기 위해서 먼저 참회법을 수행해야 한다고 가르친다. "만약 재가자든 출가자들 중생들이 청정묘계淸淨妙戒를 받고자 하나 이미 증상增上의 중죄로 받을 수 없는 자는 또한 마땅히 위와 같이 참회법을 닦아서 지심으로 신身·구口·의意의 착한 상(善相)을 얻으면 곧 계를 받을 수 있다."[266]

진표의 참회 수행의 일차적인 목적이 미륵, 지장 두 보살에게 직접 계를 받기 위한 것이었으므로 『점찰경』의 이 가르침을 금과옥조처럼 받들고 실천했을 것이다. 숭제법사 역시 바로 이 계법(『공양차제법』, 『점찰경』)을 가지고 미륵, 지장 두 보살 앞에 참회하라고 했으므로 『점찰경』은 그에게 '필수과목'이었던 셈이다.

『점찰경』에 의한 참회 수행은 무엇인가. 어떻게 진행되는가. 『점찰경』의 가르침을 요약하면 다음과 같다; 참회법을 닦고자 하는 자는 고요한 곳에서 머물며 능력을 따라 방 하나를 장엄하여

---

265 『占察善惡業報經』卷上, 大正藏 17, p. 903c. 若惡業多厚者, 不得即學禪定, 智慧, 應當先修懺悔之法.

266 『占察善惡業報經』卷上, 大正藏 17, p. 903b. 若在家若出家諸衆生等. 欲求受淸淨妙戒. 而先已作增上重罪. 不得受者. 亦當如上修懺悔法. 令其至心. 得身口意善相已. 即應可受.

꾸미고 그 안에 부처를 모시고, 경전을 놓아두고, 공양해야 한다. 낮에는 이 방 안에 있으면서 하루 세 때에 명호를 부르되 일심으로 일체 부처 앞에 예배하고 지장보살에게 예배해야 한다. 예배를 마치면 자신이 지었던 죄를 말하며 참회한다. 밤이 되어 등촉을 켜서 밝혀야 할 경우가 되면 또한 제불 보살에게 공양하며, 참회해야 한다. 만일 광명을 밝힐 준비가 안 되었으면 고요한 방 안에서 일심으로 외우거나 생각해야 한다. 날마다 이와 같이 참회법을 행하면서 게으름을 피우거나 그만두는 일이 없어야 한다.[267] 이와 같은 『점찰경』의 가르침은 진표가 왜 수행처로서 변산 부사의 방장을 찾을 수밖에 없었는지, 어떻게 참회 수행을 하였는지 짐작할 수 있게 하는 대목이다.

진표는 부사의방장에 들어온 직후 『공양차제법』에 의한 밀교 수행을 행하였다. 그렇게 3년 동안 수행을 하였으나 목적하는 (미륵, 지장 두 보살의) 계를 받지 못했다. 진표는 수행 방법을 달리 하였다. 아니, 처음부터 그랬을 것이다. '망신참법' 수행이다. 돌에 몸을 부딪치는 등 육체적 고행을 수행법으로 택한 것이다. 3종의 진표 전기에서 표현하고 있는 '구석扣石', '박석撲石', '박지撲地' 등은 곧 『점찰경』에 의거한 수행법으로서 자박법自撲法이라고 할 수 있다. 「석기」에서 진표의 수행을 '오륜박석五輪撲石'이라고 하였다.

267 『占察善惡業報經』卷上, 大正藏17, p. 903c-904a. 欲修懺悔法者, 當住靜處, 隨力所能, 莊嚴一室. 內置佛事及安經法, 懸繪幡蓋, 求集香華, 以修供養. 澡沐身體, 及洗衣服, 勿令臭穢. 於晝日分, 在此室內, 三時稱名. 一心敬禮過去七佛及五十三佛. 次隨十方面, 一一總歸, 擬心遍禮一切諸佛所有色身, 舍利, 形像, 浮圖, 廟塔, 一切佛事. 次復總禮十方三世所有諸佛. 又當擬心遍禮十方一切法藏, 次當擬心遍禮十方一切賢聖, 然後更別稱名禮我地藏菩薩摩訶薩. (中略) 次至夜分時, 若有燈燭光明事者, 亦應三時恭敬供養, 悔過發願. 若不能辦光明事者, 應當直在餘靜室中, 一心誦念. 日日如是行懺悔法, 勿令懈廢.

'오륜'은 곧 오체를 가리킨다. 따라서 오륜박석은 바위에 오체를 던지다, 치다, 넘어지다 정도로 번역된다. 말하자면 오체투지五體 投地를 의미한다.[268] 오체투지가 무엇인가. 두 무릎·두 팔꿈치· 이마의 5체를 땅에 붙여 예배하는 것이다. 이 자박법은 여러 경전 에서 보이는 '태산이 무너질 듯 오체 투지한다.'라는 구절을 근거 로 행하는 일종의 참회 수행법이다.

숭제의 사승 선도는 『관념법문』에서 "자박 참회란 태산이 무너 질 듯이 이리저리 땅에 몸을 구르고 부처를 향해 호곡하며 주야로 계속 이어서 하길 죽을 때까지를 기한으로 한다."[269]고 가르쳤다. 선도의 전법제자로서 숭제와 사형 관계인 회감懷感은 『석정토군의 론釋淨土群疑論』에서 다음과 같이 말했다.

회과悔過를 드러내어 모든 죄를 참회함에 오체를 땅에 던지길 태 산이 무너질 듯 하며, 스스로 두발을 뽑고 몸을 들어 땅에 던져 이 리저리 구르며 스스로 두드려 코에서 피가 나면 참회한 죄가 소멸하 며 심안心眼이 열려 부처의 색신色身이 단엄端嚴하고 미묘하여 수미 산과 같이 빛이 대해에 비춤을 보게 되니, 이것이 어찌 참회 경문의 자박법이 아니겠는가.[270]

268 박미선, 「진표 점찰법회의 성립과 성격」, pp. 229-230.
269 善導, 『觀念法問』. 自撲懺悔 如泰山崩 婉轉於地 號哭向佛 日夜相續 至死爲期. 楊聯 陞, 「道交之自撲與佛教之自撲」, 『塚本博士頌壽記念佛教史學論集』, 1961. ; 박미선, 「 『점찰경』의 성립과 그 사상」, p. 257 재인용.
270 懷感, 『釋淨土群疑論』卷7. 大正藏 47, p. 76. 發露悔過 懺悔諸罪 五體投地 如泰山 崩 自拔頭髮 擧身投地 婉轉自撲 鼻中血出 懺罪消滅 心眼得開 見佛色身 端嚴微妙 如須彌 山 光顯大海 此豈不是懺悔經文自撲之法.

중국 정토종의 종조 선도와 그의 전법제자 회감의 이와 같은 가르침은 숭제를 통한 진표 수행의 '한 가닥 젖줄'을 확인할 수 있는 한 자료다. 또한 진표가 참회 수행의 방법으로서 행한 망신참법이 무엇인지, 그 결과로서 '몸을 땅에 메쳤더니 무릎과 팔꿈치가 모두 깨어지고, 피가 빗물처럼 바위에 흘러내리는'(『진표전간』) 이유를 밝힐 수 있는 자료이기도 하다. 태산이 무너질 듯 오체투지 수행을 하였으므로 머리와 함께 두 팔꿈치, 두 다리(무릎)가 모두 깨어지고, 피가 빗물처럼 바위에 흘러내렸다는 얘기겠다.

진표의 망신참법은 물론 참회 수행 과정이다. 『점찰경』에서 제시한 참회법은 예불禮佛, 근청謹請, 수희隨喜, 회향廻向 등과 같은 일반적인 예참법禮懺法이다. 그러나 문면에 드러나는 '신명을 아끼지 않아야 한다.', '목숨을 잃을지라도 결코 휴퇴休退하지 않아야 한다.' 등과 같은 표현에서 망신참법과 같은 참회 수행을 떠올릴 수 있다. 진표의 수행을 망신 참회, 구석扣石참회 등으로 표현하고 있는 점과 같은 맥락이다.

진표의 망신참법 수행은 물론 사승 숭제의 가르침과 같이 미륵, 지장 두 보살의 친견 수계親見受戒가 최종 목적이다. 왜 그러한가? 앞에서 우리는 숭제가 중국 오대산에서 문수보살을 친견하고 5계를 받은 장면에서 지적하였으나 진표 역시 이미 숭제 문하에서 계를 받았음에도 불구하고 사승과 같은 길을 가고 있다. 왜? 이유는 분명하다. 『점찰경』계법을 실천하고 있는 것이다. 앞에서 삼취정계를 받기를 원하지만 훌륭한 계사를 얻을 수 없다면 불·보살을 증사證師로 삼아 자서수계할 수 있다는 『점찰경』의 법문을 확인하였다. 이것으로 해명이 되지 않았다면, 좀 구체적인 검토가 좀 필요하다.

진표가 활동하였던 경덕왕대는 신라 중대 말로서 정치적으로는 물론 불교계도 안정된 시기였다. 자장에 의하여 계율의 정비와 홍포가 정립되었고 뒤를 이어 원효·의상·대현大賢 등 걸출한 불교학장佛敎學匠들에 의해 계율 연구가 성행하여 승단의 기강도 확립되어 있었다. 따라서 진표도 숭제 문하를 떠나기 전에 이미 비구계를 받았을 것이라는 지적이다. "그러나 그는 더욱 계율 정신의 진수를 터득하기 위하여 『점찰경』의 교법에 의한 참회법을 수행하여 마침내 성인을 친견하고 수기를 받는 호상을 감득함으로서 십근본중계十根本重戒(十善戒)와 삼취정계를 자서自誓하여 수계受戒하니, 여기에 참으로 명名과 실實이 상응하는 대승의 보살비구가 되었다고 하는 것이다."[271] 이 견해는 『점찰경』의 다음과 같은 내용과 일치한다.

만일 비록 출가했다 하더라도 그 나이가 20살 미만인 사람은 응당 먼저 서원하여 열 가지 근본 계율을 받고, 사미와 사미니가 지켜야 하는 별계別戒를 받아야 하며, 이미 계율을 받은 사람이라면, 또한 사미와 사미니라고 부를 것이니, 곧 자기보다 먼저 출가하여 오래되었고, 대승의 마음을 배워 구족계具足戒를 받은 이를 당연히 친근히 하고 공양해야 하며, 의지사依止師(그 문하에 있으면서 학업을 받거나 선리禪理를 탐구하며 따라 모시던 스승)가 되어 주기를 구하여 교계敎戒를 청하여 묻고 위의威儀를 수행하되 사미와 사미니의 법대로 해야 한다. 만일 이와 같은 사람을 만날 수 없으면, 오직 보살이 닦는

---

271 채인환, 「신라 진표율사 연구1」, p. 45.

논장을 친근히 하여 읽고 외우며 생각하고 관찰하여 수행할 것이요,
은근히 불·법·승 삼보를 공양해야 한다.(『점찰경』)[272]

　이 견해에 따른다면 진표는 12세에 출가하여 비구계를 받을 때
까지는 금산사에 거주하였을 것이다. 결국 진표는 20세 전후 비
구가 된 뒤에 금산사를 떠났다. 「진표전간」에 따르면 이후 진표는
전국의 명산을 두루 돌아다녔고, 부사의방장에 들어와 수참구계
한 뒤에 23세에 지장보살로부터 정계를 받았다. 「석기」에 따르면
27세에 부사의방장으로 들어가서 3년 동안 수참구계 수행을 한
뒤에 다시 3·7일을 기약하고 참회 수행 하던 중 7일 만에 지장
보살로부터 가호를 받고 또한 가사와 발우를 받았다. 이때 진표의
나이 30세였다.
　진표의 망심 참법 수행 과정을 보면 『점찰경』의 수계법과 일치
하고 있다는 것을 확인할 수 있다. 진표가 12세에 출가하여 지장
보살에게 계를 받은 것이 20세가 넘어서였다. 이때 진표가 3년
간의 수행과 1·7일, 2·7일, 3·7일을 정하여 정진한 것은 『점
찰경』에서 20세가 되었을 때 참회법을 행하고 1·7일, 2·7일,
3·7일을 수행하여 청정淸淨을 얻는다고 하는데 이 기간이 1000
일을 기간으로 하고 있는 것과 일치한다.[273]

<hr>

272 『占察善惡業報經』卷上, 大正藏17, p. 904c. 若雖出家, 而其年未滿二十者, 應當先
誓願受十根本戒, 及受沙彌, 沙彌尼所有別戒. 既受戒已, 亦名沙彌, 沙彌尼. 即應親近供
養給侍先舊出家, 學大乘心, 受戒者, 求為依止之師, 請問教戒, 修行威儀, 如沙彌, 沙彌尼
法. 若不能值如是之人, 唯當親近菩薩所修摩德勒伽藏, 讀誦思惟, 觀察修行, 慇懃供養佛
法僧寶.
273 김혜완, 『신라 시대 미륵 신앙의 연구』, 성균관대 대학원, 박사 학위, 1992, p.
110.

망신참법 수행의 결과, 진표는 이미 지장보살을 친견하였고 또 앞으로 미륵보살도 친견하게 될 것이다. 이러한 결실을 맺게 해 준 망신참법은 진표에 의해, 그의 제자들에게도 요구된다.

마침 속리산의 심공深公(진표의 전법제자 영심)이 진표율사의 불 골간자佛骨簡子를 전해 받아서 과정법회果訂法會를 연다는 말을 듣 고, 뜻을 결정하여 찾아갔으나 이미 날짜가 지났기 때문에 참여할 수 가 없었다. 이에 땅에 앉아서 마당을 치면서 신도들을 따라 예배하고 참회했다. 7일이 지나자 큰 눈이 내렸으나 심지心地가 서 있는 사방 10척 가량은 눈이 내리지 않았다. 여러 사람이 그 신기하고 이상함을 보고 당堂에 들어오기를 허락했으나 심지는 사양하여 거짓 병을 칭 탁하고 방 안에 물러앉아 당을 향해 조용히 예배했다. 그의 팔꿈치와 이마에서 피가 흘러내려 마치 진표공眞表公이 선계산에서 피를 흘리 던 일과 같았는데 지장보살이 매일 와서 위로했다. [274]

영심永深은 진표의 전법제자다. 심지心地는 영심의 전법제자다. 심지는 이미 점찰법회에 참석한 사람들을 따라 참회 수행 하였는 데, 그 과정이 진표가 부사의방장에서 했던 망신참법 수행과 같은 것이었다. 팔꿈치와 이마에서 피가 흘러내렸던 것도 그렇고, 지장 보살이 매일 와서 위로한 것도 마찬가지다. 숭제법사는 (『공양차제 법』과 함께) 『점찰경』을 전해 주면서 이 계법을 가지고 미륵, 지장

---

274 『三國遺事』卷4 義解5「心地繼祖」. 適聞俗離山深公傳表律師佛骨簡子 設果訂法會 決意披尋 旣至後期 不許參例 乃席地扣庭 隨衆禮懺 經七日 天大雨雪 所立地方十尺許 雪 飄不下 衆見其神異 許引入堂地 撝謙稱恙 退處房中 向堂潛禮 肘額俱血 類表公之仙溪山 也 地藏菩薩日來問慰.

두 보살 앞에서 참회하고 직접 계를 받으라고 했으며, 두 보살의 계법을 널리 세상에 펴라고 하였다. 사승의 가르침에 따라『점찰경』에 의거하여 망신참법 수행을 하였고, 이 수행에 의해 두 보살을 친견하게 되고 계를 받았으므로, 그의 의 계법을 받기 위해서는 역시 참회(망신참법) 수행을 하는 험난한 과정을 거쳐야 가능한 일이었다. 이와 같이 진표와 그의 제자들이 참회·수계를 중시한 것은 바로 점찰법의 한 과정이기 때문이다.

『점찰경』에 따르면 수행자는 자서수계를 하기 위해서는 지난날의 선악의 업을 먼저 점쳐 보고 그 악업을 참회하여 제거한 후 계를 받아야 한다. 지난날의 선악의 업을 점찰하는 것으로 끝이 아니다. 삼세 과보의 차별상까지 살펴보는 순서로 점찰법을 시행해야 한다. 따라서 진표의 참회·수계는『점찰경』에 의거한 점찰법과 관련하여 이루어진 것이다. 문제는 영심이 행하는 점찰법회를 과정법회果訂法會라고 한 점이다. 일연은『삼국유사』의 다른 곳에서 점찰법회라고 표기하였음에도 불구하고「심지계조」에서는 굳이 과정법회라고 하였다. 왜 과정법회일까? 여기서는 진표의 망신참법에 대해 논의하는 절이므로 다른 절에서 논의하기로 한다. 문제는 진표가 행한 망신참법 수행이 한국 불교사에서 하나의 전통으로 남아 있다는 점이다.

진표가 행한 망신 수참亡身修懺의 수행이야말로『점찰경』의 참회법을 바로 그대로 행한 것이었으며, 따라서 후세에다 진표의 망심 수참의 행적으로 전하는데 있어서도, 그 전기를 쓰는 찬자들도 역시 경에서 설한 참회법을 의용依用해서 기록하고 있음을 잘 알 수가 있는 것이다. 이렇게 진표에 의하여 행해지고, 또 신라에 널리 퍼지게 된 이와 같은 참회를 행한 뒤에 계를 받게 하는 전통은 길이 후세까지 한국 불교 속에 전해지고 있어서 (중략) 이와 같은 참회 수계하는 가풍은 아주 없어진 것이 아니며, 따라서 신라의 진표율사의 여광餘光이 아직도 남아 있다고 하겠다.[275]

3) 진표의 점찰참회계법

(1) 『점찰경』이란 무엇인가

『점찰선악업보경』은 줄여서 『점찰경』이라고 하며, 별칭으로 『대승보의경大乘寶義經』·『대승실의경大乘實義經』·『지장보살경』·『지장보살업보경』이라고도 한다. 상·하 두 권으로 구성되어 있다. 『점찰경』은 선악의 과보를 점찰하는 방법과 중생의 본래 청정한 마음을 증장시켜야 함을 설한 경전이다. 『점찰경』의 설주는 지장보살이다. 견정신堅淨信보살이 질문하고 지장보살이 대답하는 형식이다. 견정신 보살이 부처에게 질문을 했으나 부처가 지장보살한테 대답을 미루었다. 이유는 "이 보살이 본서원력을 써서 중생이 속히 중생의 일체 구하는 바를 만족시키며 능히 일체 중죄를 멸해 주며, 여러 장애를 제하여 평안함을 나타내 얻게 하기 때문"[276]이라는 것이다.

『점찰경』 상권에서 대체로 참회의 수행 방법 그리고 점찰법에 대해 설하고 있다. 견정신 보살은 먼저 "저 미래 악한 세상에 상

275 채인환, 「신라 진표율사 연구2」, p. 43.
276 『占察善惡業報經』上, 大正藏 17, p. 902a. 以是菩薩本誓願力, 速滿眾生一切所求, 能滅眾生一切重罪, 除諸障礙, 現得安隱.

법이 다하고 말법 안에 조그마한 선근善根을 지닌 중생을 위해 어떤 방편을 써서 깨우치고 인도해야 하는지, 모든 장애를 여의고 견고한 믿음을 얻게 할 수 있는지"를 물었다.[277] 지장보살은 "목륜상木輪相의 법을 써서 지난 세상에 지었던 선악의 업業과 현재의 고락과 길흉 등의 일을 점을 쳐서 살펴야 한다. 이와 같은 것을 자세히 알아 선과 악의 업보業報를 점쳐 제 마음을 밝게 깨달아 알아야 한다."[278]고 대답한다. 지장보살은 이어서 목륜상을 만드는 법과 기능에 대해 상세히 설명한다. 목륜을 제작하는 방법은 다음과 같다.

새끼손가락만 하게 나무를 깎아서 만든다. 길이는 한 치가 조금 못되게 할 것이요, 한 가운데는 사방이 네모지고 편편하게 직사면체로 할 것이며, 그 나머지는 양 끝으로 나아갈수록 비스듬히 기울어지게 점점 깎아 내려가야 한다. 그리하여 그것을 손으로 잡아 위로 올렸다가 곁에 던지면 쉽게 구를 수 있게 모서리를 다듬어야 한다. 그런 까닭에 이름을 '륜輪'이라고 말하는 것이며, 또한 이 상相을 의지하여 중생들의 삿된 소견과 의심의 그물을 파괴하고 바른 도에 전향轉向하여 안온한 곳에 이르게 할 수 있는 것이므로 '륜'이라고 한다.[279]

---

277 『占察善惡業報經』上, 大正藏 17, p. 901c. 我今為此未來惡世, 像法向盡及末法中, 有微少善根者, 請問如來. 設何方便, 開化示導, (中略) 惡世眾生, 以何方便而化導之, 使離諸障, 得堅固信.

278 『占察善惡業報經』上, 大正藏 17, p. 902b. 當用木輪相法, 占察善惡宿世之業, 現在苦樂吉凶等事. 緣合故有, 緣盡則滅. 業集隨心, 相現果起. 不失不壞, 相應不差. 如是諦占善惡業報, 曉喻自心. 於所疑事, 以取決了.

279 『占察善惡業報經』卷上, 大正藏17, p. 902b. 木輪相者. 先當刻木如小指許. 使長短減於一寸. 正中令其四面方平. 自餘向兩頭斜漸去之. 仰手傍擲. 令使易轉. 因是義故. 說名爲輪. 又依此相能破壞眾生邪見疑網. 轉向正道. 到安隱處. 是故名輪.

목륜상이 만들어지면 수행자는 참회를 하기 위한 '기준'으로서 먼저 자신의 업보를 점찰하게 된다. 점찰법은 일종의 점을 쳐 자신의 죄업을 확인하고 참회를 통해 제거함으로써 부처에 대한 믿음을 증장시키기 위한 방편이다. 점을 친다는 것 때문에 오해의 소지가 있지만, 이는 어디까지나 참회 수행으로 나아가기 위한 방편으로 사용하는 것이다. 이와 같은 점을 잊어버리고 세간의 복서卜筮와 같이 길흉 따위에 탐착貪着하는 행위는 수행의 장애가 될 뿐이라고 지장보살은 경고한다. 또한 『점찰경』에는 점찰 결과의 윤상輪相의 기능에 대해 구체적으로 설명하고 있다.

> 그 윤상에는 세 가지의 차별이 있다. 어떤 것이 그 세 가지 차별인가? 첫 번째 윤상은 지난 세상에 지었던 선업과 악업에 대한 갖가지 차별을 보이는 것으로서 그 윤은 열 개가 있다. 두 번째 윤상은 지난 세상에 쌓은 업이 오래되었는지 근래에 지은 것인지의 여부와 강한지 약한지 큰지 작은지에 대한 차별을 살펴보는 것으로서 그 윤은 세 개가 있다. 세 번째 윤상은 3세三世(과거·현재·미래 또는 전세·현세·내세)에 걸쳐서 받은 과보의 차별을 살펴보는 것으로서 그 윤은 여섯 개가 있다.[280]

점찰법에는 세 가지 종류가 있다. 십륜十輪·삼륜三輪·육륜六輪 등이 그것이다. 『점찰경』에 의거하여 점찰법의 정의와 목적, 점찰하는 방법을 정리하면 다음과 같다.

---

[280] 『占察善惡業報經』上, 大正藏 17, p. 902b-902c. 其輪相者, 有三種差別. 何等為三. 一者, 輪相能示宿世所作善惡業種差別, 其輪有十. 二者, 輪相能示宿世集業久近, 所作強弱, 大小差別, 其輪有三. 三者, 輪相能示三世中受報差別, 其輪有六.

(1) 제1 십륜상十輪相-과거 업業의 차별을 점찰하는 법이다. 먼저 열 개의 목륜에 십선十善의 이름을 각 면에 하나씩 쓰고, 반대편의 면에는 십악十惡의 이름을 쓴다. 십선과 십악은 일체의 선악을 포섭하고 있는 근본이 되는 까닭에 '지난 세상에 지었던 선업과 악업에 대한 갖가지 차별'을 점찰하기 위해서는 십륜상법을 행하는 것이다.

(2) 제2 삼륜상三輪相-과거 업의 구근久近·강약强弱·대소大小 등을 점찰하는 법이다. 먼저 삼륜의 각 륜에 각각 몸(身)·입(口)·뜻(意) 삼업三業의 이름을 하나씩 써서 점찰을 행한다. 만약 그 업이 신업身業에 속한 것이라면 신륜상身輪相, 구업口業에 속한다면 구륜상口輪相, 의업意業에 속하면 의륜상意輪相을 던져야 한다. 십륜상의 업에 따라서 거기에 나타난 선악의 낱낱을 분명하게 염한 다음, 거기에 소속된 목륜을 던져서 점찰해야 된다는 것이다. 만약 제1윤상으로 점찰해서 신업만을 얻었는데, 제2윤상에서 신악身惡을 얻었다면(이밖에도 여러 가지 경우의 수가 있을 것이다) 어떻게 되는가. 『점찰경』에 다르면 이와 같은 결과는 점찰하는 자가 지극한 마음이 없어서 서로 호응하지 않았기 때문이다. 처음부터 다시 점찰해야 한다.

(3) 제3 육륜상六輪相-삼세에 걸쳐서 받은 과보果報의 차별을 점찰하는 법이다. 먼저 여섯 가지 목륜의 각 면에 숫자 3개씩을 묶어서 1·2·3, 4·5·6, 7·8·9, 10·11·12, 13·14·15, 16·17·18의 숫자를 쓴다. '삼세의 가운데서 받는 과보'를 점찰하는 데 있어서는 이 육륜을 3회 던져서 얻은 수를 모두 합친 수로써 선악을 결정한다. 그 수는 189종의 삼세과보선악차별상三世

果報善惡差別相으로 나타난다. 『점찰경』 상권 후반부에 설하고 있는 189종의 차별상이 그것이다.

『점찰경』에 따르면 이상의 세 가지 점찰법은 유기적으로 연결되어 있다. 제2 삼륜상으로 점찰할 때는 반드시 제1 십륜상으로 점찰한 결과로 얻어진 업에 의지해야 한다. 제3 육륜상으로 점찰할 때도 물론 제2 삼륜상의 결과를 가지고 진행한다.

> 만일 첫 번째 윤상으로 점치는 것은 다만 지난 과거 세상에서 지었던 업의 선악에 대한 차별만을 아는 것이며, 쌓고 익혀 온 지가 오래되었는지 얼마 안 되었는지, 지었던 업이 강한 것인지 약한 것인지와 큰 지 작은 지에 대해서는 알 수 없다. 그러므로 두 번째 윤상으로 점쳐 살펴보아야만 한다.
> 또 두 번째 윤상으로 점치는 것은 첫 번째 윤상에 나타났던 업에 의지해야 하는데, 만일 몸에 속한 것이면 몸이라고 쓴 윤상을 던지고, 만일 입에 속한 것이면 입이라고 쓴 윤상을 던지며, 만일 뜻에 속한 것이면 뜻이라고 쓴 윤상만을 던져야만 한다. 이 세 개의 윤상을 한꺼번에 던져서 전체를 다 점치려 해서는 안 된다. 업을 따라 하나하나의 선과 악을 위주로 생각하면서 소속된 윤을 의지해 구별하여 따로 던져 점찰해야 한다.(『점찰경』)[281]

『점찰경』 하권에서는 견정신 보살이 지장보살에게 대승을 구하

---

[281] 『占察善惡業報經』卷上, 大正藏17, p. 903b. 若占初輪相者. 但知宿世所造之業善惡差別. 而不能知積習久近. 所作之業強弱大小. 是故須占第二輪相. 若占第二輪相者. 當依初輪相中所現之業. 若屬身者. 擲身輪相. 若屬口者. 擲口輪相. 若屬意者. 擲意輪相. 不得以此三輪之相. 一擲通占. 應當隨業. 主念一一善惡. 依所屬輪. 別擲占之.

는 이가 나아가야 할 방편에 대하여 질문한다. 지장보살은 먼저 자신이 지은 근본업根本業에 대하여 알아야 한다고 말한다. 근본 업이란 일실경계一實境界에 의지하여 그것을 신해信解하는 수행이 며, 구도자는 이 수행을 통해 보살의 종성에 들어갈 수 있다고 한 다. 일실경계란 중생의 마음이 본래 불생불멸하고 자성自性이 청 정하다는 것을 뜻한다. 중생의 마음은 무명으로 인한 망심妄心때 문에 일실경계인 일법계를 깨닫지 못하는 것이므로 무명이 사라 지면 망심과 망경계도 없어진다. 바로 이러한 마음을 여래장如 來藏이라고 한다. 또한 『점찰경』 하권은 중생 · 보살 · 부처 이 셋 은 법신인 일실경계에서는 모두 평등하며, 일실경계를 신해하고 자 하는 사람은 유심식관唯心識觀과 진여실관眞如實觀을 닦아야 한 다고 설한다. 결국 『점찰경』 상, 하 두 권은 모두 대승에 대한 신 심 · 신해를 위한 방편으로 점찰법을 가르치고 있는 것이다.

(2) 진표, 점찰참회계법을 세우다

(지장보살로부터 정계를 받은 뒤에 진표는) 그러나 그의 뜻은 자씨 慈氏(미륵)에 있었으므로 감히 중지하려 하지 않고 영산사靈山寺(일 명 변산邊山 또는 능가산楞伽山이라 한다)로 옮겨가서 처음과 같이 부지런하고 용맹스럽게 정진하였다. 과연 미륵보살이 감응하여 나타 나 『점찰경』 두 권(이 경전은 곧 진陳 · 수隋 사이에 외국에서 번역된 것으로 지금의 것은 처음 나온 것이 아니다. 미륵이 이 경을 진표에 게 준 것이다)을 주고, 아울러 증과 간자證果簡子[282] 189개를 주었다.

---

282 증과는 수행의 원인에 의한 결과로서 깨달음을 얻는 것을 의미한다. 간자簡子는 점찰占察에 사용되는 문자가 기록된 패쪽을 말한다.

(「진표전간」)[283]

　(지장보살 친견 후 진표는) 그 영응에 감동하여 더욱 더 정진했다. 3·7(21)일을 다 채우자 곧 천안天眼이 열려[284] 도솔천중兜率天衆이 오는 모양을 볼 수 있었다. 이때 지장보살과 자씨보살(미륵)이 앞에 나타났다. 미륵이 율사의 이마를 어루만지며 말했다.

　"장하다. 대장부여! 이렇게 계를 구하기를 몸과 목숨까지도 아끼지 않고 간절하게 참회하는구나."

　지장보살은 계본戒本을 주고, 또 미륵은 두 간자를 주었다. 그 하나는 '9'라 쓰여 있고, 또 하나는 '8'이라 쓰여 있었다. (「석기」)[285]

　「진표전」은 진표의 수참구계의 행장이 다른 2종의 전기보다 상세하게 또한 화려한 수식어로 기록되어 있다.

　(지장보살로부터 격려를 받은 뒤에, 진표는) 이에 크게 감동하여 환희심을 내면서 용맹 정진하기를 전보다 더하였다. 2·7일이 지났을 때 대귀大鬼가 무서운 모양으로 나타나서 진표를 떠밀어 바위 아래에 떨어뜨렸으나 몸에 다친 데가 없었다. 그가 돌계단 위로 다시 기어서

---

283 斯二簡子是我手指骨 餘皆沈檀木造 喩諸煩惱 汝以此傳法於世. 然志存慈氏 故不敢中止 乃移靈山寺一名邊山 又楞伽山 又勵勇如初 果感彌力 現授占察經兩卷此經乃陳隋間外國所譯 非今始出也 慈氏以經授之耳 竝證果簡子一百八十九介.

284 '천안이 열렸다'는 것은 불교식으로 말하면 천안통天眼通이 열렸다는 것을 의미한다. 천안통은 육신통六神通(혹은 '육통'이라고 한다)의 하나다. 육신통은 신묘불측神妙不測 무애자재無礙自在한 6종의 지혜를 얻은 신통을 가리킨다. "6신통의 상위개념으로서 신이神異, 혹은 도력道力을 들 수 있다. '도력'은 내면적인 수양이 극도로 축적될 때 자연히 밖으로 표출되는 힘을 말한다." 조용헌, 「진표율사 미륵사상의 특징」, p. 107.

285 滿三七日 卽得天眼 見兜率天衆來儀之相 於是地藏慈氏現前 慈氏磨摩師頂曰 善哉大丈夫 求戒如是 不惜身命 懇求懺悔 地藏授與戒本 慈氏復與二栍 一題曰九者 一題八者.

올라가기만 하면 또 다시 쉴 새 없이 백천 가지 마상魔相을 더해 왔다.

진표는 더욱 분발하여 참회 수행 하였다. 3·7(21)일을 채우게 되었다. 바로 그날 새벽에 길상조吉祥鳥가 울면서 일러 주기를 "보살이 오셨다"고 하였다. 도솔천왕兜率天王(미륵)이 위의를 갖추어 내려왔다.

진표 곁으로 다가온 미륵은 정수리를 만지면서, "장하도다. 대장부여. 계를 구함이 이렇듯 정성스럽구나."하고 두 번, 세 번 찬탄했다.

"수미산須彌山은 손으로도 쳐 물리칠 수 있을지라도 너의 마음만은 끝내 물러나게 하지 못하리로다."

미륵은 바로 진표를 위하여 계법을 수여하였다. 진표의 신심身心이 화열和悅하기가 마치 삼선천三禪天에 있는 것 같고, 의식은 낙근樂根과 상응하니, 4만2천의 복하福河가 항상 흘러서 일체의 공덕을 이루며 곧 천안이 열리었다. 미륵이 그를 위하여 삼법의三法衣와 와발瓦鉢을 주고 다시 이름을 하사하였는데, '진표眞表'라고 하였다. 또 무릎 아래로부터 어금니도 아니고 옥도 아닌 두 개의 첨자籤子를 주었다. 첨자 하나에는 '9'라고 적혀 있고 다른 하나에는 '8'이라고 적혀 있었다. (「진표전」)[286]

진표가 미륵을 친견하는 과정에 대한 논의는 다음 장으로 미루고 진표의 참회 계법에 대한 논의를 계속한다. 진표가 미륵을 친

286 感斯瑞應歡喜遍身勇猛過前. 二七日滿有大鬼現可怖相. 而推表墜於巖下. 身無所傷. 匍匐就登石壇上. 加復魔相未休. 百端千緖. 至第三七日質明. 有吉祥鳥鳴曰. 菩薩來也. 乃見白雲若浸粉然. 更無高下山川平滿成銀色世界. 兜率天主逶迤自在儀衛陸離圍遶石壇. 香風華雨且非凡世之景物焉. 爾時慈氏徐步而行. 至於壇所垂手摩表頂曰. 善哉大丈夫. 求戒如是. 至於再至於三. 蘇迷盧可手攘而卻. 爾心終不退. 乃為授法. 表身心和悅猶如三禪. 意識與樂相應也. 四萬二千福河常流. 一切功德尋發天眼焉. 慈氏躬授三法衣瓦鉢. 復賜名曰真表. 又於膝下出二物. 非牙非玉乃籤檢之制也. 一題曰九者. 一題曰八者. 各二字.

견할 때까지의 과정을 진표 전기들에 의거해 검토하면, 그가 참회 계법을 얼마나 철저하게 실천했는지 확인할 수 있다. 결과적으로 그는 원래 목표하였던 미륵을 친견하고 계를 받게 되었다. 특히 진표의 참회 계법과 관련하여 전기는 두 가지 내용이 눈길을 끈다.

첫째, 「진표전간」에 따르면 미륵이 『점찰경』을 직접 진표에게 전했다는 것이다. 지금까지 우리는 「석기」의 내용에 따라서 사승인 숭제법사가 진표에게 『점찰경』을 전한 것으로 논의해 왔다. 그러나 「진표전간」은 미륵이 직접 『점찰경』을 전했다고 하였다. 지금까지 이 장면을 중시하여 논의한 연구는 찾아보기 어렵다. 그러나 이 대목은 매우 중요하다. 진표 '불교'에 『점찰경』이 차지하는 비중을 짐작할 수 있기 때문이다.

둘째, 「석기」와 「진표전」에 따르면 미륵이 진표에게 두 개의 간자를 주었는데(「진표전」에서는 첨자라고 하였으나 간자와 같은 말이다) 하나에는 8, 다른 하나에는 9라고 쓰여 있었다. 반면 「진표전간」에 따르면 『점찰경』 두 권과 함께 증과 간자 189개를 주었고 그 중에서 8, 9 간자에 대해 강조하고 있다. 따라서 앞의 두 전기에 나오는 제8, 9간자는 「진표전간」에서 나오는 189개 중의 제8, 9 간자라는 것을 알 수 있다.

189개의 간자가 무엇인가? 앞 절에서 검토하였던 『점찰경』 상 권 후반부에 설하고 있는 189종의 삼세과보선악차별상이 그것이 다. 다시 말하면 삼세에 걸쳐서 받은 과보의 차별을 점찰하는 법으로서 제3 육륜상을 점찰할 때 육륜을 3회씩 던져서 얻어진 수로써 189종의 선악 차별상이다. 결론적으로 진표는 『점찰경』에 나오는 세 가지 점찰법 중에서 제3 육륜상을 점찰했던 것이다. 다르게 얘기할 수도 있다. 진표가 널리 전하고자 했던 점찰법은 제3 육륜상이었다는.

또한 미륵이 진표에게 준 189개의 간자를 '증과 간자'라고 한 점에 주목할 필요가 있다. '증과'란 수행한 결과로 얻는 과보를 가리킨다. 그러나『점찰경』에는 증과 간자란 말이 없다. 굳이 찾자면 제3육륜상법이 '삼세에 받은 과보의 차별을 점찰하는 법'이므로 '증과'라고 해도 무리는 없을 것이다. 미륵은 진표에게 "너는 이것으로써 세상에 법을 전하여 사람을 구제하는 뗏목을 삼으라."고 하였다. 여기서 '이것'은 증과 간자 189개 중 제8, 9간자를 가리키지만, 넓게는 189개 증과 간자, 더욱 범박하게는 점찰참회계법을 가리킨다고 할 수 있다. 실제로 진표는 점찰참회계법으로서 일문을 이루게 된다. 그리고 진표의 문중에서 여는 점찰법회를 과정법회라고 했다는 것은 앞에서 언급하였다.『삼국유사』「심지계조」조에서 심지가 진표의 전법제자 영심이 과정법회를 연다는 말을 듣고 찾아가 '망신참법' 수행을 하였고 지장보살의 가호를 받았다는 내용이 그것이다.

진표의 점찰법에 관해서 지금까지 논의한 내용을 정리하면『점찰경』에서 설하고 있는 그것과 차이가 있다는 것을 발견할 수 있다.『점찰경』의 점찰법은 제1 십륜상법, 제2 삼륜상법, 제3 육륜상법 등 세 종류가 있고, 점찰을 할 때는 제1 십륜, 제2 삼륜, 제3 육륜을 차례로 던져서 각 윤상에 이름·상·숫자가 나타나는 결과를 보고 189종의 선악 차별상을 확인하는 것이다. 반면 진표의 점찰법에서는『점찰경』에서 제시되고 있는 제1 십륜상법, 제2 삼륜상법이 생략되었다. 진표 전기 어디에도 제1 십륜법, 제2 삼륜법에 대한 언급이 없다. 진표는 점찰을 할 때 제1, 2륜법을 생략하고 제3 육륜법만 행하였다는 얘기다.

『점찰경』에서 제1 십륜법은 과거 업의 종류를, 제2 삼륜법은 업력의 강약을 그리고 제3 육륜법이 과보의 차별을 점찰하기 위해서 행한다는 것은 이미 논의하였다. 따라서 진표가 앞의 두 점찰법을 제외하고 제3 육륜법만을 채택하는 것은 과거 업보보다는 현재와 미래의 과보에 비중을 두었다는 얘기다. 진표의 전법제자 영심이 행한 점찰법회를 '과정법회'라고 한 이유도 여기에 있다. 그렇다면 진표는 왜『점찰경』에서 제시한 세 개의 점찰법 가운데 앞의 두 가지를 버리고 마지막 제3 육륜법만을 채택하였을까? 그 해답을 진표 전기에서 찾는다면 지장보살을 친견한 진표가 참회 수행 계속하는 이유이기도 한 "원래 뜻이 미륵에 있었다."(『진표전간』)는 문장이라고 할 수 있다. 미래의 부처인 미륵 신앙은 미래지향적일 수밖에 없다.

또 하나의 문제가 있다. 『점찰경』에 따르면 삼세의 과보를 알기 위한 제3 육륜법을 행할 때 각 면에 3개씩 숫자가 묶인 육륜을 3회씩 던져서, 거기서 얻은 수를 모두 합친 수로써 선악을 결정하게 된다. 또한 그 수는 189종의 삼세과보선악차별상으로 나타나게 되는데『점찰경』상권 후반부에 설하고 있는 189종의 차별상이 그것이다. 반면 진표가 미륵으로부터 받은 것은 증과 간자 189개이다. 다시 말하면 진표가 미륵으로부터 받은 증과 간자 189개는 점찰하는 도구인 반면『점찰경』의 189라는 숫자는 육륜상법에 의해 얻어진 결과로서 나타나는 삼세과보선악차별상이다. 제3 육륜법의 점찰 결과 얻어진 숫자를 가지고 찾아볼 수 있는 189종의 삼세과보선악차별상과, 189종의 삼세과보선악차별상의 이름이 새겨진 189개의 증과 간자는 다를 수밖에 없다. 전자는 결과를 확인하는 것이며, 후자는 점찰을 하는 도구이다. 진표의 육륜법에서는 『점찰경』에서 말하는 '3개씩 숫자가 묶인 육륜을 3회씩 던져서, 거기서 얻은 수를 모두 합친 수로써 선악을 결정하는' 번거로움이 생략되었다고 할 수 있다. 진표에 이르러 점찰법이 보다 용이하고 간편하게 정리된 것이다.

진표는 189개의 증과 간자를 가지고 구체적으로 어떻게 점찰하였을까? 「진표전간」과 「석기」에는 점찰하는 방법이 보이지 않는다. 다행히 「진표전」에 점찰 방법이 간략하게나마 언급되어 있어 진표가 행한 점찰법에 대해 조금은 이해할 수 있다.

미륵이 진표에게 부촉하여 말했다. "만약 사람이 계를 구하려고 한다면 마땅히 먼저 참회하여야 한다. 여기(2첨자)에 다시 108첨자를 더하여 거기에 108번뇌의 이름을 써서 계를 구하려는 사람이 혹은 90일이나 40일이나 혹은 3·7일을 참회 수행하여 지극히 정진하고 그 기한이 다 차는 날 9와 8의 2첨자를 108첨자와 합하여 부처 앞에서 공중을 바라보고 던져 그 첨자가 땅에 떨어진 것으로써 죄가 멸하였는지 멸하지 않았는지 알아본다. 만약 108첨자가 사방으로 흩어지고 오직 8·9 두 첨자만이 단의 한 가운데에 서 있으면 곧 상상품계上上品戒를 얻게 되고, 만약 많은 첨자가 멀리 떨어져 있어도 한 두어 개의 첨자가 8·9첨자에 붙어 있으면 그 첨자가 무슨 번뇌명인가를 보고 다시 참회한 뒤에 그 번뇌참煩惱籤과 8·9첨자를 함께 던져서 그 번뇌 첨자가 떨어져 나가면 중품계中品戒라 하고, 만약 그 것들이

8·9 두 첨자를 덮게 되면 곧 죄가 멸하지 않은 것이므로 계를 얻지 못한다. 그러므로 참회를 더 하여 90일이 지나서 얻으면 하품계下品 戒가 된다." (「진표전」)[287]

진표가 행하는 점찰법은 제8, 9간자를 포함하여 189종의 선악 과보차별상을 한 가지씩 새긴 189개의 간자(「진표전」에는 108개의 간자라고 하였다)를 던져서 거기에 나타나는 상에 따라 참회하고 증 험하는 방법이다. 계를 받고자 하는 수행자는 먼저 참회하여야 한 다. 90일이나 40일이나 혹은 3·7일을 참회 수행하여 그 기한이 다 차는 날 189개의 간자를 던져 과보를 알아보는데, 거기에는 상품계·중품계·하품계의 세 가지가 있다는 것이다.

여기에 또 하나의 문제를 짚고 넘어가자. 「진표전」에서는 다른 전기에서 보이는 189개의 간자가 아니라 108간자이고, 8·9 두 간자를 별개의 것으로 치고 있다. 이 문제는 일찍이 『삼국유사』의 저자 일연이 「심지계조」에서 해명을 시도하였다.

(『점찰경』상권에 나오는 189개 간자의 이름을 살펴본 뒤에) 이들 은 모두 삼세三世의 선악과보善惡果報의 차별의 모습이다. 이것으로 점을 쳐 보면, 마음이 행하려고 한 일과 간자가 서로 맞으면 감응感 應하고 그렇지 못하면 지극한 마음이 되지 못했다고 해서 이것을 허

---

287 付度表云. 若人求戒當先悔罪. 罪福則持犯性也. 更加一百八籤. 籤上署百八煩惱名 目. 如來戒人. 或九十日. 或四十日. 或三七日. 行懺苦到精進期滿限終. 將九八二籤參合 百八者. 佛前望空而擲其籤. 墮地以驗罪滅不滅之相. 若百八籤飛逗四畔. 唯八九二籤卓然 壇心而立者. 即得上上品戒焉. 若衆籤雖遠. 或一二來觸九八. 拈觀是何煩惱名. 抑令前 人重覆懺悔已. 正將重悔煩惱籤和九八者. 擲其煩惱籤. 去者名中品戒焉. 若衆籤埋覆九八 者. 則罪不滅. 不得戒也. 設加懺悔過九十日得下品戒焉.

류허류(虛謬)라고 한다. 그렇다면 이 8과 9의 두 간자는 오직 189개 가운데서 나온 것이다. 그런데 「송전宋傳」(「진표전」)에서는 다만 108첩자라고만 한 것은 무슨 까닭일까. 필경 저 108번뇌百八煩惱의 명칭으로 알고 말한 것 같다. 그리고 또 경문經文을 상고해 보지도 않은 것 같다.[288]

108개 간자는 『점찰경』에 나오는 189간자의 착오라는 것이 일연의 지적이다. 문자 그대로 점찰 참회를 위해 사용되는 간자이므로, 그 간자를 108번뇌의 명칭으로 알았다는 것이다. 이 지적은 매우 타당해 보인다. 실제로 「진표전」에서는 계를 구하려는 사람은 108첩자에 108번뇌의 이름을 써야 할 뿐만 아니라 그 명칭도 '번뇌참'이라고 했다. 「진표전간」에서도 미륵은 189개 간자 중에서 제8·9간자를 제외한 다른 간자를 '모든 번뇌를 비유한 것'이라고 하였다. 따라서 108개의 간자는 189개의 간자에 대한 착오일 것으로 보인다는 일연의 지적은 설득력이 있어 보인다.

당초 숭제법사가 진표에게 제시한 지침은 미륵, 지장보살 앞에 참회하고 계를 받아서 그것을 널리 펴라는 것이었다. 언술 그대로라면 진표의 최후의 목표는 미륵·지장의 계법을 널리 펴는 것이고, 그 목표를 이루기 위한 통과의례는 미륵·지장으로부터 계를 받는 것이다. 여기서는 두 가지가 주목된다. 하나는 계율 중심적

---

288 『三國遺事』第4卷 意解 弟5 「心地繼祖」. 皆三世善惡果報 差別之相 以此占看 得與心所行事相當 則爲感應 否則爲不至心 名爲虛謬 則此八九二簡 但從百八十九中而來者也 而宋傳但云百八籤子 何也 恐認彼百八煩惱之名而稱之 不揆尋經文爾 又接本朝文士金寬毅所撰王代宗錄二卷云 羅末 新羅大德釋冲 獻太祖以表律師袈裟一領 戒簡百八十九枚 今與桐華寺所傳簡子 未詳同異 讚曰 生長金閨早脫籠 儉懃聰惠自天鍾 滿庭積雪偹神簡 來放桐華最上峰.

이라는 점이다. 다른 하나는 사승 숭제법사가 제시한 지침과는 달리 진표 '불교'에 와서는 지장보살이 배제되고 미륵만 남게 된다는 점이다. 진표가 지장보살로부터 정계 또는 계본을 받기도 하지만, 그의 출발점과 최종 도달점은 미륵이다.

진표 불교가 계율 중심적인 것은 물론 대승불교 사상과 관련이 있다. 『범망경』에서는 불성에 눈을 뜰 때 곧 계품戒品이 구족된다고 하였다.[289] '계'는 불성이요, '득계得戒'는 곧 '수기受記'라고 보는 입장은 자장 이래 선양되어 온 대승계율사상大乘戒律思想의 영향이다.

> 진표의 점찰 교법은 신라불교의 적극성과 미륵 신앙·계율 사상 등을 하나로 결합한 미묘한 구조를 띤 것이라고 하지 않을 수가 없다. 인도 불교는 재래의 점복 행위를 비판하고 배격하였다. 중국 불교가 그것을 섭화하는 새로운 불교적 점찰법을 개발한 것은 일단의 발전이라고 하겠다. 신라의 점찰법회는 그것을 받아들인 것이지만, 단순한 답사에 그친 것이 아니라 그 뜻을 다시 더욱 발휘하여 대담한 독창성을 보여주고 있다.[290]

진표는 『점찰경』 수행법을 실천하되, 그대로가 아니라 진표가 재해석한 점찰 참회 계법을 행하였다. 진표의 점찰 방법은 『점찰경』의 방법보다 더 참회와 점찰의 관계가 직접적으로 밀착되어 있다. 점찰하는 방법 또한 훨씬 더 간명하고 용이하다. 진표를 점찰 참회 계법의 확립자요, 대성자라고 부르는 이유 중의 하나는 여

---

289 『梵網經』卷下, 大正藏24, p. 1004a. 汝是當成佛 我是已成佛 常作如是信 戒品已具足.
290 고익진, 『한국 고대 불교사 상사 연구』, p. 65.

기에 있다. 이와 같이 독자적인 점찰 참회 계법을 확립한 진표는, 이 계법으로 사람들을 교화하기 위한 활동의 본거지로서 금산사를 중창하여 미륵불을 봉안하고는, 시종일관하여 참회 계법에 의한 행화行化에 전력을 다하였고, 그의 독특한 참회 교법은 신라는 물론 고려 이후까지 크게 홍포되어 갈 것이다.[291] 아니, 현재까지 그 영향력을 발휘하고 있는 것이다. 여기에 대해서는 다음 장에서 본격적으로 논의할 것이다.

---

291 채인환, 「신라 진표율사3」, p. 57. 신라의 고승 심지는 진표와 사손嗣孫관계이다. 심지의 전기인 『삼국유사』 제4권 의해意解 제5 「심지계조心地繼祖」에서는 점찰법회를 과정법회果訂法會라고 하였다. 김영태는 이 '과정법회'에서 진표가 행했던 점찰법회의 성격을 읽어 낸다. 증과 간자 위조로 하여 선악과보를 점찰하는 법회이기 때문에 과정법회라고 한 것이 아닐까 하는 추측이다. 김영태, 「신라 점찰법회와 진표의 교법 연구」, p. 132.

5. 진표의 미륵 신앙

원각圓覺 대도통을 한 뒤, 닥쳐올 천지 대개벽의 환란을 내다본 진표 대성사大聖師는 온 우주의 구원의 부처이신 미륵 천주께서 동방의 이 땅에 강세해 주실 것을 지극 정성으로 기원하니 이로부터 '밑 없는 시루를 걸어 놓고 그 위에 불상을 세우라.'는 계시를 받고 4년에 걸쳐 금산사에 미륵전을 완공하니라.(『도전』1:7)

1) 진표, 미륵을 친견하다

(1) 능가산 영산사

진표가 지장보살을 친견하고 계를 받은 것은 한국 불교에서 획기적인 사건이 아닐 수 없다. 적어도 현재까지 나타난 기록으로는 한국 지장신앙 사상의 머리에 해당하는 사건인 까닭이다. 따라서 그것은 한국 지장신앙이라는 큰 물줄기 하나를 틀어 놓은 사건이 된다. 그러나 사승 숭제법사가 제시한 지침에 따르면 진표에게 그것은 절반의 성공에 지나지 않았다. 다른 하나의 목적이 남았다. 제4-코드; 미륵을 친견하고 계를 받는 일이다. 이제 우리는 제4-코드를 해명할 차례다. 진표는 왜 미륵 앞에 참회하고 직접 계를 받아야 했는가?

진표는 물론 사승 숭제법사의 지침에 따라서 네 가지 코드를 하나씩 완성해 나가지만—따라서, 다행이도 우리의 논의가 잘 먹히고 있지만—, 진표의 입장에 서면 논의는 달라진다. 「진표전간」에 따르면 지장·미륵 두 보살 앞에서 참회하고 계를 받으라는 사승 숭제법사가 내려 준 지침과는 다르게 진표의 원래 뜻은 미륵이 있었다. 따라서 진표의 지장보살 친견은 하나의 예고편에 지나지 않았다.

중복된 감이 있지만, 진표의 미륵 친견 과정을 상세하게 검토한다. 먼저 「진표전간」을 보자. 진표는 지장보살을 친견한 뒤에 원래 목적하였던 미륵을 친견하기 위해 부사의방장을 떠나 '영산사(일명 변산 또는 능가산)'로 옮겼다. 그곳에서 부사의방장에서의 수행과 같이 다시 처음으로 돌아가 부지런하고 용맹스럽게 정진한다. 진표의 참회 수행은 감히 그 누구도 따라 할 수 없는 혹독한 것이었다.

백 척 간 두 진 일 보　시 방 세 계 현 전 신
百尺竿頭進一步　十方世界現全身.

서장에서 우리는 진표가 바로 그런 경지를 경험한 고승이라고 소개하였다. '간두'가 무엇인가? 문자 그대로라면 긴 장대의 끝을 가리킨다. 100척이면 30.303m(1척은 30.303cm)이다. 30m가 넘는 장대 끝에 서 있다가 한 걸음 더 나아가면 어떻게 되겠는가. 그러나 여기서 문자 그대로 해석하면 어리석은 일이다.

백 척은 실제적인 길이를 나타내는 단위가 아니라 만수滿數라는 얘기다. 백화百花가 만발했다, 백약이 무효다, 라는 말에서도 볼 수 있듯이 '백'이란 극을 의미한다. 백척간두는 다른 표현으로 백

장간두百丈竿頭라고 한다. 선지식의 말씀에 따르면 이 말은 향상向上하는 깨달음의 극치를 말한다. 향상일로向上一路로 나가려면 백척간두의 극치에 다다라야 한다. 그래서 백척간두라고 하는 것이다. 선어禪語에서 '높은 곳(高峰)'이나 간두竿頭는 모두 최고봉 즉 깨달음을 뜻한다. 백척간두에 올라섰다면 더 이상 수행할 것이 없다. 그런데 뭘 한 걸음 더 나아가라는 것인가?[292]

백척간두진일보라는 말은 선문禪門의 공안집公案集인 무문혜개無門慧開의 『무문관無門關』에 나온다. 무문관 제48칙에서 석상화상石霜和尙은 백척간두여하진보百尺竿頭如何進步라 하였다. 백척간두를 어떻게 하여 나아갈 것이냐는 물음이다. 중국 송나라 시대에 도원 스님이 저술한 『경덕전등록景德傳燈錄』에 따르면 이 말은 원래 장사경잠長沙景岑의 화두였다. 『조당집祖堂集』에도 나온다.

(중국 당나라 때의 고승 호남湖南 장사경잠長沙景岑 선사가) 당堂에 올라서 말했다.

"온 시방세계가 사문沙門의 눈이요, 온 시방세계가 자기의 광명이며, 온 시방세계가 자기의 광명 속에 있으며, 온 시방세계가 한 사람이라도 자기 아님이 없다. 광명이 아직 발하지 않았을 때는 부처도 없고 중생의 소식도 없거늘 어느 곳에서 산하와 국토를 얻겠는가?"

선사가 한 승려를 (오도悟道(깨우침)했다는 소문을 듣고) 동문수학했던 회會 화상에게 보내서 묻게 했다.

"화상께서 남전南泉(748~834) 화상을 뵌 뒤에는 어떠했습니까?"

회 화상이 잠자코 있자, 승려가 다시 물었다.

---

292 「백척간두진일보」, 불교신문, 제2525호, 2009년5월20일자.

"남전 화상을 뵙기 전에는 어떠했습니까?"

회 화상이 말했다.

"다시 별다른 것이 있을 수 없겠는가."

승려가 돌아가서 이야기를 전하니, 장사 선사가 게송 하나를 지었다.

백 척이나 되는 높은 장대 위에 앉은 사람아

그렇게 한 경지 얻었다 해도 참된 것은 아니로구나.

백 척의 장대 위에서 한 걸음 더 내디뎌야

비로소 시방세계가 온전한 몸이라네.[293]

송나라 때의 선승 야보도천冶父道川 선사의 『금강경』 주석 중에 "나무를 타고 오르는 것이 기특할 것도 없고/ 낭떠러지에서 손을 놓아 버리는 것이 장부이다(得樹攀枝未足奇/ 懸崖撒水丈夫兒)"라는 시구가 있다. 백척간두진일보이든 현애살수(懸崖撒水)이든 현상적인 결과는 몸을 상하거나 목숨을 잃는 일이다(傷身失命). 대사활각大死活覺이라고 했다. 죽어야 한다. 크게 한 번 죽어야 제대로 사는 길이 열린다하여, 『벽암록』에서 조주趙州(778~897)선사는 "완전히 죽은 사람이 되살아날 때는 어떻게 하겠는가(大死底人却活時如何)?"라고 물었다. 아무리 길게 얘기를 늘어놓아도 선가의 선객들이 하는 어려운 말이기만 하다. 그냥 쉽게 풀이하면 절체절명의 순간에 죽기를 각오하고 자신의 모든 것을 던져 과감하게 앞으로 나가라는 경구이겠다.

우리는 진표 이야기를, 진표를 탐구하고 있다. 진표를 두고 이

---

293 陳實 編, 『大藏一覽集』K-1504, p. 818. 百尺竿頭坐底人/ 雖然得入未爲眞/ 百尺竿頭進一步/ 十方世界現全身.

야기를 해야 한다. 진표는 부사의방장에서 차마 말로 형언할 수 없는 극한의 고통을 이겨내는 망신참법 수행 끝에 지장보살을 친견함으로서 백척간두에 올라섰다. 최고봉의 깨달음에 이른 것이다. 거기서 머물러도 좋았다. 만약 그랬다면 한국 불교 지장신앙의 종조로 우뚝 서 있는 인물로 기록되었을 터이다. 그러나 진표는 거기서 멈추지 않았다. 백척간두의 경지에 이르러 더 이상 수행할 것이 없으되, 그는 다시 출발선에 섰다. 미륵을 친견하기 위해서 백척간두에서 진일보를 한 것이다. 「진표전간」에 따르면 그것이 바로 영산사(일명 변산 또는 능가산)행이다.

진표가 부사의방장에서 다시 수행처를 옮겼다는 기사는 다른 두 진표 전기─「석기」와 「진표전」에는 나오지 않는다. 또한 선행 연구에서도 진표의 '영산사(일명 변산 또는 능가산)'행에 대한 논의를 찾아보기 어렵다. 우리는 이 기사를 주목하고자 한다. 진표의 구도 과정에서 최종 목적이 되는 미륵 친견이 바로 이 장소에서 이루어지기 때문이다.

진표가 미륵을 친견하기 위해 옮긴 '최후의 격전지'가 될 '영산사(일명 변산 또는 능가산)'는 어디일까? 일단 「진표전간」의 기록 자체를 꼼꼼히 검토하자. 먼저 지적할 수 있는 것은 '영산사(일명 변산 또는 능가산)'로 기록한 「진표전간」의 기사가 문제적이라는 점이

개암사 전경 전북 부안군 상서면 감교리 개암동開巖洞에 위치한 개암사. 634년(무왕 35) 묘련이 창건한 백제의 고찰이다. 뒤에 보이는 바위봉우리가 우금암이다.

다. 일연은 왜 '영산사'에 괄호를 묶어 "일명 변산 또는 능가산이 다"라고 주석을 붙이는 형식으로 기록했을까. 기록한 그대로 읽 는다면 '영산사'가 곧 변산(혹은 능가산)이 된다. 표기 자체만 보면 영산사는 절 이름이다. 영산사가 변산(혹은 능가산)이라면 굳이 '절 사(寺)'를 써서 영산사로 기록하지는 않았을 것이다. 따라서 일연 의 표기를 일반적으로 펼쳐 놓으면 '능가산 혹은 변산 영산사'라 고 독해하는 것이 이해하기가 편하다. 실제로 오늘날 행정구역상 정식 명칭은 '변산'이고 불교(사찰) 쪽에서는 주로 '능가산'으로 표 기하고 있다. '능가산 내소사來蘇寺', '능가산 개암사開巖寺' 등이 그 것이다. 그러나 진표가 부사의방장 후의 수행처로 삼았고 미륵을 친견하게 될 영산사는 변산은 물론 전라북도 일원에서도 확인이 되 지 않았다. 『신증 동국여지승람 Ⅳ』「부안현」조에는 소래사蘇來寺(내 소사의 창건 당시 이름), 도솔사兜率寺, 문수사文殊寺, 실상사實相寺 등 이 있으나 진표가 미륵을 친견하였다는 영산사는 보이지 않는다.

변산은 어느 산 하나를 지칭하는 지명이 아니다. 오늘날 전북 부안에 위치한, 호남 정맥湖南正脈 줄기에서 떨어져 호남평야를 사 이에 두고 서해와 인접한 지역에 독립된 산군山群을 형성하고 있 다. 변산의 최고봉은 의상봉義湘峰(508m)이다. 변산은 예로부터 능가산, 영주산, 봉래산이라 불렸으며 호남의 5대 명산 중 하나로 꼽혀 왔다. 방장산·두승산(영주산)과 함께 '호남의 삼신산'으로 불

려 왔다는 것은 이미 소개하였다. 변산이라는 산 이름은 변한弁韓에서 유래한 이름으로 추정되기도 한다. 『신증 동국여지승람 Ⅳ』「부안현」에는 '변산邊山'에 대해 다음과 같이 기록하였다; "보안현에 있다. 지금 현과의 거리는 서쪽으로 25리인데, 능가산으로도 불리고, 영주산으로도 불린다. 혹 변산卞山이라고도 하는데, 말이 돌아다니다가 변邊으로 되었다 한다. 변한卞韓이라는 이름을 얻은 것이 이 때문이라 하나 봉우리들이 백여 리를 빙 둘러 있고 높고 큰 산이 첩첩이 싸여 있으며, 바위와 골짜기가 깊숙하여, 궁실과 배의 재목은 고려 때부터 모두 여기서 얻어 갔다. 전하는 말에는 호랑이와 표범들이 사람을 보면 곧 피하였으므로 밤길이 막히지 않았다 한다."

능가산과 변산은 같은 산을 가리킨다는 것이다. '변산 또는 능가산'이라고 기록한 「진표전간」과 같은 내용이다. 그런데 문제가 생겼다. 변산 혹은 능가산은 한 개의 봉우리를 가진 어느 특정한 산이 아니라 '봉우리들이 백여 리를 빙 둘러 있고 높고 큰 산이 첩첩이 싸여 있는' 변산반도 안에 있는 산 전체를 가리키는 것으로 이해되기 때문이다. 이렇게 되면 진표가 수행처로 정한-미륵을 친견한 변산 또는 능가산을 딱히 어느 곳이라고 확정하기가 어렵다.

전북 부안군 상서면 감교리 개암동開巖洞에 위치한 개암사開巖寺라는 절이 있다. 일주문에 '능가산 개암사'라는 현판이 걸려 있다. 634년(무왕 35) 묘련妙蓮이 창건한 백제의 고찰이다. 개암사의 '개암開巖'이라는 이름은 기원전 282년 변한의 문왕이 진한과 마한의 난을 피하여 이곳에 도성을 쌓을 때, 우禹와 진陳의 두 장군으로 하여금 좌우 계곡에 왕궁 전각을 짓게 하였는데 동쪽을 묘암妙巖, 서쪽을 개암이라고 한 데서 비롯되었다고 한다. 다른 유래도 있다. 개암사 법당 앞마당에서 보면 뒤편 산 능선에 거대한 바위 봉우리가 양쪽으로 나란히 서 있다. 우금암禹金巖이다.

우금암—. 우진암禹陳巖, 위금암位金巖, 우금암遇金巖이라고도 하고 울금바위라고도 한다. 조선 말기의 문신 송병선의 문집『연재집淵齋集』에는 "옛날 소정방蘇定方이 백제를 정벌하고자 이곳에 이르러 신라의 문무왕을 만난 까닭에 우금遇金이라는 바위 이름이 생겨났다"고 적고 있다.『신증 동국여지승람 Ⅳ』「부안현」조에는 '우진암禹陳巖'이라고 하였다. ; "변산 꼭대기에 있다. 바위가 몸은 둥글면서 높고 크고 바라보면 눈빛이다. 바위 밑에 3개의 굴이 있는데, 굴마다 중이 살고 있으며, 바위 위에는 평탄하여 올라가 바라볼 수 있다."

개암사에서 우금암까지는 700m, 가파른 산길이지만 부지런히 오르면 20분 정도의 거리다. 산 정상에 높이 329m의 깎아지른 듯 높다랗게 서 있는 바위 절벽 앞에 당도하면, 지금은 무너진 성벽의 흔적과 함께 '우금산성禹金山城'이라는 안내판이 고단한 나그네의 발길을 당긴다. '전라북도 기념물 제20호'로 지정되었다는 안내판에는 이곳이 백제 부흥 운동의 현장이었음을 알려주고 있다. ; "이 산성은 백제 의자왕 20년(660) 무렵에 백제 부흥을 위하여 복신 장군이 유민을 규합하고 군비를 정돈하여 항전하다가 나당 연합군의 주장인 김유신과 소정방에게 패한 곳으로 전해 오는 유서 깊은 곳이다. 우금 바위에서 개암사 저수지까지의 능선 밑으로 다듬은 돌과 자연석으로 쌓은 둘레가 3㎞가 넘는 석성石城이다."

개암사 대웅전과 우금암 진표율사의 미륵 친견
장소로 추정되는 우금굴(원효방)이 있는 우금암
원경이다.

진표율사의 미륵 친견장소로 추정되는 우금굴
(일명 우진굴, 원효방)

우금산성 안내문을 읽은 뒤 11시 방향으로 비탈길을 10여m 오르면 두 개의 큰 굴이 나온다. 당조 진표 유적지 답사가 목적인 나그네의 눈길을 끄는 것은 오른쪽 굴이다. 높이 약4m, 폭 약 15m, 깊이 약 20m에 이르는 제법 큰 굴이다. 우금굴禹金窟(일명 '원효방元曉房')이다.

정상 언저리까지 올라가면 울금바위라 불리는 커다란 바위가 서 있고, 그 울금바위 아래 큼지막한 바위굴이 있다. 이름하여 원효방이다. 원효대사가 여기서 암자를 짓고 불법을 강의했는데 이 바위굴 앞에 군중 수백 명이 모여들어 문자 그대로 야단법석野壇法席의 풍경을 자아냈단다. 원효방에서 가장 흥미로운 건, 바위틈을 비집고 새나오는 물이다. 오로지 한 사람이 하루 동안 먹을 수 있는 분량만 흘러나온다. 그 물을 받아 마시며 원효가 수도를 했다고 전해 온다.[294]

294 손민호, 「내변산의 비경, 부사의방장」, 중앙일보, 2010. 08. 20.

우금굴 내부 정면. 이곳에 미륵불을 봉안하였을 것으로 추정된다.

우금굴 내부 약수. 오직 한 사람이 하루 동안 먹을 수 있는 분량만 흘러나온다고 한다. 그 물을 받아 마시며 원효가 수도를 했다. 진표율사 역시 이 약수를 마시며 수도를 했을 것이다.

우금굴 내부 중앙에 만들어져 있는 좌대. 진표를 비롯하여 원효, 의상, 그리고 고려시대 원감국사 등은 여기에 앉아서 수행하였을 것이다.

우금굴에 있었을 암자의 주춧돌 혹은 이곳에 기를 꽂았을 것으로 보인다.

　신라의 고승 원효가 수도했다는 우금굴 안에는 지금도 '한 사람이 하루 동안 먹을 수 있는 분량만 흘러나온다.'는 약수가 나온다. 인용문에서 눈길을 끄는 것은 원효가 여기에 '암자를 짓고, 모여든 수백 명의 군중들 앞에서 불법을 강의'했다는 대목이다. 우금굴 안에 암자가 있었다는 것은 지금도 우금굴 주위에 서까래를 박은 흔적, 기둥을 세웠을 것으로 보이는 구멍 파인 주춧돌, 그리고 굴 앞에 쌓여 있는 돌무더기 속에 어렵지 않게 볼 수 있는 기와 파편으로 확인할 수 있다.

더욱 확실한 증거가 있다. 국립중앙박물관(관장 김영나)에서는 2013년 6월 25일(화)부터 8월 25일(일)까지 조선 후기 대표 화가 표암豹菴 강세황姜世晃(1713~1791)의 탄신 300주년을 기념하여 「표암 강세황—시대를 앞서 간 예술혼」 특별전을 개최하였다. 강세황은 단원 김홍도의 스승으로 알려진 조선시대 문인 화가. 특별전에서는 '시서화詩書畫 삼절三絕', '18세기 예원의 총수'로 알려진 강세황 예술 세계의 면모를 6부로 나누어 소개하였다. 특히 4부에서는 '여행과 사생'이라는 주제로, 실경을 그린 강세황 그림들이 전시되었다.

당시 특별전 4부에서 선보인 작품 중의 하나가 〈우금암도禹金巖圖〉(지본수묵/25.4x267.34cm/년도 미정/미국 로스앤젤레스 카운티 미술관 소장)였다. 강세황은 "진경산수는 그곳을 가보지 못한 사람들에게 그 속에 있는 것처럼 느낄 수 있는 그림"이라 생각했고, 그런 면에서 시보다는 기행문이, 기행문보다는 그림이 낫다고 믿었던 화가였다. 겸재謙齋 정선鄭敾(1676~1759)이 금강산을 현장의 구별 없이 일률적인 기법으로 그려냈음을 비판하는 대목에서는, 화법에 얽매이지 않고 현장을 꾸밈없이 그대로 사생하는 것이 중요하다고 생각했음을 알 수 있다. 〈우금암도〉에서 보이는 틀에 박히지 않은 자유로운 구도와 묘사는 그러한 강세황의 생각을 잘 보여준다(국립 국립중앙박물관 미술부 민길홍, 「표암 강세황-시대를 앞서 간 예술혼」 특별전 브로슈어).

〈우금암도〉는 아들 완俒이 부안 현감扶安縣監으로 재임할 시기 (1770. 8.20~1772. 1. 27), 강세황이 이틀에 걸쳐 부안의 변산 일대를 유람하며 그린 실경산수화로 당시 특별전을 통해 국내에서는 일반에 처음 공개되었던 작품이다. 강세황이 영조英祖의 당부를 듣고 절필을 선언했던 기간 중에 그려진 작품이면서, 금강산처럼 즐겨 그리던 지역이 아닌 전북 부안 일대를 유람하며 남긴 유일한 실경산수화라는 점에서 더욱 의미가 있는 것으로 알려지고 있다. 부안 일대 명승지를 지나며 빠른 필치로 각 장소의 특징을 사생한 작품으로, 백미는 제목 그대로 우금암 전경이다. 우금암 전경 중에서도 우금굴 안에 암자 그림이 단연 돋보인다.

〈우금암도〉에는 그림뿐만 아니라 글도 적혀 있다. 강세황이 부안 일대를 여행하면서 적은 일종의 기행문이다. 〈우금암도〉에서 강세황이 그림과 함께 적은 글은 『표암유고』의 「유우금암기遊禹金巖記」에 동일하게 수록되어 있다.

조선후기 대표 화가 강세황姜世晃(1713~1791)이 그린 〈우금암도禹金巖圖〉. 표시된 부분이 미륵친견장소로 추정되는 곳이다. (지본수묵/25.4x267.34cm/ 년도 미정/ 미국 로스앤젤레스 카운티미술관 소장)

또 거기서 십여 리를 가면 오른쪽으로 변산의 입구를 들어가는데 얼마 동안 꺾어 들어가면 솔밭 사이에 큰 가람이 있는데 이것이 개암사다. 절에 들어가 우러러 쳐다보니 절 뒤엔 만장萬丈의 높은 봉우리가 하늘의 구름을 꿰뚫고 서 있고, 봉우리 위엔 바위 셋이 서 있는데 높이가 모두 백여 장이나 되어 보였다. 가마를 타고 올라가니 바위 밑에는 굴이 있는데 크기가 백 칸 집 같았고, 길이도 수십 장쯤 되는데 벽 무늬가 가로 세로로 되어 마치 무늬 있는 비단 같았다. 이것을 우진굴禹陳窟 또는 우금굴禹金窟이라 하는데 굴 앞에는 자그마한 절이 있어 옥천암玉泉庵이라 편액했다. (강세황, 「유우금암기」 일부)

우금굴에 대한 묘사가 화려하다. '굴이 있는데 크기가 백 칸 집 같았고, 길이도 수십 장쯤 되는데 벽 무늬가 가로 세로로 되어 마치 무늬 있는 비단 같았다'는 것이다. 특히 우금굴 앞에 자그마한 암자가 있었는데, '옥천암'이라는 편액이 걸려 있다고 하는 대목이 눈길을 끈다.

개암사 창건에 대한 역사 기록은 조선 후기에 편찬된 개암사적기開巖寺蹟記에 기대고 있다. 대표적인 개암사적기는 1658년 금파당金波堂 여여如如가 엮은『개암사중건사적기開巖寺重建寺蹟記』와 1640년 월파자月坡子 최경崔勁이 지은『법당중창기문法堂重創記文』, 1941년 주봉당舟峰堂 상의尙毅가 편찬한『개암사중건연혁기開巖寺重建沿革記』등이 있다. 이들 사적기 가운데 먼저 주목되는 것은『법당중창기문』의 「별기別記」에 인용된 원효방상량문元曉房上樑文이다. 여기에는 백제와 관련된 이 지역의 역사적 위치를 기록하고 있다. 이에 따르면 백제 멸망 직후 묘련의 제자 도침道琛이 무왕의 조카

복신福信과 더불어 이 지역에서 백제 부흥 운동을 펼쳤고, 개암사는 원효방元曉房(우금굴)의 본사로서 백제 부흥 운동 당시 구심축을 이룬 장소이다.

634년(무왕 35) 묘련妙蓮이 창건한 개암사는 중창을 거듭하게 된다. 676년에 신라의 고승 원효와 의상이 우금굴에 머물면서 개암사를 중수했다. 우금굴은 이후 '원효방'이라 불리면서 조선시대 후기까지 개암사의 산내 암자로 자리 잡고 있었다. 강세황의 〈우금암도〉가 증거한다. 이후 고려 초기에 폐허가 되다시피 하였다가 1276년(충렬왕 2), 원감국사圓鑑國師(1226~1292)[295]가 우금굴에 머물면서 개암사를 대대적으로 중창하였다. 이때 개암사는 중앙에 황금전黃金殿, 동쪽에 청련각青蓮閣, 남쪽에 청허루清虛樓·동서

---

295 원감국사의. 속명은 위원개魏元凱. 자호는 복암宓庵. 첫 법명은 법환法桓, 뒤의 법명은 충지冲止다. 전라남도 장흥 출신이다. 일찍이 유학을 하여 과거에 장원을 하고 벼슬이 금직옥당禁直玉堂에 이르렀으나 29세에 선원사禪源社의 원오국사 문하에서 승려가 되었다. 1269년에 삼중대사三重大師가 되었다. 1273년 조계산 수선사修禪社(순천 송광사의 옛 이름)로 옮겼다. 이때까지 그는 교教에 더 치중하였다. 이듬해 원나라 세조가 탐라에 총관부總管府를 두고 군량미 명목으로 온갖 세삼을 수탈하자 그는 「상대원황제표上大元皇帝表」를 올려 빼앗겼던 전답을 되돌려 받았다. 원나라 세조가 그를 흠모하여 청하자 1275년(충렬왕 1) 개경으로 향하다가 충청도 웅천熊川에 이르러 병을 이유로 상경할 수 없다고 글을 올리고 걸음을 돌렸다. 그의 연대기에는 생략하고 있지만, 바로 이때 그가 찾은 곳이 바로 변산 개암사였다. 이후 조정에서 다시 불러 원경元京에 도착하자 원 세조는 빈주賓主와 스승의 예로 대하였다. 귀국한 다음 해 충렬왕은 그에게 대선사의 승계를 내렸다. 1286년 2월에 원오국사가 왕에게 수선사의 사주社主로 그를 추천하고 입적하였다. 그 해 6월에 그는 수선사의 제6세가 되었다(송광사 16조사 중 여섯 번째이다). 1292년 그는 문인들에게 설법과 게송을 남긴 뒤 법랍 39세로 입적하였다. 저서로는 문집인 『원감국사집圓鑑國師集』 1권이 남아 있으며 『동문선』에도 시와 글이 많이 수록되어 있다. 충렬왕은 그에게 '원감국사'라는 시호를 내렸다. 국사國師란 고려 광종 때부터 조선 초기에 이르기까지 국가에서 덕행이 높은 고승高僧에게 주는 최고의 법계法階를 이르던 말이다. 충지, 『원감국사집』.; 숭산박길진박사화갑기념사업회 편, 『한국불교사상사』, 원불교사상 연구원, 1975.; 이능화, 『조선불교통사』, 신문관, 1918.; 한국학 중앙 연구원, 『한국민족 문화 대백과』 참조.

상실東西上室 · 응향각應香閣 · 십육나한전 · 명부전 · 팔상전 등 건물 30여 동을 설립하여 대가람의 면모를 갖추었다. 이후 원감국사는 개암사에서 『능가경楞伽經』[296]을 강의하면서 많은 사람을 교화하였다. 이 때문에 산의 이름을 '능가산'이라 부르게 되었다.[297]

개암사는 이후에도 부침을 거듭하였다. 1720년(숙종 46) 태견太堅이 향각香閣 · 옥천玉泉 · 학루鶴樓 세 곳에 전각을 세웠다. 강세황의 〈유우금암기〉에서 우금굴 앞에 있었던 암자에 '옥천암'이란 편액이 걸려 있었다고 한 것은 태견이 세운 '옥천암'인 것으로 보인다. 강세황이 우금굴과 옥천암을 보고 〈우금암도〉를 그린 것이 아들 완의 부안 현감 재임 시기(1770~1772)이므로 당시 50년이

---

296 『능가경』은 3종의 이역본이 있다. 『대승입능가경大乘入楞伽經』(7권) · 『입능가경入楞伽經』(10권) · 『능가아발다라보경楞伽阿跋多羅寶』(4권)-별칭으로 『7권능가경』 · 『10권능가경』 · 『4권능가경』이라고 한다-이 그것이다. 『7권능가경』은 당나라 실차난타實叉難陀(Śikānanda)가 한어로 번역했다. 부처님이 능가산楞伽山에서 대혜보살大慧菩薩(Mahāmati)을 위해 여래장如來藏 연기緣起의 이치를 설한 경전이다. 『능가경』이라는 경명도 여기에서 유래한다. 이 경전에는 반야 · 법화 · 화엄 등 대승 경전에 나오는 여러 가지 사상이 종합 · 정리되어 있다. 특히 여래장사상과 아뢰야식阿賴耶識과의 관계를 밝히고 있어 『대승기신론大乘起信論』을 비롯하여 호법護法(Dharmapāla, 530~561경)의 유식학설에 많은 영향을 주었다. 『10권능가경』은 후위後魏시대에 513년(북위 연창 2)에 보리유지菩提流支(Bodhiruci)가 번역하였다. 『4권능가경』은 유송劉宋시대인 443년에 구나발타라求那跋陀羅(Guabhadra)가 번역하였다. 경 이름 『능가아발다라보경』은 산스크리트어를 음역한 것으로 '능가에 들어가는 귀중한 경전'이라는 뜻이다. 8식識 · 3자성自性 · 5법法 · 2무아無我 등을 대승 사상의 전체적인 맥락에서 설명하고 선禪에 대해서도 설하고 있다. 또한 여래장을 본래 청정하지만 현실적으로는 염오染汚되어 있는 2중 구조로 보고 무아라고 하는 한편 식장識藏으로 파악하였다. 이 경전은 중국에서 번역된 이래로 선종의 소의 경전이 되었다. 특히 북종선北宗禪에서 중시되었다. 현존하는 번역본 중에서 가장 오래된 형태를 보이지만, 후대에 성립되었을 뿐만 아니라 원래 『능가경』의 내용과는 무관한 부분이 첨가되어 있어 의경疑經으로 보는 학자들도 있다

297 사찰 문화 연구원 편, 『전통 사찰 총서』 9, 1997. ; 국제 불교도 협의회 편, 『한국의 명산대찰』, 1982. ; 문화재 관리국, 『문화 유적 총람』하, 1977. ; 한국학 중앙 연구원, 「개암사」, 『한국민족 문화 대백과』 외 참조.

지난 전각이라고 할 수 있다.

그러나 옥천암은 1720년 당시 태견이 처음 건립한 암자는 아니었다. 고려 시대 이규보는 「남행월일기」에서 다음과 같이 기록하였다.

다음날 부령 현령扶寧縣令 이군李君 및 다른 손님 6~7인과 더불어 원효방에 이르렀다. 높이가 수십 층이나 되는 나무 사다리가 있어서 발을 후들후들 떨며 찬찬히 올라갔는데, 정계庭階와 창호窓戶가 수풀 끝에 솟아나 있었다. 듣건대, 이따금 범과 표범이 사다리를 타고 올라오다가 결국 올라오지 못한다고 한다. 곁에 한 암자가 있는데, 속어에 이른바 '사포성인蛇包聖人'이란 이가 옛날 머물던 곳이다. 원효)가 와서 살자 사포蛇包가 또한 와서 모시고 있었는데, 차를 달여 효공曉公에게 드리려 하였으나 샘물이 없어 딱하던 중, 이 물이 바위틈에서 갑자기 솟아났는데 맛이 매우 달아 젖과 같으므로 늘 차를 달였다 한다. 원효방은 겨우 8척쯤 되는데, 한 늙은 중이 거처하고 있었다. 그는 삽살개 눈썹과 다 해어진 누비옷에 도모道貌가 고고하였다. 방 한가운데를 막아 내실內室과 외실外室을 만들었는데, 내실에는 불상과 원효의 진용眞容이 있고, 외실에는 병 하나, 신 한 켤레, 찻잔과 경궤經机만이 있을 뿐, 취구炊具도 없고 시자侍者도 없었다.[298]

「남행월일기」가 창작 · 발표된 1201년 이전에 이미 우금굴에는

298 『南行月日記』. 與扶寧縣宰李君及餘客六七人至元曉房. 有木梯高數十級. 疊足凌兢而行. 乃得至焉. 庭階窓戶. 上出林杪. 聞往往有虎豹攀緣而未上者. 傍有一庵. 俗語所云蛇包聖人所昔住也. 以元曉來居故. 蛇包亦來侍. 欲試茶進曉公. 病無泉水. 此水從巖罅忽湧出. 味極甘如乳. 因嘗點茶也. 元曉房才八尺. 有一老闍梨居之. 厖眉破衲. 道貌高古. 障其中爲內外室. 內室有佛像元曉眞容. 外則一瓶雙屨茶瓷經机而已. 更無炊具. 亦無侍者.

'방 한가운데를 막아 내실과 외실'을 둘 정도로 일종의 석굴사원 형태를 갖추고 있었다는 것을 확인할 수 있다. 따라서 1276년 원감국사가 이곳에 주석하면서 개암사를 중창하였을 당시는 물론 이곳에 암자가 있었다는 것이 확인되는 셈이다. 만약 그렇다면 원효와 의상이 우금굴에 주석하면서 개암사를 중창하였을 당시 우금굴에 암자가 있었다는 추정도 가능하다. 물론 이것은 어디까지나 '추정'이다.

'진표' 논의에서 약간 벗어난 느낌이 있다. 다시 진표로 돌아온다. 진표가 미륵을 친견하기 위해 부사의방장을 떠나 새로 옮긴 수행처 '영산사(변산 또는 능가산)'은 어디일까. 지금까지 논의를 정리하면 우금굴(원효방)이 바로 그곳이라고 결론을 내릴 수 있을 것 같다. 물론 영산사라는 절 이름은 우금암, 개암사는 물론 변산에서 발견되지 않는다. 영산사는 보이지 않지만, 문헌 자료상 분명한 것은 고려 시대 원감국사가 우금굴(에 있는 암자)에 주석하면서 '개암사'를 대대적으로 중창하고 『능가경』 총림叢林을 연 이후로 이곳을 '능가산'이라고 지칭했다는 점에 주목한다. 그렇다면 원감국사가 머물렀던 암자를 '영산사'로 지칭했을 가능성도 있지 않을까.[299]

---

299 2010년 5월 필자는 평소 '진표 유적지' 답사에 관심을 갖고 있는 몇 분 동료 학자들과 함께 능가산 개암사를 답사한 일이 있었다. 동학혁명 관련 유적지 답사가 일처적인 목적이었다. 황토현 전적지, 전봉준 선생 고택지, 백산성白山城을 답사할 때까지는 그랬다. 다음 코스는 일행이었던 러시아 학자 빅토르 다닐로비치 아쁘크닌 (Victor Atknine) 교수의 요청으로 진표 유적지를 답사하기로 했다. 목적지는 부사의방장이다. 운전을 겸하고 있는 김현일 박사가 부사의방장을 답사한 적이 있다고 했다. 필자가 답사차량 뒷좌석에 앉아 느긋하게 졸고 있는 사이에 김박사가 다 왔다고 했다. 눈을 떠보니까 답사차량은 막 '능가산 개암사'라는 현판이 붙어 있는 개암사 일주문을 지나고 있었다. 개암사- 일행 중 몇 명은 몇 년 전(정확하게 기억나지 않지만

「진표전간」의 저자인 보각국사普覺國師 일연과 개암사 중창자 원감국사는 동시대 인물이다. 정확하게는 일연이 20세 위다. 두 인물은 서로 모르지는 않았을 것이다. 두 고승의 역임했던 직책도 비슷하다. 물론 일연이 한 세대 앞섰다. 일연은 1236년 삼중대사(원감국사는 1269년)[300], 1259년 대선사(원감국사는 1286년경)[301]에 임

아마도 2000년이었을 것이다)에도 이 절을 답사한 경험이 있었다. 물론 필자도 그 중 한 명이다. 개암사 대웅전 앞마당에 들어섰을 때 김박사는 대웅전 뒤편 산 능선 위에 우뚝 서 있는 바위 절벽을 가리키며 말했다.

"바로 저곳이 부사의방장입니다."

김박사가 가리키는 곳은 우금암이었다. 필자는 부사의방장이 우금암에 있다는 것을 어떻게 알았느냐고 물었다. 김박사는 대답은 그러하였다. 몇 년 전 답사 때 개암사에 왔었던 김박사는 한 노승을 붙들고, "여기에 신라 시대 고승 진표 스님이 수행했던 곳이 있다고 들었는데, 장소가 어딥니까?" 하고 물었다. 노승은 개암사 뒤편 우금암을 가리키면서 "바로 저곳에 있다"고 대답했다. 그때 김박사를 비롯한 몇 명이 그곳을 찾았고, 김박사가 부사의방장이라고 생각하고 있는 곳은 다름 아닌 우금암에 있는 세 개의 굴 중 하나였다. 아마도 세 개의 굴 중에서 가장 큰 원효방이었을 것이다. 이미 부사의방장을 몇 차례에 걸쳐 답사한 경험이 있는 필자는 그제야 자초지종을 얘기하고 일행을 부사의방장으로 안내했다.

진표를 본격적으로 탐구하면서 필자는 김박사가 만났던 개암사 노승의 얘기가 예사로운 것이 아니었다는 생각을 하게 되었다. 노승의 말에 따르면 우금암이 진표가 수행했던 장소라는 얘기가 되는 까닭이다. 만약 그렇다면 우금암에 있는 세 개의 굴 중의 하나가 진표의 수행처인 '능가산 영산사'일 수 있다는 추정이 가능하다.

2014년 5월 14일 필자는 김현일 박사와 함께 개암사와 우금굴을 다시 찾았다. 4년 전에 답사했을 때보다 자료도 많이 축적되었고 공부도 어느 정도 진척된 상태였다. 5년 전 우금굴을 부사의방장이라고 했던 노승은 보이지 않았으나 우금굴에서의 감회는 더욱 깊었다. 이곳이 능가산은 분명하고, 진표가 미륵을 친견한 영산사(능가산)가 이곳 아니고서는 달리 찾을 길이 없는 까닭이다.

300 삼중대사란 고려 시대, 승려 법계法階의 하나이다. 교선敎禪을 막론하고 중대사重大師의 위이며 교종敎宗에서는 수좌首座의 아래, 선종禪宗에서는 선사禪師의 아래이다.

301 대선사는 일반적으로 선종에서 가장 높은 단계의 불도를 닦은 사람을 가리킨다. 선禪을 수업하고 비구계와 보살계, 법랍 20하二十夏 이상을 가진 사람에게 주는 법계이다. 고려 시대 선종에서, 승려의 첫 번째 법계를 가리킨다. 선사禪師의 위 품계이다. 참고로 조선 시대 선종에서는 승려의 두 번째 법계이다. 선사의 위이며 도대선사都大禪師의 아래이다.

명되었다. 특히 두 고승은 충렬왕과도 각별한 사이였다. 1282년 충렬왕은 일연을 대궐로 초청하여 선禪에 대한 설법을 들었고, 이듬해(1283)에 일연을 국존國尊[302]으로 책봉하여 원경충조圓經冲照라는 호를 내리기도 하였다. 또한 일연은 왕의 거처인 대내大內에서 문무백관을 거느린 왕의 구의례摳衣禮(옷의 뒷자락을 걷어 올리고 절하는 예)를 받기도 하였다.[303] 1289년 일연이 입적하자 충렬왕은 그에게 보각普覺이라는 시호를 내렸다.

  일연은 1277년(충렬왕 3)부터 1281년까지 청도 운문사雲門寺에서 살면서 선풍을 크게 일으켰다. 학계에서는 이 때 『삼국유사』를 집필하기 시작한 것으로 추정하고 있다. 『삼국유사』를 편찬한 연대는 1281～1283년 사이라는 것은 이미 검토하였다. 원감국사가 개암사를 중창한 연대는 1276년이다. 따라서 일연이 「진표전간」(『삼국유사』)을 집필하던 거의 같은 시기에, 혹은 그 이전(늦어도 5년 이내)에 원감국사의 활동으로 개암사 혹은 개암사가 있는 산 이름이 능가산으로 불렸고, 일연 역시 그 사실을 모르지는 않았을 것이다.

  진표가 수행처로 삼은, 미륵을 친견하게 될 영산사는 어디였을까. 『한국 고전 용어 사전』에는 '영산사'에 대해 "전라북도 부안군 변산 능가산에 있었던 절. 신라 효성왕 4년(740) 진표가 부사의방장에서 지장보살로부터 계를 받은 뒤 이곳에 와서 수도하였는데,

---

302 고려 말기, 특히 원 간섭기에 덕행이 높은 고승에게 국가에서 주는 최고의 법계法階를 이르던 말. 국사國師와 비슷한 말이다.
303 『삼국유사』; 『고려사』; 『보각국존비명고탑본普覺國尊碑銘古搨本』; 양재연, 『역사의 인물』, 일신각, 1979; 안계현, 「일연」, 『한국의 사상가 12인』, 현암사, 1975; 조선총독부, 『조선금석총람朝鮮金石總覽』, 1919; 채상식, 「보각국존普覺國尊 일연에 대한 연구」, 『한국사 연구』26, 1979; 『한국민족 문화 대백과』외 참조.

이 때 미륵이 나타나 『점찰경』 2권과 증과證果의 간자 1백 89개를 주었음. 그 뒤 진표는 금산사로 옮겼음"[304]이라고 하였다. 『시공 불교 사전』에는 진표가 "내소사來蘇寺·영산사에서 참회법을 닦았다"고 하였다. 이들 내용은 「진표전간」의 그것을 넘어서지 않는다.[305]

진표가 사승 숭제법사의 가르침에 따라서 먼저 지장보살을 친견하고 다시 미륵을 친견하고 계를 받기 위해 찾았던 수행처는 부사의방장과 거의 비슷한 조건을 갖춘 장소였을 것이다. 기준 중의 하나는 (진표가 수행의 지침서로 받들고 있는)『공양차제법』에서 제시하고 있는 최적의 수행처—묘산과 보봉, 반암의 사이, 갖가지의 감굴과 같은 곳이다. 그리고 우금굴은 『공양차제법』에서 정한 그런 수행처의 조건을 갖추고 있다.

다른 조건도 부합된다. 『공양차제법』에서 제시하는 '여래의 성스러운 제자들이 일찍이 옛날에 유행하며 머물던 곳'이 그것이다. 원효(617~686)와 의상(625~702)은 진표(출생 연대가 가장 빠른 「진표전간」을 기준으로 하면 717년이다)보다 거의 한 세기가 앞선 고승들이다. 진표의 수행처를 보면 두 고승이 수행했던 장소를 일부러 찾았던 것 같은 추측도 가능하다. 물론 부사의방장과 능가산(우금

304 세종대왕기념사업회·한국 고전 용어 사전 편찬위 원회 편, 『한국 고전 용어 사전』, 세종대왕기념사업회, 2001.
305 능가산으로 추정할 수 있는 다른 자료도 있다. 『두산백과』에는 내소사來蘇寺는 "전라북도 부안군 진서면 석포리 관음봉觀音峰(433m) 아래 있는데, 관음봉을 일명 능가산이라고도 하는 까닭에 보통 '능가산 내소사'로 부르기도 한다."(『두산백과』)고 하였다. 이 기록과 함께 『시공 불교 사전』에서 "(진표가) 내소사·영산사에서 참회법을 닦았다"고 한 내용에 주목한다면 부사의방장을 떠난 진표가 수행처로 삼았던, 그리고 미륵을 친견하게 될 장소가 변산 관음봉 어디거나 내소사일 가능성도 없지 않다.

암 원효방)이 그곳이다.

(2) 백척간두진일보 시방세계현전신

진표가 부사의방장에서 지장보살을 친견한 이후부터 능가산에서 미륵을 친견할 때까지의 수행 기간을 검토한다. 「진표전간」에서는 진표가 수행처를 능가산으로 옮겨 처음과 같이 용맹 정진을 한 끝에 미륵을 친견하였다고 하였다. '처음과 같이'라는 것이 부사의방장에서의 수행을 의미한다고 할 때, 그것은 1·7일, 2·7일 망신참법 수행을 가리킨다고 할 수 있다. 다시 말하면 지장보살을 친견한 뒤 능가산으로 옮겨와 14(2·7)일만에 미륵을 친견한 것이다.

「석기」에 따르면 지장보살을 친견한 뒤에 감동하여 더욱 혹독하게 정진하였다. 마침내 원래 기약하였던 21일을 다 채운 날 미륵을 친견하였다. 원래 기약하였던 21(3·7)일 가운데 7일이 되던 날 지장보살을 친견하였으므로 역시 14(2·7)일만에 미륵을 친견한 것이 된다. 「진표전간」과 같은 내용이다. 그러나 「석기」에는 21일 수행을 기약하기 이전에 이미 3년 동안 미륵상 앞에서 계법을 구했으나 수기를 얻지 못해 바위 아래로 몸을 던졌고, 청의 동자 나타나 받아 주었다고 하였다. 3년 수행은 일수로 계산하면 1,095일, 약 1천 일이 된다.

「진표전」은 7일째 지장보살이 나타났고, 2·7일째는 대귀가 나타났다고 하였다. 그리고 3·7일째 미륵보살을 친견하였다. 3종의 전기에서 전하는 진표의 수행 기간은 물론 『점찰경』의 참회법

기간과 합치된다.

　날마다 이와 같이 참회懺悔하는 법을 행하되 게으름을 피우거나 그만두는 일이 없어야 할 것이다. 만일 그 사람이 과거 세상에 오랫동안 선한 기반이 있었으면, 잠깐 나쁜 인연을 만나 악한 법을 지었다 하더라도 그 죄의 장애는 경미할 것이요, 그 마음이 용맹하고 영리하며 의지력이 강한 사람이라면, 7일을 지난 뒤에는 곧 청정함을 얻어 모든 장애가 없어질 것이다. 이와 같이 중생들은 지은 업의 두터움과 엷음이 있고, 모든 근기가 영리하고 둔한 차별이 한량없이 많습니다. 혹은 2·7일이 지난 뒤에야 청정함을 얻기도 하고, 혹은 3·7일이 지난 뒤에야 청정함을 얻기도 하며, 나아가서는 혹 7·7일을 지난 뒤에야 청정함을 얻기도 합니다. 만일 과거나 현재에 모두 왕성하게 갖가지 중한 죄를 불려 나간 사람이라면, 혹은 백 일을 지나서야 청정함을 얻기도 하고, 혹은 2백 일, 심지어는 혹 천 일을 지나고서야 청정함을 얻는 경우도 있다. 만일 근기가 지극히 둔하고 죄의 장애가 매우 무거운 사람이라면, 다만 마땅히 용맹스러운 마음을 내어 몸과 목숨을 돌보거나 아끼지 않는다는 생각으로 언제나 부지런히 부르고 염念하면서 밤낮으로 돌며, 수면을 줄이고 예배하며 참회하고 발원할 것이요, 공양을 즐겨 닦되 게을리 하지 않고 중단하지 않으며, 나아가 목숨을 잃을지언정 반드시 중단하거나 물러나지 않아야 하리니, 이와 같이 정진하면 천 일 안에 틀림없이 청정함을 얻게 될 것이다.[306]

---

306 『占察善惡業報經』卷上, 大正藏17, p. 904a-904a. 或經二七日後而得淸淨；或經三七日, 乃至或經七七日後而得淸淨. 若過去, 現在俱有增上種種重罪者, 或經百日而得淸淨；或經二百日, 乃至或經千日而得淸淨. 若極鈍根, 罪障最重者, 但當能發勇猛之心, 不顧惜身命想, 常勤稱念, 晝夜旋遶, 減省睡眠, 禮懺發願, 樂修供養, 不懈不廢, 乃至失命, 要

『점찰경』에서는 이와 같이 점찰 참회 수행법의 기간이 개인의 근기에 따라서 7일, 2·7일, 3·7일, 백일, 천일이 소요된다고 설하고 있다. 진표는『점찰경』에서 설하고 있는 점찰 참회 수행을 철저하게 실천했던 것이다.

진표의 수행 기간과 단계가『점찰경』과 합치되는 점에 대해 전기 기록 자체를 주목하는 논자도 있다.『점찰경』의 교법에 의지하여 수행한 진표의 수참구계修懺求戒의 행적과 내용을 훨씬 후세에 기술하면서 전기 기록자들은『점찰경』에 나타나 있는 참회법과 자서수계법을 참작 의용參酌依用했다는 지적이다. 즉『점찰경』에서 설해지고 있는 기간의 결정 방식에 의지하여 진표의 수행 기간이 기술된 것으로 볼 수 있다는 것이다. 따라서 진표의 생존 연대와 가까운「진표전」의 기록은 다른 두 전기보다 보다 감동적이고 수사적으로 기록되었고, 후대로 갈수록 진표의 수행 기간과 참회 수행 모습이『점찰경』내용과 보다 합치되는 이유다.[307]

부사의방장과 함께 능가산에서의 참회 수행으로 진표는 구도자의 참된 전범이 되었다. 앞에서 우리는 진표가 지장보살을 친견하였던 부사의방장을 떠나 원래 목적이었던 미륵을 친견하기 위해 능가산으로 수행처를 옮긴 결단에 대해 백척간두진일보라고 하였다. 그 다음에 무엇이 있는가. 죽음인가. 해답은 이 문구의 원조인 장사 선사의 게송에 귀를 기울여야 한다.

시방세계현전신.

더 이상 끝이 없이 까마득하게 높은 그곳—깨달음의 극치에서

不休退. 如是精進, 於千日中必獲淸淨.

307 채인환,「신라 진표율사 연구1」, pp. 44-45.

한 걸음 더 나아가면, 바로 거기에 '시방세계현전신'의 세계가 펼쳐질 것이다. 시방세계와 내가 온전하게 한 몸이 되어 현현하는 경지, 천지자연과 내가, 우주와 내가, 우주 광명과 내가 일체가 되는 경지, 진표는 바로 그 경지에서 미륵을 친견한 것이다.

그러나 진표의 미륵 친견 과정에 대해 「진표전간」은 상세한 부분을 생략하고 마치 사관이 역사를 기록하듯 무미건조한 어투로 사건 자체만을 기록하고 있다. 내용은 두 가지다. 첫째, 미륵이 진표에게 『점찰경』 두 권을 주었다. 이 장면에 대한 논의는 뒤로 미룬다. 둘째, 미륵은 진표에게 증과 간자 189개를 주었다는 것이다.

「석기」에 따르면 원래 기약했던 3·7일 수행을 다 채우던 날 진표는 문득 천안통이 열렸다. 그는 천안을 통해 도솔천중이 오는 모양을 볼 수 있었다. 잠시 후 이때 미륵과 지장보살이 도솔천중 앞에 나타났다. 진표가 미륵을 친견하는 순간이다. 이 장면을 주목할 필요가 있다. 진표의 간절한 소망과 고행에 감응한 미륵이 혼자 온 것이 아니다. 지장보살과 도솔천 사람들과 함께 왔다. 후술하겠으나 미륵하생신앙彌勒下生信仰은 미륵이 도솔천중을 데리고 지상으로 내려와 도통을 시켜 준다는 것을 믿는 신앙이다. 따라서 진표의 미륵 친견은 미륵하생신앙을 직접 보여준다는 의미도 있다.

「석기」에서는 또한 다른 두 전기와 달리 이때 지장보살이 미륵과 함께 다시 나타났다고 했다. 지장보살을 단독으로 친견할 때는 지방 보살이 중심인물이지만, 여기서는 미륵이 중심인물이다. 직접적인 묘사는 없지만 지장보살이 미륵을 모시고 온 것 같은 인상이다.

미륵이 진표의 이마를 어루만지며 말했다.

"장하다. 대장부여! 이렇게 계를 구하기를 몸과 목숨까지도 아끼지 않고 간절하게 참회하는구나."

뒤이어 지장보살이 진표에게 계본戒本을 주었다. 또한 미륵은 두 간자를 주었다. '계본'이란 비구·비구니가 지켜야 할 계율의 조목을 뽑아낸 책이다. 미륵이 진표에게 준 간자 하나에 '9'라 쓰여 있고, 다른 하나에는 '8'이라 쓰여 있었다는 것은 이미 지적하였다. 「석기」에는 미륵이 진표에게 간자 189개를 주었다는 이야기는 나오지 않는다.

「진표전」의 묘사는 더욱 적극적이다. 부사의방장에서 친견한 지장보살로부터 격려를 받은 뒤에 진표는 크게 감동하여 환희심을 내면서 용맹 정진 전보다 더하였다. 2·7일이 지났을 때, 장애물이 나타나기 시작하였다. 대귀大鬼가 나타나서 진표를 바위 아래에 밀어 떨어뜨렸다. 그가 돌계단 위로 다시 기어서 올라가기만 하면 또 다시 백천 가지 마상魔相을 더해 왔다. 진표가 수행 도중에 일종의 '시험'을 당했다는 얘기다.

또 저 중생들이 만일 비록 아직 나(지장보살)의 변화된 몸으로 설법하는 것을 보지 못하였다 하더라도, 다만 지극한 마음으로 몸과 입과 뜻으로 하여금 청정한 모습을 얻게 한 다음에는 그 중생들로 하여금 속히 여러 가지 장애가 소멸되게 하므로 하늘의 악마 파순波旬도 와서 파괴하지 못할 것이며, 내지는 95종 외도外道의 삿된 스승과 일체의 귀신들도 또한 와서 어지럽히지 못할 것이며, 지니고 있는 바 5

개개蓋는 차차로 경미輕微해질 것이요, 모든 선정禪定의 지혜를 닦아
익힐 수 있을 것이다.[308]

「진표전」에서 보이는 대귀는『점찰경』에 기록된 악마 파순과 외
도의 삿된 스승들, 혹은 일체의 귀신들로부터 수행을 방해받은 일
종의 장애물에 대한 상징적 표현이라고 할 수 있다. 이와 같은 '파
순'의 무리는 후대의 기록으로 갈수록 완화되는 것도 하나의 해석
일 수 있다. 「남행월일기」에서는 두 명의 청의 동자, 「진표전간」에
서는 청의 동자, 그리고 「석기」에서는 지장보살의 가피력으로 전
이되는 것이다.

진표는 더욱 분발하여 참회 수행 하였다. 마침내 3 · 7일을 채웠
다. 바로 그날 새벽에 길상조가 울면서 "미륵님이 오셨다"고 일러
주었다. 과연 도솔천왕 미륵이 위의를 갖추어 내려오고 있었다.
진표 곁으로 다가온 미륵은 정수리를 만지면서 두 번, 세 번 찬탄
했다.

"장하도다. 대장부여. 계를 구함이 이렇듯 정성스럽구나. 수미
산은 손으로도 쳐 물리칠 수 있을지라도 너의 마음만은 끝내 물러
나게 하지 못하리로다."

미륵은 바로 진표를 위하여 계법을 수여하였다. 「진표전」은 이
때 진표의 '온 몸과 마음이 화열和悅하기가 마치 삼선천에 있는 것
같고, 의식은 낙근樂根과 상응하니 4만2천의 복하福河가 항상 흘

308『占察善惡業報經』卷上, 大正藏17, p. 904b. 復次彼諸衆生. 若雖未能見我化身轉變
說法. 但當學至心. 使身口意得淸淨相已. 我亦護念. 令彼衆生速得消滅種種障礙. 天魔波
旬. 不來破壞. 乃至九十五種外道邪師一切鬼神. 亦不來亂. 所有五蓋. 展轉輕微. 堪能修習
諸禪智慧.

러서 일체의 공덕을 이루며 곧 천안이 열리었다'고 하였다. 삼선천이 무엇인가?

삼선천이란 색계色界 제3천第三天을 가리킨다. 불교 우주관에 따르면 색계에는 모두 18천이 있다. 이를 색계18천色界十八天이라고 한다. 초선천初禪天의 3천天, 이선천二禪天의 3천, 삼선천의 3천, 사선천四禪天의 9천을 모두 합쳐 18천이 된다. 이 가운데 삼선천은 소정천少淨天 · 무량정천無量淨天 · 변정천遍淨天을 가리킨다. 3선천의 제1천인 소정천은 의식이 즐겁고 청정하다는 뜻으로 정淨이라 하고 제3선천 중에서 가장 저열한 탓으로 소少라 한다. 이 하늘나라에 사는 천상 사람들의 키는 16유순由旬[309], 수명은 16겁劫이라고 한다. 색계 삼선천 중의 제2천인 무량정천은 마음에 낙수樂受(즐거운 감각)가 있으며, 소정천보다 승묘하여 헤아릴 수 없음을 가리킨 명칭이다. 이 하늘에 나는 이의 키는 32유순, 목숨은 32겁이다. 그리고 색계 제3선천의 제3천인 변정천은 맑고 깨끗하며 쾌락이 가득 찼다는 뜻으로 변정이라 한다. 여기에 사는 천인의 키는 64유순, 수명은 64겁이다. 마침내 목적하는 미륵을 친견하고 계법을 받게 되었을 때 진표의 기쁨이 어떠한지 미루어 짐작할 수 있다. 아니, 미륵을 친견하기까지 그가 얼마나 치열한 참회수행 거쳤는지 추측하고도 남음이 있다.

「진표전」의 묘사는 계속된다. 미륵은 진표에게 삼법의三法衣와 와발瓦鉢을 주고 다시 법명을 주었다. '진표眞表'라는 법명을 미륵

---

309 인도 이수里數의 단위이다. 성왕聖王의 하루 동안 행정行程. 40리(혹 30리)에 해당한다. 대유순은 80리, 중유순은 60리, 소유순은 40리라고 한다. 1리도 시대를 따라 그 거리가 같지 않다. 1리를 360보步, 1,800척이라 하면 1유순은 6마일의 22분의 3에 해당한다.

이 주었다는 것이다. 또 무릎 아래로부터 어금니도 아니고 옥도 아닌 두 개의 간자를 주었다. 간자 하나에는 '9'라고 적혀 있고 다른 하나에는 '8'이라고 적혀 있었다. 이와 같이 진표가 미륵을 친견한 사건은 유사 이래 없었던 파천황적 사건이 아닐 수 없다.

진표의 미륵 친견 광경에 대해서는 좀 구체적인 논의가 필요하다. 먼저 「진표전간」에는 진표가 이때 미륵으로부터 받은 것이 『점찰경』 2권과 간자 189개라고 했다. 진표가 미륵으로부터 『점찰경』을 받은 사건은 다른 두 전기에는 보이지 않는다. 이 기록은 진표가 숭제법사로부터 『공양차제비법』 1권과 『점찰경』 2권을 받았다는 「석기」의 기록과는 차이가 나는 대목이다. 이 점과 관련해서 우리는 지금까지 「석기」에 의거해 논의를 전개해 왔지만, 「진표전간」의 기록을 무시할 수는 없을 것이다. 지적하였다시피 『점찰경』의 설주는 지장보살이다. 왜 이 경을 지장보살이 아닌, 「진표전」에 따르면 지장보살과 함께 있었었음에도 불구하고, 미륵이 진표에게 주었을까? 우리는 해명의 단초를 이미 앞 장(진표의 지장 신앙)에서 검토하였으므로 더 이상의 논의는 생략한다. 분명한 것은 이 사건(미륵이 진표에게 『점찰경』을 준)은 진표의 지장신앙, 점찰 참회계법뿐만 아니라 미륵 신앙에서도 『점찰경』이 차지하는 비중을 충분히 추측할 수 있는 대목이다.

또 하나 주목되는 것은 「진표전」의 내용이다. 앞 장에서 우리는 진표에게 가사와 발우를 준 것이 지장보살이라는 「석기」의 기록을 검토하면서 '가사와 발우'는 다름 아닌 '전법'의 상징이라고 했다. 그런데 진표 관련 최초의 기록인 「진표전」에서는 진표가 미륵으로부터 진표에게 '삼법의'와 '와발'을 받았다고 하였다. 뿐만 아니라

'진표'라는 법명까지 받았다는 것이다. 이 대목을 주목한 선행 연구는 보이지 않는 것 같다. 그러나 이 대목이야말로 아무리 강조해도 지나치지 않을 것이다. 다음 장에서 구체적으로 논의한다.

2) 미륵으로부터 '의발衣鉢'을 받다

(1) 제 8, 9간자簡子가 무엇인가

진표가 자신의 몸을 망가뜨리면서 수행하는 망신참법 통해 이루고자 했던 최종 목적은 미륵을 친견하고 수기를 받는 것이었다. 지장보살로부터 정계를 받았음에도 불구하고 '뜻은 미륵에 있었으므로' 중지하지 않고 계속 정진한 결과, 마침내 미륵을 친견하였다. 그리고 미륵은 진표의 "이마를 어루만지며"(『석기』), "정수리를 만지면서"(『진표전』) 두 번, 세 번 찬탄한 뒤에 '삼법의三法衣와 와발瓦鉢'을 주고 다시 '진표'라는 법명까지 주었다.

삼법의가 무엇인가. 초기에는 '삼의三衣' 곧 가사를 가리켰다. 후세에는 가사 밖에 편삼褊衫·군자裙子·직철直綴 등을 입게 되어 이것들도 모두 법의라 부른다.[310] '와발'은 비구가 걸식할 때에 쓰

---

310 구체적으로는 인도 승단에서 개인의 소유를 허락한 세 가지 옷을 가리킨다. 인도 승단에서 개인의 소유를 허락한 세 가지 옷. (1) 승가리僧伽梨. 삼의 가운데 가장 크므로 대의大衣, 베 조각들을 거듭 이어서 만듦으로 중의重衣, 조條의 수가 가장 많으므로 잡쇄의雜碎衣라고 한다. 직사각형의 베 조각들을 세로로 나란히 꿰맨 것을 1조條로 하여, 9조 내지 25조를 가로로 나란히 꿰맨 것이다. 설법할 때, 걸식하러 갈 때, 왕궁에 갈 때 입는다. (2) 울다라승鬱多羅僧. 윗도리로 입으므로 상의上衣·상착의上著衣, 삼의 가운데 그 가치가 중간이므로 중가의中價衣, 대중이 모인 의식 때 입으므로 입중의入衆衣라고 한다. 직사각형의 베 조각들을 세로로 나란히 꿰맨 것을 1조로 하여, 7조를 가로로 나란히 꿰맨 것이다 의식을 행할 때 입는다. (3) 안타회安陀會. 내의內衣·중숙의中宿衣라고 한다. 직사각형의 베 조각들을 세로로 나란히 꿰맨 것을 1조로 하여, 5조를 가로로 나란히 꿰맨 것이다. 작업하거나 잘 때 입는다. (『불교 사

는 발우의 일종이다. 진흙으로 만들었으므로 와발이라고 했다. 미륵이 진표에게 가사와 발우—의발을 전수한 이 사건을 어떻게 읽을 것인가. 미륵은 진표에게 의발전수뿐만 아니라 '진표'라는 법명까지 줌으로써 선가로 말하면 이른바 '전등법맥傳燈法脈'을 전한 것이다.

그때 미륵 부처님이 지난 날 억세었던 사바세계의 중생들 및 모든 제자들과 함께 기사굴산耆闍崛山으로 가서, 산 아래에 도착하여 천천히 걸어서 낭적산狼跡山(鷄足山)을 올라갈 것이다. 산꼭대기에 올라 엄지발가락으로 산뿌리를 밟으면 대지가 18가지 모습으로 뒤흔들릴 것이다. (중략) 그러면 마하가섭이 곧 모든 번뇌가 사라진 선정(滅盡定)에서 깨어 일어날 것이다. 그러고는 옷을 여미고 오른쪽 어깨를 드러낸 뒤 오른쪽 무릎을 꿇고 손을 모으며 석가모니 부처님의 대의大衣(3의의 하나)를 미륵 부처님께 바치며 이렇게 말할 것이다.

"위대한 스승 석가모니여래, 응공應供, 정변지正遍知께서 열반에 드시면서 이 옷을 미륵 부처님께 드리라고 제게 당부하셨습니다."³¹¹

군이 염화시중拈花示衆 일화를 재론하지 않더라도 마하가섭이 석가의 전법제자라는 것은 이미 알려진 얘기다.³¹² 『미륵하생경』에서

전』)

311 『佛說彌勒大成佛經』, 大正藏 14, 433b-433c. 爾時彌勒佛. 與娑婆世界前身剛強眾生及諸大弟子. 俱往耆闍崛山到山下已. 安詳徐步登狼跡山. 到山頂已舉足大指躡於山根. (中略) 摩訶迦葉卽從滅盡定覺. 齊整衣服偏袒右肩. 右膝著地長跪合掌. 持釋迦牟尼佛僧迦梨. 授與彌勒而作言. 大師釋迦牟尼多陀阿伽度阿羅訶三藐三佛陀. 臨涅槃時以此法衣付囑於我. 令奉世尊.

312 『大梵天王問佛決疑經』, 大正藏1, p. 442a. 爾時如來. 坐此寶座. 受此蓮華. 無說無言. 但拈蓮華. 入大會中. 八萬四千人天時大眾. 皆止默然. 於時長老摩訶迦葉. 見佛拈華

석가불은 장차 미륵불이 도솔천에서 하생하여 모든 중생을 구제하게 된다는 수기를 한 뒤에 "마하가섭은 열반에 들지 않고 미륵이 출현하기를 기다리라"[313]고 하였다. 바로 그 마하가섭이 석가의 수기가 현실화되어 미륵이 하생할 때까지 계족산 꼭대기에서 기다리고 있다가 석가불의 가사를 대신 전해 준 것이다. 간접적이지만, 일종의 의발전수라고 할 수 있다. 석가의 다음 말이 증거다. "미륵불이 가섭이 주는 석가의 가사를 받아 입는 순간, 가섭의 몸은 곧 별처럼 흩어져 버렸다. 미륵불은 갖가지 꽃과 향을 가섭에게 공양했다."[314] 따라서 진표가 미륵으로부터 '삼법의와 와발'을 전해 받았다는 것은 곧 미륵의 계법을 받았다는 결론에 다름 아니다.

미륵이 진표의 이마 혹은 정수리를 어루만지면서 계법을 전했다는 것은 밀교의 전법의식인 일종의 '관정'으로 보인다. 밀교 의궤에 따른 관정은 물을 정수리에 부으면서 행하는 의식이지만, 일반 계사가 아니라 미륵이 직접 감응하여 나타나 진표에게 전법을 행하는 그것이 밀교의 관정 의식에서 아사리가 제자에게 법을 상승하는 전법 의식과는 조금 다를 수도 있을 터이다.

미륵의 '선물'은 계속되었다. 일부는 중복되지만 진표 전기를 그대로 인용한다.

　　(『점찰경』 두 권과 증과 간자 189개를 준 뒤에) 미륵이 말했다.

示眾佛事. 即今廓然. 破顏微笑. 佛即告言是也. 我有正法眼藏涅槃妙心. 實相無相微妙法門. 不立文字. 教外別傳. 總持任持. 凡夫成佛. 第一義諦. 今方付屬摩訶迦葉.
313 『佛說彌勒下生經』, 大正藏 14, 422b. 大迦葉. 亦不應般涅槃. 要須彌勒出現世間.
314 『佛說彌勒下生經』, 大正藏 14, 422c. 爾時阿難. 彌勒如來當取迦葉僧伽梨著之. 是時迦葉身體奄然星散. 是時彌勒復取種種華香供養迦葉.

"이 가운데 제8간자는 새로 얻은 묘계(新得妙戒)를 비유한 것이요, 제9간자는 구족계를 더 얻는 것(增得具戒)를 비유한 것이다. 이 두 간자는 내 손가락뼈(手指骨)이고, 나머지는 모두 침향목沈香木으로 만든 것인데, 모든 번뇌를 비유한 것이다. 너는 이것으로써 세상에 법을 전하여 사람을 구제하는 뗏목으로 삼도록 하라." (「진표전간」)[315]

(삼법의와 와발, 법명 그리고 두 개의 간자를 주고, 점찰법을 상세히 가르쳐 준 뒤에) 미륵은 다시 말했다.

"8자는 신훈新熏이며 9자는 본유本有이다."

부촉한 뒤에 미륵은 하늘로 돌아갔다. (「진표전」)[316]

(지장보살과 함께 나타나, 지장보살은 계본을 주고 미륵은 9, 8이라고 쓰인 두 개의 간자를 준 뒤에) 미륵이 율사에게 말했다.

"이 두 간자는 내 손가락뼈이니 곧 시始와 본本의 두 깨달음(覺)을 이르는 것이다. 또 9간자는 법이法爾고, 8간자는 새로 만들어질 종자(新熏成佛種子)이다. 이것으로써 마땅히 과보果報를 알 것이다. 너는 현세의 육신을 버리고 대국왕大國王의 몸을 받아 뒤에 도솔천에 태어나게 될 것이다."

말을 마치자 두 성인은 곧 모습을 감추었다. 때는 임인년 4월 27일이었다. (「석기」)[317]

「진표전간」에서는 미륵이 진표에게 준 189개의 증과 간자 중에 제8, 9 두 간자가 있었다고 하였다. 그리고 제8, 9간자의 중요성에 대해 이야기했다. 「석기」와 「진표전」에서는 189개의 간자 이야

---

315 斯二簡子是我手指骨 餘皆沈檀木造 喩諸煩惱 汝以此傳法於世.

316 慈氏重告誨云. 八者新熏也. 九者本有焉. 囑累已天

317 告師曰 此二簡子者 是吾手指骨 此喩始本二覺 又九者法爾 八者新熏成佛種子 以此當知果報 汝捨此身 受大國王身 後生於兜率 如是語已 兩聖即隱 時壬寅四月二十七日也.

기는 빠져 있고 제8, 9간자를 주었다고 하였다. 어떤 식으로든 미륵이 진표에게 제8, 9간자를 주었다는 것은 3종의 전기가 모두 일치한다. 미륵과 관련하여 두 간자가 얼마나 중요한 지 알 수 있는 대목이다. 특히 두 개의 간자를 전한 뒤에 미륵의 말씀은 중요하고도, 중요하다. 「전표 전간」과 「석기」에서 미륵은 두 간자가 바로 자신의 손가락뼈(手指骨)라고 하였다. 두 간자가 곧 미륵의 육신이라는 얘기다. 아니, 이 두 간자야말로 미륵의 계법 그 자체가 된다. 이 경우 미륵이 진표에게 "너는 이것으로써 세상에 법을 전하여 사람을 구제하는 뗏목으로 삼도록 하라"고 한 당부에 주목할 필요가 있다.

제8, 9간자가 구체적으로 무엇인가? 「진표전간」에서 미륵은 두 간자 중 제8간자는 '새로 얻은 묘계(新得妙戒)'를, 제9간자는 '구족계를 더 얻는 것(增得具戒)'을 비유한 것이라고 했다. 이는 『점찰경』에서 지장보살이 "삼세과보선악차별의 모습은 189종이 있다. (중략) (189종 가운데) 8은 받고자 하는 미묘한 계율을 얻는 것이다(受得妙戒). 9는 일찍이 받았던 계율을 갖추는 것이다(受得戒具)"[318]고 한 말씀과 크게 다르지 않다. 따라서 8, 9간자의 개념은 일단 『점찰경』이 출전이라는 것을 알겠다. 과연 그럴까. 여기에는 좀 더 치밀한 논증이 필요하다.

두 간자에 대한 「석기」와 「진표전」의 기록은 표현이 조금씩 다르다. 「석기」에서는 두 간자가 '처음과 근본의 두 깨달음(始本二覺)', 다시 말하면 '처음의 깨달음(始覺)'과 '근본적인 깨달음(本覺)'을 비

---

318 『占察善惡業報經』卷上, 大正藏17, 905中. 如是所觀三世果報善惡之相 (中略) 有一百八十九種. 八者所欲受得妙戒 九者所曾受得戒具.

유한 것이라고 했다. 이 정도만 가지고는 8, 9간자 중 어느 것이 시각을, 어느 것이 본각을 비유한 것인지는 명확하게 알 수 없지만, 뒤에서 제9간자는 법이法爾며 제8간자는 '새로 만들어질 종자(新熏成佛種子)'라고 했으므로 후자가 시각을, 전자가 본각을 비유한 것으로 보인다. 「진표전」에서는 제8간자는 신훈新熏이며 제9간자는 본유本有라고 했다. 표현은 조금씩 다르지만 3종의 전기에 기록된 제8, 9간자는 거의 같은 개념이다.

제8, 9간자를 설명하는 미륵의 말씀 가운데 신득묘계新得妙戒/증득구계增得具戒, 시각/본각, 법이/신훈성불종자, 신훈/본유 등과 같은 새로운 용어들이 주목된다. 그럴 것이 이들 용어는 유식학唯識學에서 나오는 개념인 까닭이다. 논의가 좀 방만해질 우려가 있음에도 불구하고, 이들 용어를 이해하기 위해서는 유식학에 대한 논의가 필요하다. 또한 진표의 신앙 형태를 이해하기 위해도 이 논의는 언제인가 거쳐야 한다.

(2) 진표와 유식 사상唯識思想

유식 사상은 불교 교리사에 있어 정통 사상적 지위를 점유할 뿐만 아니라 인도불교 교단사에 있어서도 마지막으로 성황을 이루었던 사상이다.[319] 유식 사상은 대승불교에서 가장 정밀하고 종합적인 교학 체계로 알려지고 있다. 교단 사적으로 유식설을 교의로 하는 유가행파瑜伽行派는 반야般若 공空을 추구하는 중관파中觀派와 함께 대승불교의 2대 조류를 이루었다.[320] 물론 중관 사상과 유식

---

319 김동화, 『유식 철학』, 보련각, 1988, p. 11.
320 김남윤, 『신라 법상종 연구』, 서울대 대학원, 박사 학위, 1995, p. 13.

사상은 상호보완적으로 불교 정법에 어긋나는 것은 아니다. 후대의 논자들이 학파를 구성하여 자파의 현학적 이론만을 내세워 반야와 유식을 별개의 견해로 고정시키지만, 그런 경향이 유가행파가 지향하는 바는 아니었다.[321]

먼저 유식唯識(vijñaptimātra)이란 용어를 검토하자. '유식'이란 현상계는 오직 표상식表象識일 뿐이라는 것이다. 이것은 외부 대상이 가유假有로 존재할 뿐, 실체가 없으며, 나아가 인식의 주체도 실체가 없는 '공空'임을 나타낸다. 문자 그대로 삼라만상은 심식心識 밖에 실존한 것이 아니어서, 다만 심식뿐이라는 뜻이다. 유심唯心과 동의어다.

유식 사상의 전개 과정은 크게 3기로 구분된다. 초기 유식학은 미륵彌勒(Maitreya), 무착無着(Asaga, 390~470 추정), 세친世親(Vasubandhu, 400~480 추정) 등의 유식학 설이다. 이들 유가행파의 교의로 유식 사상이 체계화되었다. 중기 유식학은 안혜安慧(Sthiramati, 510~570경), 호법護法 등 십대논사十代論師의 학설, 그리고 후기 유식학은 진나陳那(Dinnāga, 480~540), 법칭法稱(Dharmakīrti) 등의 유식설이다.

유식 사상은 미륵 신앙과 관련이 깊다는 것은 앞에서 지적하였다. 유가행파의 미륵 신앙을 대성시킨 인물은 무착이다. 현장의 『대당서역기』에 따르면 무착은 미륵을 친견하고 대승 교법을 수습하기를 발원하여 소원을 성취한 후에 도솔천에 왕래하면서 직접 신앙 지도를 받았다고 한다. 밤에는 도솔 천궁에 올라 미륵으로부터 『유가사지론』, 『대승장엄경론大乘莊嚴經論』, 『중변분별론』 등을

---

321 이기영, 「미륵 신앙의 재정립」, 『동국 사상』Vol. 18, 동국대, 1985, p. 18.

배우고 낮에는 대중에서 묘리를 강의하였다.[322] 진표의 경험과도 유사한 면이 있으므로 이 내용을 좀 구체적으로 검토한다.[323]

불멸(佛滅 후 1천년경, 북인도 푸루샤푸라(Purusapura, 현재의 파키스탄 간다라 지방)에 위치한 부루사부라국富婁沙富羅國에 교시가憍尸迦(Kauśika)라는 성을 가진 국사國師 바라문이 있었는데, 세 아들을 두었으며, 모두 이름을 바수반두(Vasubandhu)라 하였다. '바수'는 하늘(天), '반두'는 친함(親)이라 번역한다.

첫째 아들 바수반두는 보살의 근기를 갖춘 자였으나 소승불교에 출가하여 최고 경지인 아라한과阿羅漢果를 얻었다. 그는 거기서 만족하지 않았다. 그는 공空의 이치를 깊이 사색하였으나 그 단계를 체득해 들어가지 못했으므로 절망한 나머지 자살을 기도했다.

그때 동쪽 비제하毘提訶(Videha, 현재 인도의 비하르주 북부)에서 수행하고 있던 소승의 성자 빈두라賓頭羅(Pindola) 아라한이 이 광경을 지켜보고 있다가 급히 달려왔다. 그는 바수반두를 위해 소승의 공관空觀을 가르쳤다. 바수반두는 곧 깨달았다. 비록 소승의 공관은 터득하였으나 생각은 오히려 편안하지 않았다. 그는 나름대로 결론을 내렸다.

"진리는 지관(止)으로는 응할 수 없다."

322 『大唐西域記』卷五, 大正藏 51, p. 896b. 城西南五六里大菴沒羅林中, 有故伽藍, 是阿僧伽唐言無著菩薩請益導凡之處. 無著菩薩夜昇天宮, 於慈氏菩薩所受『瑜伽師地論』, 『莊嚴大乘經論』, 『中邊分別論』等, 畫爲大衆講宣妙理.
323 주요 자료는 『바수반두법사전婆藪槃豆法師傳』이다. 이 전기는 546년 남해南海를 거쳐 중국에 도래한 진제眞諦(Paramārtha)의 번역으로 알려졌다. 세친의 사망 연도(추정)와는 1세대밖에 차이가 나지 않는 진제는 특히 미륵-무착-세친의 여래장·유식의 교의에 관심을 기울였다. 따라서 진제는 위의 세 사람의 연고지를 편력하면서 그들로부터 직접 가르침을 받은 사람들에게 이야기를 들었던 것으로 추정된다. 三枝充悳, 송인숙 옮김, 『세친의 삶과 사상』, 불교 시대사, 1993, p. 22.

그는 신통력으로 도솔천에 가서 미륵에게 가르침을 구했다. 미륵은 대승의 공관을 설해 주었다.

바수반두가 지상으로 돌아와서는 미륵의 가르침을 떠올리는 순간, 대지가 여섯 갈래로 진동하였다. 마침내 대승에서 설하는 공의 이치를 터득하였다. 이로 인하여 이름을 아상가阿僧伽(Asaga)라하였다. 번역하면 무착無着이다.

무착은 이후로도 자주 도솔천에 올라가 미륵에게 대승경의 뜻을 물었다. 미륵이 자세히 해설하니 터득하는 바가 있었다. 그는 지상으로 돌아와 자기가 들은 바를 다른 사람들에게 설하였는데, 많은 사람들은 그의 가르침을 믿지 않았다. 무착은 미륵을 향해 간절히 발원하였다.

"나는 지금 중생으로 하여금 대승을 믿어 깨닫게 하고자 하오니, 오직 원하옵건대 큰 스승께서는 이 땅에 내려오셔서 대승을 해설하시어 중생들 모두가 믿고 깨닫게 해주십시오."

미륵이 감응하였다. 무착의 서원대로 미륵은 밤마다 지상에 내려와 큰 광명을 놓고 인연 있는 중생들을 널리 모이게 하여『십칠지경十七地經』(현존하는『유가사지론瑜伽師地論』의 앞부분인 본지분本地分에 해당한다)을 외우며 가르침을 폈다. 마침내 넉 달 반이 지나고서야『십칠지경』의 해석을 바야흐로 끝낼 수 있었다.

이때 사람들이 모두 한 건물 안에서 미륵의 설법을 들었는데 무착만이 미륵 가까이 갈 수 있었을 뿐이었다. 다른 사람들은 단지 멀리서 미륵의 음성을 듣는데 불과했다. 따라서 밤에는 모두 미륵의 설법을 듣고, 낮에는 무착이 미륵의 가르침을 하나, 하나 해석해 주었다. 이렇게 하여 많은 사람들이 대승불교인 미륵의 가르침을 믿게 되었다.

무착은 미륵이 가르친 일광삼매一光三昧를 수행하고 미륵이 설한 대로 학문을 닦아서 마침내 선정禪定의 삼매를 획득하였다. 과거에 이해할 수 없었던 것도 모두 깨우쳐 통달하였다. 부처님이 과거에 가르친『화엄경』등 모든 대승경들의 뜻을 이해하였으며, 미륵이 도솔천에서 그를 위해 대승경의 뜻을 해설한 내용도 이해할 수 있었다. 후에 그는 대승경 우바제사優波提舍(upadeśa, 論)를 지어 부처님께서 말씀하신 대승의 모든 가르침을 해석하였다.[324]

당시 미륵은 '5대부五大部'라고 불리는『유가사지론』,『대승장엄경론』,『중변분별론』,『구경일승실성론究竟一乘實性論』,『법성 분별론法法性分別論』등의 저서로 그의 제자 무착에서 현현되었다.[325] 무

324『婆藪槃豆法師傳』, 大正藏 50, pp. 188b-188c. 北天竺富婁沙富羅國人也. (中略) 此土有國師婆羅門姓憍尸迦. 有三子同名婆藪槃豆. 婆藪譯為天. 槃豆譯為親. 天竺立兒名有此體. 雖同一名復立別名以顯之. 第三子婆藪槃豆. 於薩婆多部出家得阿羅漢果. 別名比鄰持(定梨反)跋婆. 比鄰持是其母名. 絞婆譯為子亦曰兒. 此名通人畜如牛子亦名絞婆. 但此土呼牛子為犢長子. 婆藪槃豆是菩薩根性人. 亦於薩婆多部出家. 後修定得離欲. 思惟空義不能得入. 欲自殺身. 賓頭羅阿羅漢. 在東毘提訶觀見此事從彼方來. 為說小乘空觀. 如教觀之即便得入. 雖得小乘空觀意猶未安. 謂理不應止爾因此乘神通. 往兜率多天諮問彌勒菩薩. 彌勒菩薩為說大乘空觀. 還閻浮提如說思惟. 即便得悟於思惟時地六種動既得大乘空觀. 因此為名. 名阿僧伽. 阿僧伽譯為無著. 爾後數上兜率多天諮問彌勒大乘經義. 彌勒廣為解說隨有所得. 還閻浮提. 以己所聞為餘人說. 聞者多不生信. 無著法師即自發願. 我今欲令眾生信解大乘. 唯願大師下閻浮提解說大乘令諸眾生皆得信解. 彌勒即如其願於夜時下閻浮提. 放大光明廣集有緣眾. 於說法堂誦出十七地經. 隨所誦出隨解其義. 經四月夜解十七地經方竟. 雖同於一堂聽法. 唯無著法師得近彌勒菩薩. 餘人但得遙聞夜共聽彌勒說法. 晝時無著法師更為餘人解釋彌勒所說因此眾人聞信大乘彌勒菩薩教. 無著法師修日光三摩提. 如說修學即得此定從得此定. 後昔所未解悉能通達. 有所見聞永憶不忘. 佛昔所說華嚴等諸大乘經悉解義. 彌勒於兜率多天. 悉為無著法師解說諸大乘經義. 法師並悉通達皆能憶持. 後於閻浮提造大乘經優波提舍. 解釋佛所說一切大教.
325 "혹자는 이 미륵을 도솔천의 미륵보살이 아닌 어떤 다른 역사적 인물일 것이라고 구태여 격하시키려 하는 주장을 펴기도 하였지만, 이는 도솔천의 의미를 환각적인 영상이거나 실질적인 객관적 공간으로 보며, 또 불교 수행의 신비적 체험을 무시하려는 잘못된 안목에 기인한 주장이라고 보아야 할 것이다." 이기영,「미륵 신앙의 재정

착이 미륵으로부터 직접 지도를 받았다는 이 대목은 주목된다. 유
가파의 신앙 형태를 알 수 있는 단초가 되는 까닭이다.

무착에서 비롯된 유가론은 그의 동생(교시가 바라문의 둘째아들 바
수반두) 세친에 의해 집대성된다.[326] 세친은 미륵과 무착의 저서
는 물론『법화경』,『무량수경』,『십지경』등 대승 경전에 대한 많
은 주석서를 편찬하는 한편『유식이십론唯識二十論』,『유식삼십송
唯識三十頌』을 저술하였다.『유식삼십송』은 유식 사상의 전 체계를
30송의 시로 간명하게 표현한 것으로 후학에게 매우 난해하여 많
은 주석가들이 출현하게 된다. 호법, 덕혜德慧, 안혜安慧, 친승親
勝, 난타難陀, 정월淨月, 화변火辯, 승우勝友, 승자勝子, 지월智月 등 십
대논사가 그들이다. 이들이 활동하던 때를 십대논사 혹은 제가논사
諸家論師의 시대라 부른다. 중국으로의 유식 사상 전래도 바로 이 시
대에 해당한다. 물론 유가파의 미륵 신앙도 함께 전해졌다.

중국으로의 유식학 전래는 3차에 걸쳐 이루어졌다. 북위北魏 선
무제宣武帝 영평 원년永平元年(508) 보리류지菩提流支 등이 세친의
『십지경론』을 번역하여 지론종地論宗을 개창한 것이 시초이다. 다
음으로는 진陳 문제文帝 4년(563) 진체가 무착의『섭대승론』과 세

립」, p. 19. 미륵이 실존 인물이라고 주장하는 대표적인 논자는 宇井伯壽이다. 그는
미륵의 스승 미륵이 270~350년경에 생존하였다고 주장한다. 그 이유는 '5대서'의
저자로 미륵인 점을 들고 있다. 宇井伯壽,『大乘佛敎の硏究』, 1963, 483-491. ; 이기
영, 위의 논문, p. 28 재인용. 반면, 오형근은 이기영과 같은 입장이다. 무착의 간절
한 신앙심이 자신이 저술한 '오대부'를 미륵에게 헌상하는 형식으로 저자 이름을 미
륵으로 했다는 것이다. 오형근,「유가 유식을 통한 미륵 신앙의 전래」,『한국 문화와
원불교 사상』, 1985, p. 555-556. ; 김혜완,『신라 시대 미륵 신앙의 연구』, p. 16
각주. 17 재인용.
326 바수반두(Vasubandhu)에 대해 진제는 바수반두婆藪槃豆로 음역하고 천친天
親으로 번역하였고, 현장은 벌수반도伐藪畔豆로 음역하고 세친世親으로 번역하였다.
三枝充悳, 앞의 책, p. 22.

친의『섭대승론석攝大乘論釋』을 번역하여 섭론종攝論宗을 개창한 것이 두 번째이고, 마지막 세 번째는 당태종 정관 19년(645)에 현장이『성유식론成唯識論』10권을 번역하여 이후 그의 제자 자은 대사慈恩大師 기기基(632~682)에 의해 법상종法相宗이 개창되었다. 세친이 사망한 뒤에 유가행파 중에서 진나陳那·무성無性·호법의 계통을 이은 계현戒賢 문하에서 유학했던 현장이 세친의『유식삼십송』에 주석을 한 호법의『성유식론』을 역출하고 제자 기에게 전수하였는데, 이 호법의 학설을 중심으로 법상종을 설립한 것이다.[327] 보리류지와 진제의 유식을 구유식이라 하고 현장의 유식을 신유식이라고 한다.[328]

중국으로 전래된 유가파의 미륵 신앙은 7세기를 전후한 무렵, 신라에 전해졌다. 원광과 자장의 행적에서 미륵사상의 흔적을 살펴볼 수 있기 때문이다. 이때 수입된 유식 사상은 진제의 섭론학이었다. 원광과 자장을 통해 구유식의 수용은 알 수 있으나 이들이 미륵 신앙을 하였다는 기록은 발견되지 않는다. 현장의 신유식은 신라 불교 사회에서도 선망의 대상이었다. 많은 신라승들이 신유식을 배우기 위해 입법구당入法求唐 길에 올랐다. 원측圓測, 신방, 도증道證, 승장勝莊, 도륜道倫(또는 遁倫), 의상義湘, 경흥憬興 등이 그들이다.

신라에서 신유식에 대한 관심은 원효元曉의 행적을 통해서도 확인된다. 원효는 의상과 함께 두 차례에 걸쳐 당나라 유학길에 올

---

327 鎌田茂雄, 앞의 책, p. 206.
328 오형근, 「십대논사 및 제가 논사에 대한 고찰」, 『유식 사상』, 불교사 상사, 1983, p. 17-22. ; 심효섭, 앞의 논문, p. 5.

랐다. 물론 현장삼장과 그의 제자 기의 신유식 사상을 수학하기 위해서였다. 『송고승전』 권4 「원효전元曉傳」에 따르면 당시 원효는 현장과 그의 제자 기의 신유식을 사모하여 의상과 함께 당나라 유학길에 올랐다고 하였다.[329] 그가 두 번째 입당구법 길에 올랐을 때 도중에 비를 만나 한 토굴에 머물렀다. 이튿날 그것이 토굴이 아니라 무덤이라는 것을 알고 그는 크게 깨닫게 된다. 그는 저 유명한 "삼계유심三界唯心이요 만법유식萬法唯識이라. 마음 외에 법이 없는데 어찌 다른 데서 구하겠는가."[330]라는 〈오도송悟道頌〉을 남기고 유학길을 포기하였다. 이 〈오도송〉은 유식설의 근본을 이미 체득하였음을 보여주는 내용이다. 이후로 원효는 유식학과 관련된 많은 저술을 남기게 된다.

진표의 사승 숭제가 당나라에 유학한 것은 바로 이 무렵이었다. 그러나 숭제가 유식설과 접촉한 기록은 아직 발견되지 않는다. 숭제의 사승 선도 역시 마찬가지다. 물론 통불교적인 신라불교의 성격상 숭제가 전혀 유식설을 몰랐거나 거부했다고 할 수는 없다. 어떤 식으로든 유식설과 접촉하였을 것이다. 그리고 그 유식학을 제자 진표에게 전하였을 것이다. 물론 진표가 사승한테 유식학을 배운 것이 아닐 수도 있다. 신라에는 이미 유식학이 유행하고 있었고, 또한 경주에는 신라 '유가瑜伽의 개조' 대현大賢[331]이 활동하

---

329 『宋高僧傳』卷4 「唐新羅國黃龍寺元曉傳」, 大正藏 50, p. 730a. 嘗與湘法師入唐. 慕奘三藏慈恩之門.

330 『宋高僧傳』卷4 「唐新羅國黃龍寺元曉傳」, 大正藏 50, 729a. 又三界唯心萬法唯識. 心外無法胡用別求. 我不入唐.

331 대현에 대해 한국과 중국의 문헌 자료에는 대부분 '대현'으로 기록하고 있다. 물론 『삼국유사』에도 '대현'으로 기록되어 있다. 일본 측 자료에는 태현太賢으로 기록되어 있다. 이에 따라서 한국의 일부 논자들도 '태현'으로 부른다. 여기서는 '대현'으

고 있었기 때문이다. 진표가 경주에 가지 않았다고 해도 유식학과 접촉할 기회는 많았을 것이다. 만약 그렇다면, 금산사를 나와 미륵으로부터 계법을 받기 위해 수행처를 찾아다니던 진표가 전국 명산을 두루 돌아다니던 그때였을 것이다.

유식학의 소의 경론으로는 6경11론六經十一論을 들고 있다. 이 중에서 유식학의 근본 경전은 『해심밀경解深密經』이다. 주요 논서로는 미륵의 『유가사지론』, 무착의 『섭대승론』, 『현양성교론』, 세친의 『십지경론十地經論』, 『유식삼십송』, 호법 등의 『성유식론』 등이 있다.

유식학에서는 인간의 정신세계를 의식 작용의 주체와 그에 수반되는 심리 작용으로 구분한다. 전자는 심왕心王이라고 한다. 여기에는 여기에 6식識 · 8식 · 9식의 구별이 있다. 후자는 심소心所라고 한다. 여기에는 51가지가 있다. 존재 구조면에서 8식은 전식轉識과 근본식根本識으로 나누어 설명된다. 전식은 안식眼識 · 이식耳識 · 비식鼻識 · 설식舌識 · 신식身識 등 5식五識(전오식前5識이라고도 부른다)과 제6 의식意識 · 제7 말라식末那識(manas)을 가리킨다. 제6식은 전5식의 내용을 종합적으로 인식하는 작용을 한다. 이밖에도 기억 · 회상 · 추리 · 상상 등의 작용을 한다.

근본식은 제8 아뢰야식阿賴耶識(ālaya vijñāna)이다. ālaya는 저장, 집착, 무몰無沒의 뜻이다. 진제 등은 무몰식無沒識이라 번역하고 현장은 장식藏識이라 번역했다.[332] 유식설에서 중심이 되는 것은

<hr />

로 지칭한다.
332 『성유식론』에 의하면 제8 장식의 '장藏'에 세 가지 뜻이 있다. (1) 능장能藏. 만유를 내는 친인親因은 종자를 갈아 두는 식이란 뜻. (2) 소장所藏. 8식 중 다른 7식에 의하여 염법染法의 종자를 훈습하여 갈는 식이란 뜻. (3) 집장執藏. 제8식은 오랜 때

제8 아뢰야식이다. 아뢰야식은 인간 의식의 가장 깊은 곳에 있는 심층 의식으로서 현재의 모든 행위와 인식이 이를 바탕으로 일어나고(種子生現行), 또한 현행식의 활동은 찰나마다 발생하고 사라진다. 따라서 제8 아뢰야식을 종자식種子識이라고도 한다.

종자란 무엇인가? 인간은 누구나 본성적으로 불성을 갖고 있는 존재이며, 현실적으로 심왕과 심소 등 역동적인 정신 구조를 갖추고 있다. 개인은 일생 생활에서 여러 외부 상황에 처하면서 지각하고 판단·사유함, 갖가지 감정이 교차되고, 정신적으로나 신체적으로 선·악·무기無記[333]의 업을 짓는다. 이러한 정신적·신체적 행위의 결과가 아뢰야식 속에 습기習氣(Vasanē)의 형태로 이식, 저장되는데, 이것을 종자種子라고 한다. 종자는 단순히 생리학적 저장물이 아니다. 특수한 정신적 힘, 에너지(功能差別)로서 정신 현상의 주체와 작용이 발생, 존재하게 되는 원동력이 된다.[334] 종자에는 본유종자本有種子와 신훈종자新熏種子의 두 종류가 있다. 본유종자는 본유종本有種·본성주종本性住種이라고 한다. 제8식 가운데 선천적으로 존재한 세력을 말한다. 신훈종자는 후천적으로 여러 가지 정신 작용에 의하여 새로 생긴 세력을 말한다.

이제 미륵이 진표에게 전한 제8, 9간자에 대한 의미를 좀 이해

부터 없어지지 않고 상주하므로 자아自我인 듯이 제7식에게 집착되는 식이란 뜻이 그것이다.

333 3성性의 하나. 온갖 법의 도덕적 성질을 3종으로 나눈 가운데서 선도 악도 아닌 성질로서 선악 중의 어떤 결과도 끌어오지 않는 중간성中間性을 말한다. 이 무기에는 다 같이 선악의 결과를 끌어올 능력이 없으면서도 수행을 방해하는 유부有覆무기와 방해하지 않는 무부無覆무기가 있다. (『불교 사전』)

334 지금까지 논의한 유식학 이론에 대해서는 다음 논문을 주로 참고, 인용하였다. 묘주, 「유식학의 중심 사상」, 『석림』Vol. 32, 동국대 석림회, 1998, pp. 22-25.

하였을 것이다. 3종의 진표 전기에 공통적으로 기록된 제8·9간자에 대한 미륵의 말씀은 이미 지적하였듯이 신득묘계新得妙戒·증득구계增得具戒, 시각始覺·본각本覺, 신훈성불종자·법이종자, 신훈종자·본유종자 등으로 정리된다. 다시 전·후자를 따로 모으면 제8간자는 신득묘계·시각·신훈성불종자·신훈종자이고, 제9 간자는 증득구계·본각·법이종지·본유종자이다. 표현은 다르지만 각각 같은 뜻임을 알 수 있다. 그리고 이들 새로운 용어는 지금까지 논의한 바와 같이 유식학의 종자설에서 유래하였다는 것도 확인할 수 있다. 특히 시각·본각 2각二覺이라는 용어는 『점찰경』하권과 함께 기신론起信論 계통으로 보는 시각도 있으나 [335] 유식관唯識觀에 대한 언급도 있다. 『점찰경』이 중국에서 성립되면서 당시 성행하였던 여러 불교 사상의 영향을 받아 찬술된 결과일 것이다. [336]

진표가 미륵으로부터 받은 제8, 9간자에 대해 같은 유식 학설이지만, 약간 다른 해석이 있어서 언급이 필요할 것 같다. 유식학의 큰 골격은 우리 마음의 구조를 전6식, 제7식, 제8식, 그리고 제9 아마라식阿摩羅識(amala-vijñāna)[337]으로 구분하여 놓은 것이다. 이 중에서 중요한 것은 심층의 마음을 상징한 제8식과 제9식이다. 학파에 따라 약간의 차이가 있지만, 보통 제8식을 진망화합식眞妄

---

335 이기영, 「신라불교의 철학적 전개」, 『한국 철학 연구』상, 1977, pp. 108-114.
336 김남윤, 「신라중대 법상종의 성립과 신앙」, p. 130.
337 아말라阿末羅·암마라菴摩羅라고도 음역하고 무구無垢·백정白淨·청정淸淨이라 번역한다. 중국의 신역新譯에서는 우주 현상을 설명하는 데 8식을 들어 제8식 아뢰야로써 미계迷界·오계悟界를 전개하는 근본이라 하므로, 제8식의 밖에 따로 제9식을 인정하지 않고 정계淨界의 제8식을 아마라식이라 하였다. 반면 구역舊譯에서는 이것을 따로 세워 제9식이라 하며 아마라식이라 하였다.

和合識, 제9식을 무구식無垢識—진여 본체를 식識으로 인정하여 만유의 근원이라고 한다. 따라서 수행의 궁극적인 목표는 제8식을 거쳐 제9식의 상태에 도달하도록 일정 부분을 지원하는 식으로 정리된다는 것이다.

여기서 진표가 미륵으로부터 받은 제8간자는 신득묘계 · 시각 · 신훈성불종자 · 신훈종자이고 제9간자는 증득구계 · 본각 · 법이종지 · 본유종자이며, 나머지 간자는 모든 번뇌에 비유된다고 했을 때 「진표전간」, 제8, 9간자는 유식학의 제8, 9식에 다름 아니라는 지적이다. 미륵의 가르침에 따라서 모든 번뇌를 털어 버리고 제8, 9간자만 남아 있을 때 수행의 목표가 달성된다는 것과, 유식학파에서 수행 목표를 제8, 9식의 경지로 설정하는 것은 거의 같은 구도다. 논자는 간자와 식을 이와 같이 연결시키는 이유에 대해서 미륵을 근거로 들고 있다. 진표가 받은 간자는 미륵으로부터 받은 것이며, 미륵은 또한 유식의 가르침을 설한 종조로 간주되기 때문이라는 것이다.[338]

3) 미륵의 수기를 받다

(1) 미륵 신앙이란 무엇인가

미륵은 산스크리트어 Maitreya를 음역한 것이다. Maitreya는 '자慈maitrī를 갖춘 분'이라는 뜻이다. 따라서 미륵은 자씨慈氏, 자존慈尊으로 의역된다. 대승불전에 등장하는 불보살이 인간 심성의

---

338 조용헌, 「진표율사 미륵사상의 특징」, 『한국사상사학』Vol. 6 No. 1, 한국사 상사 학회, 1994, pp. 201-201.

권화로서 상징되고 있다는 것은 이미 지적하였다. 이 경우에 미륵은 대자大慈를 상징한다. 지장보살의 비원悲願과 상통하는 대목이다. 흔히 불교를 '자비'의 종교라고 한다. 미륵과 지장의 서원을 합치면 '자비'가 된다. 그 정도로 미륵과 지장보살은 불교를 대표하는 보살이다. '자'는 '사랑할 자慈'자로서 사랑하다, 사랑, 어머니, 자식을 사랑한다는 의미를 갖고 있다.

미륵의 가장 큰 특징은 미래불로서 희망을 상징하고 있다는 데 있다. 불교에서는 흔히 과거불로서 연등불燃燈佛, 현재불로서 석가모니불, 그리고 미래불로서 미륵불을 이야기한다. 석가모니불은 현재불이지만 동시에 '과거불'이 되었다. 현재는 무불 시대이고, 이 무불 시대의 교주가 지장보살이라는 것은 앞 장에서 논의하였다. 미륵은 현재 도솔천에서 천상 사람들에게 설법을 하면서 하생할 날을 기다리고 있다. 불교에서 미륵은 석가여래의 보처보살이지만, 미래에 부처(여래)가 되는 것이 확정되어 있으므로 미륵불이라고 한다. 미륵을 조상造像할 때 보살형과 여래형이 모두 통용되는 이유다.

미륵사상과 미륵 신앙을 탐구하기 위해서는 먼저 미륵 경전을 이해하는 것이 순서이다. 미륵이 등장하는 불교 경전은 폭넓게 존재한다. 논자에 따라서는 미륵에 대하여 직, 간접적으로 다루고 있는 경전이 50여 종에 이르는 것으로 파악한다.[339] 물론 미륵이 등장한다고 해서 모두 미륵사상을 말하는 경전으로 인정되지 않는다. 이들 가운데 미륵사상과 신앙의 소의가 될 만한 경전은 일

---

339 赤沼智善, 『佛教經典史論』, 1961, pp. 197-201. ; 김혜완, 『신라 시대 미륵 신앙의 연구』, p. 5 재인용.

반적으로 6종이 꼽히고 있다. 이를 미륵6부경彌勒六部經이라고 한다. 『미륵하생경』(축법호 역) · 『미륵성불경』(구마라집 역) · 『미륵하생경』(구마라집 역) · 『미륵내시경彌勒來時經』(역자미상) · 『미륵하생성불경』(의정 역) · 『미륵보살상생도솔천경彌勒菩薩上生兜率天經』(저거경성沮渠京聲 역) 등이다.

미륵6부경 가운데 구마라집이 번역한 『미륵하생경』은 같은 구마라집 번역 『미륵성불경』을 다시 엮은 것으로 같은 경이다. 『미륵래시경』과 축법호의 『미륵하생경』, 의정이 번역한 『미륵하생성불경』도 같은 경으로 보아야 한다는 것이 학계의 지적이다. 따라서 『미륵보살상생도솔천경』(『미륵상생경』) · 『미륵하생경』 · 『미륵성불경』을 미륵 신앙의 기본 경전으로 꼽고 있다. 이를 '미륵삼부경'이라고 한다.

미륵경전에는 미륵을 따라 도솔천에 상생하여 설법을 들으면서 보살행에 참여했다가 미륵이 하생할 때 함께 내려와 그의 세계 구제의 대업에 참여할 것을 강조하는 가르침을 담고 있다. 전자는 미륵상생신앙, 후자는 미륵하생신앙이라고 한다. 미륵 삼부경은 미륵상생신앙에 대한 가르침을 담고 있는 『미륵상생경』, 그리고 미륵이 하생하여 성불하고 중생을 구제하게 되는 과정을 담고 있는 미륵하생신앙 경전으로서 『미륵하생경』, 『미륵성불경』으로 구분할 수 있다.

먼저 미륵상생신앙을 검토하자. 미륵상생신앙은 사후에 미륵이 천상의 중생을 위해 설법하고 있는 도솔천에 왕생하여 도솔천의 복락을 얻는 것을 목표로 삼는 일종의 정토淨土신앙이다. 흔히 미륵정토신앙이라고 한다. 소의경전은 『미륵상생경』이다.

『미륵상생경』에서 질문자는 석가의 십대제자 중 한 명인 우바리優婆離(Upāli)이다. 그는 원래 카필라바스투迦毘羅城 왕자의 이발사였다. 석가의 사촌 동생 아난阿難(Ānanda) 등이 출가하는 것을 보고 따라갔다가 허락을 받아 득도했다. 그는 석가 10대 제자 중에 계율을 잘 지키기로 제1인자였다. 경전을 결집할 때 석가가 가르쳐준 계율을 외워 낸 장본인이다. 따라서 우바리가 『미륵상생경』의 질문자로 등장한 것은 이 경이 무엇을 말하고자 하는 지 암시하는 대목이다. 또한 진표 '불교'가 미륵 신앙이고 왜 계율을 중시하는지 이해할 수 있는 한 자료가 될 수 있다.

도솔천兜率天(Tusita-deva)은 미륵이 머물고 있는 천상의 나라다. 불교에서 도솔천은 욕계欲界[340] 6천六天[341]의 하나. 수미산의 꼭대기서 12만 유순 되는 곳에 있는 천계天界로서 7보七寶로 된 궁전이 있고 한량없는 하늘 사람들이 살고 있다. 도솔천에는 내·외의 2원院이 있다. 외원外院은 도솔천중의 욕락처欲樂處이고, 내원內院은 미륵보살의 정토라 한다. 미륵은 여기에 있으면서 설법하여 남섬부주南贍部洲[342]에 하생하여 성불할 시기를 기다리고 있다. 이 하늘은 아래에 있는 사왕천·도리천·야마천이 욕정에 잠겨 있고, 위에 있는 화락천·타화자재천이 들뜬 마음이 많은데 대하여 잠기

---

340 3계界의 하나이다. 지옥·아귀餓鬼·축생畜生·아수라阿修羅·인간·6욕천六欲天을 총칭한 말이다. 이런 세계는 식욕·수면욕·음욕이 있으므로 욕계라 한다.

341 육욕천六欲天과 같은 말이다. 욕계육천欲界六天이라고도 한다. 3계界 가운데 욕계에 딸린 6종 하늘을 가리킨다. 이 하늘 사람들은 모두 욕락이 있으므로 욕천이라 한다.

342 남염부제南閻浮提·염부제閻浮提를 가리킨다. 수미사주須彌四洲 가운데 하나이다. 불교의 세계관에 따르면 남섬부주는 수미산의 남쪽에 있으며 7금산과 대철위산 중간, 바다에 있는 대주洲 이름이다. 인간이 살고 있는 세계이다.

지도 들뜨지도 않으면서 5욕락에 만족한 마음을 내므로 미륵 등의 보처보살이 있다고 한다. 이 하늘 사람의 키는 2리, 옷 무게는 1수銖 반, 수명은 4천세. 인간의 4백세가 이 하늘의 1주야라고 한다.

미륵은 도솔천 내원의 마니전摩尼殿('여의전如意殿'이라고도 한다) 사자좌獅子座에 앉아 있다. 『미륵상생경』에서 석가모니 부처가 "그때 미륵이 도솔천 칠보대에 있는 마니전의 사자좌에 홀연히 화생하여 연꽃 위에 가부좌하고 앉을 것이다"[343]고 수기하였다. 도솔천은 오백 만억의 도솔천중이 있다. 그들이 미륵을 위해 보궁을 만들었는데 장엄하기가 이루 말할 수 없다. 석가는 "미륵이야말로 미래세의 중생들에게 큰 귀의처가 된다."[344]고 하면서 자기가 열반한 뒤 제자들에게 부지런히 정진하여 도솔천에 왕생하라고 부촉한다.

또 오로지 한 마음으로 부처님의 거룩한 모습을 생각하고, 미륵보살을 부르거나 한 생각 동안이라도 여덟 가지 재계를 받아 깨끗한 수행을 하고, 미륵보살에 대한 큰 서원을 일으킨다면, 이런 사람들은 다 목숨을 마치자마자 날쌘 장사가 팔을 한번 펴는 그 짧은 찰나에 도솔천에 왕생할 것이다. (중략) 미륵보살 마하살의 이름을 듣고, 기쁜 마음으로 미륵보살에게 공경하며 예배하는 이가 있다면, 이 사람 또한 목숨을 마치자마자 아주 짧은 찰나에 도솔천에 왕생할 것이

---

343 『佛說觀彌勒菩薩上生兜率天經』, 大正藏 14, 419c. 時兜率陀天七寶臺內摩尼殿上師子床座忽然化生. 於蓮華上結加趺坐.
344 『佛說觀彌勒菩薩上生兜率天經』, 大正藏 14, 420b. 佛告優波離. 汝今諦聽. 是彌勒菩薩於未來世當為眾生. 作大歸依處.

다.[345]

석가는 이와 같이 미륵상생신앙을 강조한다. 미륵상생신앙에는 무엇보다도 계율이 중요함을 누누이 강조하는 것도 특징이다. 도솔천에 왕생하기 위해서는 오계, 팔관재계八關齋戒, 구족계를 갖추고, 미륵보살에 대한 큰 서원을 일으키고, 미륵보살을 공경하며 예배해야 한다. 만약 계율을 범하고 많은 죄업을 지었다면 미륵 앞에서 오체투지하며 지성으로 참회해야 한다. 끊임없이 도솔천을 관하고, 계율을 지키면서 십선을 생각하고 십선법을 닦으며 미륵보살의 앞에 태어나기를 원해야 한다.[346]

여기에 이르면 진표가 왜 신앙의 최종 목표로서 미륵을 정하고, 그토록 '혹독한' 망신참법을 통해 미륵을 친견하려고 했는지 이해할 수 있을 것이다. 아니, 진표는 사승이 준 『점찰경』의 참회 계법에 따라 수행을 했고, 그 결과로서 지장보살은 물론 미륵을 친견할 수 있었다. 그러나 『점찰경』의 그것은 수행 과정 자체의 가르침에 지나지 않았다. 『점찰경』만 가지고는 진표 신앙의 최종 도달점이 왜 미륵인지 알 수가 없다. 바로 의문점을 『미륵상생경』이 해명해 주고 있는 것이다. 『점찰경』의 그것이 작은 그림이라면

345 『佛說觀彌勒菩薩上生兜率天經』, 大正藏 14, 419c-420c. 如是等輩若一念頃受八戒齋. 修諸淨業發弘誓願. 命終之後譬如壯士屈申臂頃. 即得往生兜率陀天. (中略) 是諸大眾. 若有得聞彌勒菩薩摩訶薩名者. 聞已歡喜恭敬禮拜. 此人命終如彈指頃即得往生.
346 『佛說觀彌勒菩薩上生兜率天經』, 大正藏 14, 419c-420c. 佛滅度後四部弟子天龍鬼神. 若有欲生兜率陀天者. 當作是觀繫念思惟. 念兜率陀天持佛禁戒. 一日至七日. 思念十善行十善道. 以此功德迴向願生彌勒前者. 當作是觀. 作是觀者. 若見一天人見一蓮花. 若一念頃稱彌勒名. 此人除卻千二百劫生死之罪. 但聞彌勒名合掌恭敬. 此人除卻五十劫生死之罪. 若有敬禮彌勒者. 除卻百億劫生死之罪. 設不生天未來世中龍花菩提樹下亦得值遇. 發無上心.

『미륵상생경』은 큰 그림이라고 할 수 있다. 전자는 나무이고 후자는 숲이다. 그리고『미륵상생경』에 따르면 진표의 미륵 신앙은 일차적으로 상생 신앙이라고 할 수 있다.

미륵상생신앙은 도솔천에 왕생하기를 원하는 정토 신앙이다. 그러나 미륵상생신앙의 최종 도달 지점은 도솔천 상생이 아니다. 도솔천 상생에는 미래에 미륵을 따라 하생하여 지상천국인 용화세계龍華世界의 복락을 함께 하는 것까지 포함된다. 미륵상생신앙은 단독적인 것이 아니라 하생 신앙과 상통하고 있는 것이다.[347] 『미륵상생경』의「유통분流通分」마지막을 "부처님께서 이 말씀을 하시는 동안 다른 세계에서 온 십만 보살들은 번뇌의 마구니를 물리치는 '수능엄삼매'를 얻었고, 8만억 하늘들은 보리심을 일으켜, 장차 미륵보살을 따라 이 세상에 하생할 것을 발원하였다.[348]"는 설법이 근거가 된다.

미륵하생신앙을 검토하기 전에 미륵의 본원本願에 대해 검토하자.『대보적경大寶積經』에는「미륵보살소문회彌勒菩薩所問會」라는 경전이 포함되어 있다. 이것이 별도로『미륵보살소문본원경彌勒菩薩所問本願經』이라는 단독경으로 전해 오고 있다. 이 경에서는 미륵보살이 부처에게 보살이 지녀야 할 본원에 대해 질문하고, 부처가 대답하는 것을 그 내용으로 삼고 있다. 여기에서는 모든 악도惡道에서 벗어나고 악지식惡知識을 떠나 속히 무상보리를 얻는 방법으로서 십법十法이 강조되고 있다. 교리적으로 이 경의 설법 내용은

---

347 김혜완,『신라 시대 미륵 신앙의 연구』, p. 9.
348『佛說觀彌勒菩薩上生兜率天經』, 大正藏 14, 420c. 佛說是語時. 他方來會十萬菩薩. 得首楞嚴三昧. 八萬億諸天發菩提心. 皆願從彌勒下生.

매우 중요한 의미를 갖는다.[349]

　이 경에서는 과거의 석가불과 미래의 미륵불이 각각 보살로서 같은 사승 밑에서 공부할 때, 두 구도자가 상이한 길을 택했음을 밝히고 있다. 보살에게는 두 가지 섭취하고 두 가지 장엄하는 길이 있다. 하나는 석가가 보살일 때 택한 중생을 섭취하고 중생을 장엄하는 길이다. 다른 하나는 미륵이 지금까지 걷고 있는 국토를 섭취하고 국토를 장엄하는 길이다. 좀 거칠게 이해하면 석가는 중생 개인, 개인을 구제하는 길을 택하였고 미륵은 각 개인이 포함된 국가 단위를 구제하는 길을 택하였다.

> "미륵보살은 불기 법인을 얻은 지가 오래된 것이 이러한데 어찌 빨리 위없는 정진도正眞道 최정각最正覺을 얻지 않았습니까?"
> 　부처가 아난에게 말했다. "보살은 네 가지 일로 정각正覺을 취하지 않나니 무엇이 넷인가. 첫째는 국토를 청정하게 함이요, 둘째는 국토를 보호함이요, 셋째는 일체를 깨끗하게 함이요, 넷째는 일체를 보호함이니, 이것이 네 가지 일이 된다. 미륵보살은 부처를 구할 때에 이 네 가지 일로서 부처가 되지 않았다."[350]

　미륵의 본원은 국가 차원의 중생을 구제하는 것이다. 불국토 건설이 그것이다. 백제는 물론 신라에서 초전 불교 당시 미륵 신앙이 유행한 이유이다. 미륵 신앙과 관련하여 이 대목은 아무리 강

---

349 이기영, 「미륵 신앙의 재정립」, p. 13. '십법'에 대해서는 『미륵보살소문본원경』과 함께 이 논문 p. 13, ; pp. 27-28 각주. 10을 참고할 것.
350 『彌勒菩薩所問本願經』, 大正藏 12, 188a-199b. 彌勒菩薩得不起忍, 久遠乃爾, 何以不速逮無上正眞道最正覺耶 佛語阿難 菩薩以四事不取正覺. 何等為四一者淨國土 二者護國土 三者淨一切四者護一切. 是為四事. 彌勒菩薩求佛時, 以是四事故不取佛.

조해도 지나치지 않을 것이다.

미륵하생신앙은 도솔천에 머물고 있는 미륵을 따라 하생하여 미륵의 용화3회 설법 도량에 참석하고, 그 지상의 이상세계인 용화 세계의 복락을 함께 하고자 하는 정토 신앙이다. 소의경전은 『미륵하생경』, 『미륵성불경』이다. 전자의 질문자는 다문제일多聞第一 제자인 아난이고, 후자는 지혜제일智慧第一인 사리불舍利弗(Śāriputra)이다.

두 경전에는 도솔천에 머물고 있는 미륵이 지상에 하생하여 성불하고, 용화삼회 설법을 하여 중생을 제도하는 과정이 상세히 설해지고 있다. 미륵이 하생하는 시기는 말법세의 오탁악세가 아니다.

> 미륵 부처님의 세계는 깨끗하기 짝이 없는 삶이라 거짓과 아첨이 없는 세계다. 보시, 지계, 반야바라밀을 닦지만 얽매이거나 집착하지 않는 세계며, 미묘한 열 가지 큰 원으로 장엄된 국토이다. 그래서 그 나라 중생들은 다 부드러운 마음으로 살아가게 된다. 또 미륵 부처님의 큰 자비는 껴안아 거두는 힘이 있어서 저 세상에 태어나는 중생들은 모두 감관을 잘 다스리고 길들이며, 부처님의 교화를 따르지 않는 사람이 없다.[351]

미륵이 하생하게 될 세상은 산과 개울, 절벽이 저절로 무너져서 다 없어지고, 4대해의 물은 각각 동서남북으로 나뉘어져 있다. 대지는 평탄하고 거울처럼 맑고 깨끗하다. 곡식이 풍족할 뿐만 아니

---

351 『佛說彌勒大成佛經』, 大正藏 14, 429a. 彌勒佛國從於淨命無諸諂偽. 檀波羅蜜. 尸羅波羅蜜. 般若波羅蜜. 得不受不著. 以微妙十願大莊嚴. 得一切衆生起柔軟心. 得見彌勒大慈所攝. 生彼國土調伏諸根. 隨順佛化.

라, 인구가 번성하고 갖가지 보배가 수없이 많으며, 마을과 마을이 잇따라 있어 닭 우는소리가 서로 들릴 정도로 가깝다. 아름답지 못한 꽃과 나쁜 과일, 시들한 나무는 다 씨가 마르고, 더러운 것은 다 없어진다. 감미로운 과일 나무와 향기롭고 아름다운 풀, 나무들만이 자란다. 기후는 온화하고 화창하며, 사계절이 순조로와 백여덟 가지의 질병이 없다. 탐욕과 성냄, 어리석음도 마음 깊이 있을 뿐, 눈에 띄게 드러나지 않고, 사람들의 마음도 어긋남이 없이 평화롭다. 그래서 만나면 즐거워하고, 착하고 고운 말만 주고받으니, 뜻이 틀리거나 어긋나는 말이 없다.[352]

미륵이 하생할 지상은 국토가 장엄된 세계이다. '국토를 섭취하고 국토를 장엄하는 길'은 미륵이 택한 길이었다. 미륵의 공덕으로 이미 이상세계를 이루고 있는, 이 세계를 통치하는 지도자는 전륜성왕 양거왕穰佉王이다. 양거왕 정부의 대신 중에 수범마修梵魔라는 사람이 있다. 수범마에게는 범마월梵摩越이란 아내가 있다. 미륵은 도솔천에 있으면서 수범마 내외가 늙지도 젊지도 않은 것을 보고 그들을 부모로 삼아 범마월 부인의 몸에서 태어나게 된다.[353] 마침내 미륵이 하생한 것이다.

이후 미륵은 중생이 오욕으로 고통 받는 것을 보고 연민의 마음을 갖게 되고, 출가하여 용화보리수龍華菩提樹 앞에 앉는다. 출가

---

352 『佛說彌勒下生經』, 大正藏 14, 421a. 諸山河石壁皆自消滅. 四大海水各減一萬. 時閻浮地極為平整如鏡清明. 舉閻浮地內穀食豐賤. 人民熾盛多諸珍寶. 諸村落相近. 雞鳴相接. 是時弊華果樹枯竭穢惡亦自消滅. 其餘甘美果樹香氣殊好者皆生于地. 爾時時氣和適四時順節. 人身之中無有百八之患. 貪欲瞋恚愚癡不大慇懃. 人心均平皆同一意. 相見歡悅善言相向. 言辭一類無有差別. 如彼優單越人而無有異.

353 『彌勒下生經』, 大正藏, 14, 421c. 爾時彌勒菩薩. 於兜率天觀察父母不老不少. 便降神下應從右脅生.

한 당일 초야에 마귀들을 항복시키고 무상도無上道를 이루고 성도한다. 이때 양거왕이 8만4천 대신과 함께 미륵불 앞에 나아가 예배하며 제자가 된다. 이후 미륵은 중생 구제의 대장정에 나선다. 용화 3회 설법龍華三會說法이 그것이다. 이 자리에는 당시 지상에 살고 있는 모든 중생은 물론 욕계의 수많은 천인들이 와서 공경, 예배하고 구제받게 된다.

미륵하생신앙은 현재불(실제로는 과거불)인 석가모니 부처에 의해 구제받지 못한 중생이 지상에서 열리는 용화 3회설법 도량에 참석하여 구제받기를 원하는 것이 근본이 된다. 미륵이 하생할 당시 지상과 용화 세계의 장엄은 미륵 천상 세계인 도솔천과 크게 다르지 않다. 따라서 미륵 신앙에는 천상의 정토인 도솔천, 지상의 정토인 용화 세계가 동시에 상정되는 것에 특징이 있다.

지금까지 논의한 바와 같이 미륵 신앙은 도솔천에 있는 미륵을 믿어 사후 그곳에 왕생하기를 원하는 상생 신앙과, 미래에 이 땅이 거의 낙토가 되었을 때 미륵이 하생하여 모든 중생을 구제하는 자리에 참여하기 되기를 원하는 하생 신앙으로 구분된다. 이와 같은 미륵상·하생 신앙은 시대적, 사회적 배경에 따라 신앙 계층에 차이가 있었고, 어느 한쪽이 중시되는 경향이 없지는 않았다. 신앙 방법에 있어서도 약간의 차이를 보이고 있다. 상생 신앙에서는 계율의 준수를 강조하고, 하생 신앙에서는 미륵에의 예경을 강조한다.[354] 그러나 상생 신앙자도 결국 미륵 하생 때 용화3회 설법 도량에서 최종적으로 구제되므로 하생 신앙으로 완결되는 구조를 갖고 있다. 미륵상생신앙은 미륵의 하생을 전제로 이루어지는 신

---

354 김혜완, 『신라 시대 미륵 신앙의 연구』, p. 14.

앙 체계라고 할 수 있다. 따라서 미륵상생신앙과 하생 신앙은 사실상 구분하기가 불가능하다. 상생 신앙도 사후 도솔천 왕생을 목적으로 하지만, 결국은 미륵이 하생할 때 용화3회 도장에 참석하기 위한 것이라고 할 수 있다. 따라서 포괄적인 의미에서 미륵 하생은 상생 신앙을 포함하는 개념으로 이해해도 좋을 것이다.

(2) 진표, 미륵의 수기를 받다

미륵은 진표에게 말했다. "네가 현세의 이 몸을 버리고 대국왕의 몸을 받아, 뒤에 도솔천에 다시 태어날 것이다."

진표가 미륵으로부터 수기授記를 받는 장면이다. 「석기」에 따르면 부사의방장을 수행처로 정한 진표는 미륵상 앞에서 참회 수행을 하면서 계법을 구했다. 3년이 되어도 미륵으로부터 수기를 얻지 못했다. 진표는 발분하여 바위 아래로 몸을 던졌는데 청의 동자가 손으로 받들어 돌 위로 올려놓았다는 일화는 이미 논의하였다. 수기가 무엇인가? 부처가 보살·2승二乘[355] 등에게 다음 세상에 부처가 될 것을 예언하는 교설이다. 마침내 능가산에서 친견하게 된 미륵은 진표에게 도솔천에 다시 태어날 것이라는 수기를 주었다. 이 장면은 『미륵상생경』에서 석가모니 부처가 미륵에게 수기를 하는 장면과 비슷하다.

부처님께서 우바리에게 말했다. "자세히 듣고 잘 생각하라. 여래가
이제 너희들에게 '더 위없이 가장 옳게 다 깨달음'을 이룰 미륵보살

---

355 2승二乘. 2종의 교법을 가리킨다. (1) 성문승聲聞乘·연각승緣覺乘. (2) 성문승·보살승. (3) 별교 일승別教一乘·3승乘. (4) 소승·대승. 여기서는 1을 가리킨다.

마하살의 수기에 대하여 말하리라. 미륵이 지금부터 12년 뒤에 목숨을 마치면 반드시 도솔천에 왕생할 것이다."[356]

부처가 '미륵이 지금부터 12년 뒤에 목숨을 마치면 반드시 도솔천에 왕생할 것'이라고 한 수기와 미륵이 진표에게 '너는 현세의 이 몸을 버리면 대국왕의 몸을 받아, 나중에는 도솔천에 다시 태어날 것'이라는 수기와 크게 다르지 않다. 차이점이 있다면 진표에 대한 미륵의 수기에서 '현세의 이 몸을 버리고 대국왕의 몸을 받아, 뒤에 도솔천에 다시 태어날 것(汝捨此身 受大國王身 後生於兜率)'이라고 했다는 점이다.

미륵의 수기는 두 가지 과정을 거치는 것으로 분석된다. 하나는 대국왕의 몸을 받는 것이고, 다른 하나는 물론 도솔천에 왕생하는 것이다. 수기 내용을 꼼꼼히 살펴보면 두 가지 해석이 가능하다. 먼저 대국왕의 몸을 받아서, 그 몸으로 도솔천에 왕생하는 것이다. 다른 하나는 대국왕의 몸을 받아서 '지상에서 살다가', 이후에 도솔천에 왕생하는 것이다. 일부 논자들은 후자에 주목하였다. 진표가 현세의 육신을 버리고 곧바로 도솔천에 태어나는 것이 아니라 윤회 전생하여 다시 인간 세상에 태어나더라도, 이 지상에 이상국가를 건설하려는 것으로 이해하였다.[357] 이 연구를 수용한다면, 지상에서 이상국가를 건설하는 이는 곧 대국왕이 될 것이다.

---

356 『彌勒上生經』, 大正藏14, p. 418c. 佛告優波離. 諦聽諦聽善思念之. 如來應正遍知. 今於此眾說彌勒菩薩摩訶薩阿耨多羅三藐三菩提記. 此人從今十二年後命終. 必得往生兜率陀天上.

357 이기백, 「진표의 미륵 신앙」, pp. 273-276. ; 조인성, 「미륵 신앙과 신라 사회-진표의 미륵 신앙과 신라 말 농민 봉기와의 관련성을 중심으로-」, 『인문 연구 논집』 Vol. 24, 서강대 인문학 연구소, 1997, p. 206.

대국왕이 누구일까? 무엇일까? 지금까지 이 대목에 주목한 논의는 보이지 않는다. 조심스럽지만 우리는 진표가 현세의 몸을 버리고 일차적으로 받게 될 대국왕은 전륜성왕이 아닐까 추측해 볼 수 있다.

전륜성왕에 대해서는 논의 과정 중에서 일부 언급하였다. 전륜성왕은 이상적인 군주를 가리킨다. 전륜왕轉輪王은 수미 4주의 세계를 통솔하는 대왕이다. 몸에 32상을 갖추었으며 즉위할 때에는 하늘로부터 윤보輪寶를 감득感得하는데, 이 윤보를 굴리면서 사방을 위엄으로 굴복시키므로 전륜왕이라 불린다. 또한 공중을 날아다니므로 비행 황제飛行皇帝라고도 불린다. 윤보에는 금·은·동·철의 네 종류가 있어 이들 윤보의 종류에 따라 왕의 이름이 나뉜다. 금륜왕은 수미 4주를 통치, 은륜왕은 동·서·남 3주를, 동륜왕은 동·남 2주를, 철륜왕은 남섬부주의 1주를 통치한다고 한다(『불교 사전』). 전륜왕은 미륵이 인간의 세계로 하생할 시기에 지상을 다스리는 통치자다.

그 시대에는 양거穰佉라는 전륜성왕이 있을 것이다. 그는 네 종류의 군사를 거느리고 있지만 무력으로 세상을 다스리지는 않을 것이다. 그는 32상을 지녔고, 또 혼자서 천 명을 이기는 용맹하고 단정한 아들 천 명이 있어, 모든 원수들과 적은 그들 앞에 스스로 무릎을 꿇을 것이다.[358]
그 때가 되면 양거라는 법왕이 나서 바른 법으로 나라를 다스릴 것

---

[358] 『佛說彌勒大成佛經』, 大正藏14, p. 429c. 其國爾時有轉輪聖王. 名曰穰佉. 有四種兵不以威武治四天下. 具三十二大人相好. 王有千子. 勇猛端正怨敵自伏.

이다. 그 왕에게는 일곱 가지 보배가 있는데, 천하를 정복하는 금륜보金輪寶, 광명으로 빛나는 여의주와 절대 미인인 옥녀보玉女寶, 칠보를 만들어 내는 수장보守藏寶와 코끼리, 기병, 전차, 보병 등을 만들어 내는 전병보典兵寶와 왕이 타고 천하를 두루 다니는 최고의 마보, 그리고 물위로 걷는 상보를 말한다. 양거왕은 이 일곱 가지 보물로 천하를 다스릴 뿐, 무기나 권력으로 억누르지 않아도 모든 적으로부터 저절로 항복을 받게 된다.[359]

양거왕은 지상에 이상세계를 건설할 전륜성왕이다. 미륵이 하생하면 양거왕은 미륵에게 공양을 바치고 귀의하게 된다. 그가 미륵불을 뵙고 세속을 떠나 불법을 배우려는 생각으로 예배를 하면, 머리를 들기도 전에 머리카락과 수염이 저절로 떨어지고 가사가 입혀져서 곧 미륵의 제자가 된다.[360]

진표에 대한 미륵의 수기에 등장하는 대국왕을 전륜성왕으로 추정하는 이유는 물론 이후의 진표의 행적에서 확인할 수 있다. 후술하겠으나 이후 진표는 미륵이 인간세계로 하생할 놋다리를 놓게 된다. 미륵이 인간의 세계로 하생할 시기에 지상을 다스리는 전륜성왕의 통치행위와 비교되는 대목이다. 미륵의 수기 후반부에는 진표가 나중에 도솔천에 다시 태어날 것이라고 하였다. 진표가 다시 태어나는 도솔천은 천상의 그것이 아니라 미륵불이 통치하는 지상의 '도솔천'-용화 세계일 것이다.

---

359 『佛說彌勒下生經』, 大正藏, 14, p. 421b. 爾時法王出現. 名曰蠰佉. 正法治化七寶成就. 所謂七寶者. 輪寶象寶馬寶珠寶玉女寶典兵寶守藏之寶. 是謂七寶. 鎭此閻浮地內. 不以刀杖自然靡伏.

360 『佛說彌勒大成佛經』, 大正藏14, 431中. 詣彌勒佛求索出家. 爲佛作禮. 未擧頭頃鬚髮自落袈裟著身. 便成沙門.

4) 미륵 오시는 길을 닦다

진표가 신앙하는 미륵은 미래에 도솔천에서 지상으로 하생하여 중생을 구제한다고 하는 미륵불이다. 진표가 활동하였던 신라 중대는 미륵 신앙이 서방정토를 주재한다는 아미타불과 함께 불교 신앙의 중심이 되어 왔다. 미륵 신앙은 자력적 신앙으로 이 땅이 낙토가 되었을 때 미륵이 출현한다는 점에서 타력적 아미타 신앙에 비해 높이 평가되었고, 역사의 변동기에는 민중의 이상적인 세계관을 대변하는 혁명적 성격을 띤 것으로 평가되어 왔다.[361] 미륵의 계법은 물론 수기까지 받음으로서 진표는 사승 숭제법사의 꿈이요, 그리고 자신의 꿈을 이루었다. 아니, 한 가지 남은 것이 있었다. 원래 숭제법사의 부촉은 『공양차제법』과 『점찰경』의 계법을 가지고 미륵, 지장 두 성인 앞에 가서 간절히 법을 구하고, 참회하여 두 성인의 계법을 직접 받아서 세상에 널리 펴라는 것이었다. 진표는 두 성인의 계법을 직접 받는데 까지는 성공했다. 남은 것은 두 성인의 계법을 세상에 널리 펴는 일이다. 자신의 손가락인 제8, 9간자를 포함하여 번뇌에 해당하는 189개의 간자를 직접 전해 준 미륵의 부촉은 더욱 구체적이다; "너는 이것을 가지고 세상에 법을 전하여 남을 구제하는 뗏목을 삼도록 하라."

대승大乘의 길이다. 보살菩薩의 길이다. 지금까지 진표가 걸어온 길이 상구보리上求菩提였다면, 이제 남은 과제는 하화중생下化衆生이다. 바로 그 길을 위하여 진표는 큰 걸음을 놓았다. 진표의 하산 길은 실로 장엄하였다. 진표 전기에는 천지자연이, 온 산하대

---

361 김남윤, 「신라 미륵 신앙의 전개와 성격」, p. 7.

지가 어우러져 한 편의 대교향곡을 연주하는 듯 웅장한 분위기를
연출하고 있다.

　진표는 곧 미륵에게서 받은 천의天衣와 천발天鉢을 가지고 산을
내려왔다. 풀과 나무가 그를 위하여 밑으로 드리워 길을 덮어 골짜기
의 높고 낮은 차별이 없어졌다. 또 날짐승 길짐승이 달려와 그의 걸
음 앞에 엎드렸다. 촌락과 취읍聚邑의 남녀 백성들이,
　"보살이 산에서 내려왔는데 어찌 영접하지 않는가."
　라고 공중에서 외치는 소리를 듣고 나와서, 어떤 자는 머리를 풀어
진흙을 덮고 어떤 이는 옷을 벗어 길에 깔고 도 많은 사람이 담과 모
포의 자리를 땅위에 펴서 그의 가는 길에 진흙과 먼지가 묻지 않도록
정성을 들여 환영하였다. 그는 간곡한 인정들을 저버릴 수 없어서 일
일이 밟아서 갔지만 도가屠家의 여자가 고기를 팔아서 산 모직포만
은 밟지 않고 피해 갔다.
　그로부터 항상 두 마리 범이 진표의 좌우를 따라 다녔는데 진표는
그 범을 시켜서 좋은 수행처를 찾게 하여 자리를 잡았다. 곧이어 사
방을 돌아보니 많은 신사信士들이 권하지 않았는데도 스스로 와서
함께 가람을 조성하니 이름을 금산사金山寺라 하였다.
　이로부터 해마다 계를 구하고자 참회하는 사람이 끊이지 않고 많
았다. 지금도 가람의 중앙에는 도구가 보관되어 있다. (「진표전」)[362]

------

362 仗既迴山川雲霽 於是持天衣執天鉢 猶如五夏比丘 徇道下山. 草木為其低垂覆路. 殊
無溪谷高下之別. 飛禽鷲獸馴伏步前. 又聞空中唱告村落聚邑言菩薩出山來何不迎接. 時
則人民男女布髮掩泥者. 脫衣覆路者. 氈罽氍氀承足者. 華絪美褥填坑者. 表咸曲副人情
一一迪踐. 有女子提牛端白(疊*毛)覆於途中. 表似驚忙之色迴避別行. 女子怪其不平等. 表
曰. 吾非無慈不均也. 適觀(疊*毛)縷間皆是猻子. 吾慮傷生避其誤犯耳. 原其女子本屠家.
販買得此布也. 自爾常有二虎左右隨行. 表語之曰. 吾不入郭郭汝可導引. 至可修行處則乃
緩步而行. 三十來里就一山坡蹲踞於前. 時則挂錫樹枝敷草端坐. 四望信士不勸自來. 同造

율사가 교법教法을 받은 후에 금산사를 세우고자 하여 산에서 내려왔다. 도중에 대연진大淵津에 이르렀을 때, 문득 용왕龍王이 나와서 옥가사玉袈裟를 바쳤다. 그리고는 (용왕은) 8만 권속八萬眷屬을 거느리고 율사를 호위하여 금산수金山藪로 가니, 사방에서 자식처럼 몰려와서 오래지 않아 절이 완성되었다.

또 미륵보살이 감동하여 도솔천에서 구름을 타고 내려와 율사에게 계법을 주었다. 이에 율사는 시주를 권하여 미륵장육상彌勒丈六像을 만들고, 또 미륵이 내려와서 계법을 주는 모양을 금당 남쪽 벽에 그렸다. 불상은 갑진甲辰(764) 6월 9일에 완성하여 (2년 뒤인) 병오丙午(766) 5월 1일에 금당에 모셨으니, 이 해가 대력大曆 원년이었다. (「석기」)[363]

진표는 미륵보살의 기별記莂을 받자 금산사에 와서 살았다. 해마다 단석壇席을 열어 법시法施를 널리 베풀었다. 그 단석의 정결하고 엄한 것이 이 말세에는 일찍이 볼 수 없었던 일이었다. (「진표전간」)[364]

모악산 남쪽에 있는 금산사는 본래 그 터가 용이 살던 못으로서 깊이를 헤아릴 수 없었다. 신라 때 조사祖師(진표)가 여러 만석의 소금으로 메워서 용을 쫓아내고 터를 닦아 그 자리에 대전大殿을 세웠다고 한다. 대전 네 모퉁이 뜰아래서 가느다란 간수澗水가 주위를 돌아

伽藍號金山寺焉. 後人求戒. 年年懺. 罪者絶多今影堂中道具存焉.

363 師受教法已 欲創金山寺 下山而來 至大淵津 忽有龍王 出獻玉袈裟 將八萬眷屬 侍往金山藪 四方子來 不日成之 復感玆氏從兜率 駕雲而下 與師受戒法 師勸檀緣 鑄成彌勒丈六像 復畫下降受戒威儀之相於金堂南壁□於甲辰六月九日鑄成 丙午五月一日 安置金堂 是歲大曆元年也.

364 表旣受聖莂 來住金山 每歲開壇 恢張法施 壇席精嚴 末季未之有也.

나온다. (『택리지』)[365]

미륵을 친견하고 교법을 받았을 뿐만 아니라 수기까지 받은 진표는 '천의와 천발'(「진표전」에서는 도솔천주兜率天主인 미륵에게 의발을 받았으므로 그렇게 표현한 것 같다)을 들고 원래 그가 출가했던 본사 금산사로 돌아왔다. 진표에게 있어서 금산사는 고향과 다름없는 가람이다. 그가 돌아왔을 때 사승 숭제법사가 생존해 있었는지 여부는 확인되지 않는다. 금산사에 도착한 진표의 행적은 주목된다. 숭제법사의 가르침대로라면, 아니 미륵의 말씀에 따르면 미륵의 계법을 널리 전하는 일의 시작이다.

「진표전」과 「석기」에는 이때 진표가 금산사를 지었다고 하였다. 이 경우, 진표가 12세에 깊은 산으로 들어가 스스로 머리를 깎고 출가했으며 지장보살과 미륵으로부터 자서수계自誓受戒했다는 「진표전」은 그 자체적으로는 논리적이다. 「석기」에서는 진표가 금산사 숭제 문하로 출가했고, 숭제로부터 사미계까지 받았다고 했음에도 불구하고 미륵으로부터 계법을 받은 뒤 하산하여 금산사를 지었다고 하는 것은 자체적으로 모순이다. 실제로는 진표가 금산사 개산조라는 두 기록 모두 착오이다. 이 경우 진표가 세운 절이 금산사 미륵전으로 이해하면 될 것이다.

금산사적에 대한 기록으로는 몇 가지 문헌 자료가 전한다. 『금산사 사적기金山寺事蹟記』, 『금산사지金山寺誌』 그리고 『삼국유사』의 「진표전간」, 「석기」 등이 그것이다. 『금산사 사적』은 조선조 인종

---

365 『擇里志』, 卜居總論 山水. ; 각진, 「금산사의 미륵 신앙」, 『석림』Vol. 31, 동국대 석림회, 1997, p. 309 재인용.

13년(1635)의 기록을 1705년에 개서改書한 것이다. 찬자는 알 수 없고 금산사에 전해 오는 필사본이다. 내용은『삼국사기』에 의해 편찬하였고 창건에 관한 기록은『삼국유사』의 내용을 그대로 옮겨 놓았다.『삼국유사』에 전하는 금산사 기사는「진표전간」과「석기」에서 전하는 금산사 개창과 그 신앙에 대한 부분이고,『금산사지』는 앞의 문헌을 참고하여 최근에 발행한 것이다. 이밖에 금산사에 전하는「혜덕왕사진응탑비慧德王師眞應塔碑」의 비문에서도 금산사 내력 일부가 전해지고 있다.

『금산사 사적』에 따르면 금산사는 백제 법왕 원년(599)에 창건되었다. 법왕이 즉위년에 칙령으로 살생을 금하고 이듬해 금산사에서 승려 38명을 득도시켰다는 기사가 근거이다.『한국의 사찰, 11, 금산사』에는 법왕 원년에 왕의 복을 비는 가람으로 금산사가 창건되었으나 가람의 규모가 너무 작아 진표율사에 의해 중창되고 이를 개산의 기원으로 삼게 되었다고 하였다. 한편『신증 동국여지승람』에는 후백제의 견훤이 금산사를 창건하였다고 기록하고 있다. 이밖에 조선 성종23년(1492)에 지은『금산사오층석탑중창기』에 따르면 금산사는 과거불인 가섭불迦葉佛 때의 옛터를 중흥한 것이라고 하였다.

이상과 같이 금산사와 관련된 창건 설화는 많지만 정확한 창건 시기와 창건주를 확인할 수는 없다. 분명한 것은 진표가 출가하기 전에 금산사가 있었다는 점이다. 따라서 진표는 금산사 개창자가 아니라 중창자라고 할 수 있다. 또한 진표를 전후하여 금산사가 계율과 미륵 신앙 등과 관련된 중요한 가람으로 존재하고 있었던 것만은 틀림없다.[366] 적어도 미륵 신앙과 전참참회계법만 두고 논의한다면 진표가 금산사의 '종조'라고 해도 지나친 표현은 아닐 터이다.

「석기」의 다음 기록은 주목된다. 금산사가 조성되자 미륵이 감응하여 도솔천에서 구름을 타고 내려와 진표에게 계법을 주었다는 것이다. 미륵으로부터 두 번째로 받는 계법이다. 진표는 더욱 감동하였다. 이에 진표는 신도들에게 시주를 권하여 미륵장육상을 조상造像하는 한편 미륵이 내려와서 계법을 주는 광경을 금당 남쪽 벽에 그렸다. 미륵불상이 완성된 것은 경덕왕 23년(764) 6월 9일, 그로부터 2년 뒤인 혜공왕 2년(766) 5월 1일에 금당(미륵전)에 봉안했다. 당시 미륵장육상은 보처보살이 없는 독존불이었다. 『금산사 사적』에서도 같은 내용을 확인할 수 있다.[367] 미륵전은 미륵불을 봉안한 금산사의 중심 건물이다. 금산사 자체는 백제 시대부터 이미 존재하였고, 진표가 중창했다고 하지만, 미륵전 건립과 미륵 불상을 봉안한 것은 진표였다.

오늘날 국보 제62호인 금산사 미륵전과 미륵 불상은 진표가 건립한 이후 많은 역경과 수난을 거쳤다. 첫 번째 수난은 조선 선조 30년(1597) 정유재란의 병화로 소실된 것이었다. 인조 13년(1635) 수문守文대사가 중건重建하였다. 이때 수문 대사는 미륵전에 본존 미륵장육장을 비롯하여 보처보살상과 함께 삼존 불상으로 조성했다. 소조상塑造像이었다. 이후 영조24년(1748)에 금파金

---

366 홍윤식, 「금산사 가람과 미륵 신앙」, 『마한, 백제 문화』Vol. 9, 원광대 마한 백제 문화 연구소, 1986, p. 32
367 한국 불교 연구원, 앞의 책, p. 70.

波대사가 제1중수를, 고종 광무1년(1897) 용명龍溟대사가 제2중수를, 그리고 일제강점기인 1926년 금호金湖대사가 제3중수를 하였다. 1934년 3월 9일 밤 실화로 미륵불상이 소실되었다. 당시 금산사 주지 임성렬林成烈은 여러 단월檀越들의 시주를 받아 근대 조각가 정관井觀 김복진金復鎭(1901~1940)으로 하여금 조성케 하였다. 미륵 불상은 소실된 지 4년 만인 1938년 9월 3일에 미륵전에 봉안되었다. 이후 오늘에 이르고 있는 중앙 본존은 도금소상塗金塑像으로 높이 11.8m(39척)의 거대한 입상이다. 좌우 보처불은 각기 8.97m29척로서 역시 동일한 입상이다.

많은 중수 과정을 거쳤으므로 진표가 건립한 당시의 미륵전과 미륵 불상의 원래 모습을 찾기는 쉽지 않을 것이다. 그러나 현존하는 거대한 소조 불상의 대좌臺座 아래에 있는 철수미좌鐵須彌座(속칭 '쇠솥'이라고 한다) 등의 형태로 보아 진표 당시에도 이미 거대한 미륵존상을 봉안했을 것으로 추정할 수 있다. 학계에서는 현재의 미륵전이 1635년 중건 당시의 원형은 그대로 유지하고 있는 것으로 보고 있다. 그 이전의 진표가 건립한 미륵전은 어떤 모습의 전각이었는지 확인할 수 있는 구체적인 자료는 발견되지 않고 있지만, 3층으로 된 미륵전의 모습은 오랜 전통을 지니는 것이다. 그 이유로 철수미좌 등의 형태를 들고 있다. 그 정도의 대좌라면 정유재란 당시 소실된 미륵전도 거상巨像의 미륵 불상을 봉안할 만한 높은 건물 혹은 3층 건물이었을 것으로 추정되고 있다.[368]

금산사 미륵전은 일명 용화전龍華殿, 산호전山呼殿 또는 장육전丈六殿이라고 한다. 현재의 미륵전 건물은 3층의 팔작지붕 다포

---

368 홍윤식, 「금산사 가람과 미륵 신앙」, p. 36.

多包집으로 특수한 의장意匠을 나타낸다. 초층과 2층은 정면 5칸, 측면 4칸이며 3층은 정면 3칸, 측면 2칸의 외관 3층으로 된 우리나라 유일의 법당이다. 내부는 통층通層이다. 총 높이 63척 (18.91m), 측면 51척(15.45m)의 웅장한 건물이다. 금산사 미륵전이 3층으로 구성된 점과 관련해 주목하는 논자들이 있다. 각 층마다 편액이 붙어 있는데 초층은 '대자보전大慈寶殿', 2층은 '용화지회龍華之會', 3층은 '미륵전彌勒殿'이다. 글씨체도 눈여겨 볼만한 대목이다. 대자보전은 행서, 용화지회는 예서, 미륵전은 해서체이다. 모두 미륵불을 봉안한 금당이라는 뜻이다. 미륵을 '자씨'라고 하므로 대자보전, 미륵불이 하생하여 설법하는 곳이 용화회상이므로 용화지회, 그리고 미륵존불을 봉안했으므로 미륵전이 된다. 2층 편액과 관련해서는 이견이 있다. 용화지회의 '지'자가 문제다. 예서체는 읽기가 까다로운 점이 있다. '지之'가 아니라 '삼三'으로 읽어야 한다는 것이다. 미륵불이 하생하여 용화3회 설법을 거쳐 미래 중생을 구제하므로 '용화삼회龍華三會'라는 주장이다. 그러나 현재 미륵전 2층 편액의 '지'는 예서체 '지'자가 분명하다. 『한국의 사찰 11 금산사』에 따르면 '지'로 보는 것이 무난하고, 이유는 역시 미륵불이 설법하는 용화회상과 관련이 있다고 하였다.[369]

진표가 미륵장육상을 조상하여 금산사 미륵전에 모시고, 남쪽 벽에 '미륵이 내려와서 계법을 주는 광경'을 그렸다는 것은 이곳이야말로 미륵하생신앙의 본원지임을 상징하는 것으로 볼 수 있다.[370] 무엇보다도 3층 건물인 미륵전의 편액 가운데 미륵하생신

---

369 한국 불교 연구원, 『한국의 사찰 11 금산사』, pp. 68-70.
370 이와 관련하여, 금산사 우측 높은 대상臺上-'송대松臺'라고도 불린다. 일반적으

앙의 의미를 가장 잘 드러내는 것이 2층 '용화지회'이다. 금산사 미륵전이 3층으로 구성되어 있는 것은 용화3회를 상징한다는 데 대부분의 논자들은 동의한다. 금산사를 용화3회의 설법 도량으로 상정하게 된 것은 진표 이후의 일이다. 진표가 능가산에서 미륵의 수기를 받고 금산사, 법주사, 발연사의 3곳을 차례로 미륵 도량을 열게 되는 것은 바로 이들 세 도량이야말로 미륵의 용화3회 설법 도량으로 상정한데서 비롯된 것이다. 진표가 미륵전 남쪽 벽에 '미륵이 내려와 계를 주는 광경'을 벽화로 그린 것은 다름 아닌 용화초회도량龍華初回道場을 상정한 것이다.[371] 이제 진표는 용화 2회, 3회 도량을 세우면서 미륵불 하생의 그날을 위해 교화의 길을 떠날 것이다.

진표의 중창에 의해 금산사는 대가람으로서 면모를 새롭게 갖추었다. 또한 진표가 미륵장육상을 모심으로써 금산사는 미륵 신앙의 근본 도량이 되었다. 진표는 미륵전 건립과 미륵장육불상 봉안을 통해 도솔천주 미륵이 하생하는 길—놋다리를 놓았다. 그것은 사승 숭제법사로부터 부여받았던, 아니 미륵으로부터 직접 부촉을 받았던 마지막 과제—미륵의 계법을 세상에 널리 펴는 대장정을 실천하는 첫걸음이다. 이후 진표는 금산사에 주석하면서 미

로 방등계단方等戒壇이라고 한다-에 대한 언급이 필요하다. 일부 논자들은 이 방등계단이 『미륵상생경』의 내용-미륵상생신앙을 상징적으로 표현하고 있다고 지적한다. 『금산사지』에 따르면 방등계단은 신라 혜공왕 2년(766)-진표가 미륵 불상을 미륵전에 봉안하던 해-에 조성했다고 한다. 그러나 당시의 계단 모습은 알 길이 없고, 현재 전하는 방등계단은 그 축조 양식에 의하면 고려 시대의 것이다. 방등계단에 대해서는 다음 논문을 참고할 것. 홍윤식, 「금산사 가람과 미륵 신앙」, pp. 41-44. ; 윤여성, 「신라 진표의 불교 신앙과 금산사」, pp. 66-71. ; 한국 불교 연구원, 『한국의 사찰 11 금산사』, pp. 76-79.

371 홍윤식, 「금산사의 가람과 미륵 신앙」, pp. 36-39.

륵의 계법을 홍포했다. 물론 미륵으로부터 받았던 제8, 9간자를 포함한 189개의 간자를 몟목으로 삼았을 것이다. 「진표전」에는 해마다 계를 구하고자 참회하는 사람이 끊이지 않고 많았다고 하였다. 「진표전간」에서는 진표가 금산사에서 해마다 단석을 열어 법시를 널리 베풀었는데, 그 단석의 정결하고 엄한 것이 이 말세에는 보지 못하던 일이었다고 했다. 이때의 '법석'은 물론 점찰참회법회였을 것이다. 진표는 점찰법회를 통해 미륵의 계법을 널리 펼쳐 나갔다.

6. 진표와 신교

이 뒤에 진표는 미륵불의 삼회 설법의 구원 정신을 받들어 모악산 금산사를 제1도장, 금강산 발연사를 제2도장, 속리산 길상사를 제3도장으로 정하고 용화 도장을 열어 미륵존불의 용화 세계에 태어나기 위해 십선업十善業을 행하라는 미륵 신앙의 기틀을 다지고 천상 도솔천으로 올라가니라.(『도전』1:7)

1) 진표 '불교'와 신교

진표의 다음 행보를 논의하기 전에, 앞 장들에서 뒤로 미루었던 과제 하나― 앞에서 우리는 이 과제를 제5-코드라고 하였다―를 논의해야 할 차례가 왔다. 진표의 행적에서 드러나고 있는 뼈'신앙', 용龍'신앙' 등이 그것이다. 진표가 뼈를, 용을 신앙 대상으로 삼았다는 얘기는 아니다. 분명한 것은 그의 행적에서 뼈와 용신앙 '요소'가 등장했고, 그것은 진표의 신앙에 어떤 식으로든 관련이 되어 있다는 얘기다. 범'신앙' 요소도 마찬가지다. 능가산에서 하산한 뒤에 항상 범이 진표를 호위했고, 진표는 그 범을 시켜 수행처를 찾게 하였는데, 그것이 곧 금산사 터였다는 것은 이미 언급한 바와 같다. 이와 같은 범의 등장은 곧 산신 신앙과 관련이 있을 것이다. 이밖에도 각종 동물들이 진표의 감화를 받았다는 것은 후술한다.

이상에서 제기한 문제들을 어떻게 볼 것인가. 진표가 한국 불교사에 큰 획을 그은 고승이므로 그 모든 것이 불교 신앙이라고 하나로 뭉뚱그린다는 것은 아무래도 무리다. 우선 생각해 볼 수 있는 것이 전통 신앙과의 습합이다. 불교가 신라에 처음 수입되면서 전통 신앙과 습합했다는 것은 널리 알려진 사실이다. 그렇다면 전통 신앙을 어디까지 볼 것인가라는 문제가 제기된다. 일반적으로 알려진 무속, 샤머니즘shamanism인가.

> 그동안 한국 종교의 시원을 찾아보려는 학설들이 다양하게 나왔다. 단군신화의 기록을 통해서 곰과 호랑이로 드러난 신화는 곧 토템 문화의 원형이라고 밝히려는 관점이 있는가 하면, 점성술적 관점에서 칠성 신앙이 이곳의 원시 신앙이라고 보려는 관점도 있으며, 태양 광명을 절대적 혜택으로 보고 광명 신앙이 이곳의 원시종교라고 보려는 학설도 있으며, 또는 이 지대는 일찍이 농경 정착이 가능했던 지역으로서 땅의 생명성을 중시하여 이른바 지모地母신앙이 원시종교라고 보려는 관점도 있다. 이들 제설은 한국, 이 지대를 중심으로 하는 원시종교의 관점이라고 말할 수 있다.[372]

이 논자는 나아가 세계 원시종교 학자들은 인류의 원문화 현상을 원시종교 시대로 보고 있으며, 종교 발생설에 대한 보편적 이론이 애니미즘적 현상에서 확대되어 나간 상태로 보아 샤머니즘

---

372 이정재, 「곰 토템」, 제2차 국제샤머니즘학회 학술대회, 1987. ; 류병덕, 「풍류도와 미륵사상」, 『한국종교』Vol. 29, 원광대 종교문제연구소, 2005, p. 222 재인용.

이 원시종교라는 말이 무비판적으로 일반화되고 있다고 지적한다. 그는 인류의 원시종교 현상으로 무적巫的 종교와 선적仙的 종교가 발생한 지역이 있다고 분석한다. 후자는 상대적으로 좋은 환경을 갖추고 있다. 지구상에서 가장 일찍이 농경 정착이 가능했던 지대, 가장 일찍이 강력한 통일국가를 이루었던 지대가 바로 선적 신명이 발현했던 지역이다. 한·중·일 삼국의 동양권으로부터 중앙아시아를 제외한 유럽, 이베리아반도 전역이 이에 해당한다. 이 지역은 한결같이 문명권에 속한다. 기성종교, 또는 고등 종교라고 할 수 있는 오늘날의 종교의 발생 조건은 그 원형에 있어서 선적 종교로부터의 성장이라고 할 수 있다.

선적 종교 지대에 살고 있는 사람들은 모든 조건을 일원화시켜 나아가는 정신성을 길러 왔다. 자연을 포함한 어떤 대상도 적대시 하지 않고 그대로 포용한다. 무적 종교 즉 샤머니즘도 이렇게 허용되어졌다. "그리하여 신명 현상으로 무巫를 포용하면 모든 존재를 내 한 마음으로 일원화하여 터전을 이루게 하는 종교가 일찍이 단군 시대에 이곳에서 창조되었다는 것이며, 이 통일 문화의 전당을 곧 풍류 문화라고 한다."[373] 풍류 문화, 풍류도, 풍류 등으로 불리는 이 종교현상을 우리는 앞에서 '신교神教'라고 하였다. 신교란 무엇인가.

> 동방의 조선은 본래 신교의 종주국으로 상제님과 천지신명을 함께 받들어 온, 인류 제사 문화의 본고향이니라. (『도전』 1:1)

---

373 류병덕, 「풍류도와 미륵사상」, 225-228.

신교는 본래 뭇 종교의 뿌리로 동방 한민족의 유구한 역사 속에 그 도맥道脈이 면면히 이어져 왔나니 일찍이 최치원이 말하기를 "나라에 현묘한 도道가 있으니 풍류라 한다. … 실로 삼교三敎를 포함하여 접하는 모든 생명을 감화接化群生시키는 것이라." 하니라. (『도전』 1:8)

신교는 한민족 문화의 고향, 근원이다. 신교는 환웅의 이신설교以神設敎(『규원사화』 「태시기」)란 말에서 유래하였다. 신의 가르침을 베푼다, 매사를 신도神道로 가르친다는 뜻이다.(『초판 도전』2:25, 측주) 좀 거칠게 표현하면 신교란 한국 고대 종교라고 할 수 있다. 지금까지 신교는 논자들마다 각각 다르게 표기해 왔다. 최치원은 「난랑비서鸞郎碑序」라는 글에서 풍류도라고 했다.[374] 이 풍류도는 곧 화랑도, 풍월도라고 할 수 있다. 이밖에 신채호는 낭가郎家로, 국문학(고전문학)에서는 일반적으로 고신도古神道로 표기한다.

신교는 신으로써 가르침을 베푼다, 신의 뜻과 가르침으로써 세상을 다스린다, 신을 인간 생활의 중심으로 삼는다는 폭넓은 의미를 갖는다. 그것은 단순한 한 종교나 신앙 형태가 아니라 정치나 종교 등 모든 삶의 중심을 이루는 것이었다. 신교는 이른바 확산 종교(diffused relogion)에 가까운 것으로서 "한국 고대의 가장 뚜렷하고 독특한 민족적 종교요, 사상이요, 문화 형태"였다. 그리하여 신교는 하늘을 섬기고 모든 것이 신의 주재 아래 있다고 믿으며 신의 뜻에 따라 사는 생활 문화 혹은 삶의 방식임을 파악할 수 있다. 여기에

---

374 『三國史記』新羅本紀第四, 「眞興王」. 崔致遠 「鸞郎碑」序曰 "國有玄妙之道, 曰風流. 設敎之源, 備詳仙史, 實乃包含三敎, 接化群生. 且如入則孝於家, 出則忠於國.

더해 신교의 핵심을 차지하는 것은 선 혹은 선교며, 또 신교는 유, 불, 선을 포함하는 혹은 그것들의 모태로 권리 주장되고 있다는 점을 알 수 있다.[375]

지금까지 정리한 선학들의 신교 정리에 동의하는 한편, 여기서는 보다 포괄적인 의미로 사용한다. 고익진은 고대 종교가 자연종교自然宗教(nature religion)라를 점에 착안하여 동이족의 원시 부족 사회에서 전승되어 오는 고유한 종교 관념으로서 정령精靈(spirit) 신앙, 토테미즘(totemism), 지모신地母神, 천제天帝 곧 하늘임, 샤머니즘 등을 다각도로 분석한 뒤에 한국 고대 종교는 하늘임을 최고 지배신으로 하는 제천교祭天教 또는 무교巫教(shamanism)였다고 결론을 내린다.[376] 여기서도 거의 같은 의미에서 '신교'로 통일하고자 한다.

종교적 관념은 종교 행위로 진행되고, 그런 종교 행위가 집단적 · 의례적으로 행해질 때 종교 의례, 신앙 의례라고 할 수 있다. 고대 삼국시대에 불교가 전해지기 전에 행해졌던 신교적 신앙 의례의 중심을 이루고 있었던 것은 제사, 점복, 주술이었다. 제사는 하늘님을 최초 지배신으로 하는 천지 산천의 신령들께 농축과 종족의 번영을 시원, 감사하는 것으로 제천 대회가 가장 큰 의례였다. 부여의 영고迎鼓(臘月 또는 殷正月), 고구려의 동맹東盟(10월), 예濊의 무천舞天(10월), 마한馬韓의 귀신제鬼神祭(5, 10월) 등은 거국적

---

375 황경선, 『한민족 문화의 원형 신교』, 상생 출판, 2010, p. 20. 신교에 대한 더욱 상세한 내용은 물론 신교와 '선 혹은 선교'와의 관계 등에 대해서는 이 논문을 참고할 것.
376 고익진, 『한국 고대 불교 사상사 연구』, pp. 6-15.

으로 행해졌던 제천 대회였다. 점복은 하늘이나 지령地靈의 뜻을 살펴 길흉을 예지코자 한 것으로 부여의 우제점牛蹄占, 예의 점성 등이 기록에 남아 있다. 주술은 주로 치병과 양재禳災를 목적으로 귀신을 부리는 행동이었다.

이와 같은 신앙 의례는 물론 신교적 신관에 입각한 것이었다. 따라서 삼국시대에 불교가 수용되면서 신교적 신령들은 불교의 신으로 섭화攝化되어 갔다.[377] 신교적 신앙 의례도 불교적 섭화가 이어졌다. 그러나 그것은 용이한 일이 아니었다. 삼국에 불교가 전해지기전 초전初傳불교 당시 불교의 중심 사상은 인과화복지설 因果禍福之說 이른바 업설業說이었다. 불교의 업설은 신교적 세계관 과 섭화되기가 쉽지 않았던 까닭이다.

불교의 교리 조직 중에서 업설은 가장 초보적인 단계이다. 초기 신교적 종교 관념 형성에는 자연이 인간을 지배한다는 것이 기초가 되었다. 불교의 업설 형성에는 정반대로 인간이 자연을 지배한다는 것이다. 초기 불교 경전『아함경』등에 따르면 일체 만유는 육근六根(안眼·이耳·비鼻·설舌·신身·의意)과 육경六境(육진六塵이라고도 한다. 색色·성聲·향香·미味·촉觸·법法)에 섭입攝入된다는 것이 불교의 가장 기본적인 세계관이다. 세계를 인간(6근)과 그를 둘러싼 자연환경(6경)의 두 부분으로 구성되었다고 보는 입장이다. 이중에서 인간에게는 자유로운 의지가 있지만 자연에는 없다. 따라서 인간은 의意(manas) 곧 의지적 존재로 파악하고, 자연의 속성을 법法(dharma)으로 규정하고 있는 것이다. 인간에게는 의지가 있고 자연에게는 그것이 없으므로 인간이 자연에 의지적 작

---

377 상세한 내용은 위의 논문, pp. 48-53을 참조하라.

용을 가하면 자연은 필연적 반응을 보이지 않을 수 없다. 전자(인간이 자연에 가하는 의지적 작용)를 업業(karma), 후자(업에 대한 자연은 필연적 반응)를 보報(vipāka)라고 부른다. 업설의 기본 원리는 업인業因에는 반드시 과보果報가 따른다는 것이다. 이것은 세계를 지배하는 것은 인간의 주체적 '의지'라는 입장의 표명이다.[378]

불교의 이와 같은 세계관은 신교의 그것과 정면으로 배치되는 대목이다. 특히 불교의 업설은 제사·점복·주술 등에 매우 비판적이었다. 『장아함경』권12에 따르면 석가는 수백 두의 소와 양을 죽여 희생犧牲으로 바치는 사성대회邪盛大會를 거부하고 자비심에 입각한 대회를 열 것을 가르친다.[379] 출가인의 점복·주술을 엄단하고 독사와 악귀의 공포에서 벗어나는 최소한의 주문사용만을 허용하였다. 불교의 업설에서 종교 행위의 중심이 되는 것은 십선十善행이다. 의례로는 계율에 입각한 팔관재八關齋, 포살布薩 등이 고작이다. 불교의 이러한 의례관에 따르면 신교적 신앙 의례는 부정될 수밖에 없다. 따라서 불교 전법승들로서는 신교적 신앙 의례가 불교적인 것으로 순조롭게 이행될 필요가 있었다. 이와 같은 신교의 불교 섭화 과정에서 기왕의 불사들의 변용이 일어나게 되었다. 팔관회, 인왕백고좌회仁王百高座會, 신인대회神印大會, 관음·미타신앙, 그리고 점찰법회 등이 그것이다.[380]

---

378 위의 논문, p. 27.

379 『雜阿含經』卷第四, 大正藏 2, p. 022c. 「何等邪盛大會可稱歎? 何等邪盛大會不可稱歎?」佛告優波迦「若邪盛大會繫群少特牛 水特 水犎 及諸羊犢 小小眾生悉皆傷殺 逼迫苦切 僕使作人 鞭笞恐怛 悲泣號呼 不喜不樂 眾苦作役 如是等邪盛大會 我不稱歎 以造大難故 若復大會不繫縛群牛 乃至不令眾生辛苦作役者 如是邪盛大會 我所稱歎 以不造大難故.

380 고익진, 『한국 고대 불교 사상사 연구』, pp. 56-57. 팔관회, 인왕백고좌회仁王

점찰법회가『점찰경』을 바탕으로 한 것이고,『점찰경』이 점찰이라는 점복을 바탕으로 설해진 경전이라는 것은 이미 논의한 바와 같다. 다시 말하면『점찰경』은 점복의 불교적 변용이라고 할 수 있다.『점찰경』의 이와 같은 목륜점에 착안하여, 이것으로 전통적 신교의 점복을 섭화하고자 한 최초의 신라승은 원광이었다. 그리고 원광으로부터 비롯된 신라의 점찰법회를 계승하여 독창적으로 재창조함으로써 점찰법회 자체를 만개시켰을 뿐만 아니라 미륵 신앙과 접목시킨 장본인이 바로 진표이다.

실제로 신라의 점찰법회 자체는 그 출발부터 신교와 불가분의 관계에 있었다. 원광은 진평왕 11년 입진구법入陳求法하기 전에 삼기산三岐山에서 무속적 무술과 신귀神鬼에 접하고, 귀신의 안내를 받아서 중국으로 구법의 길을 떠났다. 진평왕 22년에 귀국한 원광은 가서갑嘉栖岬에 주석하고 있을 때 점찰법회를 항규화하기 위해 점찰보를 설치했다는 것은 이미 논의하였다.[381] 한 논자는 원광의 점찰보 설치를 무속 신앙의 불교적 섭화로 해석할 필요가 있다고 지적하였다.[382] 원광의 점찰법회를 계승한 진평왕眞平王 때 안흥사安興寺 비구니 지혜智惠는 선도산仙桃山 산신령 성모聖母, 혁거세모의 도움과 계시를 받아서 주존主尊 삼상三像을 장식하고 오십삼불五十三佛 육류성중六類聖衆 및 천신天神, 오악신군五岳神君을 벽에 그려 해마다 봄과 가을에 점찰법회를 항규적으로 열었다.[383] 원

百高座會, 신인대회神印大會, 관음·미타신앙 등에 대한 상세한 내용은 이 논문 pp. 56-77을 참고할 것.

381 『三國遺事』卷第四,「圓光西學」,「殊異傳」所在「圓光傳」

382 고익진,『한국 고대 불교 사상사 연구』, p. 65.

383 『三國遺事』卷第五,「仙桃山聖母隨喜佛事」.

광이 신귀를 접하고, 그의 도움으로 중국 유학길에 올랐다는 과정도 그렇지만, 지혜 비구니가 불보살이 아닌 선도산 산신령 성모의 도움과 계시를 받아 점찰법회를 매년 정기적으로 열었으며, 그가 봉안했던 탱화가 불보살과 함께 육류성중 및 천신, 오악신군을 그렸다는 것은 점찰법회에 신교의 모습이 그대로 남아 있다는 증거다.

진표의 경우도 예외가 아니다. 진표에 와서 대성한 점찰법회뿐만 아니라 진표'불교' 곳곳에 신교의 모습이 그대로 남아 있다. 진표'불교'가 미륵 신앙에서 꽃을 활짝 피웠다고 할 때, 진표의 미륵 신앙에는 신교의 모습이 남아 있다는 얘기다. 아니, 진표의 미륵 신앙 가운데 한 줄기가 신교를 계승하고 있다는 얘기에 다름 아니다.

2) 진표와 뼈신앙, 용신앙

진표가 미륵으로부터 수기를 받기 직전으로 잠깐 돌아가자. 「진표전간」에 따르면 미륵은 진표에게 『점찰경』 두 권과 함께 증과 간자 189개를 준 뒤에 제8, 9간자는 미륵 자신의 손가락뼈(手指骨)라고 하면서 이것으로 세상에 법을 전하여 사람을 구제하는 뗏목으로 삼으라고 하였다. 같은 내용이 「석기」에도 나온다. 제8, 9간자가 미륵의 손가락뼈라면 어떻게 되는가. 앞에서 우리는 같은 질문을 하면서 이에 대한 해명으로 두 간자가 곧 미륵의 육신이라는, 미륵의 계법 그 자체가 되며, 나아가 미륵 신앙 대상(요소)이 되는 것이라고 해명하였다. 여기에 와서 우리는 다시 질문한다. 왜 굳이 손가락뼈라고 했을까? 그냥 당신의 뼈라고 할 수도 있고, 더욱 중요성을 강조한다면 머리뼈라고 하면 더욱 권위가 있지 않았을까. 굳이 손가락뼈라고 한 데는 그럴 만한 까닭이 있을 것이다. 손가락이 무엇인가? 손가락의 역할, 기능을 주목할 때, 그것은 육신이 할 수 있는 대부분의 일을 하는 '도구'이다. 여기에서 당시 미륵이 두 간자가 당신의 손가락뼈라고 한 뒤의 말씀을 살펴볼 필요가 있다; "너는 이것으로써 세상에 법을 전하여 사람을 구제하는 뗏목으로 삼도록 하라."

미륵의 손가락뼈인 두 간자를 가지고 세상에 미륵의 계법을 널리 전하여 사람을 구제하는 뗏목으로, 도구로 삼으라는 것이다. 문제는 미륵이 '손가락'이라고 하지 않고 '손가락뼈'라고 했다는 점이다.

진표의 참회 수행을 탐구하면, 인상적으로 묘사된 부분 중의 하나는 '뼈'에 대한 설화적 화소다. "밤낮으로 부지런히 수행하였다. 돌을 치며 참회하기 3일에 손과 팔뚝이 부러졌다." "지장보살이 와서 가호를 하니 손과 팔뚝이 전처럼 되었다." (『석기』) "망신참법으로 계법을 닦았다. 온몸을 바위에 부딪쳐 무릎과 팔뚝이 모두 부서지고 바위 언덕이 피로 물들었다."(『진표전간』) 이와 같이 진표가 수행 중에 망가뜨리는 '뼈'는 참회 수행의 증거가 되고, 그 결과로서 지장보살과 미륵이 감응하여 계법을 받게 된다. 수행자 진표의 뼈가 부러졌으니 보살을 친견할 자격을 갖추었다는 의미로 읽을 수 있다. 뼈는 지장보살은 물론 미륵에게도 매우 중요한 신앙의 증표가 된다. [384]

문제는 진표가 미륵으로부터 받은 제8, 9간자이다. 미륵이 두 간자를 자신의 손가락뼈라고 했다면, 거기에는 신앙적 요소가 개

384 서철원, 앞의 논문, p. 173.

입되어 있다. 뼈신앙은 샤머니즘과 밀접한 관계가 있다. 그것은 세계적으로 널리 보이는 현상이다. 한국에서도 「황천혼쉬」[385]를 비롯한 다수의 사례가 있다. 진표의 전기에도 뼈신앙의 흔적이 보인다. 문제는 미륵이 자신의 손가락뼈를 신앙의 대상으로 간직하라는 표현이 샤머니즘적–신교적이라는 것이다. [386]

고대 종교에서 뼈신앙은 영혼불멸설과 관계가 깊었다. 육체는 죽어도 정신은 불멸한다는 관념은 고대 종교에서 보편적으로 나타나는 종교 사상이다. 한국의 경우, 인간의 사후에 영혼이 어디로 가느냐는 문제에 대해서는 부족과 지역에 따라서 차이가 있었다. 뼈에 대한 신앙은 동옥저의 풍속에서 보인다. 동옥저에서는 사람이 죽으면 사자의 피륙皮肉이 다한 다음에 뼈를 거두어 가족 공용의 곽 속에 넣고 생시의 모양을 나무로 새겨 놓는 풍습이 있었다. 사자의 영혼이 언제라도 돌아와 자기 뼈를 알아볼 수 있도록 한 것이다. [387] 굳이 동옥저뿐만 아니라 고대의 장례법에는 '뼈'를 특히 중요시했다. [388] 피륙이 부패한 뒤에도 뼈는 계속 남아 있으므로, 이 뼈를 통해 영혼과 인간의 관계가 유지될 수 있는 것으로 믿었기 때문이다.

불교에서도 물론 뼈신앙의 흔적을 찾을 수 있다. 원래 불교에서는 불골佛骨을 탑에 모셔 놓고 그 부처를 대하듯이 신앙한다. 사리

---

385 「황천혼쉬」는 3형제가 밭에서 백골을 얻어 와 치부하는 과정과 백골의 경고로 죽음을 모면하는 과정 등이 서사를 이룬다.

386 서정철, 「진표 전기의 설화적 화소와 '성자'형상」, 『시민문학』Vol. 16, 경기대 인문과학 연구소, 2009, p. 174.

387 『三國志』卷30, 「魏書」30, 東沃沮傳 . ; 고익진, 『한국 고대 불교 사상사 연구』, p. 8 재인용.

388 김열규, 『한국 신화와 무속 연구』, 일조각, 1977, pp. 9-17.

탑솖체塔이 예다. 사리탑은 부처의 유골인 사리를 넣은 탑이다. 사리솖체(Sarīra)는 신골身骨·유신遺身·영골靈骨이라 번역된다. 원래는 신골이나 주검을 모두 사리라 하였는데, 후세에는 화장한 뒤에 나온 작은 구슬 모양으로 된 것만을 사리라 하였다.

따라서 미륵이 두 간자를 당신의 손가락뼈라고 했을 때, 그것은 곧 미륵의 분신과 같은 의미를 갖게 된다. 이 경우, 미륵의 손가락뼈에 해당하는 두 간자는 진표의 신앙 대상(요소)이 된다고 할 수 있다. 미륵이란 진표 그 자신이 지향하여, 중생들로 하여금 이르러 가게 하려는 구경의 목표이다.[389] 그 미륵이 자신의 손가락뼈―제8, 9간자를 주고, 이것으로 세상에 법을 전하여 사람을 제도하는 도구로 삼으라고 했다. 제8, 9간자를 중심으로 하는 점찰법으로 중생을 제도하라는 얘기다. 점찰법으로 중생을 제도하기 위해 여는 법석이 곧 점찰법회다. 앞으로 진표가 열게 될 점찰법회는 곧 미륵의 계법을 포교하는 불사에 다름 아니다. 점찰법회는 『점찰경』은 물론 제8, 9간자가 기본 도구다. 그리고 『점찰경』과 두 간자는 신교의 신앙 의례 및 사상이 일부분 불교에 섭화된 결과라고 할 수 있다. 나아가 진표 자신이 입적한 뒤에는 그의 유골 자체가 신앙 대상이 된다(후술한다).

진표의 전기에 용이 등장하는 것도 예사롭지 않다. 특히 미륵신앙의 전당이 될 금산사 미륵전 중창 시기에 등장하는 용은 주목된다. 「석기」에서는 진표가 산에서 내려와 대연진에 이르렀을 때 용왕이 나와서 옥가사를 바친 뒤에 팔만 권속을 거느리고 그를 호위하여 금산사로 왔다고 했다. 대연진이 어디인지 확인할 수는 없다.

---

389 채인환, 「신라 진표율사 연구1」, p. 56.

변산에서 금산사로 오는 어느 곳의 강이나 연못이었을 것이다.

용은 원초적으로 신이었다. 초자연적 존재인 가상적 표상 물로서 일찍부터 신앙되어 왔다. 『학어집學語集』에서는 "용은 비늘가진 동물 중에서 가장 우두머리이다. 구름을 얻어 장차 비를 내리고, 논으로 보면 곧 들에 있고, 날면 하늘에 있어 변화불측하다"[390]라고 하여 조화무궁한 상상의 동물로 인식되고 있다. 용의 순우리말로 '미르', '미리'라고 한다.[391] 『훈몽자회』에서는 '용'의 고유명을 '미르룡'이라고 하였다. '미르'의 어원을 보면 '믈'은 수水의 고어이고 믈의 향찰은 '용龍 미시未尸'로 보아 믈(수)과 용(미르)은 상통한다.[392] 『아언각비雅言覺悲』에서는 '힐용위예詰龍爲豫 미리용'으로 훈독하여 '미르'는 '믈'의 뜻보다 현대어 미리(豫)에 가깝다고 본다. 용을 신물神物 즉 예시적 동물로 인정하기 때문이다. '미래불=미륵불→미르(용), 미리, 미르→미력→미륵으로 음이 전환되었다는, 다시 말해서 용이 곧 미륵이라는 일부 학자들의 논의는 앞에서 지적하였다.

『신증 동국여지승람』에는 금산사가 위치한 모악산에 용지龍池가 있는데 "하늘이 가물어 비를 빌면 응험이 있었다. 지금은 모래로 매워졌다"[393]고 하였다. 「석기」에는 진표가 용왕의 팔만 권속으로부터 호위를 받으며 진표가 본사에 당도하자 사방에서 사람

---

390 이민수 역, 『학어집』, 을유문화사, 1979. ; 천소은, 「『삼국유사』에 나타난 용신설화 연구」, 『강남어문』Vol. 7 No. 1, 강남대 국문과, 1992, p. 126 재인용.

391 용이 되지 못한, 특별한 능력을 가진 뱀을 '이무기', '이시미'라고 한다. 박순호, 「용, 동양 사상의 정신적 지주」, 『원대신문』 560호, 원광대, 1988. ; 위의 논문, pp. 61-62.

392 서정범, 「'미리龍'어를 통해서 본 용궁사상」, 『논문집』 Vol. 8, 1974, p. 97.

393 『국역 신증 동국여지승람』Ⅳ, 민족화추진회, 1971, p. 463.

들이 모여들었고, 며칠 안에 금산사가 완성되었다고 하였다. 「진표전」에서도 사방에서 많은 신자들이 모여와서 함께 금산사를 조성했다고 기록하였다. 용왕과 그의 무리는 진표의 권위를 드높이고, '사방에서 사람이 모여들게 하여 금산사를 중창하는데' 일조를 하였음이 분명하다. 반면, 『택리지』「복거총론ト居總論」 산수조山水條에 등장하는 용은 입장이 전혀 다르다. 금산사는 본래 그 터가 용이 살던 연못으로서 깊이를 헤아릴 수 없었는데, 진표가 여러 만석의 소금으로 메워서 용을 쫓아내고 터를 닦아서 미륵전을 세웠다는 것이다.

어떤 식으로든 진표와 용, 금산사 미륵전과 용은 불가분의 관계에 있다. 특히 금산사 미륵전 터가 용이 살고 있는 연못이었다는 점에 주목하자. 이 점은 삼존불상이 솟아나왔다는 백제 미륵사 창건 연기설화와 비교되는 대목이다. 미륵사 연기설화에서 미륵사가 미륵 경전을 그대로 옮겨왔다는 점은 앞에서 지적하였다. 금산사 미륵전 창건 설화도 다르지 않다. 금산사 미륵전이 백제 시대에 건립된 익산 미륵사의 창건연기설화와 공통점이 많다는 것은 진표의 미륵 신앙이 백제 미륵 신앙의 전통 위에 서 있다는 근거가 될 수 있다.

두 미륵 신앙의 공통점은 무엇보다도 백제 고토-현재 행정구역명으로 익산의 미륵사와 김제의 금산사는 거의 같은 지역에 위치하고 있다는 점이다. 바로 이 점과 관련하여 많은 논자들은 지표의 미륵 신앙이 백제 유민의 구원과 관련이 있다고 지적하였다.[394]

---

394 이기백, 「진표의 미륵 신앙」, p. 269. ; 윤여성, 『신라 진표와 진표계 불교 연구』, pp. 16-37.

김제 벽골제 쌍룡 진표율사의 미륵신앙에는 용과 관계가 깊다. 오늘날 사적 제111호인 벽골제에는 쌍룡 설화를 소재로 형상화해서 전시하고 있다.(작가명 최평곤)

두 미륵 전당이 건립된 터가 원래 연못이었다는 점도 눈길을 끈다. 진표는 김제 만경 평야의 넓은 땅을 두고 왜 굳이 연못에 미륵 전당을 건립했을까? 진표가 미륵전을 건립한 터전이 되는 연못에 용이 살고 있다는 설화에 주목하자. 미륵전의 터전이 용이 살고 있는 연못이었다는 점은 미륵경전과 관련이 있다. 미륵이 하생하게 될 시두말성에 연못이 있고, 거기에 용이 살고 있다. 그 용은 미륵이 하생할 터전을 준비한다.

오랜 세월이 지난 후, 이 세계에는 시두翅頭라는 큰 도읍이 생길 것이다. 동서의 길이는 12유순, 남북은 7유순인데, 그 나라는 땅이 기름지고 풍족해 많은 사람들이 유복하게 살아 거리마다 번화하기 이를 데 없다. 그 때 수광水光이라는 용왕이 있어서 밤이면 항상 향수를 비처럼 내려 거리를 적시고, 낮에는 온 성안을 화창하게 하리라.[395]

395 『佛說彌勒下生經』, 大正藏 14, 421a. 將來久遠於此國界當有城郭名曰翅頭. 東西十二由旬. 南北七由旬. 土地豐熟人民熾盛街巷成行. 爾時城中有龍王名曰水光. 夜雨香澤

개울 양쪽 가에는 사금砂金이 깔려 있고 폭이 12리나 되는 길은 물을 뿌리고 쓸어서 하늘 동산처럼 청정하다. 그곳에 복덕과 위력을 두루 갖춘 다라시기多羅尸棄라는 용왕이 있을 것이다. 연못 근처에 있는 그의 궁전은 칠보 누각처럼 밖으로 나타나 있는데, 용왕은 밤이면 항상 사람으로 변해 상서로운 힘이 있는 큰 병에 향수를 담아다 땅 위에 뿌릴 것이다. 그래서 온 땅의 길들은 기름으로 칠한 것처럼 윤이 나고, 깨끗해져서 길을 다닐 때 먼지가 조금도 일어나지 않는다.[396]

불교에서 용왕龍王은 8부중八部衆[397]의 하나로서 흔히 팔부용왕八部龍王이라고 한다. 용속龍屬의 왕을 가리킨다. 바다에 살며, 비와 불을 맡고 또 불법을 수호한다. 위의 두 미륵 경전에서 용왕의 역할은 미륵이 하생할 땅을 단장하는 일이다. 바로 그 역할로서 용왕은 진표를 도와 실천하고 있는 것이다.

진표 불교에 등장하는 용신앙은 물론 신교의 그것이 습합된 것으로 해석된다. 용은 물과 불가분의 관계다. 용은 물을 얻음으로써 무궁한 조화를 부릴 수 있다. 어로 생활과 농경 생활을 영위해 온 민족에게 있어서 물의 중요성은 말할 나위도 없다. 따라서 구름을 부르고 비를 내리게 하는 용에 대한 신앙은 중요하게 부각되었다. 금산사 미륵전이 위치한 김제는 우리나라에서 가장 넓은 평

畫則淸和.

396 『佛說彌勒大成佛經』, 大正藏14, p. 429b. 其岸兩邊純布金沙. 街巷道陌廣十二里. 悉皆淸淨猶如天園掃灑淸淨. 有大龍王名多羅尸棄. 福德威力皆悉具足. 其池近城龍王宮殿. 如七寶樓顯現于外. 常於夜半化作人像. 以吉祥瓶盛香色水. 灑淹塵土其地潤澤譬如油塗. 行人往來無有塵坌.

397 팔부중八部衆은 천룡팔부天龍八部·용신팔부龍神八部라고 한다. 불법을 수호하는 여러 신장을 가리킨다. 천天·용龍·야차夜叉·아수라阿修羅·가루라迦樓羅·건달바乾闥婆·긴나라緊那羅·마후라가摩睺羅伽. (『불교 사전』)

야 지대이다. 특히 우리나라 최대의 고대 저수 지지인 벽골제가 바로 이 지역에 위치하고 있다는 점에 유의하자. 벽골제에 대한 연혁은 『삼국사기』 신라 본기 흘해왕 21년의 기록으로 소급된다; "처음 벽골지를 여니 제방의 길이가 일천 팔백 보이다."[398]

흘해왕 21년(330)에 이 지역은 백제 영토였다. 따라서 이 기록은 신라의 삼국 통일 이후 신라 본기에 삽입된 것으로 보인다. 벽골제 축조 시기는 백제 11대 비류왕 27년(330)으로 보고 있다.[399] 이 지역이 일찍부터 용신앙이 융성할 수밖에 없는 토양이었다는 얘기다. 한 논자는 금산사 주변의 지명에 '용'자가 들어간 것이 36군데에 이른다는 일람표를 제시하고 있다.[400] 바로 이 지역에 금산사 미륵전이 건립된 것은 미륵 경전, 특히 미륵하생신앙의 본원지로서 예비된 땅이라는 상징성과 함께 백제 전통 그리고 신교와의 습합을 단적으로 보여주는 의미도 있다.

미륵사 창건 연기 설화를 검토하는 과정에서 미륵 경전은 물론 백제 미륵사가 황금과 무관하지 않았다는 점을 지적하였다. 그것은 금산사 미륵전도 다르지 않다. 『미륵성불경』에서도 용왕이 단장하는 미륵하생처에 '사금이 깔려 있다'고 하였다. '금산사'라는 절 이름도 그렇지만, 특히 금산사 주위의 지명에는 '금金'이 많이

398 『三國史記 』卷 第三 「新羅本紀」 第二 「訖解尼師今立」 條. 奈勿尼師今 實聖尼師今 訥祇麻立干 慈悲麻立干 照知麻立干.
399 김제시 벽골제, http://byeokgolje. gimje. go. kr/index. sko. 검색일; 2013. 9. 29.
400 윤여성, 위의 논문, p. 78.

들어가 있는 것도 주목된다.[401] 지명뿐만이 아니다. 금산사 주변 지역은 예로부터 사금이 많이 생산되고 있다. 일제 강점기에는 이 지역에 사금을 캐기 위해 전국 각지에서 사람들이 몰려들었다(『초판 도전』 5:311, 측주).

진표는 '금산에서 태어나 자랐다.' 그가 출가하고, 또 그가 미륵전을 건립하고 미륵 불상을 봉안하면서 미륵하생신앙의 터전을 닦고 있는 가람은 금산사다. 미륵 경전에 따르면 미륵이 오는 땅에는 연못과 용, 사금이 있다. 이것은 진표의 금산사 중창 설화와 구조적 의미가 비슷한 모티브를 지니고 있다. 금산사와 그 주변은 이미 미륵하생처로 준비된 땅이고, 진표는 바로 그곳에 미륵 신앙의 전당인 미륵전과 미륵장육상을 모시고 미륵 오시는 길을 준비한 것이다.

3) 진표의 이류중행사상異類中行思想 실천

진표가 미륵을 친견한 능가산에서 하산할 때로 잠시 돌아가자. 「진표전」에 따르면 당시 진표가 미륵에게서 받은 천의天衣와 천발天鉢을 가지고 산을 내려왔다. 그와 함께 미륵의 손가락뼈에 비유되는 제8, 9간자를 몸에 지니고 오는 진표는 이미 부사의방장과 능가산에서 그 혹독한 망신참법 수행을 하던 고행자의 모습은 아니었다. 당시 진표가 하산하여 금산사로 오는 과정에 대해 한 논자는 마치 예수의 예루살렘 입성 과정을 보는 것처럼 사람들이 진

---

401 금산사 부근의 '금'자 관련 지명 일람표는 다음 논문을 참고할 것. 위의 논문, pp. 80-81.

표를 얼마나 거룩한 존재로 바라보고 있는지 실감나게 보여주고 있다고 지적하였다.[402] 진표의 하산 길은 그 정도를 훨씬 넘어섰다. 진표를 환영하는 것은 사람들뿐만이 아니었다. 천·지·인 삼계의 유·무정有無情들이 진표의 하산 길을 축복하고 환영하고 나섰다. 천계에는 신명계까지 포함된다. 진표 전기에 따르면 용왕이 그의 무리를 끌고 와서 옥가사를 바치고 호위하였고 풀과 나무들이 진표를 위해 밑으로 드리워 길을 덮었다. 그때 골짜기의 높고 낮은 차별이 없어졌다고 한다. 또한 온갖 날짐승 길짐승이 달려와 그의 걸음 앞에 엎드렸다.

그때부터 두 마리 범이 항상 진표의 좌우를 그림자처럼 따라 다녔다. 이것은 산신 신앙과 관련이 있다고 지적을 하였다. 물론 불교의 산신 신앙도 우리 고유의 신교와 습합된 그것이다. 문제는, 진표가 나타나자 동물뿐만 아니라 식물까지도 감회를 받아 저절로 복종한다는 점이다.

한 논자는 진표의 신성함을 보다 잘 알아보는 존재들이 사람보다는 동물이 되어 가고 있다는 점은 나름의 의미가 있다고 지적하였다.[403] 진표의 하산 길에 보여주는 이와 같은 풍경은 서구의 이성과 과학, 합리주의적 사고로는 이해하기가 쉽지 않을 터이다. 그렇다고 나카리야 가이텐의 주장과 같이 '황당한 기사'라고 일방적으로 매도하는 것도 온당한 학자의 태도라고 할 수는 없다.

진표를 향한 인간 이외의 중생의 감복을 어떻게 이해할 것인가? 먼저 중생衆生이라는 개념부터 정확하게 이해하자. 중생은 범

---

402 서철원, 앞의 논문, p. 179.
403 위의 논문, pp. 179-180.

어 살타薩埵(sattva)의 번역이다. 마음과 인식 작용이 있는 생물을 가리킨다. 중생은 당나라 현장 이전의 번역이고, 현장 이후에는 주로 '유정有情'이라고 번역했다. 중생이란 말에는 여러 생을 윤회한다, 여럿이 함께 산다, 많은 연이 화합하여 비로소 생긴다는 뜻이 있다. 넓은 뜻으로 해석하면 깨달음의 세계에 있는 불·보살에게도 통하지만 일반적으로는 미계迷界의 생류生類들을 일컫는 말이다(『불교 사전』). 따라서 우리는 '진표를 향한 인간 이외의 중생의 감복'을 먼저 불교적으로 이해하고자 한다. 그 이해의 바탕에는 이류중행사상異類中行思想이 있다.

이류중행사상과 밀접하게 연결되는 것은 지장신앙이다. 이류중행사상은 넓게는 『지장보살본원경』에서 중생을 구제한 연후에 성불하겠다는 지장보살의 대원大願으로 이해할 수 있다. 지장보살은 중생을 구제하기 위해 지옥도에 떨어진 중생 구제의 임무가 주가된다. 그러나 지장보살은 지옥의 문 앞에서 중생이 오기만을 기다리는 것이 아니라 지옥에 오기 이전의 상태 즉, 현세에서의 중생 구제를 중시한다. 바로 이 일을 하기 위해 지장보살은 여러 형태로 몸을 바꾸어 중생을 제도한다. 이때 변화신의 모습을 통한 지장보살의 구제행이 이류중행이라고 할 수 있다.[404]

이류중행은 당 고승 남전보원南泉普願(748~834)이 주장한 수행법이다. 문자 그대로 인간 이외의 부류 가운데서 수행한다는 뜻이다.

남전이 병석에 누웠을 때, 어떤 사람이 물었다. "화상께서는 백 년

---

404 김태훈, 『지장신앙의 한국적 변용에 관한 연구』, p. 70. 이류중행에 대해서는 주로 이 논문을 참조하여 논의한다.

후 어디로 가시렵니까?" 남전은, "산 아래 시주집(檀越家)으로 가서 한 마리 물소가 되련다." 대답했다. 그가, "저도 스님을 따라 가고자 하는데 그래도 되겠습니까?" 물었다. 남전은, "나를 따르고자 한다면 입에 한 줌의 풀을 물어야 할 것이다"고 하였다.[405]

남선의 선언은 사문이니 성인이니 하는 집착을 넘어서 중생계에 다시 태어나겠다는 의지를 표명한 것이다. 여기서 이류중행의 '이류'는 비사문·비성인을 의미한다. 인간의 입장에서는 축생을 의미한다. 남전이 바라본 이류는 본래 인간과는 다른 생물, 즉 동물을 의미한다. 30년 동안 산에서 밭에서 수행하였던 남전은 동물에게는 망상이 없으므로 이들 가운데서 도를 구해야 한다고 가르쳤다. 중생의 불성이 청정함을 깨닫고 중생과 함께 수행하라는 것을 의미한다.

남전의 경우, 이류는 깨달음의 영역과 그렇지 않은 영역으로 구분한다고 할 수 있다. 이 경우, 그 유래는『유마경』에서 문수보살이 유마힐維摩詰에서 보살이 어떻게 해야 불도에 통달할 수 있겠느냐고 질문했을 때, 유마힐이 "보살이 불도가 아닌 곳(非道)에 들어갈 수 있어야 불도에 통달했다고 할 수 있다"[406]는 대답에서 찾을 수 있다. 여기서 '불도가 아닌 곳'은 중생의 세계이다. 한 논자는 이류행과 비도행을 출가자의 삶과 속인의 삶으로 대비하여 고

405『重編曹洞五位』卷下, 卍新纂續藏經 63, p. 213b. 若是南泉病時有人問. 和尙百年後向甚麼處去. 泉云我向山下檀越家作一頭水牯牛去. 云某甲擬隨和尙去還得麼. 泉云. 若隨我. 銜一莖草來.

406『維摩詰所說經』卷中, 大正藏14, p. 549a. 爾時文殊師利問維摩詰言「菩薩云何通達佛道」維摩詰言 若菩薩行於非道, 是爲通達佛道.

찰하고 있다. 전통적인 출가자는 일체의 사회적 관계와 인정을 끊고 개인의 깨달음을 위해 수행하는 것이다. 군신, 부자, 부부 관계 등 모든 사회적 관계와 인정은 현상 집착으로서 성불에 장애 요소가 된다. 따라서 출가자의 모습이 이류행이 되고 비도행이 되려면 남을 위해 노역에 복무하고[407] 사회적 관계성을 회복하는 쪽으로 나가야 한다. 따라서 이류중행의 수행 방식은 종래의 고립적 불교 구원관에 대한 반성적 성찰을 보여준다.[408]

선가의 고승들 사이에 출가승의 사회적 관계를 인정하고 부모에 대한 효도가 중요한 덕목으로 인정되는 사례들을 종종 발견할 수 있다. 보각국사普覺國師 일연, 조동종曹洞宗의 개조동산양개洞山良价(807~869), 그리고 조선시대 진묵대사震默大師의 경우다. 일연이 대궐 안에서 문무백관을 거느린 왕으로부터 구의례를 받을 정도로 충렬왕의 추앙을 받았다는 얘기는 하였다. 「보각국사비普覺國師碑」에 따르면 일연은 노모를 곁에서 모시기 위해 구산舊山으로 돌아가도록 해 달라는 허락을 원하는 그 사의가 심히 간절하여 임금께서 거듭 그 거절하다가 마침내 윤허하였다고 기록하고 있다. 어머니의 봉양을 위해 고향으로 돌아온 일연은 1284년에 어머니가 타계한 뒤에 다시 불문으로 돌아갔다. 그리고 5년 뒤인 1289년 일연은 손으로 금강인金剛印을 맺고 입적하였다.

동산양개가 속세의 어머니를 위로하는 편지를 절절하다.

---

407 "이는 당唐대에 들어서 출가승의 노역이 상식화된 측면에서 이해할 수 있다. 즉 백장百丈(749~814)은 "하루라도 일하지 않으면 그날은 먹지도 말라(一日不作 一日不食)."는 유명한 선언을 하게 된다. 『五燈會元』卷20. ; 김태훈, 앞의 논문, p. 72 재인용.
408 허원기, 「이류중행 사상의 서사문학적 의미」, 『한국어 문학 연구』Vol. 42, 한국어 문학 연구 학회, 2004, pp. 150-151.

부처님도 세상에 나오실 때는 모두 부모님을 빌어 생명을 받았고 만물이 생길 때도 하늘이 덮어 주고 땅이 실어 주는 덕분이라도 저는 들었습니다. 그러므로 부모가 아니면 태어날 수 없고 천지가 아니면 자랄 수 없으니 다 길러 주시는 은혜를 입고 덮어 주고 실어 주는 덕을 받았기 때문입니다.[409]

진묵대사 또한 효심이 지극하였고 동기간의 우애를 소중하게 여겼던 고승이었다. 그는 출가한 승려였으나 어머니를 평생 극진히 모셨고 하나밖에 없는 누이동생을 보살폈다. 그는 자신이 주석하던 일출암 근처 왜막촌에 집을 마련하여 어머니와 누이동생을 살게 했고, 조석으로 어머니께 문안을 드렸다. 그는 돌아가신 어머니를 위해 직접 제문을 지어 바쳤다.

열 달 동안 태중에서 길러 주신 은혜를 어찌 갚으오리까? 슬하에서 삼 년을 키워 주신 은덕을 잊을 수 없습니다. 만세를 사시고 다시 만세를 더 사신다 해도 자식의 마음은 그래도 모자랄 일이 온데 백 년도 채우지 못하시니, 어머님 수명은 어찌 그리도 짧으시옵니까?[410]

진표 역시 입적할 때까지 아버지를 봉양한다(후술한다). 출가인이 속세의 어머니에게 연연한다는 것은 전통적 불가에서 허용될 수 없는 일이었다. 그럼에도 불구하고 이들 고승들은 뛰어난 효심

---

409 「洞山良价和尙辭親書」, 『洞山錄』. ; 김태훈, 『지장신앙의 한국적 변용에 관한 연구』, p. 73 재인용. 伏聞諸佛 出世 背托父母而受生 萬類興生 盡假天地之覆載 故非父母而不生 無天地而不長 盡霑養育之恩 俱受覆載之德.
410 李一影 編, 『震默大師小傳』, 保林社, 1983, p. 47. 胎中十月之恩, 何以報也 膝下三年之養, 未能忘矣 萬歲上更加萬歲, 子之心有爲嫌焉, 母之壽何爲其短也.

의 전범을 보여주었다. 동산은 부모님의 은혜에 보답하기 위해 출가한다고 했다. 부모를 옆에서 봉양하는 것만이 효도하는 것이 아니라 '한 자식이 출가하면 구족이 정토에 태어난다(一子出家 九族生天).'는 차원에서 효를 행하고 있다. 바로 이류중행의 실천이라고 할 수 있다.

한국 불교에서 이류중행 사상은 신라의 원광에게서 그 출발점을 발견할 수 있다. 중국 삼계교 개산조인 신행의 이류중행 사상을 이어받은 원광의 사상은 원효, 진표가 크게 영향을 받았다. 이후 고려대에는 일연, 조선시대에는 설잠雪岑(1435~1493), 그리고 근세에는 경허(조선 말기), 만해萬海(1879~1944)로 그 사상적 흐름이 이어졌다.[411] 이류중행 사상과 관련하여 경허의 선시 〈이류중사異類中事〉가 주목된다.

> 털을 쓰고 뿔이 난 소가 되어
> 등 탑 앞에서 고리가 웅얼거린다.
> 조불祖佛의 지금 몸 밖으로
> 긴 세월 저잣거리로 떠돌아다닌다.[412]

지장보살이 모든 중생을 구제하기 위해 부처되기를 포기하고 지옥으로 뛰어들었듯이 경허는 축생의 모습으로 저잣거리를 헤매고 다녔다. 부처와 중생이 둘이 아니듯 인간과 축생의 경계를 나누지 않고 그 경계를 자유롭게 드나들며 어떠한 경지에도 머물지

---

411 위의 논문, p. 74.
412 被毛兼戴角 燈榻語啾啾 祖佛今身外 長年走市頭. 鏡虛, 「鏡虛集」, 『韓佛全』11, p. 630c.

않았던 경허는 이류중행의 참수행자로 추앙받고 있다. 굳이 경허 뿐만이 아니다. 자신을 한없이 낮추고 중생과 함께 그들의 고통을 감수하며 구제의 길을 걸었던 많은 수행자들이 곧 이류중행의 실천자라고 할 수 있다. 나아가 자신을 버리고 수많은 변화신의 모습으로 중생과 함께 하고 있는 지장보살이야말로 진정한 이류중행의 보살이다.[413]

진표 신앙의 본류가 미륵 신앙이라고 할 때, 그 본류를 지탱하고 있는 지류들 가운데 하나가 지장신앙이라는 것은 우리가 이미 지적하였다. 진표의 미륵 신앙에 이류중행 사상이 바탕에 깔려 있다는 얘기다. 지금까지 우리는 진표가 미륵의 계법을 받고 변산에서 금산사로 하산할 때 보여준 일화를 중심으로 불교사상적 측면에서 이류중행을 검토해 왔다. 「석기」에서 보여주고 있는 진표의 다음 일화는 남전, 원효(의 종교적 생애 자체가 이류동행의 실천이라고 할 수 있다. 이에 대해서는 별도로 논의하지 않았다), 경허 등의 일화와는 다른 차원의 이류동행이다.

율사가 금산사에서 나와 속리산으로 가는 도중에 소달구지를 탄 사람을 만났다. 그 소들이 율사의 앞에 와서 무릎을 꿇고 울었다. 달구지에 탄 사람이 내려와 물었다. "무슨 까닭으로 이 소들이 스님을 보고 우는 것입니까? 스님은 어디서 오시는 분입니까?"

율사가 대답했다. "나는 금산수金山藪의 중 진표라고 하오. 나는 일찍이 변산 부사의방에 들어가 미륵·지장의 두 보살 앞에서 친히 계법과 진생眞笙을 받고 길이 수도할 절을 지을 만한 곳을 찾으러 온

413 김태훈, 『지장신앙의 한국적 변용에 관한 연구』, pp. 75-76.

것입니다. 이 소들은 겉은 어리석은 듯 하나 속은 현명합니다. 내가 계법 받은 것을 알고 불법을 소중히 여기기 때문에 무릎을 꿇고 우는 것입니다."

그 사람은 이 말을 다 듣고 말했다. "짐승도 오히려 이러한 신심이 있는데 하물며 나는 사람으로서 어찌 신심이 없겠습니까." 그는 즉시 낫을 쥐고 스스로 자기 머리카락을 잘랐다. 율사는 자비심으로 다시 그의 머리를 깎아 주고 계를 주었다. (「석기」)[414]

이류동행의 실천으로서 남전은 죽어서 소가 되겠다고 했다. 경허는 소가 되어 저잣거리로 떠돌아다닌다고 했다. 진표의 이류동행은 어떠한가. 진표를 보자 소가 앞으로 가서 무릎을 꿇고 울었고 했다. 진표를 보는 것만으로 소는 저절로 감회된 것이다. 소뿐만이 아니다. 진표가 변산에서 나올 때는 온갖 날짐승 길짐승이 달려와 그의 걸음 앞에 엎드렸다고 했다. 동물뿐만이 아니다. 진표를 보는 것만으로 용왕과 산신과 같은 제천용신諸天龍神이 감화되어 제 발로 찾아와 호위하고, 심지어 풀과 나무와 같은 산천초목조차도 감회되어 진표를 위해 밑으로 드리워 길을 덮었다고 했다. 진표의 이와 같은 감화력은 남전, 원효, 경허가 보여준 이류동행과는 다른 차원의 그것이라고 할 수 있을 것이다. 나아가 지옥에 빠지게 될 중생을 구제하기 위해 현세에서 여러 가지 변화신을 보여주는 지장보살의 이류동행과도 다른 차원이다. 우리는 진

---

414 師出金山向俗離山 路逢駕牛乘車者 其牛等向師前 跪膝而泣 乘車人下問 何故此牛等 見和尙泣耶 和尙從何而來 師曰 我是金山藪眞表僧 予曾入邊山不思議房 於彌勒地藏兩聖 前 親受戒法眞牲 欲覓創寺鎭長修道之處 故來爾 此牛等外愚內明 知我受戒法 爲重法故 跪膝而泣 其人聞已 乃曰 畜生尙有如是信心 況我爲人 豈無心乎 卽以手執鎌 自斷頭髮 師 以悲心 更爲祝髮受戒

표의 이와 같은 이류동행의 실천을 불교와 습합된 신교-신도 차원에서 이해하고자 한다.

> "천지간에 가득 찬 것이 신神이니 풀잎 하나라도 신이 떠나면 마르고 흙 바른 벽이라도 신이 떠나면 무너지고, 손톱 밑에 가시 하나 드는 것도 신이 들어서 되느니라. 신이 없는 곳이 없고 신이 하지 않는 일이 없느니라." (『도전』4:62)
>
> 크고 작은 일을 물론하고 신도神道로써 다스리면 현묘불측玄妙不測한 공을 거두나니 이것이 무위이화無爲以化니라. (『도전』4:5)

천지간에는 성신이 가득 차 있다. 인간 만사는 모두 신이 들어야 이루어진다. 인간은 육화한 신이다. 인간 속에 신이 내재하여 생명 활동을 영위해 간다. 신은 생명의 근본인 마음에 매여 있다. 신은 인간의 정신작용, 생각에 따라 순간순간 바뀌어 응한다. 이를 신인합발神人合發이라고 한다. 따라서 이 세상에서 벌어지고 있는 모든 인생의 드라마는 생명의 근본인 인간의 신과 성신이 결합하여 엮어지는 것이다. 인생사뿐만 아니다. 세상만사가 모두 신과 인간이 결합하여 이루어진다. 이와 같은 신인합발의 창조와 조화에 의한 진리로서 모든 일을 신도로서 이루어지는 것이다.[415] 고익진은 진표의 점찰참회계법을 전통적 무교의 점복을 섭화하여 독창적으로 재해석한 것으로 이해하였다. 우리는 진표의 점찰참회계법뿐만 아니라 지금까지 살펴본 이류동행까지 하나로 뭉뚱그려 신불습합神佛習合으로 이해하고자 한다.

---

415 안경전, 『증산도의 진리』, 대원출판사, 2002, pp. 220-221.

7. 진표, 용화3회 도량道場을 세우다

1) 미륵신앙 교화의 대장정에 오르다

율사는 다시 길을 떠났다. 속리산 골짜기 속에 이르러 길상초가 난 곳을 보고 표를 해 두었다. 그들은 명주溟州(강릉) 해변으로 향하였다. 율사가 천천히 가는데, 물고기와 자라 등속이 바다에서 나와 율사의 앞에 오더니 몸을 맞대어 육지처럼 만들어 주므로 율사는 그것을 밟고 바다에 들어가서 계법을 외워 주고 다시 나왔다. (「석기」)[416]

풍교風教의 법화法化가 두루 미치자 여러 곳을 다니다가 아슬라주阿瑟羅州(강릉)[417]에 이르니 섬 사이의 물고기와 자라들이 다리를 놓고 물속으로 맞아들이므로 진표가 불법을 강론하고 계를 주었다. 그 때가 바로 천보天寶 11년 임진壬辰(752) 2월 15일이었다. 어떤 책에는 원화元和 6년(811)이라 했지만 잘못이니 원화元和는 헌덕왕憲德

---

416 行至俗離山洞裏 見吉祥草所生處而識之 還向溟州海邊 徐行次 有魚鼈黿鼉等類 出海向師前 綴身如陸 師踏而入海 唱念戒法還出.
417 현재의 강원도 강릉을 가리킨다. "고구려에서는 하서량河西良 혹은 하슬라주何瑟羅州라고 하였다. (중략) (신라) 경덕왕 16년에 명주溟州라 고쳤다."『신증 동국여지승람』V, p. 478. 따라서 「진표전간」의 아슬라주阿瑟羅州와『신증 동국여지승람』의 하슬라주何瑟羅州 중 하나는 오기일 것이다.

王 때이다. 이것은 성덕왕聖德王 대로부터 거의 70년쯤 된다. (「진표
전간」)[418]

금산사를 떠난 진표가 마지막 과제—미륵의 계법을 널리 펴기
위해 강릉 지역으로 갔을 때 물고기와 자라들이 나와 다리를 만들
어 주었다. 진표는 그 다리를 밟고 바다 속으로 들어가서 설법하
고 계를 주었다. 나카리야 카이텐이 「진표전간」과 「석기」는 모두
황당한 기사로 채워져 있어 하나도 취할 것이 없다고 비판한 것
은 바로 이런 장면일 터이다. 그리고 우리는 진표의 행적—'신이의
사'에서 진표의 진면목을 찾아내야 한다고 주장했다.

설화적 측면에서 이런 장면은 낯설지 않은 풍경이다. '주몽설화'
에도 같은 일화가 있다. 널리 알려진 바와 같이 대소帶素 왕자의
무리에게 쫓기던 주몽이 엄표수淹㴲水(지금의 압록강 동북쪽에 있다)
앞에 이르러, "나는 천제天帝의 아들이요, 하백何伯(河伯)의 외손이
다. 오늘 도망하여 달아나는데 추격자들이 쫓으니 어찌하면 좋은
가?" 말했다. 이에 물고기와 자라가 떠올라 다리를 만들었으므로
주몽이 건널 수 있었다.[419]

하늘과 땅, 인간이 하나 된 경지, 그것이 곧 신교의 세계이다.
그 경지에서는 인간과 자연, 인간과 동물, 인간과 식물이 차별
이 없는 세계다. 진표가 하산하였을 때, 풀과 나무가 진표를 위

---

418 風化旣周 遊涉到阿瑟羅州 島嶼間魚鼈成橋 迎入水中 講法受戒 卽天寶十一載壬辰二
月望日也 或本云元和六年 誤矣 元和在憲德王代去聖德幾七十年矣.
419 『三國史記』卷第十三, 高句麗本紀 第一, 「東明聖王」. 朱蒙 乃與 烏伊 摩離 陜父 等
三人爲友行至 淹㴲水 一名 盖斯水 在今 鴨綠 東北 欲渡無梁恐爲追兵所迫告水曰我是天
帝子 何伯 外孫今日逃走追者垂及如何於是 魚鼈浮出成橋 朱蒙 得渡魚鼈乃解追騎不得渡.

해 스스로 밑으로 드리워 길을 덮었을 때 골짜기의 높고 낮은 차별이 없어졌다는 경지가 그것이다. 동물은 말할 나위가 없다. 진표가 물고기와 자라에게 설법을 하고 계를 줄 수 있는 경지가 그것이다. 물고기와 자라들이 진표를 알아보고 초청을 하였고, 진표는 그 초청에 응해 바다 속으로 들어가서 설법하고 계를 주었다. 진표는 물론 승려이므로 그의 행적에 드러나는 불교적 행위가 분명하지만, 그 이면에는 신교 차원으로서 현묘 불측한 공을 거두고 있는 것이다.

> 경덕왕이 이 말을 듣고 그를 궁중으로 맞아들여 보살계를 받고 곡식 7만 7천석을 내렸다. 왕후의 궁궐(椒庭)과 외척(列岳)들도 모두 계품戒品을 받고, 비단 500필과 황금 50냥을 시주하였다. 그는 이것을 모두 받아서 여러 절에 나누어 주어 널리 불사를 일으켰다. (「진표전간」)[420]

진표의 감화력은 민중들 사이에 널리 퍼져 나갔다. 그의 활약상은 왕궁까지 전해졌다. 경덕왕이 진표를 궁중으로 초대했다. 궁궐로 간 진표는 왕과 왕후를 비롯하여 외척들에게 설법하고 계를 주었다.

이 기사에 대해 선행 연구에서는 정치적으로 해석하기도 한다. 삼국 통일 이후 대부분의 신라왕들은 왕권 강화에 힘썼다. 경덕왕은 이런 정책에 더욱 적극적이었다. 이런 상황 속에서 경덕왕이

---

420 景德王聞之 迎入宮闈 受菩薩戒 嚫租七萬七千石 椒庭列岳皆受戒品 施絹五百端 黃金五十兩 皆容受之 分施諸山 廣興佛事.

진표를 후원하고 나섰다. 이것은 백제의 고토였던 이 지역을 중심으로 한 신라 변방의 백제 유민을 포용하려는 경덕왕의 전제 왕권 강화 정책의 일환으로 볼 수 있다는 것이다.[421] 이러한 접근에 대한 비판적인 주장도 있다. 전기의 문면을 놓고 보면 물고기를 '감응'시킨 진표의 감화력으로 경덕왕이 수계를 받았다고 적혀 있기 때문이다. 물론 경덕왕이 수계를 받고 시주한 물품들은 진표가 건설하고자 한 사원의 경제적 기반과 정치적 권위를 신장시키기에 적극 활용되었을 것이다. 그러나 진표 전기의 기록은 동물까지 감화시키는 진표의 권능이 국왕의 정치적 권위보다 우월하다는 인식에서 문자화된 점에 주목할 필요가 있다.[422]

그리고는 고성군高城郡에 이르러 다시 개골산皆骨山(금강산)으로 들어가서 처음으로 발연수鉢淵藪를 세우고 점찰법회를 열었다.
율사는 그곳에서 7년 동안 살았다. 이때 명주 지방에 흉년이 들어서 사람들이 모두 굶주렸다. 율사가 그들을 위해서 계법을 설하니 사람마다 받들어 지켜서 삼보三寶에 공경을 다하여 예배했다. 얼마 후 갑자기 고성 바닷가에 무수한 물고기들이 저절로 죽어서 나왔다. 사람들이 이것을 팔아 양식을 장만하여 죽음을 면할 수 있었다. (「석기」)[423]

752년(경덕왕 11) 혹은 770년(혜공왕 6), 진표는 금강산에 발연사

---

421 윤여성, 「신라 진표의 불교 신앙과 금산사」, p. 37.
422 서철원, 앞의 논문, p. 180.
423 行至高城郡 入皆骨山 始創鉢淵藪 開占察法會 住七年 時溟州界年穀不登 人民飢饉 師爲說戒法 人人奉持 致敬三寶 俄於高城海邊 有無數魚類 自死而出 人民賣此爲食得免死.

단원 김홍도 "금강산도"의 〈발연鉢淵〉(30.1×43.2cm) 60폭짜리 앨범 '금강사군첩' 한 작품이다. (하버드대 아서새클러 뮤지엄 소장) 진표가 창건한 금강산 '발연사'의 절 이름은 바로 이 발연에서 유래하였다

鉢淵寺를 세웠다. 용화2회 도장이 완성된 것이다(진표는 '금강산'으로 오면서 속리산 골짜기에 길상초가 난 곳을 표시해 두었다. 훗날 그곳에 진표의 제자 영심은 사승 진표의 가르침에 따라 길상사(오늘날의 법주사)가 창건한다. 따라서 법주사를 용화2회 도장, 발연사를 용화3회 도장이라고 할 수도 있다). 발연사는 오늘날 강원도 고성군 외금강면 용강리 금강산 미륵봉彌勒峯에 있었던 절이다. 발연암鉢淵庵·발연수鉢淵藪라고도 한다. 미륵봉 동쪽의 험준한 계곡 아래 발연鉢淵(혹은 발연소 鉢淵沼, 바리소라고 한다)이라는 못이 있다. 주위의 바위 모양이 발우鉢盂 모양과 같다고 하여 붙여진 이름이다. '발연사'라는 절 이름도 여기에서 유래하였다.

발연소 골짜기('바리소골'이라고도 한다)는 진표가 발연사를 창건하면서 세상에 널리 알려졌다. 이 골짜기에는 아름다운 소와 폭포, 명소들이 지천에 널려 있다. 소반덕 잘루목에서 발연소골을 타고 내려가면 계수대, 계봉소, 계수난봉암, 누운폭포, 폭포 바위, 구유소, 발연사 터, 무지개다리, 바리소, 발연사 등을 하나씩 만나게 된다. 발연동 초입에 나타나는 제법 큰 소가 있다. 하늘을 담고 있는 듯 짙푸른 물을 머금고 있는 수백 ㎡는 되어 보이는 둥근 소가 바로 발연소이다. 정확하게는 길이 11m, 폭 9m, 깊이 3m이며, 아닌 게 아니라 바리'때'(발우)를 닮았다. 이 정도의 명승지이므로 예로부터 시인 묵객이 찾지 않을 수 없었을 터이다.

'조선 시대의 르네상스'를 꽃피운 제왕이 정조正祖(1776~1800)다. 임금은 규장각에서 서적 편찬에 몰두했다. 조선은 숭유억불崇儒抑佛 정책을 펴는 나라다. 『조선왕조실록』에는 명나라 사신들이 조선을 방문할 때면 황제의 명에 따라 금강산 사찰에서 불공을 드리고 돌아간 것으로 전한다. 황제가 하는 일이었으므로 임금도 금강산 사찰에 가서 불공을 드리고 싶었는지 몰랐다. 아니면, 최소한 구경이라도 하고 싶었을 것이다. 불교를 억제했던 나라의 임금이 금강산을 직접 유람할 명분은 없을 터. 1788년 가을, 정조는 어전화가를 은밀히 불렀다. 단원檀園 김홍도金弘道(1745~1806)다. 임금은 그에게 금강산과 관동팔경을 그려오라 명했다. 마흔네 살의 패기왕성한 단원은 두루마리 종이와 필통을 짊어지고 금강산으로 들어갔다. 단원은 금강산 일대 4군郡의 풍광 약 100여점을 사생寫生하고 돌아와 채색 〈금강산도金剛山圖〉를 그려 임금에게 바쳤다. 이것이 12폭씩 5첩으로 꾸며진 60폭짜리 《금강사군첩金剛四君帖》이다. 이 화첩에는 4개 군뿐 아니라 남으로 평해平海 월송정越松亭에서 북으로 안변安邊 가학정駕鶴亭 그리고 금강산 접경 지

정선, 〈장안사〉. 지본담채紙本淡彩. 42.8 x 56 cm. (간송미술관)

정선 〈장안사 비홍교〉, 《해악전신첩》, 1747년 작

역을 모두 포괄하고 있다.

그로부터 200여년이 지나면서 김홍도의 금강산 화첩에서 떨어진 그림은 호암미술관·간송 미술관 등과 개인에게 뿔뿔이 흩어졌다. 그 중 한 점이 긴 여정 끝에 하버드 대학교에 당도한다. 하버드 아서 M. 새클러 뮤지엄이 소장한 김홍도의 《금강사군첩金剛四君帖》의 한 작품 〈발연鉢淵〉(30.1x43.2cm)이 그것이다. 금강산 전도金剛山全圖의 일부인 〈발연〉은 비단 위에 그려진 수묵 담채화다.

우측 근경의 기암절벽과 좌측의 눈이 덮인 듯 한 여백의 산, 원경의 신비스러운 산이 삼각 구도를 이룬다. 마치 눈이 채 녹지 않은 듯 한 흙산의 앙상한 나무와 고적한 소나무가 초봄의 계절감을 드러낸다. '철 따라 고운 옷 갈아입는 금강산'의 바위산과 흙산 사이의 푸른 연못이 〈발연〉이다. 연못으로 흐르는 물결은 봄을 기운이기도 하다. 고

정선〈장안사〉,《풍악도첩》, 1711년 작.   장안사 전경(측면)

요한 산 속에서 리듬감을 주는 샘물이 정중동의 극치에 달한다. (중략) 그러면 발연과 불교는 어떤 연관성이 있을까? '발연(Alms-Bowl Pond)'은 승려의 밥그릇을 닮은 연못이라는 뜻이다. 사실상 발연은 8세기 중엽 신라 혜공왕 때 진표율사가 창건한 절 '발연사'의 이름이기도 하다. 진표율사는 금강산 동쪽에 발연사, 서쪽에 장안사, 남쪽에 화암사를 창건해 금강산을 중심으로 불국토를 이룩하고자 했다. 진표율사는 입적할 때까지 금강산에 머물면서 미륵사상의 참회를 통해 불교 이상국가를 꿈꾸었던 고승이었다.[424]

　　조선시대의 천재 풍속·산수화가 김홍도가 그린 〈발연〉은 바로 진표가 창건한 발연사의 절 이름이 유래한 바로 그 '발연'을 그린 그림이다. 발연소소의 위와 아래에는 윗소와 아랫소를 연결해 주는 두 개의 폭포가 걸려 있다. 그 곳에서 조금 더 올라가면 1t 무

424 박숙희,「여백미 살린 '금강산도'의 백미…단원 김홍도 '발연', 아시아소사이어티서 공개」, 뉴욕 중앙일보, 2010. 3. 19.

게의 화강석 40여 개를 다듬어 만든 무지개다리가 나온다. 홍예
교虹霓橋(다리 밑이 반원형이 되게 쌓은 다리로서 아치교·홍교·무지개
다리라고도 한다.) 높이 9m, 깊이 11m, 폭 6m로 조선 시대에 만든
이 다리는 25단으로 치밀하게 맞물려 쌓았다. 그 중 7단이 절반
씩 부러졌으나 수십 명이 올라서도 끄떡하지 않을 만큼 견고하다.
옛날에는 이 다리를 건너야 발연사에 갈 수 있었다.[425]

　무지개다리를 지나면 '구유소'라는 소가 나온다. 동서로 길게 움
푹 팬 곳에 푸른 물이 담겨 있는 것이 말구유처럼 생겼다고 해서
붙여진 이름이다. 여기서 오른쪽 언덕 위의 평평한 골짜기 안으로
발연사 터가 자리하고 있다. 폐사된 지 오래인 이곳에는 다만 동
쪽에 발연암鉢淵嵒이라는 삼각형 모양의 바위가 있다. 이 바위벽
한가운데에 '발연鉢淵'이란 글자가 새겨져 있어 이곳에 발연사가
있었음을 추억하게 한다. 근처에는 거의 땅에 묻히다시피 한 돌탑
구조물이 남아 있다.
　발연사에는 많은 설화들이 전한다. 그 중에 하나가 진표율사가
발연사를 창건하기 전에 있었던 일과 관련해 전해 오는 '쌀바위(米
巖)' 전설이다. 요약하면 다음과 같다.

　발연사 부근에 제석 불상을 새긴 큰 바위가 하나 있었다. 바위
밑의 조그마한 구멍에서 쌀이 나오는 이른바 '쌀바위'다. 한 노승
老僧이 어린 상좌를 데리고 쌀바위 근처에 수도하고 있었다. 쌀바

---

425 http://www. mtkumkang. com/pre/pre_o_hong. html, 검색일: 2014. 6.
4.

장안사 대웅전

Morning Clam 1892년 9월호에 실린 금강산 장안사 사진 · 사진명 : Monastery Of Chang an sa · 게재지명 : Morning Clam No.27 Vol.III September 1892

위에서 나오는 쌀의 양은 두 사람이 겨우 허기를 면할 정도였다. 얼마 후 노승은 송림 계곡의 부처 바위 밑으로 옮겨서 참선 수행을 하였다. 발연소 계곡의 쌀바위에서 송림 계곡의 부처 바위로 가려면 효양 고개를 넘어야 한다. 20리(8km) 길이었다. 상좌는 매일같이 그 길을 왕래하며 노승을 봉양했다.

겨울이다. 많은 눈이 내려 길을 찾을 수 없을 지경이다. 어린 상좌는 노승을 먹여 살리기 위해 쌀바위에 가지 않을 수 없었다. 욕심이 생겼다. 한참을 고민하던 상좌는 며칠 분의 쌀을 한꺼번에 갖고 가기 위해 쌀바위 구멍을 좀 키웠다. 더 이상 쌀은 나오지 않았다. 상좌는 빈손으로 돌아왔다. 전후 사정을 알 길이 없는 노승은 관세음보살, 지장보살만 염송할 뿐이다. 상좌는 노승을 골려주어야겠다고 마음먹었다.

"스님!" 상좌가 불렀다. 노승은 돌아보지도 않고 "왜?" 하고는 더 이상 말이 없다. 상좌는 다시 "스님! 스님!" 거듭 불렀다. 스님

화암사 전경 769년(혜공왕 5) 진표율사가 창건한 절이다. 진표율사는 금강산의 동쪽에 발연사를, 서쪽에는 장안사를, 그리고 남쪽에 화암사를 창건해 금강산을 중심으로 불국토를 장엄하고자 했다. (사진: 남상학의 시솔길. 이하 '화암사 관련사진 인용은 같음)

은 "왜? 왜?" 할 뿐이다. 상좌 역시 아무 말도 하지 않고 "스님! 스님! 스님! ….."하고 노승만 불러 댔다. 짜증이 난 노승은 벌떡 일어났다. 상좌는 조금씩 뒤로 달아나면서 계속 "스님! 스님! 스님! ….."하고 불렀다. 노승은 격분하여 목탁을 집어던지고 상좌를 쫓기 시작했다.

어린 상좌는 노승을 향해 공손하게 절을 하고 나서 말했다. "스님께서는 '스님!'하고 열 번도 채 부르기 전에 골을 내시는데 아무 대답 없는 관세음보살, 지상보살을 몇 해씩이나 날마다 부르니 보살님들이 화가 나서 쌀바위의 쌀을 못 나오게 하셨습니다."

"그런 것이 아니다. 쌀바위에서 쌀이 나오지 않는 것은 내가 불공을 잘 드리지 못한 탓이다." 말하고 노승은 부처 바위로 발을 옮기려 했다.

이때 상좌는 노승을 불러 놓고, "저는 '억만 관세음보살'과 '억만 지장보살'을 한꺼번에 불러 참선 공부를 다 하였기에 오늘부터 하직합니다." 말한 뒤에 그곳을 떠났다. 그 후, 훌륭한 스님으로 성장한 상좌가 다시 발연소 계곡의 쌀바위 밑으로 돌아와 발연사를 창건하였다. 그가 바로 진표였다는 것이다.

앞에서 진표가 금강산 동쪽에 발연사, 서쪽에 장안사長安寺, 남

금강산 화암사 일주문   화암사 법당

쪽에 화암사禾巖寺를 창건해 금강산을 중심으로 불국토를 이룩하고자 했다고 소개하였다. 이 소식은 3편의 국내·외(중국) 진표 전기에는 빠져 있다. 논의가 좀 확대되는 느낌이 없지 않지만, 나머지 두 사찰에 대해 간략하게나마 언급한다.

장안사에 대해서는 진표의 창건설과 함께 중수설 등 몇 가지 창건설이 전한다. 먼저 신라 법흥왕 때 창건되었다는 설이 있다. 또한 551년(양원왕 7년) 고구려의 승려 혜량惠亮이 신라에 귀화하면서 왕명으로 창건하였으며 773년(혜공왕 8년)에 진표가 중수했다는 설이 있다. 그리고 진표의 창건설은 또 다른 하나이다. 이후 장안사는 중건과 중창을 되풀이하였다. 한국 전쟁 중인 1951년에 폭격을 당해 수십 동의 전각이 완전히 소실되어 지금은 터만 남아 있다. 대한민국 불교계는 금강산의 명찰인 장안사를 복원하여 유점사와 함께 금강산 불교 성지 순례지 조성을 추진하고 있다.

장안사는 현재 북한의 국보 제96호로 지정되어 있다. 가곡〈장안사)로 유명한 장안사는 강원도 금강산의 내금강 지역에 있는 사찰이다. 일제 강점기까지 강원도 회양군 장양면 장연리에 속해 있었으나 북한이 1952년에 '금강군'을 신설하면서 강원도 금강군 내강리로 행정구역이 변경되었다. 장안사는 유점사, 신계사, 표훈사와 함께 금강산 4대 사찰 중 하나. 절경으로 유명한 금강산 장경봉長慶峯 아래 비홍교飛虹橋 건너편에 장안사 터가 있다. 내금강에 입구 격인 장안사는 예로부터 명승지로 널리 알려졌고 시인 묵객들의 발길이 끊이지 않았다. 누구보다도 자주 찾았던 예술인이 조선 후기의 천재 진경산수화가 겸재謙齋 정선鄭敾(1676~1759)이다. 물론 그는 장안사를 소재로 하여 몇 점의 그림을 남겼다.

화암사는 강원도 고성군 토성면 신평리 설악산에 있는 절이다. 769년(혜공왕 5년) 진표가 창건하였을 당시는 '금강산 화엄사華嚴寺'라고 하였다. "화암사가 '금강산 화암사'로 표기되는 것은 화암사가 금강산의 남쪽 줄기에 닿고 있기 때문이다. 남쪽에서 보면 화암사는 금강산이 시작되는 신선봉 바로 아래에 세워져 있는 형상을 취하고 있다. 화암사의 기록을 전하는 사적기에도 화암사는 어김없이 '금강산 화암사'로 표기되어 있다. 이러한 지리적 환경과 역사적 기록으로 볼 때 화암사는 우리 민족의 통일 기도 도량이다."(남상학의 시솔길, 「금강산 신선봉 아래 터 잡은 고성 화암사禾嚴寺」에서) 사적기에 의하면 당시 금강산으로 들어온 진표는 금강산의 동쪽에 발연사를, 서쪽에 장안사를, 남쪽에 이 절을 각각 창건했다. '화엄사'라고 한 까닭은 이곳에서 『화엄경』을 강하여 많은 중생을 제도했기 때문이라고 한다. 당시 『화엄경』을 배운 제자

100명 가운데 31명은 어느 날 하늘로 올라갔으며, 나머지 69인은 무상 대도無上大道를 깨달았다고 한다. 또 진표는 이곳에서 지장보살을 친견하고 그 자리에 지장암을 창건하여 산내 암자로 삼았다고 한다.

화엄사 역시 많은 부침을 거듭했다. 진표가 창건 당시 화엄사의 위치는 설악산 북쪽 기슭이었다. 그 후 몇 차례의 화재로 소실과 중건을 되풀이하였다. 1864년(고종 1년) 다시 화재로 전각이 소실되었다. 이에 화재를 면하려는 염원을 담아 풍수지리에 입각해서 남쪽의 화기를 지닌 수암秀巖(혹은 수암穗巖, 수바위라고 한다)과 북쪽의 코끼리 바위의 맥이 상충하는 자리를 피해 지금 있는 자리인 수바위 밑으로 옮겨지었다. 절 이름도 수암사穗巖寺라 하였다가 1912년에 다시 화암사禾巖寺로 이름을 바꾸었다.

화암사 입구에 솟아 있는 거대한 수바위를 주목한다. 화암사 남쪽 3백m 지점, 금강산 신선봉 산허리에 돌출한 왕관 모양의 바위 정상이다. 마치 부안 개암사 뒤편 우금암을 연상케 하는 바위다. 이 수바위 밑에는 항상 물이 마르지 않는 웅덩이가 있어 신라 7대 불가사의의 하나로 꼽히기도 했다(「금강산 신선봉 아래 터 잡은 고성 화암사」에서).

우연일까, 필연일까. 이 절에도 '쌀바위' 전설이 전한다. 다른 쌀바위 전설, 특히 발연사 쌀바위 전설과 비슷한 줄거리다. "수바위에 구멍이 하나 있었는데 끼니때마다 그 구멍에 지팡이를 넣고 세 번 흔들면 2인분의 쌀이 나왔다. 한 객승이 이 이야기를 듣고 욕심을 내어 쌀 구멍에 지팡이를 대고 수없이 흔드는 바람에 쌀이 나오지 않았다."는 것이 대략적인 줄거리다. '벼화(禾)'자에 '바위암(巖)'자를 써서 화암사禾巖寺라고 절 이름이 바뀌게 된 것도 여기서 유래한다. 발연사 쌀바위 전설과 함께 화암사 쌀바위 전설은 진표가 창건 내지 중수할 당시, 얼마나 곤궁했었는지를 알려주는 하나의 징표일 수 있다. 조선 인조 11년(1633) 택당澤堂 이식李植(1584~1647)이 간성杆城(지금의 고성군) 군수로 있을 때 썼다는『간성지杆城誌』「화암사」조에는, "천후산 미시파령(天吼山 彌時坡嶺=미시령) 밑에 화암禾岩이란 바위가 바른편에 있기 때문에 절 이름을 '화암사'라 했다"고 적었다.

2) 한국의 선재善財, 진표[426]

(1) '금강산 미륵정토'를 꿈꾸다.

금강산은 특히 불교와 깊은 인연이 있는 명산이다.『신증동국여지승람Ⅵ』에 따르면 금강산은 다섯 가지 이름이 있다. 첫째 금강金剛, 둘째 개골皆骨, 셋째 열반涅槃, 넷째 풍악楓岳, 다섯째 지달怾怛이다. 고려 후기의 문인 최해崔瀣(1287~1340)의 「승려를 보내는 서문(送僧序)」에는 "하늘의 동쪽 끝에 바다를 갓(濱)하고 산이 있는데, 세상에서 부르는 이름은 풍악楓岳이나, 중의 무리는 금강산이라고 한다. 그 설은『화엄경』에서 근본한 것이다."라고 하였다. 고려 말 조선 전기의 문신 하륜河崙(1347~1416) 역시 같은 책에서 "금강산이라고 일컫는 것은 장경藏經의 설을 빌린 것이다."고 하였다. '금강산'이라는 산 이름이『화엄경』에서 나왔다는 얘기다.

---

426 문광, 「『화엄경』「입법계품」의 미륵과 한국불교」, 『문학/사학/철학』Vol. 11 No. -, 한국불교사연구소, 2007, p. 226.

『화엄경』「제보살주처품諸菩薩住處品」에서는 다음과 같이 설하고 있다.

> 바다 가운데 금강산이 있으니 옛적부터 보살들이 거기 있었으며, 지금은 법기보살法起菩薩이 그의 권속 1천2백 보살과 함께 그 가운데 있으면서 법을 설한다.[427]

대승불교 경전의 꽃이라고 일컫는『대방광불화엄경大方廣佛華嚴經』(줄여서『화엄경』이라고 한다)은 60권본・80권본・40권본(입법계품만)의 세 가지가 있다. 물론 한문 번역자들도 각각 다르다. 따라서 같은 내용이지만 표현도 약간씩 다르다. '금강산'의 산 이름 출처가 된 내용도 각 판본에는 조금씩 다르게 기록되어 있다. 앞의 최해는『화엄경』을 읽은 일이 없다고 하면서 "바다 동쪽 보살이 머무르던 곳의 이름을 금강산이라고 한다."[428]라는 글을 인용하고 있다.『화엄경』이라는 경명조차 밝히기를 꺼려하는 유학자 하륜은 "동해東海 속의 8만 유순由旬의 곳에 1만2천의 담무갈보살曇無竭菩薩이 항상 그 가운데에 머무른다."[429]는 내용을 인용하고 있다.『신증동국여지승람Ⅵ』「장안사」조에서도 '금강산'에 대해 "이 산의 뛰어남은 홀로 천하에 이름이 있을 뿐만 아니라 실로 불경에 실려 있다"고 하면서『화엄경』내용을 인용하고 있다; "동북방의 바다

427『大方廣佛華嚴經』卷第九, 大正藏 10, p. 241b. 海中有處, 名:金剛山, 從昔已來, 諸菩薩衆於中止住;現有菩薩, 名曰:法起, 與其眷屬, 諸菩薩衆千二百人俱, 常在其中而演說法. 번역은 동국역경원 이운허 판을 참조했다. 이하『화엄경』번역 인용은 같음.
428『신증 동국여지승람 Ⅵ』, p. 74.
429『신증 동국여지승람 Ⅵ』, p. 78.

가운데에 금강산이 있으니, 담무갈보살이 1만2천 보살들과 더불어 항상 『반야심경般若心經』을 설법하는 곳이다." 하였다.[430]

이 대목이 이어지는 내용은 다음과 같다.

> 옛날에는 우리나라 사람들이 아직 이것을 알지 못하고 신선의 산이라고 지칭하였다. 이에 신라 때부터 탑과 절을 증축하고 장식하게 되어 이제는 사찰이 언덕과 골짜기에 가득하다. 장안사가 그 기슭에 있어서 온 산의 도회처都會處가 된다.[431]

앞에서 우리가 인용한 위의 『화엄경』「제보살주처품」은 중국 '오대산 신앙'의 연원이 된 대목에 이어지는 내용이다. 금강산에 들어선 사찰들이 이 정도라면 과히 '금강산 신앙'이라고 할 수도 있을 것 같다. 그 중심에 진표가 창건 혹은 중수한 장안사를 비롯하여 발연사, 화엄사가 있는 것이다.

진표는 일찍이 금산사에서 사승 숭제법사의 가르침을 받들고 금산사에서 물러나와 전국 명산을 두루 돌아다니며 행각수행을 한 일이 있다. 추측이지만, 그때 금강산에 와서 미륵 신앙의 불국토를 건설할 발심發心을 하였을 것이다. 흔히 진표의 미륵 용화 3회 도량 건설을 금산사와 발연사, (앞으로 창건될) 길상사(법주사)로 일컫는다. 우리도 같은 맥락에서 논의하고 있다. 이와 같은 논의들은 진표가 금강산에서 장안사와 화엄사를 창건 혹은 중수했다는 사실을 알지 못한, 『삼국유사』에 실려 있는 진표 전기「진표

430 『신증 동국여지승람 Ⅵ』, p. 90.
431 『신증 동국여지승람 Ⅵ』, p. 90.

전간」과 「석기」에만 의존한 결과일 것이다. 진표가 금강산 발연사를 비롯하여 장안사, 화엄사를 창건(혹은 중수)했다는 사실을 알았다면 다른 논의도 있지 않았을까. 진표가 금강산 안에서 용화3회 도량을 건설하려고 했다는. 과연 진표는 금강산에 세 사찰을 창건 내지 중수하여 금강산을 중심으로 불국토'를, 미륵정토를 건설하려고 했는지 모를 일이다.

당장에는, 화엄사가 주목된다. 미륵신앙인 진표가 금강산에 창건한 절의 이름이 왜 '화엄사'일까? 물론 절 이름을 '화엄사'라고 한 이유도 알려져 있다. 진표가 화엄사를 창건하고 이곳에서『화엄경』을 강하여 많은 중생을 제도했기 때문이라고 하였다. 당시 『화엄경』을 배운 제자 100명 가운데 31명은 어느 날 하늘로 올라갔으며, 나머지 69인은 무상대도 깨달았다고 하지 않는가. 그럼에도 불구하고 지금까지 논의해온 결과를 보면 미륵신앙의 화신 혹은 대성자라고 해도 부족함이 없을 진표가 화엄사를 창건하고『화엄경』을 설법했다는 기록은 우리의 논의를 피해갈 수 없게 한다.

『화엄경』이 무엇인가? 석가가 보리수 아래서 정각正覺을 이룬 지 2·7일이 되던 날에, 그 자리에서 일어나지 않고 등각等覺 보살들을 상수上首로 하여 구름처럼 모여 온 대중들을 위하여, 당신의 깨달으신 내용, 곧 자기 마음속에 나타난 경계(自內證)를 그대로 털어 놓은 근본 경전이다. 화엄경은 다른 경전이 교화를 받을 만한 대중(對告衆)을 위해서 그들에게 알맞은 법문을 말씀하신 것과는 전혀 다르다. 교화를 받을 만한 중생에게 말한 경전을 근기를 따라서 말한 지말법륜枝末法輪이라고 한 데 대하여 화엄경은 법계法界의 성품과 어울리는 근본법륜根本法輪이라고 한다. 석가가

설산 고행 6년 만에 깨달은 내용을 일체의 가감이 없이 오롯하게 담고 있는 경전이라고 할 수 있다. 『화엄경』을 '정각의 개현경開顯經'이라고 하는 까닭이 그것이다.

『화엄경』은 대승불교 경전 중에서 대표적인 것으로 꼽힌다.[432] 특히 동아시아에서 『화엄경』의 영향은 지대하다. 화엄사상은 선사상과 서로 영향을 주고받았다. 특히 화엄의 유심주의唯心主義와 성기性起사상은 선사상의 형성에 크게 기여했다. 중국 선종 임제종臨濟宗의 고승 대혜종고大慧宗杲(1088~1163)같은 이는 『화엄경』 전체를 선禪과 동일시하고 있을 정도로 화엄사상과 선사상은 불가분의 관계에 있다.[433] 그런데 다른 이도 아닌 진표가, 바로 이 경전 『화엄경』을 중요시하여 자신이 창건한 절의 이름을 '화엄사'라고 하고, 바로 그 절에서 이른바 화엄'총림'을 열었다는 것이다. 물론 부처의 가르침을 경전을 화엄사상이다, 선사상이다, 미륵신앙이다, 하고 차별을 두는 것은 후세 논자들의 편의에 따른 결과물에 다름 아니다. 특히 통불교적 성격을 보이는 신라불교에서 그런 차별을 갖는 것은 오히려 당사자들의 본지를 흐릴 우려도 없지 않다. 그럼에도 불구하고 의심나는 것은 묻고, 따질 것은 따져야 하는 것이 논자들의 임무가 아니던가.

앞에서 우리는 미륵신앙을 논의하면서 주로 '미륵삼부경'을 텍스트로 삼았다. 이제 와서 얘기지만, 방대하고 심오한 대승불교의 근본경전들의 사상적 맥락을 전혀 고려하지 않고 단지 '미륵삼부

432 고정은, 「아시아미술에 나타난 선재동자 구법이야기」, 『수완나부미』Vol. 2 No. 1, 부산외대 동남아지역원, 2010, p. 119.
433 정영식, 「『화엄경』해석을 둘러싼 간화선자와 묵조선자의 차이」, 『선문화연구』Vol. 4 No, 한국불교선리연구원, 2008, pp. 92-100.

수월관음도. 고려 후기. 일본 가가미신사 소장. 출처: 통도사성보박물관 일본 가가미신사 수월관음도 특별전시 도록(2009). ; 고정은, 「아시아 미술에 나타난 선재동자 구법 이야기」재인용, 이하 '선재동자' 관련 사진은 이 논문에서 재인용하였다

일본 가가미신사 소장 수월관음도에 표현된 선재동자 세부표현.

경'에만 의존하여 미륵신앙을 논의한다는 것은 숲을 보지 않고 나무 몇 개만 건드린 결과를 초래할 수 있다. 아카누마 지젠(赤沼智善)은 『불교경전사론』에서 '미륵경전'으로 45종의 경전이름을 열거하고, 그밖에 미륵의 이름이 경명에는 나타나지 않거나 혹은 미륵이 그 경전의 주인공이 아니면서도 상당한 역할을 하고 있는 경전 12종을 들고 있다.[434] 따라서 미륵신앙의 정체를 알기 위해서는

---

434 赤沼智善, 『佛教經典史論 2』, pp. 185~215. 이기영, 「화랑들의 미륵신앙을

수월관음도. 고려후기. 일본 센소지 소장. 출처: 『고려불화대전 도37』

이 모든 경전을 검토하고 그 내용의 상관관계에 대한 이해가 선행되어야 한다.

여기에 와서 반드시 검토할 필요를 느끼는 경전이 다름 아닌 『화엄경』「입법계품入法界品」(이하 「입법계품」으로만 표기한다)이다. 불교사에서 미륵의 위치, 권능, 정체正體는 물론 진표가 친견한 '미륵'을 잘 보여주고 있다고 생각되는 까닭이다. 다시 말하면 진표의 생애가 「입법계품」에서 보살의 이상적 모델이라고 할 수 있는 선재동자善財童子의 구도행각을 그대로 보여주고 있기 때문이다. 이 「입법계품」에는 선재동자와 미륵 사이의 대화가 장엄하게 펼쳐지고 있는데, 이기영 교수의 다음 지적은 경청할만하다.

그 내용은 전적으로 보살행菩薩行에 관한 광범위한 교훈들로 가득 찬 길고 심오한 것이다. 이른바 '미륵6부경'이니 '3부경'이니 하는 사

어떻게 이해할 것인가?」, 『신라문화제학술발표논문집』Vol. 7 No. -, 동국대 신라문화연구소, 1986, p. 63, 재인용.

일본 센소지 소장 수월관음도에 표현된 선재동 자 세부표현.   일본 다이토쿠지 소장 수월관음도의 선재동자 세부표현. 출처: 김정희 교수 제공.

실예언식인 기록의 수십 배가 넘는 분량의 이 대화내용을 묵과하고 서 미륵신앙을 이야기한다는 것은 전연 어불성설이라 안할 수가 없 다.[435]

「입법계품」에 보이는 선재동자의 남순南巡은 일승성불一乘成佛 의 수행방편으로 널리 알려져 있다. 선재동자의 구법순례求法巡禮 는 문수보살에 의해서 그 동기가 부여된다. 문수보살을 만나 발심 을 하게 되는 것이다. 문수보살은 보현보살과 함께 『화엄경』을 지 탱하고 있는 두 상수보살로 간주되고 있다. 문수보살의 특수한 지 혜와 보현보살의 보편행普遍行으로 비로자나불毘盧蔗那佛의 공덕세 계가 드러나는 것이다.[436] 「입법계품」에서 문수보살은 실라벌국室

---

435 위의 논문, p. 76.
436 해주, 「『화엄경』의 선재동자 순례」, 『불교학연구』Vol. 7 No. -, 불교학연구 회, 2003, pp. 415-419.

서복사 소장 수월관음도의 선재동자 세부
표현. 출처: 김정희 교수 제공.

서구방 필 수월관음도의 선재동자 세부표
현. 고려시대(1323). 일본 센오쿠하쿠코칸
소장. 출처: 김정희 교수 제공.

羅筏國 서다림逝多林 급고독원給孤獨
園 대장엄누각에서 열린 근본법회
회상에 참여했다가 남쪽 인간세계
인 복성福城으로 가서 장엄당사라숲
莊嚴幢娑羅林에 머물렀다. 그때 소식
을 듣고 문수보살을 찾아온 사람들
중에는 선재동자도 있었다. 선재는
발심하고 문수보살에게 여쭈었다.

보살은 어떻게 보살행을 배우
며, 어떻게 보살행을 닦으며, 어떻
게 보살행에 나아가며, 어떻게 보
살행을 행하며, 어떻게 보살행을
깨끗이 하며, 어떻게 보살행에 들
어가며, 어떻게 보살행을 성취하
며, 어떻게 보살행을 따라가며, 어
떻게 보살행을 생각하며, 어떻게
보살행을 더 넓히며, 어떻게 보현
의 행을 빨리 원만케 합니까?[437]

437 『大方廣佛華嚴經』卷第六十二, 大正藏10,
p. 333c. 菩薩應云何學菩薩行? 應云何修菩薩
行? 應云何趣菩薩行? 應云何行菩薩行? 應云
何淨菩薩行? 應云何入菩薩行? 應云何成就菩
薩行? 應云何隨順菩薩行? 應云何憶念菩薩行?
應云何增廣菩薩行? 應云何令普賢行速得圓滿?

문수보살은 보살행을 성취하기 위해서는 선지식善知識을 찾아가 법문을 들어야 한다고 대답한다; "선남자여, 온갖 지혜의 지혜를 성취하려거든, 결단코 선지식을 찾아야 한다. 선남자여, 선지식을 찾는 일에 고달프고 게으른 생각을 내지 말고, 선지식을 보고는 만족한 마음을 내지 말고, 선지식의 가르치는 말씀은 그대로 순종하고, 선지식의 교묘한 방편에 허물을 보지 말라."[438] 문수보살의 가르침에 따라서 선재동자는 구법의 대장정에 오르게 된다. 이후 그가 만나게 되는 선지식은 (문수보살을 포함하여) 53인에 이른다. 선재가 만난 53선지식은 보살을 비롯하여 출가자, 재가자, 비신자, 심지어 외도들까지 망라되어 있다. 여기에는 여성선지식 21명도 포함되어 있다.

　　선재동자가 미륵을 만나기 바로 직전에 만난 선지식은 덕생동자德生童子와 유덕동녀有德童女라는 소년과 소녀다. 덕생과 유덕은 "저 보살마하살의 그지없는 공덕의 행을 우리가 어떻게 알며 어떻게 말하겠느냐."며 "여기서 남쪽에 해안海岸이란 나라가 있고 거기 대장엄大莊嚴 동산이 있으며, 그 안에 광대한 누각이 있으니, 이름은 비로자나장엄장毘盧遮那莊嚴藏이라고 한다."고 하고, 그 안에 미륵이 계시니 가서 뵙고 의문 나는 것들을 묻도록 하라고 말한다.[439]

---

438 『大方廣佛華嚴經』卷第六十二, 大正藏10, p. 334a. 若欲成就一切智智 應決定求眞善知識. 善男子 求善知識勿生疲懈, 見善知識勿生厭足 於善知識所有敎誨皆應隨順於善知識善巧方便勿見過失.

439 『大方廣佛華嚴經』卷第六十二, 大正藏10, p. 420a. 如諸菩薩摩訶薩善入無邊諸事幻網 彼功德行 我等云何能知能說 時, 童子童女說自解脫已 以不思議諸善根力, 令善財身柔軟光澤 而告之言 善男子於此南方, 有國名海岸, 有園名 大莊嚴 其中有一廣大

눈길을 끄는 것은 미륵이 비로자나장엄장 누각에 머물러 있다는 대목이다. 이 비로자나장엄장장 누각은 『미륵상생경』의 도솔천의 다른 버전이라고 할 수 있다.[440] 미륵이 머물고 있는 해안국 비로자나장엄장 누각에 대해 중국 당나라 화엄사상가 이통현李通玄 장자는 다음과 같이 해석한다.

'해안海岸'이라고 이름을 붙인 것은 부처님의 지혜바다에 들어가서 생사해안生死海岸에 이르렀기 때문이고, 또한 이 나라가 남해의 북쪽 언덕 지혜의 바다에 일생보처보살이 이르렀기 때문이다. 원림이 있는데 대장엄이라 이름을 붙인 것은 대체로 자씨가 거주하는 곳이 생사를 동산으로 삼고 만행을 수풀로 삼는 것이며, 만행을 원만하게 함으로 말미암아 불과佛果를 장엄하기 때문이며, 생사 원림에 만행의 수풀로 자기의 불과를 장엄하기 때문이며, 자기의 지혜와 자비를 장엄하여 불과를 이미 모두 원만히 구족하였으므로 대장엄이라 일컫는 것이다. 그 가운데 하나의 광대한 누각이 있는데 이름이 비로자나장엄장인 것은 근본지根本智와 차별지差別智를 모두 체달한 과보로 이 누각이 생겼음을 밝힌 것이다.[441]

덕생동자와 유덕동녀는 이 누각이 어떻게 해서 생겼으며, 미륵이 왜 거기에 머물러 있는가, 하는 두 가지 해명을 하고 있다. 바로 이 대목을 "크게 주목하지 않을 수 없다"고 단정 지은 이기영 교수는 "생천生天이라는 사실, 하생下生이라는 사실이 과연 무엇

樓閣, 名毘盧遮那莊嚴藏 (中略) 彌勒菩薩摩訶薩安處其中.
440 이기영, 「화랑들의 미륵신앙을 어떻게 이해할 것인가?」, p. 76.
441 이통현, 효산 역해, 『약석신화엄경론』, 운주사, 1999, p. 428.

을 할하는 것이며, 미륵보살의 보살의 정체正體가 과연 누구인가를 알 수 있는 좋은 선언이기 때문"이라고 결론을 내리면서 다음과 같이 분석하고 있다.

첫 번째, 어떻게 이런 누각이 생기는가.

이 누각은 보살의 선근의 과보로 좇아 생겼으며, 보살의 생각하는 힘·서원하는 힘·자재한 힘·신통한 힘으로 생겼으며, 보살의 교묘한 방편으로 생겼으며, 보살의 복덕과 지혜로 생긴다.[442]

두 번째 물음에 대한 해명은 다음과 같은 경구經句에서 얻어진다.

선남자여, 부사의한 해탈에 머무른 보살은 대비심大悲心으로 모든 중생을 위하여 이러한 경계를 나타내며, 이러한 장엄을 모으는 것이다. 미륵보살마하살이 그 가운데 있으니, 본래 태어났던 부모와 권속과 백성들을 거두어 주어 성숙케 하는 연고며, 또 함께 태어나고 함께 수행하던 중생들을 대승 가운데서 견고하게 하려는 연고며, 또 저 모든 중생들로 하여금 있는 곳을 따르고 선근을 따라서 성취케 하려는 연고이다. 또 그대에게 보살의 해탈문을 보이려는 연고며, 보살이 모든 곳에서 자재하게 태어남을 보이려는 연고며, 보살이 갖가지 몸으로 여러 중생들 앞에 나타나서 항상 교화함을 보이려는 연고며, 보살이 크게 가엾이 여기는 힘으로 모든 세간의 재물을 거두어 주며 싫어하지 않음을 보이려는 연고며, 보살이 모든 행을 갖추 닦으면서도 모든 행이 모양 여읜 것을 보이려는 연고며, 보살이 여러 곳에서 태어

---

442 『大方廣佛華嚴經』卷第六十二, 大正藏10, p. 420a. 毘盧遮那莊嚴藏, 從菩薩善根果報生, 從菩薩念力, 願力, 自在力, 神通力生, 從菩薩善巧方便生, 從菩薩福德智慧生。

나되 모든 태어남이 모양이 없는 줄 아는 것을 보이려는 연고이다.[443]

　덕생동자와 유덕동녀의 가르침에 따라 다시 남순을 떠난 선재동자는 해안국으로 향하였다. 마침내 미륵이 머물고 있는 장려한 비로자나장엄장의 큰 누각이 나타났다. 그는 누각 앞에서 엎드려 경건하게 오체투지하였다. 「입법계품」은 이때 선재동자는 불가사의한 선근善根이 몸과 마음에 흘러들어서 상쾌하고 기쁘기가 한량없었다고 기록하고 있다. 선재는 한결같은 마음으로 우러러보면서 합장한 채 누각을 한량없이 돌면서 생각에 잠긴다. 그의 생각은 이 장려한 비로자나장엄장 누각의 주인 미륵으로 향하고 있다; "이 큰 누각은 공하고 모양 없고 원 없음을 아는 이가 머무는 곳이리라. 이는 모든 법에 분별이 없는 이가 머무는 곳이리라. 이는 법계가 차별이 없음을 아는 이가 머무는 곳이리라. 이는 모든 중생을 얻을 수 없음을 아는 이가 머무는 곳이리라. 이는 모든 법이 남이 없음을 아는 이가 머무는 곳이리라. 이는 모든 세간에 집착하지 않는 이가 머무는 곳이리라."[444]

---

443 『大方廣佛華嚴經』卷第六十二, 大正藏10, p. 420a. 善男子！住不思議解脫菩薩, 以大悲心, 為諸眾生, 現如是境界, 集如是莊嚴. 彌勒菩薩摩訶薩安處其中, 為欲攝受本所生處父母, 眷屬及諸人民, 令成熟故 又欲令彼同受生, 同修行眾生, 於大乘中得堅固故 又欲令彼一切眾生, 隨住地, 隨善根皆成就故;又欲為汝顯示菩薩解脫門故, 顯示菩薩遍一切處受生自在故, 顯示菩薩以種種身普現一切眾生之前常教化故, 顯示菩薩以大悲力普攝一切世間資財而不厭故, 顯示菩薩具修諸行知一切行離諸相故, 顯示菩薩處處受生了一切生皆無相故.

444 『大方廣佛華嚴經』卷第六十二, 大正藏10, p. 423a. 善財童子入如是智, 端心潔念;於樓觀前, 舉體投地, 慇懃頂禮;不思議善根流注身心, 清涼悅懌. 從地而起, 一心瞻仰, 目不暫捨, 合掌圍遶, 經無量匝, 作是念言「此大樓閣, 是解空, 無相, 無願者之所住處 是於一切法無分別者之所住處 是了法界無差別者之所住處 是知一切眾生不可得者之所住處 是知一切法無生者之所住處 是不著一切世間者之所住處.

여기서 비로자나장엄장 누각과 이 누각에 머물고 미륵에 대한 선재동자의 찬탄을 모두 소개할 여유는 없다. 선재동자가 장엄장 누각 안에 계시는 미륵을 찬탄하고, 허리 굽혀 합장 공경하여 예배하고, 일심으로 미륵을 뵙고 공양할 준비를 하고 있을 때였다. "문득 보니, 미륵보살마하살彌勒菩薩摩訶薩이 다른 데로부터 오시는데, 한량없는 하늘·용·야차·건달바·아수라·가루라·긴나라·마후라가 왕과, 제석천왕·범천왕·사천왕과 본래 태어난 데(本生處) 있는 한량없는 권속과 바라문들과, 수없는 백천 중생들이 앞뒤로 호위하고 와서 장엄장 누각으로 향하였다. 선재동자가 보고는 기뻐 뛰놀면서 땅에 엎드려 절하였다."[445]

마침내 선재동자는 52번째, 즉 그 순례의 마지막 단계에서 미륵을 만난다. 구법 대장정의 상승곡선 정상에서 미륵을 만나는 것이다.[446] 미륵은 선재동자가 진리를 찾아서 수만 리 길을 걸어온 그동안의 큰 공덕을 긴 게송으로 칭찬한다. 선재동자는 이 게송을 듣고 기뻐서 털이 곤두서고 슬피 흐느끼며 일어서서 합장하고, 공경하고 우러러보며, 한량없이 돌았다. 그때 문수보살의 염력念力으로 여러 가지 꽃과 영락과 갖가지 보배가 선재동자도 알지 못하는 사이에 손에 가득하였다. 선재동자는 기뻐하며 이것을 미륵에게 받들어 올렸다. 미륵은 선재동자의 정수리를 만지면서 다시 게송으로 칭찬하였다. 선재동자는 미륵에게 보살행에 대해 여쭈었다.

445 『大方廣佛華嚴經』卷第六十二, 大正藏10, p. 425b. 乃見彌勒菩薩摩訶薩從別處來, 無量天, 龍, 夜叉, 乾闥婆, 阿脩羅, 迦樓羅, 緊那羅, 摩(目*侯)羅伽王, 釋, 梵, 護世, 及本生處無量眷屬, 婆羅門眾, 及餘無數百千眾生, 前後圍遶而共來向莊嚴藏大樓觀所. 善財見已, 歡喜踊躍, 五體投地.
446 이기영, 「화랑들의 미륵신앙을 어떻게 이해할 것인가?」, p. 75.

대혜가『화엄경』전체를 선禪과 동일시하고 있다는 것은 앞에서 지적하였다. 대혜는 그의 많은 저술에서 가장 많이 인용하는 경전이『화엄경』이고, 그 종에서도「입법계품」을 인용하는 횟수가 가장 많다. 그만큼「입법계품」을 중요시했다는 얘기다. 대혜는「입법계품」중에서도 특히 선재동자가 미륵을 방문했을 때의 '입누각入樓閣' 이야기를 자주 인용하였다.[447]

(미륵보살이 말했다.) 선남자여, 그대가 묻기를 '보살이 어떻게 보살의 행을 배우며 보살의 도를 닦느냐'고 물었다. 선남자여, 그대는 이 비로자나장엄장 큰 누각에 들어가서 두루 관찰하면 보살행을 배울 수가 있을 것이다. 또 그것을 배운 후에는 무량공덕을 성취할 수 있을 것이다.

그때 선재동자는 미륵보살에게 예배하고 우회하여 말했다. "원컨대 대성大聖이시여. 누각의 문을 열어서 저로 하여금 들어가게 하여 주소서." 그러자 미륵보살이 누각에 이르러 '손가락을 튕겨서(彈指)' 소리를 내었다. 그러자 '문이 열려서(門開)' 선재로 하여금 들어가게 하였다. 선제가 기뻐하며 들어가자 '문은 다시 닫혔다(還閉)'. 그 누각의 안을 보니 허공처럼 광대하였다. (중략) 그 때 미륵보살마하살이 신통한 힘을 거두고 누각으로 들어가 '손가락을 튕겨' 소리를 내고, 선재에게 말하였다.

"선남자여, 일어나라. 법의 성품이 이러한 것이니, 이는 보살의 모든 법을 아는 지혜의 인연이 모여서 나타나는 현상이니, 이러한 성품이 허깨비 같고, 꿈같고, 그림자 같고, 영상 같아서, 모두 성취하지 못하느니라."

447 정영식, 앞의 논문, pp. 99-102.

이 때 선재동자는 손가락 튕기는 소리를 듣고 삼매에서 일어났
다.[448]

선재동자가 미륵을 만나고, 또한 누각에 들어가는 이 장면은
「입법계품」가운데 가장 중요한 대목으로 꼽힌다.[449] 이 '입누각' 이
야기에 대해 예로부터 선가에서는 다양한 해석이 있어왔다. 진표
의 생애를 탐구하고 있는 우리가 주목하는 것은 두 가지 대목이
다. 첫째, 미륵이 "손가락을 튕겨서(이른바 '미륵탄지彌勒彈指'라고
한다)" 비로자나장엄장 누각의 문을 열었고, 또한 '손가락을 튕겨'
소리를 내서 선재동자를 삼매에서 깨어나게 했다는 대목이다. '탄
지'는 엄지손가락과 집게손가락(둘째손가락)을 서로 튕겨서 소리를
내는 것으로 인도의 풍습으로 환희, 경계 등을 나타내는 동작이
다. 다시 말하면 '상대방에게 알리는 신호'나 '상대방을 일깨우는
동작'을 가리킨다.[450]
이 대목에 대한 이통현 장자의 주석을 보자.

이 대목은 선재가 자씨 누각에 들어가서 과해果海를 관찰하고 인
원因源을 알며 삼세에 행할 경계인 동이同異와 총별總別과 일다一

---

448 『大方廣佛華嚴經』卷第六十二, 大正藏10, pp. 434c-437c. 善男子如汝所問 菩
薩云何學菩薩行, 修菩薩道? 善男子！汝可入此毘盧遮那莊嚴藏大樓閣中周遍觀察, 則
能了知學菩薩行, 學已成就無量功德. 爾時, 善財童子恭敬右遶彌勒菩薩摩訶薩已, 而白
之言「唯願大聖開樓閣門, 令我得入」時, 彌勒菩薩前詣樓閣, 彈指出聲, 其門即開, 命善
財入. 善財心喜, 入已還閉. 見其樓閣廣博無量同於虛空 (中略) 爾時, 彌勒菩薩摩訶薩
即攝神力入樓閣中, 彈指作聲, 告善財言「善男子起！法性如是, 此是菩薩知諸法智因緣
聚集所現之相. 如是自性, 如幻, 如夢, 如影, 如像, 悉不成就.」爾時, 善財聞彈指聲, 從
三昧起.
449 문광, 앞의 논문, p. 217.
450 정영식, 앞의 논문, p. 103.

多가 걸림 없이 자재하여 동시에 원만함을 밝힌 분分이다. 이 누각은 곧 법계장法界藏인데 선재의 인행因行이 이미 구경에 이르렀기 때문에 여기에 들어가고자 원한 것이다. 이때에 자씨보살이 손가락을 튕겨 소리를 내자 그 문이 바로 열린 것은 소리란 진동시켜 열어준다는 뜻이고, 손가락을 튕긴다는 것은 미혹의 티끌을 버린다는 뜻으로, 미혹의 티끌이 없어지고 망집妄執이 사라지면 법의 문이 저절로 열리는 것이다. 바로 문이 열리지 않고 미륵이 손가락을 튕기는 소리를 기다려 열린 것은 모름지기 가지를 반연하여 단박에 증득하게 하려는 것이며, 말을 잊고 뜻을 깨달으면 곧 불법의 문이 열리기 때문에 누각 앞으로 나아가 손가락을 튕긴 것이다. 선재가 들어가자마자 그 문이 바로 닫힌 것은 미혹이 없어지고 지혜가 드러남을 이름하여 열린다고 하며, 지혜의 안팎과 중간이 없어서 나가거나 들어옴이 없고 미혹될 것도 증득할 바도 없는 것을 바로 닫혔다고 이름한 것이며, 미혹으로부터 깨달음에 나아가고 가지하는 행으로 깨달음에 들어가는 데는 이지가 다른 문이 있지만, 증득해 들어가서 이미 계합하면 능소能所가 함께 없고 곧 망념이 바로 진성이어서 다시 들어갈 곳이 없기 때문에 바로 닫혔다고 이른 것이다. 또한 이 법계장의 문은 신묘하여 들어가도 들어간 모양이 없기 때문에 들어가자마자 바로 닫힌 것이다.[451]

둘째, 선재동자가 미륵의 주처인 비로자나장엄장 누각에 들어가서 몸과 마음으로 '미륵'을 체험하는 장면이다. 이른바 '입누각' 이야기다. 「입법계품」에서는 이 장면에 대해 심오하고도 방대한 내용으로 설하고 있다.

---

451 이통현, 앞의 책, pp. 430-431.

선재동자가 잠깐 머리를 조아리니 미륵보살의 신통한 힘으로 자기 몸이 모든 누각 속에 두루하여 있음을 보며, 또 가지가지 부사의한 자재로운 경계를 보았다. 이른바 미륵보살이 처음에 위없는 보리심을 내던 때, 이러한 이름과 이러한 종족과 이같이 선지식의 가르침으로 이 같은 선근을 심던 일을 모두 보며, 이렇게 오래 살고 이러한 겁을 지내면서 이러한 부처님을 만나고, 이렇게 장엄한 세계에 머물면서 이렇게 행을 닦고 이렇게 원을 세웠으며 저 여래의 이러한 대중의 모임에서 이러한 수명과 이러한 세월을 지내면서 친근하고 공양하던 일을 모두 다 분명하게 보았다. 미륵보살이 처음에 자심慈心삼매를 증득하고, 그 후로 자씨라고 부르던 일을 보기도 하고, 미륵보살이 묘한 행을 닦으며 모든 바라밀을 만족하던 일을 보기도 하였다.[452]

이통현 장자는 미륵의 주처인 누각을 '법계장'이라고 했다. 법계法界는 dharmadhātu, 달마타도達磨馱都라고 음역한다. 사전적인 의미로서 법계는 3종의 뜻이 있다. 첫째, 계界는 인因이란 뜻이고 법法은 성법聖法이니, 성법을 내는 원인이 되는 진여眞如를 일컫는다. 둘째, 계는 성性이란 뜻이다. 법은 일체 모든 법이니, 만유 제법의 체성이 되는 것을 가리킨다. 셋째, 계는 분제分齊란 뜻이다.

---

452 『大方廣佛華嚴經』卷第六十二, 大正藏10, pp. 435a-435b. 善財童子見毘盧遮那莊嚴藏樓閣如是種種不可思議自在境界, 生大歡喜, 踊躍無量 身心柔軟, 離一切想, 除一切障, 滅一切惑, 所見不忘, 所聞能憶, 所思不亂, 入於無礙解脫之門. 普運其心, 普見一切, 普申敬禮, 纔始稽首, 以彌勒菩薩威神之力, 自見其身遍在一切諸樓閣中, 具見種種不可思議自在境界. 所謂或見彌勒菩薩初發無上菩提心時如是名字, 如是種族, 如是善友之所開悟, 令其種植如是善根, 住如是壽, 在如是劫, 値如是佛, 處於如是莊嚴剎土, 修如是行, 發如是願;彼諸如來如是眾會, 如是壽命, 經爾許時親近供養. ──悉皆明見. 或見彌勒最初證得慈心三昧, 從是已來, 號為慈氏或見彌勒修諸妙行, 成滿一切諸波羅蜜. 선재동자가 비로자나장엄장 누각 안에서 부사의한 경계를 본 이 내용은 일부 요약하였다.

법은 모든 법이니 분제가 서로 같지 않은 모든 법의 모양으로 만유제법萬有諸法을 포함하여 말하는 것이다. 『화엄경』에서 '법계'는 일반적으로 세계 내지 우주를 의미한다. 특히 「입법계품」에서는 법계를 탐구해야 할 대상 내지는 진리와 동일한 의미로 설하고 있다. 「입법계품」은 진리의 세계인 법계를 깨달아 그 세계에 들어가는 과정을 그리고 있는 것이다.[453] 그리고 위의 인용문은 선재동자가 미륵의 가르침에 따라서 들어간 법계를 묘사하고 있다. 이와 같은 깨달음의 경계를 논자가 언어로 기록하기에는 한계가 있다. 추측하건대, 이 경계는 진리와 하나 된, 우주 대광명과 하나 된 세계를 이야기하고 있는 것은 아닐까.[454]

(2) 용화 3회 도량을 세우다

다시 진표 이야기로 돌아오자. 이야기가 빗나간 것 같지만 그렇지는 않다. 지금까지 논의한 「입법계품」의 선재동자의 미륵'친견' 이야기는 곧 진표의 그것일 수 있다는 것이 우리의 판단이다. 아니면, 선재동자 이야기는 진표의 미륵 친견, 나아가 진표의 생애와 사상을 이해할 수 있는 지렛대가 될 수 있다.

원효는 『미륵경종요彌勒經宗要』에서 미륵3부경에 대해 미륵상생 · 미륵성불 · 미륵하생의 세 가지 경전으로 구성되어 있으나, 이 경전을 읽는 데는 상품上品 · 중품中品 · 하품下品이 존재한다고 분석하였다. 상품에 속하는 사람은 부처님을 관하는 삼매(觀佛三

---

453 서해기, 「법계의 의미-대승경론과 화엄교학을 중심으로-」, 『정토학연구』Vol. 14 No. -, 한국정토학회, 2010, pp. 193-194.
454 입누각 이야기와 관련하여 더욱 깊은 논의는 정영식 ; 문광, 앞의 논문을 참조하라.

국보 78호 반가사유상, 삼국시대, 6세기 후반, 금동, 높이 83.2cm, 국립중앙박물관. (사진: 국립중앙박물관, 「위대한 문화유산 -국립중앙박물관 선정 우리 유물 100선」)

국보 83호 반가사유상, 삼국시대, 7세기 전반, 금동, 높이 93.5cm, 국립중앙박물관. (사진: 국립중앙박물관, 「위대한 문화유산 -국립중앙박물관 선정 우리 유물 100선」)

7. 진표, 용화3회 도량道場을 세우다 307

味)나 참회하는 수행법을 닦음으로서 현재의 이 몸으로 미륵을 만나는 사람이다. 중품은 관불삼매를 닦거나 깨끗한 업을 지음으로이 몸을 버린 뒤에는 도솔천에 태어나서 미륵을 만나 구원을 받게 되는 사람이다. 이에 대해서는 『미륵상생경』에서 설하고 있다. 하품은 보시布施·지계持戒 등 여러 가지 착한 일을 하고 미륵 뵙기를 발원함으로써 이 몸을 버린 뒤에 업에 따라 태어났다가 장차미륵이 하생하여 중생을 구제하는 용화3회 도장에서 구제될 사람이다. 『미륵하생경』과 『미륵성불경』에서 설하고 있다. 따라서 『미륵상생경』을 공부하는 법은 중품에 속하는 것이고 다른 두 경은하품에 속하는 사람을 위한 것이다.[455] 다시 말하면 하품은 미륵하생신앙, 중품은 미륵상생의 실현, 그리고 상품은 나의 수행으로지금, 여기, 당장, 이 몸으로 미륵을 만나는 법을 설하고 있는 것이다.

나는 한국불교에서 이것을 성취한 인물로 진표율사를 지목하게 되었다. 본인의 수행력으로 미륵보살을 친견하고 수기를 받고 직접 이땅에 용화정토의 예언을 실현하며 보살행을 했었던 한반도의 살아있었던 선재동자가 바로 진표율사였던 것이다.[456]

---

455 元曉, 『彌勒經宗要』, 大正藏38, p. 300b. 上品之人. 或修觀佛三昧. 或因懺悔行法. 卽於現身. 得見彌勒. 隨心優劣. 見形大小. 此如觀佛三昧海經及大方等陀羅尼經說也. 中品之人. 或修觀佛三昧. 或因作諸淨業捨此身後. 生兜率天. 得見彌勒. 至不退轉. 是故上生經所說也. 不品之人. 修施戒等種種善業. 依此發願. 願見彌勒. 捨此身後. 隨業受生. 乃至彌勒成道之時. 要見世尊三會得度. 是如下生成佛經說. 是卽上生所爲. 爲中品人. 餘二經者. 爲下品人也.
456 문광, 앞의 논문, p. 203.

우리는 이 논자의 주장에 동의한다. 진표의 미륵친견은 선재동자의 그것과 비교될 수 있다. 아니, 진표의 생애 자체는 선재동자의 그것과 비교가 가능하다. 몇 가지 점에서 그렇다. 중복되는 감이 있지만, 지금까지 선재동자 이야기를 논의해 온 과정에 유의하면서 진표의 생애와 비교, 검토한다.

첫째, 문수보살이라는 공통점이다. 선재동자의 구법여정은 문수보살의 가르침에서 비롯되었다. 진표는 어떤가. 진표의 사승 숭제법사를 상기하자. 숭제법사는 당나라에 유학할 때 중국 오대산에 가서 문수보살의 현신으로부터 5계를 받은 고승이다. 진표의 '구법여정'이 숭제법사의 가르침으로부터 비롯되었다면, 거기에는 문수보살 사상 혹은 신앙이라는 젓줄 하나가 배경하고 있음을 물론이다.

둘째, 원효의『미륵경종요』에서 밝힌 법문에 따를 때, 선재동자와 진표는 '상품'에 속하는 인물들이다. 진표는 누구보다도 혹독한 참회수행법을 닦음으로서 현재의 이 몸으로 미륵을 친견하였다. 선재동자 역시 누구보다도 확고한 발심과 믿음, 실천으로 구법여정을 떠나 51명의 선지식을 거친 뒤에 미륵을 친견하였다.

셋째, '미륵의 손가락(뼈)'라는 공통점이다. 선재동자는 '미륵탄지'에 의해 비로자나장엄장 누각에 들어갈 수 있었다. 적어도 '미륵의 손가락(뼈)'에 한해서는 진표 선재동자보다 한 걸음 더 가까이 미륵에게 다가선다. 진표가 친견한 미륵은 당신의 손가락뼈—제8, 9간자를 주고, 이것으로 세상에 법을 전하여 사람을 제도하는 도구로 삼으라고 했다. 선재동자는 미륵의 탄지를 통해 미륵의 주처 비로자나장엄장 누각으로 들어갔으나 진표는 미륵의 손가락뼈를 가지고 세상으로 나왔다. 그리고 진표는 미륵의 손가락뼈를 가지고 세상을 구원할 것이다.

미륵의 손가락을 잘 보여주고 있는 것은 신라시대에 제작된 반가사유상半跏思惟像이다. 그 중 국보 78호 반가사유상은 풍부한 조형성과 함께 뛰어난 주조기술을 선보이는 동양조각사에 있어 걸작으로 평가된다. 한쪽 다리를 다른 쪽 무릎위에 얹고 손가락을 뺨에 댄 채 생각에 잠긴 미륵의 반가사유 자세는 삼국시대인 6~7세기에 크게 유행했다. 대표인 작품으로는 국보 78호 반가사유상과 함께 국보 83호 반가사유상이 있다.[457] 두 작품의 조형적 아름다움은 아무리 강조해도 지나치지 않을 터이므로 다른 논의는 생략한다. 우리가 주목하는 것은 '미륵의 손가락'이다. 미륵이 손가락 두 개를 볼에 닿을 듯 말 듯 하고 있는 미륵반가상은 한국의 불상 가운데 정수로 꼽히는 작품이다. 두 미륵반가상은 미륵하생 신앙과 관련이 있다. 미래 어느 날 하생할 미륵이 '손가락을 튕겨' 비로자나장엄장 누각의 부사의한 경계를 이 현실정토에 실현하기를 바라는 신라인들의 간절한 염원이 담긴 불상이다.[458] 두 미륵반가상은 진표가 활동하기 전에 제작되었다. 진표 역시 이 미륵상을, 이 미륵상의 손가락을 보았을 것이다. 무엇보다 중요한 것은 진표가 미륵정토를, 도솔천을, 비로자나장엄장 누각을 활짝 열어줄 미륵의 손가락뼈인 제8, 9간자를 미륵으로부터 직접 전해 받고 세상으로 나와 점찰법회를 열고 있다는 점이다.

457 권강미, 「위대한 문화유산 -국립중앙박물관 선정 우리 유물 100선 국보 78호 반가사유상-」, 2012. 04. 02.

458 위의 논문, p. 225.

넷째, 선재동자는 머나먼 구법여정 끝에 미륵을 친견한 끝에 미륵의 주처인 비로자나장엄장 누각에 들어갈 수 있었다. 이 경우 역시 진표가 선재동자보다 더욱 실천적이다. 선재동자가 대승불교를 상징하는 보살의 모델이라고 할 때 진표는 더욱 대승보살적이다. 선재동자는 다만 비로자나장엄장 누각에 들어갔다가 나왔으나 미륵의 손가락뼈인 제8, 9간자를 미륵으로부터 직접 전해 받은 진표는 세상으로 나와 '비로자나장엄장 누각'을 직접 펼쳐 보이고 있는 것이다. 무대는 금강산이다. 나아가서 한반도 전체가 된다. 전자에서는 발연사와 장안사, 화엄사 창건 내지 중수를 통해 미륵의 용화3회 도량을 건설하려고 했다. 후자에서는 금산사, 발연사 그리고 길상사(법주사)를 통해 용화3회 도량을 건설하려고 했다. 진표가 용화3회 도량을 건설하려고 했던 것이 어떻게 금강산, 한반도로 한정될 수 있겠는가. 금강산, 한반도를 중심으로 지구촌에 미륵의 용화낙원을 건설하려고 한 것이다.

먼저 금강산 화엄사 창건이 주목된다. 진표가 화엄사를 창건하고 화엄'총림'을 열어 중생을 제도했다는 기록도 예사롭지 않다. 물론 진표가 창건 내지 중수한 절은 화엄사뿐만이 아니다. 금강산 안에서도 발연사와 장안사가 있다. 유감스럽게도 화엄사와 발연사의 규모에 대해서는 기록이 전하지 않는다. 진표의 창건 내지 중수 때까지는 아니라고 해도 장안사에 대해서는 어느 정도 확인이 가능하다. 장안사는 유점사榆岾寺, 신계사神溪寺, 표훈사表訓寺와 함께 금강산 4대 사찰 중 하나였다.『신증동국여지승람Ⅵ』에 따르면 금강산 안에서 큰 절로는 보덕사報德寺, 표훈사와 함께 장안사가 꼽혔다. 또한 장안사는 표훈사, 정양사正陽寺, 마하연摩阿衍,

보덕사, 유점사와 함께 가장 이름난 사찰이기도 하였다.

> 이 절(장안사-인용자)이 흥왕하는 것은 당연하다. 간수間數로써 계
> 산하면 1백20간이 넘는다. 불전佛殿 · 경장經藏 · 종루鐘樓와 삼문三
> 門 · 승료僧寮 · 객실과 주방과 욕실의 작은 부분에 이르기까지 다 그
> 구조의 아름다움을 더할 수 없게 하였다. 불상을 세우는데 비로자나
> 毗盧遮那가 있고, 좌우에 노사나盧舍那요 석가모니 불상은 높게 가
> 운데에 자리 잡았다. 1만5천의 부처가 두루 둘러 옹위하여 정전正殿
> 에 있고, 관음대사觀音大士 · 대사의 천수千手 · 천안天眼과 문수 · 보
> 현 · 미륵 · 지장 등은 선실禪室에 있다. 아미타 · 오십삼불五十三佛 ·
> 법기보살은 노사나를 옹위하여 해장궁海藏宮에 있는데 모두 지극히
> 장엄하게 꾸몄다.(『신증동국여지승람Ⅵ』)

물론 절의 규모가 크다고 훌륭한 도량은 아니다. 다시 강조하지
만, 우리가 주목하는 것은 진표가 금강산에 장안사를 비롯하여 발
연사, 화엄사를 창건 내지 중수하여 금강산을 중심으로 미래불 미
륵의 용화3회 도량을 건설하려고 했다는 점이다. 나아가 금산사,
발연사 그리고 길상사(법주사)를 통해 한반도를 중심으로 지구촌
에 용화3회 도량을 건설하려고 한 것이다.

3) 불골간자佛骨簡子를 전하다

진표는 발연사에 7년 동안 주석하면서 점찰법회를 널리 베풀었
다. 진표는 그렇게 사승 숭제가 주었던, 또한 미륵이 부촉했던 과
제를 실천하고 있는 것이다. 당시 진표의 교화 두루 미쳤던 지역

이 주목된다. 금산사→속리산→명주→고성→금강산이 그곳이다. 진표의 교화가 호남과 영동 지역을 중심으로 전개되고 있는 것이다. 공교롭게도, 아니면 의도적이었는지 확인할 수 없지만, 삼국 통일 이전의 신라 지역을 벗어나 있다는 점이 주목된다. 바로 이 지역에서 미륵 신앙이 왕성했고, 훗날 후삼국이 이루어지는 토대가 된 것도 역

충북 보은군 내속리면 속리산 법주사(길상사) 전경 진표율사로부터 법통을 계승한 영심이 스승의 가르침에 따라 속리산으로 가서 길상사(법주사)를 창건했다. (사진: 문화재청. 이하 같음)

사적 사실이다. 바로 이 점 때문에 선행 연구에는 진표가 반신라적 이상국가의 건설을 꿈꾸었다고 주장한다. 진표의 미륵 신앙이 백제와 고구려의 고토인 통일신라 변방에 살고 있는 농민들로부터 주로 환영을 받았으며, 이는 훗날 견훤과 궁예, 왕건과 연결되었을 것이라는 지적이다.[459] 이와 같은 주장이 일부 인정된다고 해도, 진표가 신라 왕궁으로 가서 경덕왕과 왕비는 물론 외척들에게 설법하고 계를 주었던 행적을 유의할 필요가 있다.

진표의 포교는 인간에게만 그치는 것이 아니었다. 동·식물은 물론 온갖 유·무정들에게도 미륵의 계법이 미쳤다. 진표의 설법을 들은 사람과 동·식물을 저절로 감화되었다. 명주 지방에 흉년이 들어서 모두 굶주렸을 때의 일화도 마찬가지다. 진표가 계법을 설하니 기근으로 곧 죽어 가던 사람들이 모두 받들어 지켜서 공경

---

459 이기백, 「진표의 미륵 신앙」, pp. 271-276.

속리산 법주사 일원   법주사 대웅보전

을 다하였다. 그때 고성 바닷가에 무수한 물고기들이 저절로 죽어서 나왔다. 사람들은 이것으로 죽음을 면할 수 있었다. 진표로부터 미륵의 계법으로 감화를 받은 물고기들이 스스로 몸을 보시했다는 얘기다.

그 후 발연사를 떠난 진표는 다시 변산 부사의방장으로 갔다. 전기에는 빠져 있지만 미륵을 친견했던 능가산에도 갔을 것이다. 정확한 연대도, 목적도 확인되지 않는다. 아마도 노년에 이르렀을 때였을 것이다. 목적은 수행이거나 과거 수행처를 돌아보는, 두 가지 중의 하나일 것이다. 그가 다시 찾은 부사의방장에서 얼마나 머물렀는지도 확인할 수는 없다. 부사의방장을 찾았던 진표는 고향으로 갔다. 12세에 떠났던 고향이다. 전기에 따르면 진표는 고향에 가서 아버지를 찾아뵙고 대덕 진문眞門의 방에 가서 머물기도 했다. 진문 대덕이 누군지 알 수 없다. 진표의 도반이었을 것으로 생각된다.

영심永深을 비롯하여 대덕大德 융종融宗 불타佛陀 등이 진표를 찾아온 것은 이 무렵이었다. 「석기」에는 "속리산의 고승 영심, 대덕 융종,불타 등"이라고 했는데, 고승이라거나 대덕이라는 존칭은 후세의 기록자인 금강산 발연사 주지 영잠이거나 일연의 제자 무극의 입장에서 본 그것일 터이다. 왜냐하면 영심이 '속리산 고승'이라고 불리는 것은 진표의 부촉을 실천한 뒤의 일이기 때문이다. 영심 등이 찾아왔던 도량이 어딘지 확인할 수는 없다. 부사의방장이거나 진표의 고향 집, 아니면 대덕 진문의 집 가운데 한곳일 것이다. 그것도 아니면 거리상으로 가까운 금산사일 수도 있다.

영심 등은 진표에게 청했다. "우리들은 천 리 길을 멀다 하지 않고 와서 계법을 구하오니 법문을 주시기 바랍니다."

진표는 아무 대답도 하지 않았다. 미륵은 진표가 친견한 자리에서 "만약 사람이 계를 구하려고 한다면 마땅히 먼저 참회하여야 한다."고 말했다. 『점찰경』에도 같은 법문이 있다. 진표가 미륵의 말씀을 어길 리 만무하다.

> 율사가 잠자코 아무 대답도 하지 않으니 세 사람은 복숭아나무 위
> 에 올라가 거꾸로 땅에 떨어지면서 맹렬히 참회했다. (「석기」)[460]

간단하게 기록하였으나, 결코 그렇게 짧은 기간이거나 간단한 사건은 아니었을 것이다. 진표가 수행하였을 때 그랬던 것처럼 참회 수행이 그렇게 쉽게 끝날 수는 없다. 점찰법에 의한 참회 수행인 까닭이다. 영심 등이 얼마나, 어떤 참회 수행을 했는지 더 이

---

460 師默然不答 三人者乘桃樹上 倒墮於地 勇猛懺悔.

상은 확인할 수 없으나 분명한 것은 진표가 부사의방장에서 행한 망신참법 수행이 전범이 되었을 것이다. 적어도 '복숭아나무 위에 올라가 거꾸로 땅에 떨어지면서 맹렬히 참회'할 정도라면—그것이 삼세 과보를 확인한 후에 그 결과에 따라 참회 수행을 하게 되는 점찰 결과라면—, 그들의 과거 업장이 가볍지만은 않았을 것이다.

마침내 진표는 영심 등의 참법 수행 결과를 인가印可했다. 세 수행자를 제자로 받아들였다.

> 이에 율사가 교법을 전하여 관정하고 드디어 가사와 바리때와『공양차제법』1권과『점찰경』2권 그리고 간자 189개를 주었다. (「석기」)[461]

진표는 지금 전법을 하고 있다. 방법은 진표가 미륵으로부터 직접 교법을 전해 받았던 의식을 되풀이하는 것이었다. 먼저 미륵의 교법을 전하며 밀교적 '관정'방법으로 통과 의식을 진행하였다. 그리고 미륵이 진표에게 친히 내려 주었던 가사와 바리때와『공양차제비법』1권(이 경전은 승제가 진표에게 주었다),『점찰선악업보경』2권, 간자 189개를 전해 주었다. 마지막으로 제8, 9간자를 주면서 진표는.

"9간자는 법이요, 8간자는 신훈성불종자다."라고 했다. 역시 미륵이 그에게 두 간자를 주면서 했던 가르침이다.

진표는 다시 제자들에게 부촉한다.

---

461 師乃傳教灌頂 遂與袈裟及鉢 供養次第祕法一卷 日占察善惡業報經二卷 一百八十九椎.

"내가 이미 너희들에게 주었으니, 가지고 속리산으로 돌아가라. 그
산에 길상초가 난 곳이 있으니, 거기에 절(精舍)를 세우고 이 교법에
의해서 널리 인간계人間界와 천상계天上界의 중생들을 건지고, 후세
에까지 전하도록 하라." (「석기」)[462]

진표의 이 부촉'말씀'을 보면, 그가 미륵이 하생하여 설법하고
중생을 구제할 용화3회 도량을 건설하기 위해 얼마나 용의주도하
게 진행했는지 알 수 있다. 진표가 속리산에 길상초가 난 곳을 표
시해 두었던 것은 용화1회 도량인 금산사를 떠나 포교의 대장정
을 하고 있을 때였다. 햇수로 몇 년이 지난 것이다. 정확하게는,
적어도 그가 발연사에서 주석했던 7년 이상은 지났다. 진표의 부
촉'말씀'은 더욱 주목된다. 진표는 미륵의 교법에 의해서 널리 인
간계뿐만 아니라 천상계 중생들을 구제하고, 그의 계법을 후세까
지 전하라는 것이다.

진표로부터 법통을 계승한 영심은 속리산으로 갔다. 그리고 사
승 진표의 가르침에 따라서 길상초가 난 곳을 찾아 절을 세우고 '길
상사吉祥寺'라고 했다. 오늘날 충청북도 보은군 내속리면 사내리 속
리산俗離山 법주사法住寺가 바로 그 절이다. 법주사 창건에 대해서는
다른 이야기도 전한다. 553년(진흥왕 14)에 의신義信이 창건하였고,
그 뒤 776년(혜공왕 12)에 진표가 중창하였다는 것이다.

법주사는 진표의 제자 영심의 창건 혹은 중창 이래 왕실의 비호
를 받으면서 8차례의 중수를 거쳐 60여 동의 건물과 70여 개의

---

462 我已付囑汝等 持此還歸俗離山 山有吉祥草生處 於此創立精舍 依此教法 廣度人天
流布後世.

암자를 거느린 대찰이 되었다. 이후 수차례의 중건·중수 과정을 거쳤다. 1872년(고종 9) 지금의 청동대불 자리에 있었던 '용화보전龍華寶殿'이 헐렸다. 현재 이 절에 있었던 유지遺址로는 용화보전이 남아 있다. 용화보전이라고 했으니 당연히 미륵불을 봉안한 전각일 터이다. 진표는 미륵의 말씀에 따라 미륵의 계법을 널리 폈고, 그 중심에 모악산 금산사와 금강산 발연사, 그리고 속리산 길상사(법주사)가 있음을 말할 나위가 없다. 다시 말하면 법주사는 진표가 창건한 다른 두 사찰과 함께 이 땅의 미륵 신앙의 본산이 된다.

원래 이 용화보전은 법주사의 정신을 상징하는 중심 법당이었다. 사적기에 의하면 용화보전은 2층으로 되어 있었고, 크기는 35칸으로 대웅전 28칸보다 더 크고 웅장하였음을 알 수 있다. 『동국여지승람』에 의하면 이 전각 안에는 금색의 장륙상丈六像이 안치되어 있었다. 그러나 1872년(고종 9)에 대원군이 경복궁 복원을 위한 당백전 주조의 명목으로 불상을 압수하라는 명을 내려 불상은 압수되고 용화보전은 헐리게 된 것이다. 현재에도 옛터에는 당시의 초석과 미륵 삼존불의 좌대 3기가 있다. 이 용화보전 터에는 1964년 콘크리트로 만든 미륵불 입상이 조성되었으며, 1986년 이를 헐고 청동 160t을 들여서 1989년 사월 초파일에 높이 33m의 청동미륵대불이 점안點眼되었다.

미륵대불 앞에 위치하는 희견보살석상喜見菩薩像은 향로를 머리에 이고 굳건히 서 있다. 향불을 머리에 이고 부처님께 공양하는 모습이다. 이것은 진표나 영심 등이 미륵의 수기를 얻기 위하여 목숨을 아끼지 않던 미륵 신앙 형태를 조형적으로 나타낸 의미심장한 걸작이다. 미륵 부처님을 향한 믿음이 굳건하므로 머리의 뜨거움, 손의 뜨거움을 잊고 일심으로 향로를 받드는 모습이다(『한국민족 문화 대백과』「법주사」). 길상사(법주사)가 창건됨으로써 원래 진표가 목적하였던 용화3회 도량이 완성되었다. 미래 어느 날 이 땅에 오실 미륵을 위해 놋다리를 완공한 것이다.

이후 진표는 그의 아버지를 모시고 다시 발연사에 가서 함께 도업道業을 닦으며 효도를 다하면서 일생을 마쳤다 (『석기』)[463]. 입적할 때까지 아버지를 모시며 효도를 한 것이다. 앞에서 우리는 이류중행의 실천에 대해 논의하는 과정에서 전통적인 불교의 가르침과는 다르게 몇몇 선가의 고승들이 부모에 대한 효도를 중요한 덕목으로 인정되는 사례들을 검토하였다. 일연, 동산, 그리고 진묵대사가 그들이다. 진표의 경우는 그들과도 다르다. 진묵의 경우, 자신이 주석하던 일출암 근처 왜막촌에 집을 마련하여 어머니와 누이동생을 살게 했고, 조석으로 어머니께 문안을 드리는 정도였다. 진표의 경우는 더욱 적극적이다. 아예 아버지를 절집으로 모시고 다니면서 효도를 다했다. 출가자는 속세와의 모든 인연을 모두 끊어야 한다는 일반적인 불교의 가르침과는 큰 차이가 있다. 진표의 이와 같은 행위는 이류동행 이상의 것이라고 할 수 있다. 이런 점에서 진표 불교의 특징은 탈불교 · 초불교일 수 있다. 그것은 신교에 깊이 뿌리를 내리고 있는 진표 미륵 신앙의 한 특징이라고 할 수 있다.

---

463 律師與父復到鉢淵. 同修道業而終孝之.

4) 진표의 최후와 그 이후

율사가 세상을 떠날 때 절의 동쪽 큰 바위 위에 올라가서 죽으니 제자들이 그 시체를 옮기지 않고 그대로 공양하다가 뼈가 흩어져 떨어지자 흙으로 덮어 묻어서 무덤을 만들었다. 그 무덤에 푸른 소나무가 바로 나더니 세월이 오래 되자 말라죽었다. 다시 나무 하나가 났는데 뿌리는 하나이더니 지금은 나무가 쌍으로 서 있다.

대개 그를 공경하는 자가 있어 소나무 밑에서 뼈를 찾는데, 혹은 얻기도 하고 혹은 얻지 못하기도 했다. 나(일연의 제자 무극)는 율사의 뼈가 아주 없어질까(聖骨堙滅) 두려워하여 정사丁巳, 1197년 9월에 특히 소나무 밑에 가서 뼈를 주워 통에 담았는데 3홉 가량이나 되었다. 이에 큰 바위 위에 있는 쌍으로 난 나무 밑에 돌을 세워 뼈를 모셨다. (「석기」)[464]

그(진표)의 뼈는 지금의 발연사에 있으니, 곧 바다의 물고기들을 위해서 계를 주던 땅이다. 법을 받은 제자 중에 영수領袖로는 영심·보종寶宗·신방信芳·체진體珍·진해珍海·진선眞善·석충釋忠 등이 있는데, 모두 산문의 개조開祖가 되었다. (「진표전간」)[465]

진표는 발연사에서 입적하였다. 연대는 확인할 수 없다. 국내의 두 진표 전기는 그의 사후에 대해 유난히 진표의 '뼈'를 강조하

---

464 師遷化時 登於寺東大巖上示滅 弟子等不動眞軆而供養 至于骸骨散落 於是以土覆藏 乃爲幽宮 有靑松卽出 歲月久遠而枯 復生一樹 後更生一樹 其根一也 至今雙樹存焉 凡有致敬者 松下覓骨 或得或不得 予恐聖骨堙滅 丁巳九月 特詣松下 拾骨盛筒 有三合許 於大嵓上雙樹下 立石安骨焉云云.

465 其骨石今在鉢淵寺 卽爲海族演戒之地 得法之袖領 曰永深 寶宗 信芳 體珍 珍海 眞善 釋忠等 皆爲山門祖.

는 대목이 예사롭지 않다. 진표의 뼈가 일반인들에게 신앙 대상이 되고 있는 것이다. 우리가 임시 용어로 표현한 신불습합의 한 풍경이라고 할 수 있다. 재세 시에 진표의 감화력은 인간에게만 해당되는 것이 아니라 물고기와 소를 비롯한 동물들, 용왕과 미륵을 비롯한 초자연적 존재에도 미쳤다. 이와 같은 감응력을 발휘할 수 있는 바탕이 진표의 위신력威神力이고 도력道力, 신이神異, '성자' 형상이다. 또한 이와 같은 '성자'형상이 신앙 대상이 되는 것은 당위일 터다. 따라서 진표 사후에 그의 뼈가 신앙 대상이 되는 것은 일종의 '불골신앙'의 한 대목이라고 할 수 있다.

그러나 「석기」에서 '그(진표)를 공경하는 자가 있어 소나무 밑에서 무덤을 파서 뼈를 찾았다'는 장면에 이르면, 이는 신앙이 아니라 집착이다. 좀 거칠게 표현하면 진표의 성골이 도굴 당하고 있는 것이다. "이 정도라면 뼈신앙이 샤머니즘과 밀접한 관계가 있으며, 이는 진표가 추구한 신앙의 양태와 사회적 지향을 어떻게 평가할 지 여부에 대한 중요한 바탕이 된다."[466]는 지적도 설득력이 있다.

진표'불교' 이후의 모습이 궁금하다. 진표'불교'의 제2조가 된 영심은 길상사를 창건하고 점찰법회를 열어 미륵 신앙으로 대표되는 진표'불교'를 널리 펼쳐 나갔다. 물론 포교의 도구가 되는 것은 점찰법회였다.

> 영심은 진표가 간자를 전했으므로 속리산에 머물면서 그 법통을 이어갔다. 그 단壇을 만드는 법은 점찰占察 육륜六輪과는 조금 다르

---

466 서철원, 앞의 논문, p. 183. ; p. 170.

지만 수행하는 법은 산 속에 전하는 본래 법규와 같았다. (「진표전
간」)[467]

영심에 대해서는 더 이상의 상세한 전기는 전하지 않는다. 영심
의 법통을 이어받아 제3대가 된 전법제자는 신라 제41대 헌덕왕
憲德王(재위 809~826)의 왕자로서 출가한 심지心地이다. 15세에 출
가한 심지는 중악中岳(팔공산)에서 수도하고 있었다. 그가 속리산
의 영심이 진표로부터 미륵의 계법과 불골간자를 전해 받아서 과
정법회―점찰법회를 연다는 소식을 듣고 찾아가 망신참법 수행을
하였는데 팔꿈치와 이마에서 피가 흘러내려 마치 진표가 변산 부
사의방장에서 피를 흘리던 일과 같았고, 이에 지장보살이 매일 와
서 위로했다는 것은 앞에서 검토하였다.
　다음은 심지가 망신참법을 행한 뒤에 이어지는 장면이다. 진
표'불교' 이후를 알기 위해서 좀 길지만 그대로 인용한다.

　법회(진표의 전법제자 영심의 과정법회)가 끝나고 (심지가) 산으로
돌아가는 도중에 옷깃 사이에 간자 두 개가 끼여 있는 것을 발견했
다. 그는 가지고 돌아가서 영심에게 아뢰었다. 영심이 말하기를, "간
자는 함 속에 들어 있는데 그럴 리가 있는가." 하고 조사해 보니 함은
봉해 둔대로 있는데 열고 보니 간자는 없었다. 영심이 매우 이상히 여
겨 다시 간자를 겹겹이 싸서 간직해 두었다. (심지가) 또 가다가 보니
처음과 같으므로 다시 돌아와 고하였다. 영심이 "부처님의 뜻이 그대
에게 있으니, 그대는 그 뜻을 받들라." 하고 간자를 주었다.

---

467 深則眞傳簡子. 住俗離山. 爲克家子. 作壇之法. 與占察六輪稍異. 修如山中所傳本規.

심지가 머리에 이고 중악(팔공산)으로 돌아오니 중악신中岳神이
선자仙子 둘을 데리고 산꼭대기에서 심지를 맞아 인도하여 바위 위
에 앉히고는 바위 밑으로 돌아가 엎드려서 공손히 정계를 받았다.

심지가 말했다. "이제 땅을 가려서 신성한 간자를 모시려 하는데,
이것은 우리가 지정할 수는 없으니 그대들 삼군三君과 함께 높은 곳
에 올라가서 간지를 던져 자리를 점치도록 하자."

이에 산신들과 함께 산마루로 올라가서 서쪽을 향하여 간자를 던
졌는데, 간자는 바람에 날아갔다. 이때 신이 노래를 지어 불렀다.

막혔던 바위 멀리 물러가니 (땅이) 숫돌처럼 평평하고,
낙엽이 날아 흩어지니 앞길이 훤해지네.
불골간자佛骨簡子를 구해 얻어서,
정결한 곳 찾아 정성 드려 바치네.

노래를 마치자 간자를 숲속 샘에서 찾아 곧 그 자리에 당堂을 짓고
간자를 모셨다. 지금 동화사桐華寺 첨당籤堂 북쪽에 있는 작은 우물
이 이것이다.[468]

진표가 미륵으로부터 받은 불골간자가 그의 전법제자인 속리산
길상사 영심으로, 다시 영심에서 팔공산 동화사 심지로 전해졌다
는 내용이다. 기사 가운데 심지가 동화사를 창건할 때 팔공산 산

---

468 『三國遺事』卷4 義解5「心地繼祖」. 泊席罷還山 途中見二簡子貼在衣褶間. 持廻告於
深 深曰 簡在函中 那得至此 檢之封題依舊 開視亡矣 深深異之 重襲而藏之. 又行如初. 再
廻告之. 深曰. 佛意在子. 子其奉行. 乃授簡子. 地頂戴歸山 岳神率一仙子 迎至山椒 引地
坐於嵓上 歸伏嵓下 謹受正戒 地曰 今將擇地奉安聖簡 非吾輩所能指定 請與三君 憑高擲
簡以卜之 乃與神等陟峰巓 向西擲之 簡乃風颺而飛 時神作歌曰 碍嵓遠退砥平兮 落葉飛
散生明兮 覓得佛骨簡子兮 邀於淨處投誠兮 旣唱而得簡於林泉中 卽其地搆堂安之 今桐華
寺籤堂北有小井是也.

신령의 도움을 받았다는 것은 무엇인가? 말할 나위도 없이 우리 고유의 신교와 습합된 내용으로 이해된다. 진표'불교'가 신교적이라는 우리의 주장을 확인할 수 있는 하나의 근거이다.

진표 불교의 법통은 영심으로, 영심에서 다시 심지로 사자상승師資相承되면서 확립되었다. 영심과 심지는 각각 속리산 길상사(법주사)와 팔공산 동화사를 중심으로 점찰법회를 시행함으로써 신라 지방 사회로 널리 확산시켰다. 진표가 활동한 시기는 경덕왕·혜공왕대이지만 이후 그의 제자들이 활동한 시기는 신라 하대로 볼 수 있다.[469] 심지 이후의 진표 불교 전승자에 대해서는 잘 알려져 있지 않다. 『삼국유사』권4 「심지계조」에 다음과 같은 짧은 기록이 있어서 어느 정도 추측이 가능하다.

또 상고해 보면, 본조本朝의 문사文士 김관의金寬毅가 지은 『왕대종록王代宗錄』 2권에는 "신라 말년의 고승高僧 석충釋冲이 고려 태조에게 진표율사의 가사 한 벌과 계간자戒簡子 189개를 바쳤다"고 기록되어 있다. 이것이 지금 동화사에 전해 오는 간자와 같은 것인지 다른 것인지 자세히 알 수 없다.[470]

본조(고려) 예종睿宗이 일찍이 불골간자를 맞아 대궐 안에서 예배했는데, 갑자기 제9간자 하나를 잃어 상아로 대신하여 본 절(동화사)로 돌려보냈다. 지금은 이것이 점점 변해서 같은 빛이 되어 새것과 옛것을 분별하기 어렵다. 그 바탕은 상아도 옥도 아니다.[471]

---

469 박미선, 『신라 점찰법회 연구』, p. 102.
470 『三國遺事』卷4 義解5 「心地繼祖」. 又接本朝文士金寬毅所撰王代宗錄二卷云 羅末新羅大德釋冲 獻太祖以表律師袈裟一領 戒簡百八十九枚 今與桐華寺所傳簡子 未詳同異.
471 『三國遺事』卷4 義解5 「心地繼祖」. 本朝睿王嘗取迎聖簡 致內瞻敬 忽失九者一簡 以牙代之 送還本寺 今則漸變同一色 難卞新古 其質乃非牙非玉.

앞의 기사에 따르면 심지 이후에도 전승이 계속되어 신라 말까지 이르렀다. 신라가 멸망한 뒤에 전승자로 이해되는 석충에 의해 고려 태조 왕건에게 '진표율사의 가사 한 벌과 간자 189개'가 바쳐졌다. 그리고 이 간자가 동화사 첨당에 봉안되어 있는 것인지는 확실치 않다. 고려 제16대와 예종睿宗(1106~1122) 때에 왕이 동화사에 봉안되어 있는 간자를 대궐로 들여 지극 정성으로 참배했다. 이때 제9간자를 잃어버렸다. 왕은 상아로 대신 제작하여 동화사에 반환하였다. 그러나『삼국유사』의 저자 일연이 친견하였을 때는 상아로 만든 새 간자도 옛 간자와 거의 같은 색으로 변하여 구분하기가 어려울 정도였다는 것이다. 이상의 기사들을 보면, 진표'불교'를 상징하는 불골간자와 진표의 의발은 신라 하대는 물론이고 고려조에 있어서도, 적어도 고려 중기인 일연과 그의 제자 무극의 시대까지 이어져 진표의 계법과 함께 행하여지고 있었음이 확실하다.

결 론

　지금까지 우리는 짧지 않은 여정을 통해 한국은 물론 세계 불교사에 큰 족적을 남긴 진표의 생애와 사상을 탐구했다. 이제 결론을 내릴 차례다. 널리 알려진 말이지만, 계몽주의자 루소는 인간은 사회적 동물이라고 했다. 아무리 출가를 하고 구도자의 삶을 살았다고 해도, 그도 역시 사회를 벗어날 수는 없다. 본인이 아무리 싫다고 해도 (굳이 아니라고 한다면, 그의 행적을 탐구하고 있는 글쓴이의 입장이라고 하자), 적어도 사회적 동물이라는 전제 아래, 한 인물이 평생을 살면서 (출가자에게는 좀 어울리지 않는 표현이지만) '성공'을 하고, 못하고는 언제, 어느 곳에서, 누구를 만나느냐에 달려 있을 수 있다. 이런 전제가 양해된다면, 진표의 경우는 그의 사승 숭제를 만남으로써 '성공'적인 삶을 살았다고 할 수 있다. 몇 가지 점에서 그렇다.

　첫째, 숭제는 당나라 유학까지 다녀온 고승이지만, 전혀 이름이 알려지지 않은 인물이다. 만약 진표가 숭제가 아닌 원효나 의상과 같이 널리 이름이 알려진 인물의 제자였다면, 오히려 스승의 그림자에 묻혀 버릴 수 있다. 그런 의미에서 사람을 잘 만난 것은 숭제의 경우도 마찬가지다. 그는 진표와 같은 걸출한 제자를 둠으로써 '본의 아니게' 이름을 떨칠 수 있었다.

둘째, 숭제가 제자 진표에게 평생을 한 가지 목표를 향해 살아갈 수 있는 이정표를 제시해 줄 수 있는 고승이었다는 점에서 그렇다. 만약 숭제와 같이 당나라에 유학할 정도로 많은 학덕과 경험을 쌓지 않았다면, 그가 제자를 가르치는 데는 한계가 있을 수밖에 없을 터이다. 숭제가 전해 준 두 권의 경전(『공양차제법』, 『점찰경』), 그리고 "너는 이 계법을 가지고 미륵, 지장 두 보살 앞에서 지성으로 참회하여 친히 계법을 받아서 세상에 펴라."고 한 가르침, 바로 여기에 진표의 삶이 송두리째 들어 있다. 바꾸어 말하면, 진표의 일생은 숭제가 제시한 이 말 한 마디로 축약될 수 있다. 그리고 우리는 이 '말씀'을 진표를 읽는 네 개의 코드로 설정하여 진표의 생애와 사상을 탐구했다.

우리의 결론은 명확하다. 진표의 불교 신앙에 있어서 궁극의 지향점은 미륵 신앙이다. 진표의 감화력, 위신력은 미륵에 의해 나온 것이다. 흔히 모든 길은 로마로 통한다고 하였을 때, 진표의 '로마'는 미륵이다. 신라의 통불교적 성격이기도 하지만, 특히 진표의 행적에는 밀교 수행, 지장신앙, 점찰참회계법 등 여러 가지 불교 요소가 발견된다. 진표는 그 불교 요소 모두에 뚜렷한 족적을 남겼다. 그러나 그 모든 불교'요소'들은 진표의 미륵 신앙을 위해 복무하고 있는 수단들에 다름 아니다.

진표의 사조 선도삼장은 '아미타불의 화신'으로 불리는, 중국 정토종의 종조이다. 따라서 정토종의 젖줄 하나는 진표에게 닿아 있을 것이다. 그것은 진표에게 이르러 미륵 신앙으로 가는 밑거름이 되었음을 물론이다. 진표의 사승 숭제는 중국 정토종가에서 유학하면서도 한편으로는 삼계교의 중심인물로 활동하고 있었던 신라승 신방을 만나 지장신앙과 유식학을 접했을 가능성에 대해 우리는 살펴보았다. 그는 또한 중국 오대산으로 가서 문수보살로부터 5계를 받기도 하면서 밀교와 인연을 맺기도 했다. 따라서 스승을 통해 전해 받은 밀교'신앙'과『공양차제법』은 진표에게 와서 미륵 신앙으로 가는 하나의 수행 방법이 되었다. 지장신앙도 예외가 아니다. 진표에게 있어서 지장보살은, 그리고『점찰경』에 의한 점찰참회계법 역시 미륵 신앙으로 가는 큰 디딤돌이 되었다. 진표는 각 부분의 가르침에서 진액을 뽑아서 미륵 신앙으로 가는 징검다리를 만들어 썼다.

진표는 타의 추종을 불허하는 강도 높은 고행—망신참법으로 전무후무한 금자탑을 쌓았다. 한 논자는 진표의 점찰참회수행을 검토한 뒤에 "철저한 참회법의 실천자이며 점찰법을 집대성한 인물이었음도 알았다. 그가 실천하고 보여준 불교 즉 그의 생애를 통하여 볼 수 있는 신앙 사상을 한 마디로 말해서 미륵 신앙과 점찰법에 의한 참회 불교였다고 할 수 있을 것이다."[472]고 결론 내렸다. 다른 논자도 마찬가지다; "진표는 대승교에 있어서 자서수계의 극치를 체험함으로써 득계得戒하였다. 점찰 참법의 방편을 사용하여 크게 중생 교화의 성과를 올렸다는 사실이야말로 참으로 자랑스러운 일이 아닐 수 없다. 독자적이라고 할 만한 참회 계법을 신라불교의 대승 계율 가운데 확립하여 많은 사람들로 실천케 하여 후세까지 길이 훌륭한 유적을 남긴 것은 한국의 계율 사상사에 특이한 위치를 차지하는 일이다."[473]

472 김영태,「신라 점찰법회의 진표의 교법 연구」, p. 128.
473 채인환,「신라 진표율사 연구1」, pp. 67-68.

진표의 점찰참회계법에 대해서는 아무리 높이 평가한다고 해도 이견을 제시하는 논자는 없을 것이다. 그럼에도 불구하고 진표에게 있어서 미륵이란, 진표 그 자신이 지향하여, 중생들로 하여금 나아가게 하는 구경의 목표가 된다. 진표의 점찰참회계법은 미륵신앙으로 가는 수단이다. 우리는 진표의 점찰참회계법을 포함한 모든 불교적 요소를 하나로 뭉뚱그려 진표의 참회 불교-진표'불교'라고 지칭하였다. 진표의 참회 불교는 곧 미륵 신앙이라고 할 수 있다. 진표가 율사가 되고, 그토록 철저하게 지계持戒를 강조하고 실천한 이유도 물론 미륵 신앙에 연유한다. 계율의 실천은 곧 미륵하생신앙을 위한 바탕이 되기 때문이다.

진표 불교에서 빼놓을 수 없는 또 하나의 요소가 신교이다. 우리는 이것을 제5-코드로 명명하고 해명하였다. 굳이 제5-코드라고 설정한 것은, 이미 지적하였지만, 진표를 읽는 네 가지 코드에 바탕이 되는 까닭이다. 진표는 신교의 바탕 위에서 밀교적 수행, 지장신앙, 점찰참회계법, 계율 실천 등과 같은 수단들을 통해 목적하였던 미륵을 친견하고, 계법을 받고, 또한 수기를 받았다.

미륵은 자신의 '손가락뼈'에 해당하는 점찰 간자 두 개를 주면서 중생을 제도하는 뗏목으로 삼으라고 하였다. 이후 진표의 생애는 미륵 하생의 전당을 만드는데 바쳐졌다. 용화1회 설법 도량 금산사 미륵전, 용화2회 도량 금강산 발연사, 그리고 그의 전법제자 영심에 의한 용화3회 도량 속리산 길상사(법주사) 창건이 그것이다. 진표의 생애는 미래 어느 날 오시는 미륵을 위해 놋다리를 놓는 일로 의미망이 좁혀진다. 진표의 생애에 있어서 무엇보다도 기념비적인 업적인 금산사 미륵전 건립과 미륵장육상 봉안이다. 이

로 인하여 모악산 금산사는 한국 미륵 신앙의 본원지가 되는 까닭
이다.

이 책을 시작하면서 우리는 진표를 읽는 네 가지 코드와 함께
제5의 코드를 제시하였다. 행해 중에 우리는 모든 코드를 작동시
켰고 무사히 항구에 도착하였다. 이제 우리는 진표를 읽는 네 가
지 코드가 커다란 하나의 코드로 뭉뚱그려질 수 있다는 결론에 이
르렀다. 제4-코드인 미륵 '코드'가 그것이다. 미륵 코드는 진표를
읽는 처음이요, 끝이요, 알파와 오메가다. 진표의 생애와 사상,
신앙 이력서는 미륵이 오는 길을 닦았다는 한 마디로 요약될 수
있을 것이다.

진표율사眞表律師 연보

이 연보는『삼국유사』에 실려 있는「진표전간」(일연)을 중심으로
「석기」(영잠, 무극)와『송고승전』「진표전」(찬영) 및 기타 자료를 보
조 자료로, 그리고 현장답사를 통해 만들어졌다.

서기	왕력	연령	행적
717	성덕왕 17	1	전주全州 벽골군碧骨郡 대정리大井里(현 전북 김제시 순동 대리大里) 출생(부 진내말眞乃末, 모 길보랑吉寶娘). 속성俗性은 정씨井氏. 【참조】완산주完山州 만경현萬頃縣(「진표전간」), 전주全州 벽골군碧骨郡 도나산촌都那山村 대정리大井里(「석기」)
728	27	11	사냥을 가서 개구리를 버드나무가지에 꿰어 물속에 담가두고 오다.
729	28	12	봄. 사냥을 가서 자기가 잡아두었던 개구리 30여 마리가 살아서 울고 있는 것을 보고 깊이 뉘우치고 출가를 결심하다.
상동	상동	상동	금산사金山寺로 출가하다(사승 숭제법사崇濟法師, 「석기」에는 순제법사順濟法師라고 하였다).
?	?	?	사미계를 받다
?	?	?	사승 숭제법사로부터『공양차제법』1권과『점찰선악업보경』2권을 받다. 숭제는 말했다. "너는 이 계법을 가지고 미륵, 지장 두 보살 앞에서 지성으로 참회하여 친히 계법을 받아서 널리 전하도록 하라."
?	?	?	전국 명산을 돌아다니며 만행卍行을 하다.

서기	왕력	연령	행적
?	?	?	보안현保安縣 선계산仙溪山(변산邊山) 부사의방장不思議方丈으로 들어가다.
?	?	?	망신참법亡身懺法 수행을 하다.
740	효성왕 4	23	3월 15일. 지장보살을 친견하고 정계淨戒를 받다.
상동	상동	상동	원래의 뜻이었던 미륵의 친견수계親見受戒를 위해 변산 능가산楞伽山 영산사靈山寺로 수행처를 옮기다('능가산 영산사'는 현재의 전북 부안군 상서면 감교리 개암사開嚴寺 뒷산 우금암禹金嚴에 있는 우금굴禹金嚴窟, 일명 원효방으로 추정).
746	경덕왕 5	29	4월 27일. 능가산 영산사에서 미륵을 친견하다. 이때 미륵으로부터 '진표眞表'라는 법명과 함께 『점찰선악업보경』과 제8·9간자簡子를 포함하여 189간자를 받다.
상동	상동	상동	대연진大淵津에서 용왕이 바치는 옥가사玉袈裟를 받다.
상동	상동	상동	8만 용왕 권속의 호위를 받으며 금산사로 돌아오다.
?	?	?	단석壇席을 열어 법시法施를 베풀다.
?	?	?	금산사를 중창하고 미륵전彌勒殿을 세우다.
748	경덕왕 8	31	미륵을 다시 친견하고, 계법을 받다.
748	경덕왕 8	?	6월 29일. 미륵장륙상彌勒丈六像을 주조하다
?	?	33	금산사 미륵전 남쪽 벽에 미륵으로부터 계법을 받은 장면을 그리다.
750	경덕왕 10	33	5월 1일. 금산사 미륵전에 미륵장륙상을 봉안하다.

서기	왕력	연령	행적
752	경덕왕 12	35	금산사를 떠나 북으로 만행을 떠나다.
상동	상동	상동	소달구지를 끌고 가던 소가 진표율사를 보고 눈물을 흘리다. 이때 소달구지 주인이 진표에게 귀의하다.
상동	상동	상동	속리산 골짜기에 길상초吉祥草가난 곳을 보고 표시를 해 두다.
상동	상동	상동	2월 15일. 아슬라주阿瑟羅州(지금의 강릉지방) 지방을 에 도착하였을 때 섬 사이의 물고기와 자라 등이 나와 다리를 놓아주다. 용궁에 들어가 설법하고 계를 주다.
?	?	?	경덕왕에게 보살계를 주다. 왕이 곡식 7만7천 석을 시주하다. 왕비. 종친과 외척들에게 계를 주고 비단 5백 필과 황금 50냥을 시주 받다.
769	혜공왕 5	52	금강산 남쪽에 화엄사華嚴寺를 창건하다 (1912년에 '화암사禾巖寺'로 절 이름이 바뀌었다).
770	혜공왕 6	53	금강산 동쪽에 발연사鉢淵寺를 창건하다.
상동	상동	상동	점찰법회를 열고, 이후 7년 동안 발연사에 주석하다.
773	혜공왕 9	56	금강산 서쪽에 장안사長安寺를 창건하다.
?	?	?	명주溟洲(지금의 강릉)지방에 흉년이 들어 굶주리는 백성들을 위해 계법을 베풀다.
?	?	?	고성해변에 물고기들이 쌓이게 하여 백성들을 살리다.
?	?	?	부안 부사의방장을 다시 찾은 뒤에 고향에 가서 부친을 뵙다.
?	?	?	영심永深·융종融宗 불타佛陀 등이 찾아와 계법을 청하다.

서기	왕력	연령	행적
?	?	?	영심 등에게 법을 전하다. 이때『공양차제법』1권과『점찰선악업보경』2권과 함께 제8·9간자를 포함하여 189간자를 전하다. 진표는 말했다. "속리산으로 돌아가라. 그 산에 길상초가 난 곳이 있으니, 거기에 절을 세우고 계법을 널리 전하라."
776	혜공왕 12	59	전법제자 영심이 진표의 명에 따라서 속리산 길상사吉祥寺(현 법주사)를 창건하다.
?	?	?	부친을 발연사에 모시고 봉양하다.
?	?	?	발연사 동쪽 큰 바위 위에서 참선한 자세로 열반에 들다. 제자들은 시신을 그대로 두고 공양하다.
?	?	?	진표의 유골이 흩어진 이후에 제자들은 무덤을 만들다.
?	?	?	진표의 무덤에 푸른 소나무 두 그루가 잇달아 나오다.
809~826	고려 헌덕왕대		심지心地가 속리산 영심이 연 점찰법회장占察法會場를 찾아와 계법을 청하다. 영심이 심지에게 전법하고 진표의 불골간자佛骨簡子를 포함하여 189개 간자를 전하다.
상동	상동		심지, 팔공산 꼭대기에서 간자를 날려 떨어진 곳(동화사 첨당籤堂 북쪽에 있는 작은 우물)에 절을 짓고 불골간자를 모셔 동화사桐華寺의 개조開祖가 되다.
988~989	중국 송宋 단공端拱		송나라 찬영贊寧이 진표의 전기「당백제국금산사진표전唐百濟國金山寺眞表傳」을 써서『송고승전宋高僧傳』권제14「명률편明律篇」제4-1에 싣다.

서기	왕력	연령	행적
~918 (신라 말)	고려 태조 1		석충釋沖이 고려 태조 왕건王建에게 진표의 가사와 간자 189개를 바치다.
1079 ~1122	예종		고려 제16대왕 예종이 진표의 불골간자를 팔공산 동화사에서 가지고 와서 궁궐 안에 모시고 공경하다.
상동	상동		예종이 제9 불골간자를 잃어버려 상아로 대신 만들어 동화사로 돌려보내다.
1197	명종 27		9월.영잠瑩岑이 진표율사의 유골을 다시 수습하여 큰 바위 위에 있는 소나무 밑에 모시다.
1199	신종 2		발연사 주지 영잠이 「관동풍악산발연수진표율사진신골장입석비명關東楓岳鉢淵藪眞表律師眞身骨藏立石碑銘」을 세우다.
상동	상동		1199. 9~1920. 12. 전주목 사록겸서기史錄兼書記 이규보가 진표의 수행처 부사의방장을 답사하다.
1201	신종 3		이규보가 진표의 수행처 부사의방장을 답사한 내용을 담은 기행문 「남행월일기南行月日記」를 쓰다.
1281	충렬왕 7		보각국사普覺國師 일연一然이 진표의 전기 「진표전간(眞表傳簡」(『삼국유사』)을 편찬하다.
1310	충선왕 2		일연의 제자 무극無極이 「관동풍악발연수진표율사진신골장입석비명」을 정리하여 「관동풍악발연수석기關東楓岳鉢淵藪石記」라는 제목으로 『삼국유사』제4권 「의해意解」 제5에 싣다.

참고문헌

1. 경론자료

o 『金剛三昧經論』卷下, 大正藏 34.

o 『金石萃編』卷73「河洛上都龍門之陽大盧舍那像龕記」.

o 『大唐西域記』卷5, 大正藏 51.

o 『大般涅槃經』卷第31, 大正藏 12.

o 『大方廣佛華嚴經卷』第29, 大正藏 9.

o 『大方廣十輪經』卷第1, 大正藏 13.

o 『大梵天王問佛決疑經』, 大正藏 1.

o 『大毘盧遮那供養次第法疏』卷上, 大正藏 39.

o 『大毘盧遮那經供養次第法義疏』卷上, 大正藏 39.

o 『大毘盧遮那成佛經疏』卷第十五159, 大正藏 39.

o 『大毘盧遮1那成佛神變加持經』, 大正藏 18.

o 『大宋僧史略』, 大正藏 54.

o 『大乘大集地藏十輪經』, 大正藏 13.

o 『彌勒菩薩所問本願經』, 大正藏 12.

o 『梵網經』卷下, 大正藏 24.

o 『佛說彌勒大成佛經』, 大正藏 14.

o 『佛說彌勒下生經』, 大正藏 14.

o 『佛說觀彌勒菩薩上生兜率天經』, 大正藏 14.

o 『佛說彌勒下生經』, 人正藏 14.

o 『佛祖統紀』卷第26 , 大正藏49.

o 『毗盧遮那神變加持經義釋』, 卍續藏經 36.

o 『三國遺事』 규장각본(1512년).

o 善導 · 道鏡 共集, 「釋中疑惑門」弟10,『念佛經』.

o 道世,『法苑珠林』卷17, 大正藏 53.

o 司馬遷,『史記』.

o 『續高僧傳』卷27, 大正藏 50.

o 『宋高僧傳』, 大正藏 券50.

o 『新修科分六學僧傳』卷弟28, 卍新纂續藏經 第77.

o 『新修往生傳』中卷佚文, 大正藏78.

o 『神僧傳』, 大正藏 50.

o 『歷代三寶紀』卷12, 大正藏 49.

o 『維摩詰所說經』卷中, 大正藏14.

o 『入楞伽經』卷第二, 大正藏16.

o 『占察善惡業報經』, 大正藏17.

o 『衆經目錄』卷第2, 衆經疑惑 五, 大正藏 55.

o 『重編曹洞五位』卷下, 卍新纂續藏經 63.

o 『增壹阿含經』, 大正藏 2.

o 甑山道道典編纂委員會,『道典』, 大願出版社, 2003.

o 『地藏菩薩本願經』卷上, 大正藏13.

o 懷感,『釋淨土群疑論』卷7, 大正藏 47.

2. 논문자료

o 각　진, 「금산사의 미륵 신앙」, 『석림』Vol.31, 동국대 석림회, 1997.

o 권상노, 「한국 고대신앙의 일련一聯 -미리, 용신앙과 미륵 신앙에 대
　　　　하여-」, 『불교 학보』Vol.1, 1963.

o 고익진, 「초기 밀교의 전개와 순밀의 수용」, 『한국 고대 불교 사상사
　　　　연구』, 동국대 대학원, 1987.

o 김남윤, 『신라 법상종 연구』, 서울대 대학원, 박사 학위, 1995.

o _____, 「신라중대 법상종의 성립과 신앙」, 『한국사론』Vol.11, 서울대
　　　　국사학과, 1984.

o _____, 「진표의 전기 자료 검토」, 『국사관 논총』78, 1997.

o 김봉렬, 「예산 수덕사」, 『한국미의 재발견 - 불교 건축』, 솔 출판사,
　　　　2004.11.30.

o 김무생, 「회당 대종사의 생애와 저술」, 『밀교 학보』Vol.4, 위덕대 밀교
　　　　문화 연구원, 2002.

o 김삼룡, 「미륵사 창건에 대한 미륵 신앙적 배경」, 『마한, 백제 문화』
　　　　Vol.1, 원광대 마한 백제 문화 연구소, 1975.

o _____, 「백제불교 사상의 역사적 위치」, 『마한, 백제 문화』Vol.4, 원
　　　　광대 마한 백제 문화 연구소, 1982.

o 김승호, 「당 오대산 설화의 신라적 수용과 변이」, 『어문 연구』Vol.71,
　　　　어문 연구 학회, 2012.

o 김영수, 「선종 구산의 내력1-6」, 매일 신보, 1921. 10. 31-11. 6.

o _____, 「5교양종에 대하야」, 『진단학회』제8권, 진단학회, 1937.

o 김영태, 「백제의 미륵사상」, 『마한, 백제 문화』Vol.4, 1982.

○ 김영태, 「신라 점찰법회와 진표의 교법 연구」, 『불교 학보』, 동국대 불교문화 연구소, 1972.

○ _____, 「5교9산에 대하여-신라대 성립설의 부당성 구명-」, 『불교학보』Vol.- No.16, 동국대 불교문화 연구소, 1979.

○ 김원중, 「해제 -우리 민족의 위대한 문화유산」, 『삼국유사』, 을유문화사, 2002, p.12.

○ 김태훈, 『지장신앙의 한국적 변용에 관한 연구』, 원광대 대학원, 박사학위, 2009.

○ _____, 「한국 지장신앙의 원류」, 『韓國思想과 文化』Vol.56, 한국사상문화학회, 2011.

○ 김혜완, 『신라 시대 미륵 신앙의 연구』, 성균관대 대학원, 박사 학위, 1992.

○ 류병덕, 「풍류도와 미륵사상」, 『한국종교』Vol.29, 원광대 종교문제연구소, 2005.

○ 묘   주, 「유식학의 중심 사상」, 『석림』Vol.32, 동국대 석림회, 1998.

○ 문명대, 「신라 법상종의 성립과 그 미술」 하, 『역사 학보』Vol.63, 역사학회, 1974.

○ _____, 「태현과 용장사의 불교 조각」, 『백산학보』Vol.17, 1974.

○ 문상련정각, 「지장신앙의 전개와 신앙 의례」, 『정토학연구』Vol.15, 한국 정토 학회, 2011.

○ 박광연, 「원광의 점찰법회 시행과 그 의미」, 『역사와 현실』Vol.- No.43, 한국 역사 연구회, 2002.

○ _____, 「진표의 점찰법회와 밀교 수용」, 『한국사상사학』26, 한국사상사 학회, 2006.

○ 박노준,「오대산 신앙의 기원 연구」,『영동 문화』Vol.2, 관동대 영동 문화 연구소, 1986.

○ _____,「한·중·일 오대산 신앙의 전개 과정」,『영동 문화』Vol.6, 1995.

○ 박미선,『신라 점찰법회 연구』, 연세대 대학원, 박사 학위, 2007.

○ _____,「신라 점찰법회의 밀교」,『동학학지』Vol.155, 연세대 국학 연구원, 2011.

○ _____,「『점찰경』의 성립과 그 사상」,『역사와 실학』Vol.32, 역사실학회, 2007.

○ _____,「진표 점찰법회의 성립과 성격」,『한국 고대사 연구』Vol.49, 한국 고대사 학회, 2008.

○ 박화문·원병관,「칭명염불에 대한 연구」,『정토학연구』Vol.5, 한국 정토 학회, 2002.

○ 법상정관균,「아미타불의 신앙과 왕생」,『전자불전』제13집, 동국대 전자불전 문화 콘텐츠 연구소, 2011.

○ 변인석,「당唐 장안長安 도성 안의 사찰과 신라 승려」,『정토학연구』제2집, 한국 정토 학회, 1999.

○ 서윤길,「신라 의림선사와 그의 밀교 사상」,『불교 학보』Vol.- No.29, 동국대 불교문화 연구소, 1992.

○ 서정범,「'미리龍'어를 통해서 본 용궁사상」,『논문집』Vol.8, 1974.

○ 서정철,「진표 전기의 설화적 화소와 '성자'형상」,『시민문학』Vol.16, 경기대 인문과학 연구소, 2009.

○ 서철원,「진표 전기의 설화적 화소와 성자 형상」,『시민 인문학』Vol.16, 경기대 인문과학 연구소, 2009.

o 오형근, 「십대 논사 및 제가 논사에 대한 고찰」, 『유식 사상 연구』, 불
　　교사 상사, 1983.

o ＿＿＿, 「유가 유식을 통한 미륵 신앙의 전래」, 『한국 문화와 원불교
　　사상』, 1985.

o 옥나영, 「不可思議의 『대비로자나공양차제법소』 찬술 배경과 의의」,
　　『한국사상사학』 Vol.40, 한국사 상사 학회, 2012.

o 윤여성, 『신라 진표와 진표계 불교 연구』, 원광대 대학원, 박사 학위,
　　1998.

o 이기백, 「삼국시대 불교 전래와 그 사회적 성격」, 『역사 학보』 Vol.6,
　　1954.

o ＿＿＿, 「신라 오악의 성립과 그 의의」, 『진단 학보』 Vol.33, 1972.

o ＿＿＿, 「진표의 미륵 신앙」, 『신라사 상사 연구』, 일조각, 1986.

o 이기영, 「미륵 신앙의 재정립」, 『동국 사상』 Vol.18, 동국대 불교 대학,
　　1985.

o ＿＿＿, 「신라불교의 철학적 전개」, 『한국 철학 연구』 상, 1977.

o 이규보, 이정섭 역, 「남행월일기」, 『동국이상국집』 제23권, 한국 고전
　　번역 연구원, 1978.

o 이정수, 「『대일경』의 성립에 관한 소고」, 『밀교 학보』 Vol.5, 위덕대 밀
　　교 문화 연구원, 2005.

o 이정재, 「곰 토템」, 제2차 국제샤머니즘학회 학술대회, 1987.

o 장 익, 「밀교의 관법 수행」, 『밀교 세계』 Vol.4, 위덕대, 2008.

o ＿＿, 「밀교 관정의 형성과 의미」, 『밀교 세계』 Vol.6, 위덕대, 2010.

o 정병조, 「신라 법회 의식의 사상적 성격」, 『신라 문화제 학술 발표 논
　　문집』 Vol.4 No.1, 신라문화선양회, 1983.

o 정병조, 「신라 시대 지장 신행의 연구」, 『불교 학보』Vol.19, 1982.

o 정병준, 「당·신라 교류사에 서 본 신라 구법승」, 『중국사 연구』 Vol.75, 중국사 학회, 2011.

o 조용헌, 「한국 지장신앙의 특징-미륵 신앙과의 관련을 중심으로-」, 『열린 정신 인문학 연구』Vol.1, 원광대 인문학 연구, 2000.

o _____, 「진표율사 미륵사상의 특징」, 『한국사상사학』Vol.6 No.1, 한국사 상사 학회, 1994.

o 조인성, 「미륵 신앙과 신라 사회-진표의 미륵 신앙과 신라 말 농민 봉기와의 관련성을 중심으로-」, 『인문 연구 논집』Vol.24, 서강대 인문학 연구, 1997.

o 종석(전동혁), 「당조의 순밀 성행과 입당 신라 밀 교승들의 사상」, 『중앙 증가 대학 논문집』Vol.5, 중앙승가대, 1996.

o _____, 「밀교 경전의 신라 전래고」, 『중앙 증가 대학 논문집』 Vol.8, 중앙승가대, 1999.

o 진홍섭, 「계유명삼존천불비상癸酉銘三尊千佛碑像에 대하여」, 『역사 학보』Vol.17·18, 2003.

o 채인환, 「신라불교 계율 사상 연구1」, 『불교 학보』Vol.31 No.1, 1994.

o _____, 「신라 대현 법사 연구 I」, 『불교 학보』Vol.20 No.1, 1983.

o _____, 「신라 진표율사 연구1」, 『불교 학보』, 불교문화 연구원, 1986.

o _____, 「신라 진표율사 연구1」, 『불교 학보』V.23 No.1, 불교문화 연구원, 1986.

o _____, 「신라 진표율사 연구2」, 『불교 학보』Vol.24, 불교문화 연구원, 1987.

o _____, 「신라 진표율사 연구3」, 『불교 학보』Vol.25 No.1, 불교문화

연구원, 1988.

o _____, 「신방과 신라 지장예참교법」, 『한국 불교학』Vol.8, 한국 불교 학회, 1983.

o 천소은, 「『삼국유사』에 나타난 용신 설화 연구」, 『강남어문』Vol.7 No.1, 강남대 국문과, 1992.

o 한태식, 「지장에 관한 연구」, 『정토학연구』Vol.15, 한국 정토 학회, 2011.

o 채인환, 「백제불교 계율 사상 연구」, 『불교 학보』Vol. - No.28, 1991.

o 허원기, 「이류중행 사상의 서사문학적 의미」, 『한국어 문학 연구』 Vol.42, 한국어 문학 연구, 2004.

o 홍법공, 「삼계교와 지장신앙」, 『정토학연구』Vol.5, 한국 정토 학회, 2002.

o 홍사준, 「백제 미륵사지고」, 『마한, 백제 문화』Vol.1, 원광대 마한 백 제 문화 연구소, 1975.

o 홍윤식, 「금산사 가람과 미륵 신앙」, 『마한, 백제 문화』Vol.9, 원광대 마한 백제 문화 연구소, 1986.

o _____, 「신라 법상계사상의 역사적 위치」, 『불교 학보』Vol.24 No.1, 1987.

o _____, 진표의 지장신앙과 그 전개」, 『불교 학보』Vol.34, 1997.

o 홍재성(법공), 「지장사상과 삼계교-지장계 경전을 중심으로-」, 『정 토학연구』Vol.15, 2011.

o 小野勝年·日比野丈夫, 「五臺山-その歷史と現狀」, 『五臺山』, 座右 寶刊行會, 1942.

o 松本文三郎, 「地藏三經에 관하여」, 『無盡燈』第21卷1號, 1916.

3. 단행본

o 권영한, 『재미있는 우리 사찰의 벽화 이야기』, 전원 문화사, 2011.

o 김영미, 『신라불교 사상 연구』, 민족사, 1994.

o 김영태 · 우정상, 『한국 불교사』, 1969.

o 김영태, 『한국 불교사』, 경서원, 1997.

o 『조선금석총람』상, 조선총독부, 1919.

o 『국역 신증 동국여지승람』IV, 민족화추진회, 1971, p.463.

o 김열규, 『한국 신화와 무속 연구』, 일조각, 1977.

o 박계홍, 『한국민속연구』, 형설 출판사, 1973.

o 변인석, 『당 장안의 신라사적』, 아세아 문화사, 2000.

o 서윤길, 『한국밀교사상사연구』, 불광출판사, 1995.

o 안경전, 『증산도의 진리』, 대원출판사, 2002.

o 안계현, 「한국 불교사 상」, 『한국문화사대계 IV』, 1970.

o 『오행 대의』, 김수길 · 윤상철 역, 대유학당, 1998.

o 이능화, 『조선불교통사』상권, 어문관, 1918.

o 李一影 編, 『震默大師小傳』, 保林社, 1983.

o 장세경, 『한국 고대 인명사전』, 역락, 2007.

o 정태혁, 『밀교』, 동국대 불전간행위원회, 1981.

o ____, 『인도불교 철학사』, 김영 출판사, 1986.

o 조명기, 『신라불교의 이념과 역사』, 신태양사, 1962.

o 『학어집』, 이민수 역, 을유문화사, 1979.

o 한국 불교 연구원, 『한국의 사찰 (11) 금산사』, 일지사, 1985.

o 황경선, 『한민족 문화의 원형 신교』, 상생 출판, 2010.

o 黃有福·陳景富, 권오철 옮김, 『한·중 불교문화 교류사』, 까치, 1995.

o 가마다 시게오, 『중국 불교사』권6, 동경대출판회, 1999.

o 滋野井恬, 『唐代佛教史論』, 平樂寺書店, 1973.

o 道端良秀, 『중국 불교사』, 法藏館, 1965.

o 速水侑, 『地藏信仰』, 搞書房, 1988.

o 眞鎬廣濟, 『地藏尊の研究』, 磯部甲陽堂, 1941.

o 矢吹慶輝, 『三階教之研究』, 岩波書店, 1973.

o 佐和隆研 編, 『密教辭典』, 法藏館, 1975.

o 杜潔祥 主編, 『淸凉新志』, 丹靑圖書公司印行, 1985.

o 鎌田茂雄, 정순일 역, 『중국 불교사』, 경서원, 1985.

o 三枝充悳, 송인숙 옮김, 『세친의 삶과 사상』, 불교 시대사, 1993.

찾아보기